語り芸パースペクティブ

——かたる、はなす、よむ、うなる

装丁――――――美柑和俊（MIKAN-DESIGN）
カバー装画―――中川学
編集協力――――高松夕佳
撮影――――――御堂義乗
協力――――――玉川奈々福後援会

まえがき

「玉川奈々福がたずねる語り芸パースペクティブ〜この国の物語曼荼羅〜」。
二〇一七年四月から、翌年二月にかけて一一回開催した実演と講演の記録を、本にまとめました。興味を持ってこの本を手に取ってくださった、あなた。嬉しい。心から感謝しております。

この国は伝統芸能がとても多い国ですが、中でも語り芸が多いことは、大きな特徴のように思っております。しかも、中世このかた生まれた多くの語り芸が、いまも現役の芸能として残っております。今回、「語り芸」としてご登場いただいた芸能は、「節談説教」「説経祭文」「ごぜ唄」「義太夫節」「講談」「女流義太夫」「上方落語」「能」「浪曲」「江戸落語」……浮沈はあれど、消えていないという……今後はわかりませんが。

これに、今回入れることができなかった語りの芸はまだまだあります。

私は浪曲師です。浪曲は比較的新しい語り芸ですが、今をときめく芸とは言い難い状況です。でも、実演の舞台に日々立ちながら、そこでいただくものだけで、生活しております。

それを生業としている芸人がいる、ということは、それを支える観客がいる、ということ。

この国の文化政策の貧しさを訴える声を巷間（こうかん）よく聞きます。また、芸によってそれをめぐる状況にさまざま差はあるでしょうが、さほど保護されずとも、木戸銭だけで食べている芸人たちが実際にいて、支える土壌がある……とても豊かなことだと思います。

物語に身をひたし、心あそばせ、しばしうつつを忘れることで、心身が再生される、その作業を、この国の多くの人たちが楽しんでくださっている。視覚優位の時代に、想像力を駆使することを観客に強いる、ミニマム極まる芸能が……ほんとに、なぜでしょうね？

それだけ多様な語り芸が背負ってきたものは、なんなのか。

その道を生きる方々に、ご修行の形や、大事に思われていることや、その芸の本質をどうとらえておられるかを語っていただきました。それが、そんなミニマムな芸を発達させてきた、この国の想像力の源泉を、多少なりとも照らすことになればと思います。

最初に、篠田正浩監督著『河原者ノススメ——死穢と修羅の記憶』から、ひとつの文章を引用させていただきます。

「芸能はそれ自体、混沌（カオス）である。日本の伝統として権威化されている雅楽や能狂言の内実は、中国大陸、朝鮮半島はもちろんのこと、インド、中央アジアやヴェトナム、インドネシアの土俗芸能の合成である。この混合（ハイブリッド）を媒介したのがヒンドゥー教、道教であり、とりわけ六世紀に伝播した仏教による影響の巨大さは計り知れない」

芸能者は、最初は神のご機嫌をうかがい、いつしか、観客のご機嫌をうかがうようになった。あの世とこの世、聖と俗、貴顕と最底辺との間をいつもいつも、行ったり来たり。

全一一回の、語り芸の旅。おつきあいくださいませ。

二〇二一年春

故・小沢昭一さんに、届きますように。

玉川奈々福

語り芸パースペクティブ◉目　次

第3章　ごぜ唄、説経祭文──渡部八太夫（説経祭文）萱森直子（ごぜ唄）95

第4章　義太夫節

第10章　落語――三遊亭萬橋（落語家）
和田尚久（放送作家・演芸研究家）

第1章
語り芸の水脈

篠田正浩

篠田正浩（しのだ・まさひろ）——一九三一年岐阜県生まれ。五三年早稲田大学文学部卒業と同時に松竹撮影所に入社。六〇年、「恋の片道切符」で初監督。大島渚、吉田喜重らとともに松竹ヌーベル・バーグと呼ばれる前衛的な作品を次々発表。「心中天網島」「沈黙」「はなれ瞽女おりん」「瀬戸内少年野球団」「鑓の権三」などで受賞多数。

《口上》

第一回目は、篠田正浩監督をお迎えしました。まずは、この国の芸能の風景を、見渡してお話しいただける方に……と思ったときに、篠田監督にぜひご登壇いただきたい！　と思いました。

事前に参考図書として、篠田正浩著『河原者ノススメ――死穢と修羅の記憶』（幻戯書房）という本をご紹介します。この本のあとに、続編のようにして監督が書かれたものがもう一冊あり、それが『路上の義経』（幻戯書房）という本です。

この二冊は、日本の芸能を根本から解き明かしてくれるような本です。歴史のお勉強ではありません。日本の芸能の脊梁山脈を築いているのは、どういう心性なのか、芸能がになってきたものはなんなのか。監督が膨大な資料を読まれ、また映画を撮られる中で、長年にわたって考察されてきたものです。なので、ぜひ読んでいただきたいと思います。お迎えできて、こんなに嬉しいことはないです。篠田監督、どうぞ！

篠田◉ご紹介いただきました、篠田正浩です。少年時代のどもりが今、八六歳になってまたよみがえってきました。今もどもっていますね。それなのに語り芸について話せというのはとっても皮肉だと思います。

私は映画監督を六〇年やって、自分の映画を撮り尽くしたとは思っていません。映画をつくるということは芸能者と仕事をするわけです。演劇、芸能、音楽、なかにはそれこそナレーションなどの語りをする人もいる。たくさんの芸能者と出会って、自分が体験していることは、日本の芸能という、深い闇の中にある過去の歴史からいまに至るまでのそれらを全部背負って現代人の芸能、演劇ワークをつくり上げているということを痛切に感じておりました。

私は活動屋になる前は大学で箱根駅伝の選手をしておりました。一九五〇年正月、私は2区を走っているんですよ。そのときは自分が何者であるかわからなくて、ただ走っていたんですね。モラトリアム青年だったんです。足の故障で選手生活ができなくなって、それで教室に真面目に戻って大学の三年になった。そうしたら早稲田大学文学部演劇科の河竹繁俊教授の授業で、もう電光が体を突き抜けるような体験をいたしました。河竹先生というのは坪内逍遙博士の愛弟子だったのですが、幕末・明治にかけて大評判になった「河内山宗俊」などの歌舞伎劇を書いたあの**河竹黙阿弥**の家が断絶するので、その跡を継ぎなさいと博士に言われて継がれた方でした。息子さんの登志夫さんも先生になられて、私はこのお二人の授業で謦咳に接したわけです。その河竹先生があるとき、こう言われたんです。「日本の芸能で大きな人物といえば**源義経**である、源九郎義経である」と。

これはたぶん明治末から大正にかけてのころの光景だったろうと思うんですけど、東北で歌舞伎公演をやるときに、舞台の幕があいて浄瑠璃の三味線が鳴る、と、舞台に障子屋台といった居間があり、そこから義経の扮装……**赤糸威**の胴巻きでもしているんでしょうかね、人物があらわれるんです。そしてお客さんをジラッと見て、さしたる用事もないようであるから引き下がりますと言って、植木等の「お呼びでない」、のギャグみたいに引き返す。義経が出て来

河竹黙阿弥
江戸期の幕末から明治時代にかけて活躍した歌舞伎狂言作者。日本橋の富裕な商家の次男に生まれるも、はやくから読本、芝居の台本、川柳や狂歌の創作にふけるようになり、一四歳で勘当される。その後五代目鶴屋南北の門下となり、立作者となる。世話物を得意とし、なかでも盗賊を主人公にすえた演目は「白波物」として一つの分野を確立した。

源義経
平安時代末期の武将。鎌倉幕府初代将軍・源頼朝の異母弟。源義朝の九男として生まれ、幼名・牛若丸。平治の乱で父が敗死したことにより鞍馬寺に預けられるが、後に平泉へ下り、奥州藤原氏の当主・藤原秀衡の庇護を受ける。兄・頼朝が平氏打倒の兵を挙げるとそれに馳せ参じ、一ノ谷・屋島・壇ノ浦の合戦を経て平氏を滅ぼし、最大の功労者となった。しかし、頼朝の許可を得ることなく官位を受けたことなどにより兄の怒りを買い、対立した。全国に捕縛の命が伝わると難を逃れ再び藤

たにもかかわらず、その歌舞伎興行の演目の中に義経が登場する芝居はひとつもない、ということがあったわけです。

なぜそんなことになるのか。東北の芝居見物者にとって義経が出てこないのは芝居を見たような気がしないというので、義経を必ずその舞台に出して、お呼びでないと言って引き下がっていく。こういう風習があると。

日本の芸能では新作落語とか新劇とか、次々と当世風の芸能・演劇ができてきてはいるが、そこにどうしても抜きがたい判官びいき、義経に対するひいきがある。日本の芸能の大きなバックボーン、**脊梁山脈**（せきりょうさんみゃく）のように貫いている、ということを河竹先生はおっしゃったんです。

それで、ああ、義経の勉強をしなきゃいけないと思ったわけです。義経を勉強することで日本の芸能の本質が見えるというヒントをこのときに与えられて、以来、日本の芸能史の中で義経の芝居をじっと見てきました。

歌舞伎では「義経千本桜」。狐忠信（きつねただのぶ）利平と義経の愛人の静御前（しずかごぜん）が道行して、吉野山に潜んでいる義経に引き合わせるまでの物語ですが、義経はただ義経として存在しているだけで何も芸のしどころはないのに、タイトルロールが「義経千本桜」になって

篠田正浩監督

原秀衡を頼ったが、秀衡死後、頼朝の追及を受けた当主・藤原泰衡に攻められ、現在の岩手県平泉町にある衣川館で自刃した。

赤糸威
茜あるいは蘇芳で赤く染めた組み糸を使って札を結び合わせた鎧。

脊梁山脈
ある地域（大陸や島など）の分水嶺・分水界となっている山脈。

いる。

それから皆さんも良くご存じの「勧進帳」。「勧進帳」に到るまでの流れを少しお話しますと、平家を打倒した功名第一番の義経が鎌倉幕府に背いて、勝手に後白河法皇に検非違使の尉に任官されてしまうのが発端です。検非違使の尉というと、いまでいう警視総監、京都の治安本部の一番のボスと言っていいでしょう。これは、天皇あるいは上皇しか任命する資格がないわけですね。天皇や上皇はいつ武士の反乱で島流しに遭ったり、後醍醐天皇みたいに隠岐島に流されたり、順徳天皇みたいに佐渡島に流されたりするかわからないのですが、そのときに警護の兵が凛々しくないと嫌だと。検非違使の尉は第一番の男性侍を選ばなきゃならないということがあったらしい。それで任官された義経はそれを光栄に思って受けてしまう。

ところが鎌倉をつくった源頼朝は、京都の後白河を中心とする朝廷がなまじっかの政治をやることによって世の乱れが一層激しくなる、お公家さんだけの利害関係で任官が進んでいると考えて、絶対に京都に近寄らず鎌倉に幕府をつくったわけですね。鎌倉幕府をつくったものは御家人として、〈いざ鎌倉〉の場合はおっ取り刀で幕府を防衛するために戦うと。ところが自分の弟は天皇家のために戦う武士に成り下がったというので、もう木曽川からこちら、関東に上ってくるなということになり、義経は追われる身になるわけです。

義経一行には弁慶がいます。弁慶主従や四天王がいて、最初は東大寺に逃れて、吉野山に逃れて修験者のつくる山道を抜けて、そして北陸道は安宅の関にやってきます。そこには富樫左衛門と名乗る関守がいて、幕府の通牒で山伏姿に変装したらしい義経一行を見たら必ず問いただせと言われている。山伏というのは山野に伏して仙道修行をするとして、税金なし、手形なしで関所を通れるんです。しかし、定住しない彼らは差別されている穢多非人と同じです。

それで富樫は、「旅の衣はすずかけの柿の衣」を着た一行が安宅の関に入ってくると、おまえたちは山伏であるかと問うわけです。すると一行は、**平重衡**によって東大寺が燃やされて、**重源上人**がこれを復興するために全国から寄附集めをする命を受けて、勧進の旅に出ている最中である（寄付を集めることを勧進といい、それを記した帳簿を勧進帳といいます）、その途上にこの関所を通りますと答えた。対して富樫は、それはまかりならん、鎌倉幕府からも山伏の一行に紛れた源義経一行がいるはずだと言われていると答えます。義経は鎌倉の将軍家の弟君であるけれど、謀反の疑いがあるから捕まえなきゃならないと。

するとそこで弁慶が、我々は勧進帳を持って東大寺勅願の寄附を集めているのに何事ぞと応答する。富樫が、ならばその勧進帳をお見せください、というわけで勧進帳を出すわけです。でも、そこにはもちろん何も書いていない。本当に東大寺からもらったわけではないのですから。その白紙の巻物を、弁慶は教養があるからすらすらと勧進帳の文体にて読み上げる。カンニングをしているのか、嘘をついているのだろうと思って、富樫が中身を見ようとすると弁慶が睨みをきかせる。この二人の睨み合いがドラマのクライマックスなんです。

二人が自分の役職をかけて相対する。山伏姿の義経を捕まえようとする富樫と、それを防ごうとする弁慶の争い。武芸をもって誇る比叡山の荒法師だった弁慶にとって、僧でもあるということがここで発揮されます。当時の僧は一級の知識人でした。勧進帳を読むだけの知識と知

平重衡
平安末期の武将・公家。平清盛の五男。平氏の大将として南都焼き討ちを行い、東大寺の大仏や興福寺を焼亡させた。源平合戦で活躍するが、一ノ谷の戦いで捕虜となり、鎌倉へ護送。平氏滅後、木津川畔にて斬首された。

重源上人
真言宗で出家し、のちに浄土宗開祖の法然に浄土教を学ぶ。東大寺勧進職として、源平の争乱で焼亡した東大寺の復興を幾多の困難を乗り越え、果たした。

恵があったわけです。

智勇兼備の大男の弁慶がものすごくここでグレートになります。トランプ大統領はアメリカをグレートにすると言いましたが、日本の芸能は弁慶をグレートにする。弁慶がグレートになればなるほど義経公のノーブル、貴族性、貴さが一層高まっていくわけですね。能では三〇歳を目前にした青年貴公子の源義経を、子方（こかた）と呼ばれる子どもが演じなくてはなりません。能では義経の役はすべて子方です。子方は「汚れのない聖なる」存在を演ずる役です。

さて、勧進帳を読み上げてまんまと危機を切り抜けたと思った弁慶は、通れと言われて一同を連れて関所を越えようとする。と、富樫が一番後尾についている姿の美しい**強力**（ごうりき）をちょっと待て、と止める。富樫はそれが義経だと知っているんです。それに気づいた弁慶は、もう関外に出ていたのを慌てて引き返してきて、お前は何と問題を起こす男だ、強力として雇ったのに荷物もそれほど背負えなくて道中、手間をかけるし、きょうはきょうで義経公に間違えられて何とひ弱なやつだ、このばかたれと怒鳴って、大男の弁慶が金剛杖を持って少年姿の義経を打ち据える。

富樫は弁慶の心中を思い、同じ武士、宮仕えする人間として、今すべきことは彼らを黙って通すことだと思う。富樫の武士の情けと、弁慶が涙をふるって金剛杖で一生懸命義経を打ち据えるという光景がそこに現出するわけです。これは同時に義経が背負っているものがこの世の正義であって、その正義を守るのが弁慶であって、鎌倉幕府が言っているのは邪道で人間に対する悪行であると示しています。もっと言えば神聖なるものに暴力を振るうという光景がそこ

強力
山伏や修験者に従い、力仕事をつとめた従者の呼称。

に現出する。これが歌舞伎になると、義経公を坂東玉三郎のような美しい女形が演じ、能では小さな少年が演じ、いずれにしても、義経が神聖化されているわけです。

ところが、実際源義経が歴史に登場するのは二四歳になってからなんです。その頃の京都は、ものすごい大飢饉で食べ物がなかった。平家を追い出した木曽義仲の軍勢が、そのまま京都に駐留していたのですが、この山猿軍隊たちは強奪に継ぐ強奪を働く。たまらなくなった京都朝廷は、勅命で鎌倉幕府の出動を求めるわけですね。その先陣を切って宇治川にあらわれた赤糸威鎧を着た若武者が源九郎義経だというのが、「平家物語」にも、歴史的事実を扱った「吾妻鏡」でも描かれている、牛若丸が義経だとして登場する最初の歴史的記述なんですね。そこからなんです。

ちなみに義経は二四歳のときに宇治川の合戦で登場して、七年後の三一歳のときには奥州平泉の衣川の高館で**藤原泰衡**に襲撃されて、自害してしまう。義経として活躍したのはたった七年間です。それなのに、東北の歌舞伎見物をする民衆においても、義経は絶対的な、永遠の存在でなければならないという願望が出てきている。

このように見てくると、日本の芸能の中にはどうも義経に代表される、権力に疎外されて排除されたもの、つまり敗者に対する哀れみがあるのではないか。そしてそれと同時に、勝者は悪であり、勝つことでものすごい力を持った権力悪となり、人間の心根を想像する力を失うことで、そこからはじき出されて、惨殺されたり暗殺されたり処刑されたり追放されたりする者どもが出てくる。そして、そうした死者（敗者）たちの列伝が浄瑠璃や歌舞伎や日本の芸能の

藤原泰衡
平安末期～鎌倉時代の豪族。陸奥押領使。父秀衡は源頼朝に離反した義経を庇護していたが、秀衡の死後、頼朝の要求に従って文治五年に義経を衣川館にて襲撃した。義経の首を頼朝に送るも同年頼朝軍の来攻を受け、平泉を焼き払って逃げるが、部下に殺され、奥州藤原氏は滅亡した。

一番基層の中にあるのではないか、ということに私は気づき始めたのです。もっと言えば歌舞伎や能は、「葬式の演劇」だと思うんです。

能ではじめに太鼓をたたいて、序破急でトントントントントンっていうのがだんだん強くなって、笛の音が出ると死者の霊＝シテ方がこの世によみがえって橋がかりにあらわれて、そして三の松、二の松、一の松と徐々に生前の姿になって舞台正面に登場します。演ずる義経の背中には老松、影向（ようごう）の松を背負っている。神が降臨する依り代（よりしろ）として松の木があるというのがお能の舞台の構造なんです。また舞台と見所（けんじょ）といって見物席との間に、お白州といって浜辺の玉砂利が敷いてあります。これは川岸の意味もあって三途の川の向こう側とこっち、此岸の彼方の彼岸である舞台にて死者の霊が芸能として祭られ、此岸の観客は現世にいる。現世の時間軸に死者が現れるというのは日本の芸能の一番基本的な形なんです。

❖

義経はその中で、神様か天皇かあるいは義経以外を演ずることができない子方によって、能では「安宅（あたか）」、歌舞伎に翻訳されると「勧進帳」という芝居になっていくわけです。これらの芝居は劇作として机に向かって書かれたものではありません。

先に述べたように、義経の歴史は二四歳から明らかになっていますが、生まれてから源義経になるまでというのは、歴史的な記述がなされていないわけです。では、どこに記されているのか。それは「平治物語」「平家物語」「義経記」という三つの物語の中で語られています。まず牛若丸を出産した常盤御前（ときわごぜん）という女性の物語から始まります。都で近衛家が娘たちのために使える女（雑仕女）として美しい女性たちを集めようとした。近衛家の娘というのは天皇のお后にもなる身分の高さを持っています。西暦一〇〇〇年前後の京都の宮廷では美人というとき、顔の良しあしだけではなく、頭が良くて歌の作れる女性を示します。紫式部や清少納言、和泉式部というすごい才能を自分の家の娘の周辺に集め、狙った男を落とす技術を教え込んで、優れた和歌を作らせて男を捕まえさせようとしたわけです。ここから日本のハーレムができ上がっているわけです。

常盤御前は、都随一の美女として近衛家に雇われるのですが、近衛家の門を守る番人の武士が源義朝だったわけですね。お屋敷のどこかを歩いている常盤御前の姿を見て義朝が一目ぼれして、自分は関東を代表する源氏の棟梁だというのをかさに着て、まんまと口説き落として自分の妻にします。ところが、義朝は源氏の名門ですから熱田神宮の宮司の娘さんを正妻にしていました。その正妻から産まれたのが源頼朝で鎌倉幕府の将軍に駆け上るわけです。

義朝と常盤御前から今若、乙若が誕生し、一番末っ子として産まれた牛若がまだ乳飲み子だったときに大戦争が起こります。平清盛が登場し源氏を追い詰めたことで、義朝は都を追われ、尾張の領地に逃げ帰ったら領地の部下に裏切られて、入浴しているときに殺されてしまう。

都に残っていた常盤御前は三人の子供と一緒に、大和の源氏にゆかりのある宇陀（うだ）という土地に逃避します。逃げる前に清水の観音さまに参籠して、この子たちを助けてくださいと後生をお願いしたことで、その後光によって大和に逃れることができた、とされています。ところが、大和に逃れたところで、常盤御前のお母さんが捕まってしまう。母が拷問を受けて、常盤御前と子供たちの行方はどこだ、と問い詰められているという話を聞いた常盤御前は、**六波羅の探題**に出頭します。

都から大和へ逃げる途中の大和道に伏見があり、凍え死しそうになって一宿一飯を助けてくださいと頼んだ常盤と牛若の親子の物語が「**伏見常盤**」という、切々たる女の語りで語られます。「平治物語」は源氏と平氏の争いの軍書でありながら、常盤の物語として女語りの優しい語りがその中に挿入されています。これがものすごくウケました。この物語によって、牛若が生誕から流浪するというイメージが産まれ、牛若伝説が誕生します。常盤御前と牛若の関係がドラマとして語られるようになるわけです。しかしこれらは歴史書には絶対にあらわれません。

さて、自分の母親を助けようと思って、子供三人と一緒に京都六波羅に出頭した常盤御前のあまりにも哀れで美しい姿に清盛は心を許して、三人の子供を処刑するのをやめて助けてしまう。それで自分の女にしました。しかし、女の子を産んで男を産まなかったためそのまま払い下げとなり、常盤御前は**一條大蔵卿**というところに仕えることになります。

母である常盤御前は自分の夫の敵である清盛に体を許し、その体が無用になると今度は一條大蔵卿の女房になって、また子供を産まされる。父である義朝は尾張で殺されて、いまの京都ホテルのすぐ近くが獄門の場所で、そこでさらし首になっています。さらし首にされた父と、男をたらいまわしにされる母。そして自らは、八歳になったところで鞍馬山へ連れて行かれる。

六波羅探題
鎌倉幕府の職名。承久の乱後、幕府は北条時房、泰時を京都に常駐させ、幕府の出張機関として公家方の行動を監視させるとともに、洛中警固と西国御家人の統制を任務とした。以後北条氏一族中の有力者が二名、ときには一名が交代で任命され、北方、南方と呼ばれた。六波羅探題は訴訟機関としての機能を有し、評定衆、引付衆も設けられた。

伏見常盤
幸若舞の曲名。作者不明。室町時代の成立。「平治物語」に材を得た作品で、平治物に分類され、常盤物と分類されることもある。

一條大蔵卿
一条長成。平安時代後期の貴族。藤原北家中関白家、参議・藤原忠能の次男。官位は正四位下・大蔵卿。邸宅が一條大路沿いにあったので、そのように号した。

それが牛若の少年時代でした。

司馬遼太郎さんが「義経」という小説の中で鞍馬山の牛若のことを書いています。鞍馬山には男しかいない。男の僧兵しかいないから牛若は男色の相手としてさんざんにもてあそばれたと。牛若の少年時代を思うと悲惨のきわみですね。鞍馬山から南の方の一条や二条の公家の屋敷町を見おろすとそこにはお母さんがいるけれど、それはもうお母さんと呼べない、一條大蔵家の妻になっている。そして、東山の方には六波羅の清盛の館があって、そこではお母さんが産んだ娘が養われている。自分のお母さんは人間扱いされていない。そんな無残な少年時代に牛若は鞍馬山で武術を身につけ、平家をいつか打ち倒そうと考える、というふうにして「義経記」(ぎけいき、よしつねき)は始まります。

「鞍馬天狗」という能もあります。鞍馬天狗があらわれてスーパーパワーを牛若丸に伝授する。ところが、牛若が鞍馬山から出て何をしたか。自分の父は平家に滅ぼされてさらし首になった。そのさらし首にした相手である清盛に母は体を委ねた。そこで彼は願をかけるわけです。

「橋弁慶」という能があります。五条の橋で弁慶が刀一〇〇〇本をコレクションしようとして九九九本まで集めた。最後の一本を今夜得ようとして橋のたもとで待っていると、女のかつぎものをした笛を吹く一人の少女が橋の向こうからあらわれてくる。腰には黄金づくりの太刀をしている。これが牛若です。が、鞍馬山で成人したら出家しなさいと言われている男が、稚児姿で黄金づくりの太刀なんかしているはずがないのですが、これは物語というものの小道具、重要な装置ですね。

笛はものすごくきれいな横笛で、かつぎを見たら女じゃなかった。男か、これは遠慮なく行こうと弁慶が切りかかる。皆さんの中には学校の唱歌で「京の五条の橋の上、大の男の弁慶が長い薙刀振り上げて、牛若目がけて切りつける」と習った方もいらっしゃるかもしれません。ここまでのお話は皆さんよくご存じのものでしょう。

ところが観世流の「橋弁慶」はこうじゃないんです。

五条の橋に牛若が立つ前から描いている。常盤御前に呼びつけられた牛若は母から、あなたは夜な夜な辻斬りをして平家と思われる武士を一人ずつ殺して、今や一〇〇〇人に達しようというわさがあると言われます。誰が殺しているかというのは誰も知らないけど、母なる私は知っています。どうか心を改めて出家して、お父さんの菩提を弔い、お父さんと一緒に死んだ源氏の皆さんの後生を弔うのがあなたの役目ですと常盤御前は涙ながらに口説く。そしてこれは弘法大師伝来の横笛である、この笛を差し上げますから、この笛で心を鎮めて二度とそんな殺戮を起こさないでください、と牛若に懇願する。

なんと千人斬りをしているのは弁慶じゃなくて義経だったんですね。

その義経の狂気、お父さんがさらし首にされて、お母さんがそのさらし首にした男の女にさせられるという、屈辱のどん底にあった少年の狂気が千人斬りをさせるという方が、私には物語として筋が立っていると思うのです。唱歌における橋の上の弁慶と牛若、ひらりひらりと飛びはねる姿というのは何かアニメーションの無重力遊泳みたいな感じで、これはこのときの牛若の心情とはまったく違ったものだと思うんですよね。

弁慶がなぜ五条の橋に向かったか。それはあるとき、あなたがそんなに武勇を誇るならば、今、千人斬りをやっている犯人を捕まえて武功を立てるのが筋ではないかと言われたのです。弁慶はそんな魔物のような刀使いがいるのか、と少し気弱になるのですが、でもおれは絶対に負けない自信がある、と五条の橋に立ったわけです。

母に諭されて千人斬りを諦めた牛若は、きれいに上がった名月のもと笛を吹き始めると、自分の中で抑制できない殺意が生まれてきてしまう。すると、自分の前に大薙刀を持って立っている男がいる。こいつは平家の番兵に違いないと思って彼から斬りつける、という演出で「橋弁慶」は構成されています。私としては能で描かれるように牛若（義経）が千人斬りをするという方が動機としても物語としても素晴らしいと思います。

この弁慶と義経の関係は、その後の「安宅」や「勧進帳」で金剛杖を振り絞って、義経公を打ちのめさなくてはならない関係にまで追い詰められていくわけです。「義経記」によりますと、義経の最期はこうなっています。当てにしていた藤原泰衡が裏切ったので、もうこれまでと自害するその間、弁慶はそこに敵を近づけないようにとお堂の前に薙刀を逆さにたてて、大手を広げて押し寄せる敵に立ちはだかる。寄せ手の軍勢は鬼神も恐れる弁慶を遠矢で攻めるんですね。すると、無数の矢が弁慶の体に突き刺さる。矢羽根がまるで武蔵野の草花のように美しく咲いたようになる……。

こういう語り方が「義経記」にはあらわれてきます。このような描写には本当にうっとりして感動します。文学としては軍書であり、口承文学で誰が作者かわからない。もしかすると山伏あるいは私度僧なのかなと思います。当時は公式に僧侶になるには、比叡山や高野山に入って勅許をもらわないとなりませんでした。勝手に僧侶になるのは私度僧で、彼らは帰属するお寺がないので、あちこち放浪して歩くわけです。そうした山伏や私度僧によって語り継がれた物語なのかなと思うのです。

もう一つ、放浪の語りによって共有された義経の物語となると、「浄瑠璃姫物語」というものがあります。瞽女さん、あるいは巫女さんという女性の放浪芸をする人たちがいます。彼女たちは基本的には売春も行っていて、セックスを宿場宿場で売るのですが、特定の郭に所属していないので、歩きながら移動しています。そうして移動する人たちの中には仏の功徳を語る説経節を語る人たちもいました。

彼らは北陸道あるいは東海道を上下に移動していましたが、東海道は矢作の宿に鳳来寺山という山がありました。そこには鳳来寺、峯の薬師と呼ばれる薬師如来の御霊験にすがった母から生まれた浄瑠璃姫という女性がおりました。鞍馬山から離脱した牛若が矢作の宿に差し掛かった時に琴の音を耳にします。これを弾いているのが浄瑠璃姫でした。

矢作の宿では海岸で塩をつくる製塩業のビジネスがありました。宿場を流れる矢作川というのは山奥から山林で木材がいかだで組まれて河口に出てくる川です。岩塩がほとんど取れない日本では塩は海岸でしかつくれないものです。この塩は海水を煮詰めて水を蒸発させてつくるもので、海側の潮汲みと釜炊き、山側のきこりによる薪つくりの共同によってつくられるものでした。

そんな製塩業の街にパトロンを探しに来た牛若は、矢作川で琴の音を聞いたところ、それに合わせて笛を吹きます。すると笛の音が気になって出てきたお姫様は牛若の美貌に一目ぼれして、あなたなしでは生きていけない、という状態になってしまいます。

そんな話を矢作の宿、あるいは峯の薬師にいた僧侶が文章にして書き上げ、宿場にやってきた私度僧や山伏、瞽女たち放浪芸人がそれを聞いて、自分流に語っていくのが諸国に散ってベストソングになっていく。ベストセラーにはなりません。ベストソングですね。皆に歌い継がれ、語り継がれていく。

この浄瑠璃姫と牛若丸の物語が「浄瑠璃」という言葉の原型になっていくわけですね。

❖

かたや、「さんせう太夫」という説経節（せっきょうぶし）があります。

この説経節がいつごろできたかというのはわかりませんが、正本というテキストがあります。これはあまりにもきちっとした歌で、江戸時代の元禄より前に印刷本で「さんせう太夫」が流布され、こちらはベストセラーになったわけです。これを読みますと、室町時代からの説経節の名残がある、古代のにおいのする語り物なんです。

「さんせう太夫」は厨子王（ずしおう）の物語です。岩城（いわき）の判官正氏（はんがんまさうじ）がとても人民を哀れんだために、一年間年貢を都に送らなかった。そのためにざん訴されて、今でいうと常陸あるいは奥州五四カ郡の太守だったのですが、国主として資格がないと左遷されて、九州筑紫の安楽寺というところに流刑になってしまう。残された母と二人の子供たちは行き場をなくし、いろいろ考えた末、結局、父親に会うために北陸道に出て、都で父親の無実を直訴しましょうということになります。

道中、港のある直江津に差しかかったところで事件が起こります。そこには人さらいの宮崎の三郎というやつがいて、これがこの親子をかっさらって船で二手に分けて母親は佐渡へ、子供二人は丹後は宮津の由良の里の山椒太夫の里に売り渡すと。親子は船で引き裂かれてしまいます。佐渡へ渡ったお母さんは絶対逃亡しないように足の筋を取られて、もういざりのような姿になってしまう。

山椒太夫の「さんしょう」というのは「散所」という意味もあります。つまり、散所太夫なわけです。散所というのはいってみれば難民、賤民が集まるところ。中世の日本では人さらいや誘拐が日常的に起こっていて、そうして集められた人たちが散所という一種のゲットーに収容されていた。この散所で起きた出来事を「さんせう太夫」の物語は描いています。

二人の子供が流された丹後の宮津、山椒太夫の里では被差別民やさらってきた者を集めていろいろな加工を行っていました。姉さんの安寿姫は潮汲みを、弟の厨子王は山へ行って柴を取ってきて燃料を集めるように命じられる。少年の身で柴を一つ作るのも大変なので、村人たちが哀れんで三つ作って背中に背負わせて山から下りてきたところ、山椒太夫の三郎が見とがめて、なんだこれしきで山から下りてきたのか、七把、八把背負ってこないと殺してしまうぞ、と脅されてしまう。そのようにしてどんどん苦役のどん底に追い詰められていくというのがこの物語なんです。

安寿と厨子王はあまりにも労働力がない。お姫さまとお坊ちゃまですから当然なのですが、三郎は彼らが働かない罰として、火ばしを真っ赤に焼いて、額に十字の焼きごてを当てます。二人はそれに打ちのめされます。佐渡へ連れていかれる前の道中、安寿姫は母君から、これからどんなことが起きるかわからないのでこの仏様を守り仏として持っていきなさい、と地蔵菩薩を預けられていました。その地蔵菩薩を額に当ててみると、それを見た厨子王が、姉上、痕が消えましたよ！と。厨子王にも当ててみるとその痕も消えました。仏様を見てみると、自分たちについていた痕が仏様の額に移っていた、という奇跡が生まれます。

そのようにしてなんとか生き延びてはいたのですが、どうにもここでは暮らしていけないので、安寿姫はここから厨子王を抜けさせて都に向かわせようとします。姫は一計を案じて山椒太夫に、弟に課された木こりの仕事が完了しないのは忍びないので、私も一緒に山へ登らせてください、と頼み、一緒に山に行って木を切ることにしました。人里からかなり離れ誰の目にもつかないところまで来た安寿姫は厨子王に、ここから逃げて都に出て窮状を訴えなさいと伝えます。厨子王は姉上だけを残して行けない、と言いますが、安寿姫はお守りの地蔵菩薩を彼に渡して、私はどうなってもよいが、あなたが生き延びてくれないとどうにもならない、頼みます、と告げた。やむなく、厨子王は由良の町へ逃れてそこの**国分寺**のお寺さんにかくまってもらいます。一方、安寿姫が一人で戻ってきたことを知った三郎はあらゆる拷問を加えて安寿

国分寺
聖武天皇が仏教による国家鎮護のため、当時の日本の各国に建立を命じた寺院。

姫を焼き殺してしまいます。これが語りではすさまじいところです。

都に出た厨子王は岩城の太守の息子であるということが確認され、勅命によって太守として由良の山椒太夫の土地を取り返すことができることになります。が、その過程は省略しまして、自分をかくまって命を救ってくれた国分寺を太守として訪れます。そこには挨拶にきた山椒太夫と長男の太郎、次郎、三郎の三人が庭にがん首そろえて待っている。新しい国守様をお迎えに来ましたと彼らは言います。そこで厨子王は、三郎、三把しか柴を刈れなかった子供を拷問したことをおまえは覚えているかと問いかける。そう言われて初めて、あの奴隷少年が厨子王で、新しい領主になったということに気づいてびっくりする。

驚く三郎の目の前で、山椒太夫は掘られていた穴に放り込まれ、首だけ出して埋められて、その横に竹のこぎりを置かれる。厨子王は、太郎、あなたは私たちが苦労しているときに食事をつくってくれて命拾いさせてくれたから、おまえはこの国の跡を継いでよろしいと言う。次郎、あなたもとても優しいことをしてくれたので、おまえも命を助けてあげよう、と。そして三郎には、おまえはどうしようもないな、と笑う。三郎はそこではったと、土中から首だけ出している父、山椒太夫に向かって、父上、念仏を唱えるのは生涯でこのときしかないと語りかけます。念仏を唱えなされ、と。そして「ひとひきひいたは 千僧供養 ふたひきひけば 万僧供養 百に余りて六つのとき 首は前にぞ落ちにける」と語るわけです。三郎はその後、街道に連れ出されて、道行く人々によって金のこぎりで首を引かれます。因果応報というわけですね。

また一方で、厨子王は流されたお母さんを探しに佐渡へ渡ります。島じゅうどう探しても見つからない。すると歌が聞こえてくる。粟やヒエを日干しにしていて、そこへスズメが寄ってくるので高張りにして鳴子（なるこ）をぶら下げてあり、一人の老婆がその鳴子に体をばんと伏せてシャラシャラっと鳴らすと、スズメたちがぱーっと飛び散る。そのとき彼女の口から「安寿恋しや、ほうやれほう、厨子王恋しやほうやれほう」という歌がこぼれる。盲目の老婆の前に厨子王は立ちます。懐から地蔵菩薩を出して、盲目のおばあさんに三度お祈りをしますと、ぱっと目が開いて彼女は叫んだ。「厨子王、おまえか」と。

というふうに母子再会の場面を書いたのは、森鷗外です。鷗外は地蔵菩薩が安寿姫の信心によって焼け火ばしの痕を消し、厨子王の孝行・孝心をめでて、盲目のお母さんの目を開かせてくれるという奇跡を描いたわけです。ドイツに留学した森鷗外はこの説経節の荒唐無稽といえる物語に心ひかれながらも、現代人として納得のいく文章で、そしてその奇跡が起きる状態を現代文でどうやって再現するかという、日本における近代文学の最初の文体の問題として「山椒大夫」に取り組みました。大正四年のことです。「ひとひきひいたは 千僧供養 ふたひきひけば 万僧供養」というのは鷗外の小説の中にはありません。「彼らを処分した後……」と一言で片づけていて、地蔵菩薩でお母さんの目を開かせるところで終わっている。金のこぎりで三郎が街道を行く人に首を打たれるという因果応報の物語は説経節にしかないんです。

私がこの物語で思ったことは、厨子王の方が山椒太夫より悪だということなんですね。悪人を処分するのに、息子に父親の首を竹のこぎりで落とせと命じる。自分が見ている目の前で。そこに奴隷として存在していた厨子王が権力者となって再登場してきたときに、権力が持っている空恐ろしい力というものが顕わになっている。ローカルな悪（山椒太夫）に対して、パブリックな悪（太守としての厨子王）の方が大きな力を持っているということが見えてくるということなんです。処刑の仕方に力を込め説経節を語った人たちの心情は、明らかに底辺をはうようにして生きてきた中世の人々の輿望を担っていると私は思います。

そこに「山椒大夫」というものが説経節の古い形を残しているという言い方もできると思うし、それと向かい合った近代主義者の森鷗外の文章には、人権やヒューマニズムという形で、人間の残酷さから遠ざかろう、逃げよう、あるいは忘れよう、あるいはアンタッチャブルにしよう、あるいはタブーにしようという現代人のための避難場所が用意されているようにも思います。

現代では小説家がどれほどの物語を書いても、中世の人々が「ひとひきひいたは 千僧供養ふたひきひいたは 万僧供養」と、千人の僧の読経にもまさる罪を償っているんだ、と声に出して語るときに込められた思いを伝えることはできないと思います。三郎の壮絶なる加虐も、それに対する罰も、フランス革命も、ロベスピエールやマリー・アントワネットをギロチンにかける力も我々民衆の内部にくすぶっている。そうしたものを人間社会は秘めていると思います。

今、北朝鮮との問題はあるけど、ミサイルは日本には来ないだろう、どこかでアメリカがいるから安心だなんて思っていますが、フィリピンでは日本軍五四万人が戦死して、うち三〇万人近くのご遺骨がまだ野ざらしのまま放置されているわけです。この間、先の天皇がそこに行かれて手を合わせられたわけですが、そんなに人が死ぬまで平気でいられる当時の日本陸軍の軍人や大本営は、どういう神経をしているのかと私は思います。だから、そうしたことは「さんせう太夫」の三郎や厨子王が直面した人間の暴力をはるかに凌駕する暴力性を、我々日本人は自発的にやってしまったということを忘れてはならない。

❖

安寿姫と厨子王のお父さん、岩城の判官が流された先は筑紫の安楽寺でした。ここは実は菅原道真卿を葬ったお寺なんです。菅原道真卿というのは日本最大の怨霊で、天神様と呼ばれています。「通りゃんせ　通りゃんせ　ここはどこの細道じゃ　天神様の細道じゃ　この子の七つのお祝いに　お札を納めに参ります」という歌があります。この次にくる最後のフレーズ「行きはよいよい　帰りは怖い　怖いながらも通りゃんせ」。これは天神様の境内で遊んでいる子供たちが時間を忘れて夕方になってもなかなかうちへ戻ってこない。あまりに遅くなると「行きはよいよい　帰りは怖い」で、いつ、がばっと怨霊たる道真卿に食べられてしまうかわからないよ、というものです。

この安楽寺には筑前琵琶を演奏する盲目の琵琶法師たちがおり「平家物語」を語っていた。室町時代にどうして「平家物語」や「義経記」が生まれて発達したのかというと、室町幕府の成立を見る必要があります。鎌倉幕府をつくったのは源頼朝ですが、その後は平家方の北条氏が天下を握りました。しかし建武の中興もつかの間、後醍醐天皇が失政し、北条高時が新田義貞に討たれ、鎌倉幕府は崩壊します。その後、足利尊氏は室町幕府を開きます。ここに至って源氏が再興されたので、滅んでいく平家に対して民衆としては快感があったわけですね。「平家物語」が流行したのは源氏びいき、その根っこに源義経があったと思うのです。

平家琵琶を語ったり「平治物語」を語ったりする筑前琵琶の盲目の琵琶僧たちがまず「さんせう太夫」を語ったんじゃないかなと思います。それが売春をしながら歌を歌う歩き巫女たち、あるいは盲目の瞽女さんの集団によって、直江津や丹後の由良や日本海側の製塩業の盛んなところに伝わって、「さんせう太夫」を形作っていったのではないか。それらを全部統括するのが安楽寺の盲人僧たちだったんじゃないかというふうに推察されております。

義経は不思議とあれほどの最期を遂げても怨霊になっていません。それは義経がたくさんの芝居や語り物、あるいは読み本で語られたことで成仏できたからなのではないかと思うんです。

ところが、菅原道真卿はそうではなかった。彼は文学の才の極点をきわめた人で、文章博士、大学頭までやってとうとう宇多天皇の寵愛で右大臣にまで上った人です。それが天皇家の後継問題で道真卿の縁者を宮中に入れようとしたというざん訴に破れて、**九州大宰権帥**に流されてしまう。左大臣は**藤原時平**、芸能では時平のことを「しへい」と呼びますが、右大臣は副総理という形になります。それが流刑に処されてしまう。

いよいよ道真が都の屋敷を離れて流罪の旅に出るとき、庭前に咲いている梅に向かって「東風吹かば　匂いおこせよ　梅の花　主なしとて　春な忘れそ」と歌う。声も何も出さない梅の

九州大宰権帥
大宰府の長官である大宰帥の権官。中国との交易の利権を目当てに中納言・大納言経験者が就くことも多かった。一方で、中央で失脚した大臣経験者の左遷先にもなっていた。

藤原時平
平安時代の公卿。藤原基経の長男。醍醐天皇が即位すると、昌泰二（八九九）年に左大臣として権力を握った。藤原氏の専権抑制のため登用された右大臣菅原道真を大宰権帥に左遷し、藤原氏の地位を不動にした。

花に向かって歌を詠んだら主人が恋しくなってその梅は飛び梅になって道真の後を追う。

道真は九州大宰権帥で九〇三年に死にます。「去年今夜侍清涼」という、月見の宴で宮廷人として、殿上人としての衣装を繰り広げて回顧する有名な漢詩を残して、彼はこの世を去るわけです。彼の遺体を埋葬しようとしてある定められた墓所に向かおうとしたら、安楽寺の境内のところで牛が動かなくなってしまう。ああ、ここで埋葬しなきゃいけないというので埋葬された。

すると、九〇九年にライバルの左大臣、藤原時平こと「しへい」が死んでしまった。続いて彼らの息子たちもばたばたと死んでいった。宇多天皇の跡を継がれた醍醐天皇があるとき清涼殿にいると、ものすごい落雷があって殿上人の何人かが焼け死んだ。これは明らかに道真卿の怨霊が祟ったに違いないというので、醍醐天皇は慌ててお寺に駆け込んで剃髪されるが間もなく崩御されてしまう。それで、北野に天満宮をつくり、太宰府にも天満宮をつくって弔ったわけですね。

九四〇年、道真が死去して三〇年あまりたって関東で**平将門**（たいらのまさかど）の乱が起きました。平将門が都の天皇にかわって新皇であると名乗りをあげた。新しい天皇として自分の権力を示すために除目、役人を任命する儀式を行いましたが、その時、一人の芸能者に八幡大菩薩を神がからせた。そして「先の右大臣、正一位の道真公は平将門をもって天皇とすることを許したもう」という御神託を八幡大菩薩から受けた、と「将門記」に書かれています。「将門記」は軍書としてははじめて、事件が起きた翌年に書かれており、いかに道真卿の怨霊がすさまじいものであるか

平将門
平安時代中期の関東の豪族。桓武天皇の子孫で、高望王の三男平良将の子。下総国、常陸国に広がった平氏一族の抗争から、やがては関東諸国を巻き込む争いへと進み、その際に国府を襲撃して印鎰を奪い、京都の朝廷 朱雀天皇に対抗して「新皇」を自称し、東国の独立を標榜したことによって、遂には朝敵となる。しかし即位後わずか二か月たらずで藤原秀郷、平貞盛らにより討伐された（承平天慶の乱）。死後は御首神社、築土神社、神田明神、国王神社などに祀られる。合戦においては所領から産出される豊富な馬を利用して騎馬隊を駆使した。

という傍証になっていると思います。将門の乱によって関東一円はある時期、無政府状態になって、京都の支配の及ばない国ができてしまいました。

このようにして菅原道真卿は天下第一の怨霊ということになったわけです。学問家で詩人である道真卿が清涼殿にまで出かけて、天神様になって醍醐天皇を追い詰めるなんて、そんな教養のないことをおやりになるかどうか想像がつきませんが、どうも天神様に手を合わせても息子さんや娘さんは合格しないということだけは確かなようです（笑）。

でも、日本人にとってこの権力の怨霊というものは物語をつくる大きな、強力な動機を与えてきていると思うんですね。それは人間の生きている社会ではものすごい競争、あるいは権利の争奪があって、一刻として平和な時代っていうのはなかったわけです。戦後七〇年、戦争がなかったと言っていますが、政治をやっている人たちには血なまぐさい政治の歴史があったし、私たち映画人は斜陽産業と嫌われて、一二億あった映画人の人口が私が監督になったときには一億二〇〇〇万人、一〇分の一になってしまったわけです。ものすごいものです。

ということで、日本の芸能というものは民衆が希求する大きな力が物語の原動力となっていて、これは近代文学や現代小説がどんなに奮迅の働きをしても、物語の持っている、無名の民の恐怖、喜び、快楽というものから逃れること、凌駕することはとても難しい問題ではないか、ということをお伝えしたいと思います。

（休憩）

奈々福◆すごいお話をうかがいました。日本の芸能の脊梁山脈をなす義経伝説のお話から、怨霊が日本の芸能の大きな動機になっているというお話をうかがいましたけれども、今回は「語り芸パースペクティブ」の初回なので、少し角度を変えましてうかがいます。

監督は『河原者のススメ』の中でさまざまな芸能に関して触れておられますが、義太夫のことを「浄瑠璃姫の物語から浄瑠璃という芸能があらわれる、瑠璃イコール宝石、ガラスのように清らかという意味を持つ浄瑠璃とは、汚れて苦難の多い世を生きなければならない人間を救う仏の霊験を語る芸能のことである」と定義されています。これはすごいなと思いました。義経の話などは貴種流離譚（きしゅりゅうりたん）の一種だと思うのですが……。

篠田◉貴い貴族が身を落として諸国を流浪する。

奈々福◆はい。義経の物語はその系統だなと。

篠田◉そうですね。

奈々福◆そうした浄瑠璃の前に説経（節）というものがあり、「さんせう太夫」のお話をしていただきましたが、どうして説経にはこんなに悲惨な話ばっかりなのでしょうか。「さんせう太夫」もそうですし、「**小栗判官**（おぐりはんがん）」「**愛護若**（あいごのわか）」「**苅萱道心**（かるかやどうしん）」あと「**信太妻**（しのだづま）」。みな荒唐無稽と言えるほど悲惨極まりない。「さんせう太夫」の安寿姫が殺されるところなどは……。

篠田◉日本文学の中でも一番凄惨な光景ですね。

奈々福◆はい。そうした物語を民衆はどのように享受したのかなと。というのは、昨日、私は

小栗判官
説経節を代表する作品。鞍馬寺の毘沙門天の申し子である小栗が武蔵相模の郡代の娘照手姫の元へ強引に婿入りするも、その父兄に殺された後、閻魔大王の計らいで蘇り、夫のため苦難に耐えて生きていた姫と再会するという話。

愛護若
説経節の作品。主人公である愛護の若は父二条蔵人清衡の後妻雲井の前の邪恋を拒んだため、激しい憎しみを買って館を追放される。館を出た愛護若は、叔父の阿闍梨のいる叡山を訪ねるも、そこで天狗と間違えられて乱暴され、失意と絶望から山中を放浪した果てに霧降滝で投身自殺するという数奇な運命に翻弄される話。五説経の一つとして親しまれる。

苅萱道心
説経節の演目。筑前苅萱荘領主加藤左衛門は、家族を捨てて出家し、高野山に入って苅萱道心となる。妻と子（石童丸）が後を追いかけるも妻は山麓で病死。石童丸には父と名のることなく突き放して、

女流義太夫の人間国宝でいらっしゃる、竹本駒之助師匠の浄瑠璃を聞いてまいりました。それが**玉藻前**（たまものまえ）のお話で、玉藻前の出自にかかわる場面で、これがまた、あり得ないほどの悲惨な話でした。が、駒之助師匠の浄瑠璃、語りにかかりますと、もうばかばかしいほどに酷い話なのに、滂沱（ぼうだ）の涙に転換される。それが語りの凄さかなと思います。会の冒頭で、橋本治さんがお話しされたのですが、浄瑠璃、義太夫というのはむちゃくちゃな話で、それに対して演者が度外れて泣くんですよ、と。現代の芸能ではどちらかというと涙の地位が低く、笑いの地位が高くなっている気がするんです。

篠田◉それはたぶん、戦争に飛行機や戦車があらわれるようになったからだと思うんですよ。

奈々福◆えっ？　どういうことですか。

篠田◉ナポレオンの時代までは、「突撃！」って言って戦死を覚悟で、矢玉や大砲の中を、弾丸雨あられの中を突撃したわけですが、近代以降は見えないところからミサイルや爆弾が落ちてきて、戦争が科学の戦争になった。ある意味では、昔の戦争で戦死した人たちも切腹した人たちも、人間と人間の戦いの極限の中で、その頂点で亡くなったり、割腹自殺するという場面が出てきていたわけです。ところが近代を過ぎて現代に至って、あらゆることがオートメーションになってしまった。洗濯はボタン一つでドライまで毎日やってくれる。でも、洗濯板でごしごししていると水は冷たいし、手は擦りむける。少年の時分の私も、これは厨子王だな、と思っていました。

奈々福◆洗濯するときに、ですね。

信濃善光寺に向かうという話。元は萱堂に住まう高野聖の間で語られた物と言われている。

信太妻 説経節の演目。信太の森の白狐が葛の葉姫に化けて安倍保名と契り一子をもうけたが、正体を知られて古巣に帰ったという伝説を主題としたもの。

玉藻前 平安時代末期に鳥羽上皇の寵姫であったとされる伝説上の人物。妖狐の化身であり、正体を見破られた後、下野国那須野原で殺生石になったという。浄瑠璃や歌舞伎などの多くの作品の主題になっている。

篠田◉もっと言えば本当の残酷というのは見えないんですよね。広島の残酷、無残を我々は見ることができますか。

奈々福◆……見えないですね。

篠田◉丸木位里（まるきいり）・俊（とし）夫妻の原爆の絵などを見ても、どこかでもどかしさを感じるだけでね。三〇秒で人間が、肉体が、影になっちゃうわけですからね。ハイスピードでぴかーっと光ってから三〇秒間、広島の市電が通り過ぎて、それから人間が溶けるまでの映画を僕がつくるとしたら、それこそ生物学から人体学から筋肉学からあらゆる学問を動員しないとなりません。放射線の熱量はどうなるのか。それに対して人の肉体はどう変化するか。それらを計算してデジタルデータに落とし込んで、「三〇秒」という映画を三〇秒だけつくろうかなと。

奈々福◆そういうふうにお考えになるんですね。ということは語り芸が、説経もそうですし浄瑠璃もそうですし、今、私は浪曲師ですが、あまり悲惨を語らなくなってきているんです。笑う話の方が今の人たちの共感を得やすいので。ただ……。

篠田◉浪曲というのは落語と隣接しているんじゃないですか。

奈々福◆でも、もともとは浪花節（なにわぶし）という言葉がお涙ちょうだいの代名詞に使われるほど、担っていた人たちは、明治新政府になって地方から流入してきた最底辺の人たちですし、祭文（さいもん）だったり山伏の末裔だったり、本当に「アルキ」の人たちだったわけですから、悲惨を語っていたはずなんです。今は演じる人が少なくなっていますけれど、それこそ、「葛の葉子別れ」であるとか「**石童丸**」とか、説経由来の演題がいっぱいあったのです。

石童丸
苅萱道心の息子。父と対面しながらも真実の父とは知らずに別れ、離れ離れながらも同時刻に往生を遂げる。

篠田◉説経系の演題があったのですね。僕も聞いたことはないです。聞いたのは**広澤虎造**の**「石松三十石船道中」**。

奈々福◆それも笑いの方なんです。どちらかというと、今はどんどんそうした落語寄りにシフトしてきていると思っていますが、もともとはすべての語り芸の中心では悲惨と涙が語られてきたと思っています。長く続いてきたその価値観が少し変わってきてしまっている。明治維新以降でしょうかね。

篠田◉自分の生命というのは親から来て、その親の生命はまたその親から来てという祖先崇拝の、そこに自分のつながりを持っていないと自分に人間としての尊さがなくなってしまうということに、古代の人たちはものすごく恐怖を持っていたと思います。そうした信仰が万世一系の天皇家を生んだんだと思うのです。ですから、変に譲位されたりして突然そのつながりが切れてしまったらどうなるんだろう。神さまだった天皇がただの人間になって、どうやってお暮らしになるのかなと不安になってしまう。

そうした祖先崇拝の気持ちから、これまでは金も惜しまず墓をつくってきたけれど、いまや亡くなったらそのまま病院から火葬場に直行する直葬で済ませるようになってきた。僕なんかもそれでいいと思っているところがありますけどね。

❖

広澤虎造
戦前から戦後にかけて一世を風靡した浪曲師（一八九九年～一九六四年）。清水次郎長伝で大人気を博す。

石松三十石船道中
広澤虎造により「呑みねえ食いねえ」「馬鹿は死ななきゃなおらない」のフレーズが大ヒットした浪曲作品。八軒屋から伏見への三十石船の中。船客たちは、退屈しのぎに、お国自慢に、名物自慢、豪傑話を繰り広げ、いつしか親分衆の話になった。海道一の親分は清水次郎長。その子分のなかで一番強いのは？　乗り合わせていた森の石松は気が気でないが……。

奈々福◆天皇家の話となると、監督の次のご著書の話にも触れなくては。いまご用意されているご本の中にも古代王家の闇は深いと書かれています。

篠田◉編集者がなかなかオーケーと言わなくて、未刊です。

奈々福◆危ない本だからですよね、それはきっと。編集者の方に同情します（笑）。

篠田◉本のタイトルも、『ここだけの話』っていうタイトルにすればいいのになと思って。

奈々福◆出版したらここだけの話になりませんので……。でも、たとえば**応神天皇**という方は絶対に大和民族じゃないと。

篠田◉応神天皇のときに日本は移民だらけになりました。たぶん、本当の天皇家というものができるのは天武天皇、持統女帝のときなんですよね。

奈々福◆えっ、そんなに遅いんですか。

篠田◉八世紀。六六三年に百済・日本連合軍は新羅（しらぎ）と中国軍に大敗して、みんな引っ込んで飛鳥王朝の近江の琵琶湖のほとりの大津へ都を移さなきゃならなくなった。それで天智の近江朝は潰れる。潰したのは弟の天武天皇ですね。ここが一番すごい時代じゃないかなと思います。もともと伊勢神宮は、実は天皇陛下以外はお参りに行っちゃいけないところだったんですよ。

奈々福◆それまでは、ですか。

篠田◉はい。持統女帝の夫の天武天皇が吉野山から抜け出て、近江王朝の天智の王朝を倒すために軍を動かして、吉野から三重県へ出るわけですよ。今の四日市ぐらいのところかな。そこから南を向いて伊勢の方を拝んで、伊勢の大神に「我々を助けたまえ」と言って、そして大勝

応神天皇
実在したとすれば、四世紀ごろか。八幡神として神格化されている。在位中にはさまざまな渡来人の来朝があったとされ、「古事記」によればその内の王仁（和邇吉師）によって論語（儒教）と千字文（漢字）が伝わったという。

利するわけですね。それで自分の娘、プリンセスをその天照大神の祭祀、斎王としてお祭りをする人として送ることになる。これが斎王の始まり。

奈々福◆ああ、そこからなんですね。

篠田◉大来皇女ですね。その弟の大津皇子がすごい人物だった。でも、持統女帝は自分のおなかを痛めたプリンス、草壁の皇太子を天皇にしたかったので、邪魔になった大津皇子を殺してしまう。

奈々福◆すさまじいです。

篠田◉ええ。そのときに彼女は初めて伊勢神宮に行った。『日本書紀』には伊勢の祠と書いてあります。だから天照を祭っていても、まだ神宮らしいものではなかったのかなと。

奈々福◆祠ですか。

篠田◉伊勢にいてそのお手当をすると言って、でもお参りしたかどうかも書いてないんです。それから一三〇〇年ですか。

奈々福◆そうですね。

篠田◉天皇は明治天皇までお参りしたことがないんです。明治天皇も京都から東京に遷都される道中お伊勢様に寄って、これからは伊勢神宮は天皇家がお守りするという……。

奈々福◆はあー、そうなんですか。

篠田◉だから内宮と外宮の間には島原、吉原に次ぐ大遊郭ができていたと。

奈々福◆はい、古市ですね。そうですか、それまで天皇家はお参りしていなかったのか。

対談

篠田◉だから、日本の天皇で富士山を最初に見たのは明治天皇です。

奈々福◆ああ、そうですね。

篠田◉そのぐらい貴人たちは都に集中していた。後白河法皇も伊勢神宮には一度も行かないのに、**熊野権現**は三四回行っている。藤原定家がそのときはつき人になって、苦労した話が「明月記」に書いてあります。

奈々福◆京都から熊野への道っていうのは説経の道でもありまして「小栗判官」とか「信太妻」、みんな熊野街道、住吉街道。あそこは貴賤の交わる道だったんですね。

篠田◉みな街道の芸能ですね。先ほどは触れられなかったのですが、都から脱出した常盤御前と乙若、今若、牛若の三兄弟は伏見で宿を借りて一夜を過ごして、そしてそのまま奈良の宇陀（うだ）へ行くんですよね。宇陀は長谷観音があるところ。清少納言も紫式

熊野権現
熊野三山（新宮市の熊野速玉大社、田辺市の熊野本宮大社、那智勝浦町の熊野那智大社）に祀られる神。主祭神である家津美御子（スサノオ）・速玉（イザナギ）・牟須美（イザナミ）のみを指して熊野三所権現という。熊野神は本地垂迹思想のもとで権現（仏が神の姿で仮に現れたもの）と呼ばれるようになった。熊野神は各地の神社に勧請されており、日本全国に四七〇〇社ほど熊野神社がある。

部もそこに出かけているんです。

奈々福◆はい。長谷観音はお参りしますね。

篠田◉宿屋の暮らしで隣の声がうるさいとか、平安時代の地方の宿屋の光景もあるわけです。それは宇陀に長谷観音があって、観音信仰、観音参りも盛んだった。だから、大和へ逃げたというのも観音参りなのか、そこが源氏の拠点だったからなのか、どちらなのか。観音参りをする人たちが伏見常盤から宇陀常盤まで、ついでの話につくりかえていったのかもしれない。

奈々福◆ああ、かもしれないですね。そういえばこの間、熱海のMOA美術館に行って、「山中常盤」を見てまいりました。

篠田◉狂気の画家・岩佐又兵衛の。鞍馬山から抜け出て平泉に出た牛若丸を追って、京から平泉に抜けようとした常盤御前が美濃の国、山中宿で病に倒れ、そこを盗賊に襲われ、身ぐるみはがされて殺されてしまうお話。

奈々福◆ただ、とても残念だったのが、山中常盤の絵巻物は一五〇メートルあるのにそのうち七〇メートルしか公開されていなかった。常盤御前の惨殺シーンはあったんです。でも、侍従の惨殺シーンは隠れていました。岩佐又兵衛というのは、悲惨な生涯を送った戦国大名、荒木(あらき)村重(むらしげ)の遺児ですね。その又兵衛が描いた惨殺シーンがどのようなものだったのか見たかったのですが。

篠田◉親の荒木村重は有岡(ありおか)城に籠って信長に謀反を起こしたわけですね。それが失敗して、村重は城から脱出するのですが、人質となっていた家族やお妾さん、子供たちがすべて見せしめのため惨殺された。かろうじて又兵衛は乳母と二人でそこから脱出することができて、石山本願寺に預けられる。その後、成人してから信長の息子の信雄に仕えることになります。一方、村重は隠遁し、信長が亡くなって以降は大阪で茶人となって復活し、秀吉に拾われる。こちらもものすごい人生です。

いまは、伊藤若冲がブームになっていますが、そのうちに岩佐又兵衛がブームになりますね。

奈々福◆そうですね。すごく保存状態がよくて、ものすごくきれいでした。河鍋暁斎を見ているどころじゃないです。たしかに又兵衛の生涯は義経と重なる部分がありますね。

先ほど監督がお話された中で、「平家物語」流行の根っこには源氏びいきがある、とおっしゃいました。平家が滅んだことについて、勝った源氏の人たちは、あれほど権勢を誇ったものを滅ぼしてしまった、滅ぼせたのは良かったけれど、その怨霊をどうしようか、ということで鎮魂として琵琶法師は「平家物語」を語って、それを皆が聞いていたのではないか、と思っていました。ですので、源氏びいきというのが少しわかりませんでした。

篠田◉**大原御幸**の故事がありますね。それを少し壇ノ浦まで巻き戻すと、安徳天皇を亡くしたけれど、母の建礼門院は海から救われた。しかし彼女が乗り上げた船は義経の船だった。義経にしてみると、自分のお父さんをさらし首にして、お母さんを慰み者にした男の娘がすぐ前に横たわっている。「壇ノ浦夜合戦記」っていう春本があるんです。

奈々福◆はい。

篠田◉だから、義経公がどうも船上で建礼門院をレイプしたと思われるわけ。大原御幸という

大原御幸
平氏滅亡後に大原に出家・隠棲した建礼門院を後白河法皇が秘かに訪問したとされる故事。その真偽については不明。

のは、後白河法皇が建礼門院を密かに訪ねた理由は、レイプされた彼女を慰めに行ったのではないかと。

奈々福◆おお、そういうことですか。

篠田◉中世の天皇たちはものすごく窮屈なんですよね。外出がままならない。たとえば宮中の中で犬、猫が死ぬと、もうその日は行事が何もできないわけです、**延喜式**(えんぎしき)でね。内裏でも奥方が月のさわりが起きると朝廷には参上できないですからね。そのぐらい清めというものを、穢れというものを嫌っていた。

でも自分たちは道楽がしたい。しかし、今様を歌っている芸人を御所に集めるわけにいかない。だから、上皇の離れ御所になったところで夜を徹してカラオケ大会が始まるんです。

奈々福◆本当に夜を徹してだったみたいですね。

篠田◉ええ。声をからしてやる。**乙前**から習うわけです。**青墓宿**(あおはかのしゅく)の遊女たちが伝えている今様をものすごく練習して覚えて、それを記録して。中世におけるすごいものですよね。

奈々福◆後白河法皇が「梁塵秘抄(りょうじんひしょう)」の中で、文字を書ける人は残るからいいね。自分の歌は残らないって地団太踏んでいるんですよね。たしかに芸能っていうのは残らないですね。ちょっと後白河法皇の声を聞いてみたかったですけど。

篠田◉近松門左衛門が浄瑠璃に目覚めたのは、宇治加賀掾(うじかがのじょう)っていう名人が宮廷に上がってきたからです。後水尾上皇が、宮廷の女性たちの楽しみがないので、気をきかせて芸人を呼ぶわけです。なかでも京の四条河原町で浄瑠璃を歌っている宇治加賀掾がすばらしいと有名になる。

延喜式
平安時代の法令集。全五〇巻。延喜五年、左大臣藤原忠平らが醍醐天皇の命令により編集（延長五年に完成）。内容は律令制社会の全般に及んでいる。

乙前
青墓宿の白拍子、もしくは遊女で、後白河法皇が、今様の師と仰いだ女性。

青墓宿
美濃国（現在の岐阜県大垣市青墓町）にあったとされている古代・中世の東山道の宿駅。青波賀、大墓なども書く。

名声を聞いた青年、近松門左衛門、杉森信盛というのが本名ですけど、河原者になる決心をして宇治加賀掾のもとに行く。それまでは公家に仕える侍だった。

奈々福◆そうですよね。近松のお話も実はご本の中に書かれていて、鳥辺野の、人が焼かれる、葬られるところ、あと四条河原の獄門を、目に焼きつけた男だっていうこと。

篠田◉金子吉左衛門という、坂田藤十郎の番頭さんがいました。今の藤十郎さんの一番直系が元禄の四条河原のヒーローだった。吉左衛門は坂田藤十郎の世話役をやって代役もやったり、一緒に台本も書いたりしていた。あるとき雨の日に、京都の今の都ホテルの前が粟田口っていう刑場の跡で、そこでさらし首を眺めに、はりつけの刑を見学に行くわけです。たまたま見学に行ったら、突いたやりの柄が折れて罪人がものすごく七転八倒する光景を見てしまう。たまらんなと思って雨を気にしながら坂をおりてくると、さきほど処刑された男の首を三つぶら下げた処刑人がさらし首の台に並べ始める。その足で精進落としに南禅寺の豆腐屋に行っておこうと。

そこまで金子吉左衛門がメモしていました。メモの表は八幡太郎というドラマの下書きだったのですが、その芝居が不採用になって上演されないものだから、その裏側に日記が書かれていた。

奈々福◆貴重な日記が残ったわけですね。近松と合作で台本を書いたりした人ですね。

篠田◉演劇史をやる人は全然そういうことに興味がないのか、調べないのか知らないですけど、僕にとっては言ってみれば、そういう日常の中に芸能というもののヒントが全部隠されているんじゃないかなと思うんです。
日常の中にものすごい悲劇が潜んでいるわけですね。喜劇は笑って表に出せるけど、悲劇は陰にこもって怨霊になり、復讐になり、自殺になったりしますからね。

奈々福◆その怨霊が物語の源泉になる……。

篠田◉近松門左衛門というペンネームも、「近松寺」の「門の番人」というところから来ている。近松寺というのが京に近い大津（滋賀県）にあります。
近松が活躍した**竹本座**があった大坂の千日前っていうところは、元は処刑場でした。火葬場も墓地が取り囲み、それで千日前の法善寺は処刑される人が手を合わせると、一瞬で千日お参りしたことになるという功徳の高いお寺さんとされていました。

奈々福◆四万六千日みたいなものですね。

篠田◉手を合わせて水もかければもっといいという。それで善福寺と近くの竹林寺の両寺が「千日寺」というお寺に合体して、その寺内の前の土地が千日前という地名で呼ばれ、竹本座という人形芝居の近松の拠点の劇場が誕生したのです。ですから、劇場街というのはいわば処刑場と同じゲットーの中に住しているわけです。だから、京都で見たさらし首は、大阪に行ったら毎日のように見られると。

奈々福◆そういうところですね。

❖

竹本座
一六八四年に竹本義太夫が創設した、大坂道頓堀にあった義太夫節人形浄瑠璃の代表的な劇場。

奈々福◆今日のお話の予習として監督の撮影された『はなれ瞽女おりん』を、見て来られた方も多いと思いますが、映画の中では今はもう消えてしまった芸能がいっぱい出てきます。やはりそうしたものを記録にとどめようというようなお気持ちもあったんですか。

篠田◉僕が助監督のころだったと思うんですよね。松竹大船撮影所にいて、酒匂川(さかわがわ)だったと思うんですが、相模湾に出る河口のところで一人の老女が行き倒れで死んだ。その老女が三味線を持っていたらしいんです。これが、どうも瞽女さんの一番最後の人の光景じゃないかなと思ったんですね。それ以来、東京にロケーションしてキャメラを構えても車が走っていて、路上でキャメラを据えるところがないわけですよ。どこかで我々は映画撮影するときは人よけしてキャメラをどんと構えて、「路上の義経」ならぬ路上の篠田になってはいつくばって撮影していたんです。

ところが、開発が遅れた横浜の町にはまだ戦前のビル街が残っていたので、ある時期、東京の物語は全部横浜で撮影しているということがありました。しかし、自分はどうも繁栄するビルディングの光景よりも、ビルディングの地下に眠っている灰燼と化した建物を復活させたいと思っているんです。一番最後につくった『スパイ・ゾルゲ』は昭和一〇年の東京の光景ですけれども、あれはフィルムじゃなくて、全部コンピュータでつくった映画です。だから、日本におけるデジタル技術のパイオニアなんです。

奈々福◆おお(笑)。

篠田◉パイオニアの話のついでで言えば、一九五〇年、僕は早稲田大学で陸上競技の練習をして、箱根駅伝を走っていました。

もともと僕は、高校生の時、四〇〇メートルで国体の選手になっていたんです。岐阜県代表だったのですが、国体の予選ではあっという間に負けて、それが悔しくて早稲田に進んでも競走部に入ったわけです。それで四〇〇メートルの練習がやりたいと言ったところ、監督の西田修平さん、ベルリンオリンピックの棒高跳びの銀メダリストで中村清、瀬古利彦を育てた人ですが、彼に中長距離の中村さんのところに行きなさいと薦められた。それで中村さんのコーチの下で走っていたのです。

それで何か月かすると、中村さんがみんな集まれという。

何かというと四〇〇メートル、八〇〇メートルは中距離と言われている。篠田君、四〇〇メートルの世界記録は何秒か知っているか、と。四六秒フラットです。君の記録は何秒かな？五四秒八です。ふむ、君のこれからのプランニングはどうなの？　大学を出るまでに五一秒台にしようと……。君、その走りではとても世界記録に届かんね。諦めなさい、と。

そのかわり、そのスピードで五〇〇〇メートル走ったら世界記録だ。いまからやりたまえ、これからはスピードの時代だ、って言うんです。

だから、四〇〇メートルトラックを五四秒台で走れる選手に、一分で走って来いという。それは楽なんです。ジョギングに毛の生えたものでぱーっと走ってくる。スターティングポイントに戻ると、そこから呼吸を整えてジョギングしなさいと。それを一周置きの一分で五〇〇〇メートル走れと命じられる。それならできるとやってみたんです。最初のトライは一分、二回目のトライも一分、でも三回目はもうアゴが出て、二〇〇〇メートルも行ったらもう手足が動かなくなった。中村さんが言うには、君たち足が動かないだろう。足を動かすにはどうしたらいいか。手を振ることだ。手を振るにはどうしたらいいか。腹筋を鍛えろと。馬でも四つ足で走っているんだぞと。君たちも四つ足で走れ！と。

奈々福◆えーっ。

篠田◉だから上半身の訓練をやる。このインターバル走法の効力で、世界の瀬古利彦が登場するまで二〇年かかっちゃったんです（笑）。自分たちが長距離のスピードランニングの最初の稽古台だったんですね。

奈々福◆なんと……そうだったんですか。

篠田◉だから、助監督になって芸能者と出会って、芸能者のせりふのかったるさに耐え切れなくなって。もっと……日常のせりふというのは、そんな物語を語るようにせりふを言うべきじゃないだろうと。こうやって対話している場合は相当論理を尽くして話をしようとしているけれど、我々の日常はそうではない。

日常の中で一番当たり前のせりふを書いているのが小津安二郎だと聞いていたんです。小津安二郎の映画は原節子と笠智衆（りゅうちしゅう）の娘と父が映っていますが、本当の主人公はこの世を去ったお母さんですね。お母さんがいなくてお父さんは寂しいだろうと思ってお嫁に行かない娘と、何とかこの娘を嫁に出さないと晩春になってしまうから……当時は二五歳で晩春ですからね

（笑）。嫁に出したい父。この親子やその周辺の人間が話をするというと、挨拶ばかり。こんにちは、おはよう、もうそれだけでドラマが進んでいく。すごい監督がいるなと思いました。だから、小津の物語っていうのはいかなる方法をもっても物語れないわけです。

奈々福◆物語れない。うーん。

篠田◉ストーリーでいうと、いま話したような一言か二言で片づいちゃう。映画の評論家はその小津安二郎のことを日本の小市民を描いたペーソスとユーモアの映画だと書いたわけですね。ところが、助監督についてみたら富士山と松の木は絶対に映さないと。映画の中に富士山と松の木が出てくると、自分の世界がかき乱されるっていう……。

奈々福◆へえー、なるほど。

篠田◉映画の芸人もなかなかおもしろい芸談を持っているでしょ（笑）。

奈々福◆いや、おもしろいです。浪曲は絶対、富士山と松の木を出さなければいけないものなので。ちょうど時間ぐらいですが、実はもっと箱根についてうかがいたいことがありました。

篠田◉箱根山の話。

奈々福◆箱根山の、今の駅伝は箱根の霊験と関係があるという話を。

篠田◉曽我兄弟の。

奈々福◆はい。「**曽我物語**」の話をちょっとうかがいたかったです。

篠田◉曽我物と義経物だけで、歌舞伎の演目は二〇〇〇目を越えるはずです。

奈々福◆ただ、ここのところ曽我物の分が悪いという話を、私のお能の師匠がされていました。

曽我物語
軍記物語。一二巻（または一〇巻）。作者未詳。鎌倉末期または室町前期の成立。曾我兄弟の生い立ちから、富士の狩り場で父のかたきの工藤祐経を討つまでを描いたもの。後世、多くの「曽我物」と呼ばれる演目群が生まれるに至った。古く、死者の霊魂が浮遊したと考えられる箱根にかかわりを有した修験比丘尼が、その伝承者のはじめと考えられている。

あまり皆さん曽我兄弟の話を好まれない。義経に比して曽我物の印象がちょっとだんだん薄れてきている気がしますね。

篠田◉そうですね。「助六」がそうです。「助六」の本生は曽我五郎です。

奈々福◆あ、そうですね、「助六」は曽我物ですし、義経ともども興味深い……。そちらはこの『路上の義経』の方に、「箱根駅伝は今どきの霊験記である」というお話が書いてありますので、ぜひ読んでいただければ。お話は尽きないですが、監督、今日はありがとうございました。

篠田◉いや、どうも。

関連書籍紹介

篠田正浩『河原者ノススメ――死穢と修羅の記憶』(幻戯書房)
篠田正浩『路上の義経』(幻戯書房)

第2章 節談説教

廣陵兼純
釈徹宗

廣陵兼純（ひろおか・けんじゅん）――一九三七年石川県輪島市生まれ。浄土真宗大谷派満覚寺住職。一九六〇年から昭和の大名人・範浄文雄師に五年間随行。一九六五年、師の死去にともない独立。以後全国を布教して今日に至る。節談説教の第一人者であり、能登節の貴重な伝承者である。

釈徹宗（しゃく・てっしゅう）――一九六一年大阪生まれ、浄土真宗本願寺派 如来寺第一九世住職、相愛大学副学長／人文学部教授（比較宗教学）。ＮＰＯ法人リライフ代表として、認知症高齢者のためのグループホーム『むつみ庵』を運営する。『死では終わらない物語について書こうと思う』など、著書多数。

《口上》

数ある日本の「語り」の中で、一番わからないものから始めたいと思いました。一般的には聞く機会が少なく、それゆえに知られていない……節談説教。

浄土真宗のお説教に、浪曲に近い、フシつきのカタリがあるということは、小沢昭一さんの偉大なお仕事である『日本の放浪芸』このかたのCDシリーズや、数あるご著書の中で知りました。

その後の二〇〇五年春、私の師匠、故・玉川福太郎の会に、小沢昭一さんと廣陵兼純先生がゲスト出演してくださったことがありました。

後見していた私に、小沢さんの番頭さんがささやかれました。

「この先生、すごいよ。よーく聞いておきなさい」

そして拝聴した廣陵先生のお説教に、私は完全にノックアウトされました。

なんという声、節、能登弁の語り、可笑しさあたたかさ、包みこむような優しさ……。

日本の語り芸の祖には仏教があります。法会のときに歌われる、梵讃、漢讃、和讃、教化、訓伽陀、唱導、念仏、声明……。平安末期から鎌倉時代、それまでの後援者であった貴族社会が廃れ、仏教が民衆を向いた時代に、語りは、民衆への教化のなかで発達しました。ある時期まで、日本のすみずみに、こういう形のお説教が沁み渡り、人々の安心を支えていたのでしょう。落語も講談も浪曲も、お説教の子孫です。節談説教は、語り芸の母胎です。

お説教なので、まず勤行から始まります。

節談説教

「加典兄妹」に至る前の導入部

南無阿弥陀仏、南無阿弥陀仏……

しかれば大聖の真言に帰し、大祖の解釈に閲して、
仏恩の深遠なることを信知して、正信念仏偈を作って曰わく、
無量寿如来に帰命し、不可思議光に南無したてまつる。
法蔵菩薩因位の時、
世自在王仏の所にましまして、
諸仏浄土の因、国土の人天の善悪を観見して、
無上殊勝の願を建立し、希有の大弘誓を超発せり。
五劫、これを思惟し摂受して、
重ねて誓うらくは、名声十方に聞こえんと。

南無阿弥陀仏、南無阿弥陀仏……

石川県の、奥能登で輪島ちゅところがございますが、そこから出てまいりました。いろんなとこに寄せてもろとる。石川県にも新幹線がついて大変便利になりましたねちゅけど、新幹線、金沢の駅なんです。わたしンとこから金沢の駅まで車で二時間半かかる（笑）。東京から金沢は二時間半だそう

ですが、わたしンとこから金沢まで二時間半かかる。ところが近頃便利になりましてね。能登に飛行場ができましてね。それに乗ったら一時間で来る。わたしンとこから飛行場まで、三〇分なんです。大変、はようなりました。昔ゃ北海道でも説教行くときには飛行機には乗らなんだ。汽車に乗って。二〇時間かかったちゅんですけど。いま財閥ンなって（笑）、飛行機に乗ることになりまして、わずか四〇分のご縁でございますけれども、皆さんがたとお話しさしていただくことに、あいなりました次第でございまして、よろしくお願いいたしたいと思とりますけど。

今日は若い人らいっぱいおるから、楽屋におるときからなんとなく緊張してね。お話の糸口といたしまして、読み供えさしめ頂いたのは、親鸞聖人さま、「ご開山（かいさん）」と言われます。親鸞聖人様がお書きなされた「正信偈（しょうしんげ）」様。この中で一番最初の言葉が、「無量寿如来に帰命し、不可思議光に南無したてまつる」。これは、わかりやすく言うたら帰依すべき主体が現れた。人間が生きとるときはみな、何かに帰依するてね。生きとるちゅうことは、何かを恃（たの）むんだと。……何恃んどります？……考えたことはございません（笑）。生きとると考えても考えないでも、何かに恃んどる。何恃んどるというたら、我々はへいぜい恃んどるのは三つあると言われとります。一番先はわが身を恃む。二つ目は親族を恃む、三番目はコレ（お金）恃むてね（笑）。一番先はわが身を恃むてね。……あてになるやろかどうか。学問がある知恵があるったって、やがてボケていくわ（笑）。いつまでも続かんわね。力も無（の）うなったしね。男も女も年とりゃあ顔色も悪なるわ。こないだカバンの中を私探しとったやろ、なかなか出てこなんだら、何探しとるかわからんようになってね（笑）。あんたがたでもそうやろね、二階にもの取りに上がるわね。どっこいしょと上がったら、何を取りに来たのかわからんようになったて。だんだん頭悪うなるわ。己はアテにならん。

二番目は親族を恃む。夫が妻を恃む、妻が夫を恃む。あんたがたどやろか、奥さんがたでも、夫を恃んで信用して、大事にしとるけ？　考えてみると、世の中の一番の味方は、連れ添いやわね。それ粗末にしとって幸せになれるはずは……。そうでしょ？　夫が妻を尊敬して大事にせんで幸せになりたいったって、そら、無理だわね。近くにあるもんだから大事にせにゃならんと思っても、近くにあるもんだから、大事にせんわね。女の人が夫を大事にするのは、だいたい結婚していっときだけやと。

お釈迦様はこう言った。

人間は一人生まれて一人死んでいく
一人来たりて一人去っていく一人ぼっちのものやと
夫婦というても相互理解ができんものや

とね。妻は夫を……

■【実演】勤行

■【実演】お説教

節談とは

釈◉勤行とお説教が終わって、これからしばらくはお勉強タイムになります。今回初めて節談を知った方がほとんどということですので。

東アジアの仏教は法会・法要を重視するのが大きな特徴で、最初に勤行があって、説法がある、というのがその正式なスタイルです。今日聞いていただいたのもそのスタイルで、「阿弥陀如来にもうして、もうさく」と言葉をささげていた部分を「表白」といい、今日はありませんでしたが祭文のパート、講式のパート、そして勤行のパートなどがあり、節をつけて読誦するのを声明といいます。

音が下がったり上がったりする、このなんとも言えない揺れのある発声方法が、西洋音楽が入ってくる近代まで、日本の声楽を含めた音楽のベースとなってきました。ここが歌い物と呼ばれる伝統的な日本の芸能の土壌でもあったんです。

もう一つは説法のパートです。こちらは、経典をもとに仏教の教えを講義する系統と、説教・唱導などと呼ばれるような、人々にわかりやすいようエピソードを交えたり節をつけたりして語っていく系統と、二つの流れが発達していきます。節談というのは後者の流れです。後

釈徹宗先生による勤行（協力：真宗佛光寺派西徳寺）

者の流れは日本のほとんどの語り芸のベースとなっています。

日本の宗教的基層となっているのは、仏教と神道ですが、神道には基本的にお説教はありません。神道は神様をお祀りし、儀式やお祭りを行うことで共同体をつなぐという宗教で、教えを説くのが重要な仏教とはタイプが違うんです。日本の芸能を「語り芸」という観点で分類すると、そのほとんどが仏教のお説教を土壌に生まれてきたと考えてよろしいかと思います。一方、お説教のほうも芸能からずいぶん影響を受けて変化していますので、お互いに切磋琢磨してきたともいえます。

もう一つ、仏教の場合、法要終了後に娯楽会のようなものが行われます。今はほとんど残っていませんが、「延年（えんねん）」という娯楽会では、お坊さんが寸劇をやったり、子どもが歌ったり舞ったりしていましたし、みんなで食事をすることも楽しみの一つですよね。中世には、能や狂言を見るという形式も生まれてきます。これら全体を含めて「法要文化」と呼んでよいぐらい、さまざまなものが生み出されてきました。

節をつける説教は、現存するものは少ないものの、仏教の最初期からずっと行われてきました。「節談」というのは、そのなかで江戸後期に確立された浄土真宗独自の説教技法とご理解いただければいいかと思います。つまり、説教技法のひとつであって、節談という特別のお説教があるわけではありません。

今日聞いていただいておわかりになったと思うのですが、落語の要素もあれば講談や浪曲の要素もありますよね。しかも、それぞれの要素がとても原石っぽいというか、素朴な形で混入している。あくまでも仏法を伝えるのが主眼のお説教ですから、これが洗練されていって芸能として確立するということはない。このままのかたちでずっと続いていくわけです。

節談の大きな特徴としては、節と抑揚がつくこと。そして節と語りの境界が明確ではないことです。語っているかと思えば節がつくし、節がついているかと思ったら語りになる。語り自体にも独特のリズムがあるからスーッと入ってきますよね。廣陵先生は大変強い能登弁を話す方ですが、それでもさほど抵抗なく入ってくるのは、節と抑揚の力です。もちろん声の力もあるでしょう。なんとなく流れに引っ張られて笑ってしまうとか、泣いてしまうということが起きるのも、節談の特徴といえます。

廣陵兼純先生によるお説教

今日のしつらいは、高座があり、黒衣（こくえ）と

五条袈裟という御被着になっていました。これは節談が、昔からのお説教のかたちを今なお引き継いでいるからです。また、比喩・因縁を語った後、最後に立て板に水のようにタタタタターッと引っ張るセリ弁とか結弁と呼ばれる技法を使うのも節談の特徴です。

古来、節をつけた伝統的なお説教があったのですが、浄土真宗では独特のお説教が各地で草の根的に拡大し、隆盛を極めます。その後、近代的な講義のような法話のかたちが主流になり、節つきのお説教をやる人は減っていきます。かつて普通に「お説教」と呼ばれていたものをあえて「節談」と呼ぶようになったのは、そういうわけなんです。廣陵先生はいつも「これを節談と言われても、何だか困る。わしは子どものときからこれが説教やと思って育ってきたんで、特別なジャンルとは思わない」とおっしゃいます。いわば、今日的な法話・布教のスタイルと区別するために伝統的な説教を「節談」と呼んでいる面もあるんですね。

節談の作法、五段説法

釈◉伝統的な浄土真宗のお説教の技法には讃題、法説、比喩、因縁、結勧の「五段」というのがあり、節談は基本的にはこの構成方式にのっとっております。

「五段」の最初「讃題」とは、その日のお話のテーマを経典などから引用して最初に唱える、話全体を貫く串のようなものです。今日の讃題は「**正信偈**」でしたね。長年聞き続けてきたお同行は讃題を聞いただけで、「今日はお念仏の話だな」「今日はお浄土の話だな」とわかったそ

五条袈裟
三衣のひとつ。五幅の布を縫い合わせて作った袈裟。

正信偈
正信念仏偈。親鸞聖人著、『教行信証』の「行巻」末尾に収められている偈文。浄土真宗の要義大綱を七言六〇行一二〇句にまとめたもの。蓮如上人によって僧俗の間で朝暮の勤行として読誦するよう制定されている。

うです。

次に「法説」という讃題の解説が始まります。「帰命無量寿如来　南無不可思議光」……光と命に帰依(きえ)していく話がずっと続きますね。だいたいみんなこのあたりから退屈しはじめますから、グッと引っ張るために「比喩」が使われる。先ほども「比喩」が随分ありましたよね。親子の喩えもあれば、学生の面接の話もありましたし、三つの頼りの話もありました。節談というのはたいてい二五分から三〇分ぐらいのもので、今日の四〇分というのはちょっと長い。布教使さんは何百というお話をお持ちですから、この「法説」のパーツをたくさん入れて長くしたりとアレンジするんですね。

そして、「因縁」へと進みます。物語性のあるお話を語るわけです。今日話していただいたのは「**加典兄妹**」というお話でした。一〇〇〇年ほど前の新羅を舞台にした大変有名な説話です。「エミレの鐘」というタイトルで韓国でも語り継がれていますし、日本の仏教でも随分語られた、節談のお手本のようなお話です。声の出し方や話の持っていき方など、節談に必要なさまざまな要素が入っているそうで、昔のお説教者さんの中には最初に「加典兄妹」を習ったという方が多いんです。そして最後の「結勧」でもう一度「讃題」のテーマに戻るんです。昔からの伝承に「讃題に、ついて、はなれて、またついて、花の盛りにおくが一番」などと言われるところです。

「因縁」の部分で皆さんを笑わせたり泣かせたりする。そして、もう一度仏法に戻る。「はじめしんみり、中おかしく、終わり尊く」が節談の構成ということです。

加典兄妹
韓国の民話「エミレの鐘」を元にしていると言われる。大王の死に際し、それを悼むために慶州一の名人、加典に釣鐘作りの命が下される。それを受けて製作に取り掛かるもうまくいかない日々。ついには毎日やけ酒をあおるようになり、期待していた民衆も彼を嘲り笑うようになった。それを気に病む加典の妹は人づてに名鐘製作に欠かせないあるものの存在を知るが――。

また、最後にセリ弁とか結弁と呼ばれる語りがあります。正直に言うと、何を言っているかよくわからないんですよね。宗学をちゃんと学んだ人でもなかなかわからない。昔のお説教は、生涯聞き続けることを前提にしていたからこのような形態が生まれたのでしょう。一回でわからなくてもよい。繰り返し聞く中であのなんとも言えない語りが身体に染みついていって、あるとき腑に落ちたり、扉が開いたりするというわけです。ただ、現代のオーディエンスにとってそれはどうなのかという問題もありますが。

草の根で生まれた説教

釈◉節談というのは、そもそも草の根的なものです。各地域のお説教者さんがどうすれば仏教の言葉を人の心に届けられるのか、工夫を重ね、血と涙で編み出した技法です。ですからそのかたちは一様ではありません。地域によっても違うようです。有名どころには、兵庫県で生まれた**東保流**(とうぼ)や、大阪で活躍した遠藤流、滋賀県で活躍した椿原(つばきはら)流、あるいは福岡の調流といったものがあります。現存しないためどういうお説教だったかわからないものも多く、今なおかたちが続いているのは東保流ぐらいですね。

そのように各地で独自の工夫から同時多発的に活動していた節談の人たちは、そのうち批判にさらされるようになります。芸能まがいだ、みっともない、田舎臭い、古臭いと批判を受けます。先ほどの「比喩」、「因縁」の部分が、本来の仏法を歪めるのではないかとの批判もあり

東保流
江戸後期文政年間、播磨国（兵庫県）東保・福専寺の惠門法師が、寺内に獲麟寮を開き、教学を学び、学問をやさしく説き聞かせる弁舌技法を教授したことに始まる流れ。全国各地から派を超えて多数の寺院子弟が入門し、門下は三〇〇〇人に及んだといわれる。入門者は寮内に合宿し、高座に登って与えられた教本を節に忠実に語って、それを師よりなおされる論談と云う方法で研鑽した。

ました。その結果、教団が自粛したため、やる人が一気に減ってしまいます。このままでは絶滅してしまう、というときに、小沢昭一さんや永六輔さんが再評価し、再び注目を受けることになりました。

その後、やはりだんだん減ってはきたのですが、最近の若い人には新鮮に映るようで、若い女性節談布教使も誕生しています。やっぱりと聞き続けていくと、何ともいえないありがたい気持ちになることは確かです。

聞くことを重視してきた浄土真宗

釈◉それにしても、なぜ各宗派ある中で、浄土真宗で特に説教が発達したのでしょう。それはやはり、お説教を聞くことが生命線の宗派だからです。浄土真宗には、特別な修行も、厳しい戒律もありません。ごく普通に家庭生活や社会生活を営む中に仏道がある。それが各地方の庶民に拡大した。だからこそ、お説教の工夫がなされるようになったのです。

浄土真宗ほど〝聞く〟ことを大事にしてきた宗派はありません。親鸞は「きくといふは信心をあらはす御法なり」という言葉を残していますし、「聞即信」などとも言われ、仏様の呼び声を聞くことこそが信心のあかしであるとします。「聴聞の仏道」と言われるのはそのためです。仏様の呼び声を聞く、人の話を聞く。また自分の心の声を聞く。身体は元気でも心は悲鳴をあげているかもしれません。そうした〝聞く〟姿勢を重視してきました。

釈徹宗先生による講演

考えてみると、聞くというのは面白い行為です。聞こうという主体性がなければ聞こえてきませんが、常に受け身でなければ成り立たない行為でもある。これは「他力の仏道」である真宗の特徴にも合致しているといえるかもしれません。お説教を聞くというところに心血を注いできたからこそ、説教の技術も発達してきたのです。

その好例として、東保流の口調を挙げることができます。東保流は節はさほどつかないのですが、口調を大切にするお説教を生み出してきました。

説教に節をつけたり抑揚をつけたりするというのは、仏教だけに起きたことではありません。ヒンドゥー教にもありますし、南米のプロテスタントは楽器も使って弾き語りのように伝えたりもします。アメリカの黒人教会にはフーピングという、メロディーをつけながらお説教をする独特の技術があります。歌っているように語るチューニングや、唸るように語るモーンニングという技法もあります。

浄土真宗の節談も、そのようにテクニカルに発達してきました。東保流出身でありながら派手な節談を展開した**木村徹量**や、落語の名人・**橘家圓喬**が足元にも及ばないと実感したといわれる**宮部円成**、あまりにも大勢のお聴聞が来るので本堂が傾く「御堂つぶし」といわれた**範浄文雄**など、有名な大説教者はたくさんいます。今日お説教していただいた廣陵先生は、範浄文雄のお弟子さんです。正当能登節の唯一の継承者でもある、大変貴重なお説教者です。

宗教の救いが根源にある

釈◉節談はあくまで説教ですので、〝宗教の救い〟がバックボーンとなっています。宗教の救いというのは、福祉や医療、経済的な救いとはちょっと違いますよね。福祉や医療の救いは前提なしに実感することができますが、宗教の救いはその道を歩んだ人にしか起こらない。「お念仏はすばらしい」とどんなに伝えても、お念仏によって救われる道を歩まないことには、救いは起こりません。

伝道行為とは、「ある体系が紡ぐ物語の共有」であり、「その体系にコミットする人にしか機能しない」ものだろうと思います。道を歩むからこそ、そこに救いも喜びも生まれる。同じ道を歩んでその物語を共有したときに生まれる喜びは、何万年も変わることのない、人類の根源的なものであって、それは我々現代人とて同じです。同じ心の振動を体験したときの喜びは何ものにも代え難く、生きる力を与えてくれる。伝道とは、そういう道への導きという行為なのだと思います。

木村徹量
一八六六（慶応二）年生まれ。東保流の福専寺獲麟寮にて学んだ後全国へ布教。明治・大正を通じて本願寺派随一と称讃された説教者。広島県本願寺派光泉寺住職。一九二六（大正一五）年、逝去。

四代目橘家圓喬
一八六五（慶応元）年生まれ。江戸出身の落語家。後世に大きな影響を与えた名人であり、「魚売人」「二人癖」などに二〇種類ほどのSPレコードを遺している。一九一二（大正元）年、逝去。

宮部円成
明治・大正を代表する説教者。近江国浅井郡宮部村（滋賀県長浜市宮部町）の法信寺に生まれる。真宗大学寮を卒業後、井上円了に同行し一年間欧米に遊学。帰国後、大谷婦人会を結成した。本山や名古屋別院の専属布教師として五〇年間勤め、全国に赴いた。

範浄文雄
一九一三（大正二）年、能登半島の真宗大谷派の寺に生まれる。長通常の物語を伝える場合とは違う、宗教独特の事情もあります。たとえば儀礼性です。仏前の御荘厳（おしょうごん）、黒衣と五条袈裟といった装束、場面設定、独特の口調などに儀礼性がある。長年鍛錬を重ねたスタイルは儀礼性が高く、それは節談という語りの大きな特徴です。理屈で捉えるのはなかなか難しいのですが、聞き続けると、あるときさっとおわかりになると思います。

たとえばクリスチャンで、聖書は今の現代語訳よりも昔の文語訳のほうが好きだという人は結構多いですよね。「イエスはかく語りき」とか「復讐するは我にあり」とか。現代語訳の聖書だと、「復讐するのはあなたたちの仕事ではない」とかそんなふうになっていますが、「復讐するは我にあり」のほうがどんと来る。これは宗教独特の領域なんですよね。ある種儀礼性の高い表現のほうが、頭で理解される以上に、ダイレクトにがんと届くということが起こる。

頭で理解するのをロゴス、ダイレクトに来るのをパトスと考えると、節談はパトスに直結する技術なんですよ。ですから、言うてることは何かようわからんけど、直接がっと揺さぶるみたいな力がある。もちろん、ここが本堂であれば雰囲気がまた違いますし、皆さんが少し念仏の道を歩み始めてから聞けば、まったく違う光景になったりする、そういうものです。

修行のない浄土真宗だからこそ生まれた節談

釈◉ずいぶんと批判にさらされた節談ですが、高く評価した人も少なくありません。たとえば民藝運動で有名な柳宗悦（やなぎむねよし）は、「真宗の説教はあの節と抑揚がついているのがありがたい。あれ

じて同志賀町の善法寺住職を継職、一九六五（昭和四〇）年まで説教者として活躍する。今蓮如さま、また、高座の前に座りきれない門信徒が師の後ろに回り、立ったまま聞きいるほどで、人の重さで床が抜けたとのことから「御堂壊しの御坊さま」と呼ばれ、名人として全国にその名を馳せた。五四歳の若さで亡くなるも、現代の説教界に多大な影響を与えた。

をなくしてしまったら恐らく今後、**妙好人**はあらわれない」と言っています。文字も読めないような田舎の市井のおじいちゃんやおばあちゃんが高僧も及ばぬ境地を語るところに柳宗悦は真宗の白眉を見出したわけで、あのお説教をやめたら、もう妙好人は出てこないんだ、と。

また、今日のお説教では廣陵先生は皆さんのお念仏の間を空けることをされませんでしたが、本当は節を乗せて皆さんが「なまんだぶ、なまんだぶ」とお念仏で返して、また節を乗せるようになっているんです。この節と念仏のやりとりこそが節談説教最大の魅力であり、この場が皆さんの心の振動が共振を起こす感応道交の場になるんです。講演調のお話だと、やっぱりお念仏は出てこない。節があるから出てくるんですね。

特別な修行のない浄土真宗は、日本仏教の中で特異な存在です。密教的要素を慎重に避けてきました。密教というのはインド仏教の最終形態だったわけですから、日本仏教では各宗派が大きな影響を受けているのですが、浄土真宗だけはそこを避けている。大きな宗教体験や特別な指導がなくては成り立たない密教に対し、学問や修行をしたわけでもない人が誰でも到達する道を示したのが、浄土真宗なんです。密教性を避けた上で、市井の庶民の魂を揺さぶるためには、やはりこの節談のような語りの技法が必要だったのだと思います。力の強い技術なだけに、諸刃の剣的な面もあり、批判を受けたのですが。

現在、私が仲間とやっている「節談説教研究会」では、これまでの批判を踏まえた上で、現代に何が提示できるのかを研究しております。これまで節談といえば、東保流の獲麟寮や遠藤流の獅子吼寮といった私塾で覚えるか、先生に随行して覚えるかしか手がありませんでした。

妙好人
浄土宗、浄土真宗における「在俗の篤信者」、在家者（僧侶ではない仏教徒）で念仏信仰に篤い人物を指す。江戸中期から明治初期にかけて、妙好人の伝記が編まれ、多くの妙好人が知られるようになった。

すでに私塾も随行制度もなくなった今は、学ぶ場所がない。そこで我々研究会では十数年前から、二年に一度、二泊三日の節談セミナーをやっております。一期生はすでにあちこちで活躍していますす。三日間のうち中一日は一般公開の高座ですので、興味がある方はぜひお越しください。

奈々福◆私が最初にこのお説教を拝聴したのは、二〇〇五年に、うちの師匠・福太郎の会に廣陵先生に来ていただいたときのことです。のけぞるばかりに驚いてしまいまして、以来、先生が東京近辺にいらっしゃるときには追っかけるようになりました。浄土真宗のお説教なので、公演情報は公開されないので（笑）、浄土真宗関係にネットワークを張り巡らせて、廣陵先生出没情報を集めているんです。

それでも飽き足らず、廣陵先生のお説教以外に、どんなお説教があるのだろうと、今、釈先生が話された、隔年で西本願寺で開催される「節談説教セミナー」に申し込んだんです。本来、僧籍がないと参加できないんですが、釈先生を拝み倒しました。そしたら「講師として来てもらえるなら受けさせてあげますよ」ということで、条件を飲みまして（笑）うかがいました。

今日は高座があって、皆さんは前を向いて聞いておられますが、昔は、高座のまわりに御門徒さんが全方位取り巻いて座るようなこともあったそうです。そしてびっくりしたのが、「えっ、そうなの」「へえー」「ああ」という合いの手は、浄土真宗ではすべて「なまんだ」だということです。これを受け念仏というそうなのですが。セミナーで隣に座っておられたお坊さんが「なま、なまんだ、なま、なま」と随時つぶやくのにも驚きました。そして、肝心のお説教。お一人ひとりがものすごく違うんです。

鼎談——節談の一大ブーム期

鼎談

奈々福◆廣陵先生、釈先生、ありがとうございました。先ほどの釈先生のお話では、廣陵先生はこれを節談と呼ぶことに違和感があるとのことでしたが、先生が聞かれてきた能登のお説教は、みんなこういう形だったのでしょうか。

廣陵◇そうですね。範浄先生がおいでになった時分には、みんなそういうお説教やったです。

釈◉僕もそうですよ。

奈々福◆そうなんですか！

釈◉私が生まれ育ったお寺はほとんどああいう節談のようなお説教だったので、むしろ今の法話スタイルを初めて聞いたときは新鮮だったぐらいです。

廣陵◇節談とか節……といったって、一人一人違うんでね。高座の上で、大きい声出したとか、ちょっと低く言ったとか、ある程度節みたいなものを付けた者もおったけれど、そういう話し方で、みんなやった、ちゅうこと。話するときには、抑揚をつけんと人の心に届かんわね。

奈々福◆なるほど、そういうことなんですね。廣陵先生は、昭和一二年に、輪島市門前町の満覚寺さんにお生まれになって、範浄先生にお弟子に入られたのが二〇歳少しの頃ですよね。範浄先生の人気はすごいものだったんですか。

廣陵◇そりゃすごかったけどね。範浄文雄先生のほかにも、名布教使がいて、バリバリやっとった。いや、昔は布教使とは言わんかった。「説教者（せっきょうじゃ）」と言った。先生の布教大会に随行したとき、かつての富山ヘルスセンターに一万人が集まりました。五つの会場がすべていっぱいで、いるところがないほどいっぱいやったんです。来た人がだいぶ不自由したもんだから、翌年からはそう集まりませんでしたけど。でも最初に行ったときは、一万人。今はそういうことはないねえ。

釈◉すごい数。圧倒的ですね。

奈々福◆すごい……当時マイクはあったのでしょうか。

廣陵◇観光センターやしね、マイクはありました。お寺にはマイクはありませんでしたから、範浄先生がスピーカーの機械を買って、随行者が背負っていくわけ。自分のカバンと先生のカバンと機械を持って。範浄先生は人気者やから、どこでも行ったら何かもらうでしょ。お金をやりゃいいのにね（笑）、物をくれるんだ。俺が持たなきゃなんないけど、持つとこがないんだわね、背中にマイクセット担いで両手に荷物持っとるから。忘れてきたら叱られるしね。

釈◉廣陵先生の節と範浄文雄の節は同じようなものなんですか。それとも随分違うんですか。

廣陵◇そりゃ、違うと思いますね。

釈◉やはりそうですか。

廣陵◇ええ。そういうものを習ってまねしてきたんだけど、違うやろね。

釈◉範浄文雄が登場する前に、いわゆる前座（ぜんざ）として廣陵先生がお話をするというスタイルなんですね。

廣陵◇はい。

釈◉随行の生活というのはどういうものですか。一緒に寝泊まりをするんでしょうか。

廣陵◇そうです。通常は寺に行って、洗濯から何からあらゆる手伝いをしたんだけどね。泊まりがけで行きますから、洗濯物も出るわけです。でも私の場合は、範浄先生の同行さんが一〇人も二〇人も来て、その人たちがみんなしてくれるんです。私のもしてくれる（笑）。ほんで先生の食事の支度から足を揉んだり背中を撫でることまで。ほやから、楽でしたけど。

お寺一箇所につき、三日から五日間、朝昼晩、一日六席の説教、五日間なら三〇席をしますからね。随行は一席ずつですから、その半分を先生の前でお説教する。

範浄先生はプロレスが好きやった。当時、金曜日の夜八時からプロレスが始まる。説教も八時から始まる。先生は、「お前、九時までやっとれ」と。プロレスが九時にならにゃ終わらんのに、それより先に説教を終えてきたら叱られるんですよ。あれ、一時間やろうと思ったらたいそうだね。先生みたいに学があればいいけど、随行やから何にも言うことがないでしょう。それを毎週金曜日は一時間もやったんだよ。

あるとき、範浄先生が風邪を引いて説教ができないことがあった。高座にカセットデッキを置いてテープをかけたら、「テープだけじゃダメだから、お前が行って座っとれ」と言われて。高座に座って横に置いたカセットデッキをじっと見とらんならん。説教するのもしんどいけど、何もしないで座っとるのもしんどいね（笑）。人の顔を見とっても、うつむいとっても変やし……。いろんなことがありましたね。

自主規制によって衰退

釈◉昔の有名な説教者というのは、大スターなんですよね。一歩間違えたら個人の名人芸になっちゃう。本来はお説教ですから、仏法を伝えるために工夫しているだけで、個人の見事な節や声を聞かせるためにやっているわけではない。でもそうやってスターが生まれてくると、本末転倒なんじゃないか、芸能まがいじゃないか、という批判も出てくる。難しいですね。

奈々福◆排斥されるようになったのは、いつごろなんですか。

釈◉芸能的要素が強い説教への批判は、古代からずっとあるんです。インドや中国にもあります。近年における節談への排斥となると、昭和三〇年代頃でしょうか。

廣陵◇節談説教禁止令が京都から出てね。その頃まであったの。範浄先生が亡くなられたのが昭和四〇年。その頃、説教者と言われた人たちがどんどん亡くなって、昭和四〇年ごろになったら、やっとった人は全部やめた。

釈◉自主的にやめたんですよね。

廣陵◇はい。現代布教のほうがいい、節談説教は古臭くて芸能的だと批判されたら、みんなやめてしもうた。高座も、壊してしもうた。あんなもんあったら邪魔やろ。友達も、「おまえもやめよ」「みんなやめたのにおまえだけやっとるな」ってなって。「俺は好きやからやっとるんだ。誰も俺を呼ばんようになったら帰るわね」と言っとったんですけど。こういうところへ呼んでいただけるのは、他にやっとる者がおらんようになったからね。

奈々福◆先生、それは違います（笑）。

釈◉つまり節談の場合、ニーズがなくなったからではなくて、自主規制によってなくなっていったという特殊事情があるんですね。

声は自然と鍛えられました

奈々福◆御修行に興味があるのですが、範浄先生はどんなことを教えられましたか。

廣陵◇随行は先生からは習いませんでしたよ。

奈々福◆え、そうなんですか？

廣陵◇随行について見よう見まねでまねしていったみたいなもんで、先生の説教をするわけにはいきませんから、自分で説教を覚えてするという感じで。説教の場合は、こうしてあして、という教えはなかったですね。先生は嫌でも聞いとることは聞いとるけど、何も言わなかった。で、先生のやっとるような説教をやると、後ろからマイクを切るんだわ（笑）。

奈々福◆マイクを、切る！（笑）

廣陵◇バーっと汗が出ますよ。真似したつもりはないんだけど、先生の説教に似たようなものをやってしまったんだろうね。具体的に「こうせい、ああせい」と習ったことはないし、「お前、こういうところが間違うとる」とも言われんし。

釈◉そこが伝承芸能と違うところですかね。先生の前に出演することを前座といって、落語などの前座の語源と言われているのですが、前座修行とは全然意味が違うようです。

廣陵◇身の回りの世話は皆せんならんから。私はさっき言ったようなわけでしなかったけど。まあ、カバンは持ったわね。先生は具合が悪かったもんだから、カバンを持たない。先生のカバンを一つ手に持って、先々でいただくものはみな背中に担いだり、両手に持ったり、首からぶら下げたりして大変でした。でも、随行は先生にあがった賽銭の一割もらえる。先生はたくさん参拝があってあがったから、私もずいぶん（笑）。

奈々福◆実入りはよかった、と（笑）。範浄先生に付かれて、ずーっと旅ですか？　時々はおうちにお戻りになることもありましたか？

廣陵◇ずーっと旅です。随行一人しかおらんから。先生についてから亡くなるまで、五、六年やったかね。一二月に戻って正月の七日くらいまで家におるくらいであとはずーっと随行でした。

奈々福◆旅の間、お休みは？

廣陵◇先生が説教しとりゃ、こっちも前でやるから、休みはないね。

奈々福◆旅は遠くも行かれたんですか？

廣陵◇範浄先生とは、石川、富山、福井までやね。新潟までは行かん。

釈◉よく皆さんがおっしゃる、声をつくるといったトレーニングは廣陵先生はされましたか。

廣陵◇説教とはそういう声でやるもんやと思うとったんですよ。範浄先生は忙しい人やから、ずーっと一遍に歩くわけですね。ほしたら、随行も朝昼晩、一日三席ずつ高座の上で声を張り上げて説教するから、声を鍛えんでも自然と鍛えられる。それに、地声がよかったんです。歌手になろうかと思ったくらい（笑）。

釈◉もともといい声をされていた。

廣陵◇と思うんですけど（笑）。

自坊での説教大会

廣陵◇うちの寺の本堂でずっと説教大会しとったけどね。何年か前に止めたけど、四〇年続けたんだ。うちの本堂に五〇〇人から、五五〇人集まるのよ。

奈々福◆五〇〇人！　あの、先生のお寺、満覚寺さんって、街中じゃなくて、輪島の門前の、わりと山の中にありますよね。

廣陵◇そうよ。本堂いっぱいやったから、外まで出てね。東京からも学者さんたちが泊りがけで毎年毎年通われてね。

奈々福◆そのときには、やっぱり、お説教聞いた皆さんに柄笊を回されて、その中にお賽銭、ご芳志が入るんですね（笑）。朝から夕方までですか？

廣陵◇そう、夕方三時か四時くらいまでかな。五人くらい説教者が来てね。順番にね。それも辞めてしまったし、今は場が少なくなったわね。五日間あっても、昔は朝昼晩二席ずつ、六席やる。五日で三〇席やる。いまは一日二席がせいぜい。

「範浄先生のお説教を聴いていたから、死ぬのなんか怖くない」

奈々福◆先生のお声は、本当にお腹に響いて惚れ惚れしますけれど、声が出ない、なんていうことは今までありましたか？

廣陵◇ないね。

奈々福◆わあ、ないんだ！

廣陵◇そりゃ、しばらく休んでりゃ出にくいわね。でも一席でも二席でもやってりゃ出るようになる。

奈々福◆声を使いすぎて出なくなる、ということはないんですか。

廣陵◇ない。

奈々福◆うわー！　範浄文雄先生のお声も、私はCD持っていて拝聴していますけれど、びーんと響く、いいお声ですよね。

廣陵◇範浄先生は、あんまり大きな声を出す先生じゃなかったんだ。

奈々福◆え、そうだったんですか！

廣陵◇あまり声を張り上げるということをしない。でも、響きがいいんだ。それでも昔は、やっぱり滝の前で声出せ、寒の最中に声を出せとか言ってみんなしたんだろう。

奈々福◆先生も滝の前で声出したり、されたんですか？

廣陵◇………そういうツライこととか大変なことは、せんことにしてる（笑）。

奈々福◆今まで、高座でされたお説教のネタ、と申し上げてよいのか、持っていらっしゃる演題の数というか、種類はどれくらいあるんですか？

廣陵◇わからない（笑）。

奈々福◆記録ってとられてるんですか？　たとえば台本みたいな。

廣陵◇そんなものは、全然ないわね。

奈々福◆えっ！　そしたら、昔のものを思い出すときなんか、どうされるんですか？

廣陵◇説教には「讃題」っちゅうのがある。浪曲で言えば……。

奈々福◆最初の節を「外題付け」っていいますけれど、それに相当するものですか？

廣陵◇そうかね。どういう讃題をするかによって、話は決まってくる。その場に応じて、組み合わせたり、話してるとね、回線が見えてくる。

奈々福◆回線？

廣陵◇こっちの回線行こうか、こっち行こうか、今日はこっち行くとこんぐらがりそうだ、とか（笑）。説教はなに言ってもいいんだから。そのときによって回線がころっと変わることもある。

奈々福◆同じネタでも、その場そのときによって、組み合わせやもっていきかたが変わるんですね。先生、お説教の記録……去年ここのお寺さんで何をやったとかいうメモって、とっておられるんですか？

廣陵◇全然。

奈々福◆ええーーーーーーーっ！　今年何回説教したとか、ここの寺でこれを話したとか……。

廣陵◇………。

奈々福◆それじゃあ、廣陵先生のお説教のネタの記録って……ない、んですかあああ。……わああ、ショック。

廣陵◇同じことは話さんから。

奈々福◆いや、それはそうでしょうけれども、うわあ……先生（涙）。

釈◉ところで、廣陵先生の声にしても節にしても、すごく魅力的だと思うのですが、浪曲師の奈々福さんから見ていかがですか。

奈々福◆うちの師匠の独演会に、廣陵先生がゲストに来てくださいまして、袖で拝聴したときの衝撃はいまだに覚えているんです。もちろん声のすごさもあるんですが、なぜこれが浪曲にないのかなとすごく考えました。浪曲が一生懸命やっても追いつかないもの、それは能登弁だと思いました。能登弁というか、範浄文雄先生のお説教集に書かれているこのキャッチコピー、「範浄先生のお説教を聴いていたから、死ぬのなんか怖くない」。これ、究極だと思ったんですよ。

釈◉そうなんですよね。

奈々福◆自分の人生の面倒を見てくれているお師匠さんが、すぐそばにいらっしゃるという大きな安心感。それは世間一般に通じる言葉ではなく、自分たちのコミュニティ固有、の言葉で話されることに表れているんですよね。血縁も結縁もよくわかっているからこそ共感できる、すべてを委ねられる温かさというのがあって、これこそが、全国的に共有できる芸を目指して頑張ってきた浪曲が失ったものだ、と思いました。

釈◉ああ、そうなんですか。小沢昭一さんの節談に関する企画で、北陸をずっと歩いてインタビューをするラジオ番組がありました。真宗の熱心な地域で聞くと、どの人も死ぬのは怖くないと言う。「死ぬのは怖くないんだ。範浄さんが大丈夫やと言うたもん」って。小沢さんはそれに衝撃を受けるんです。すごいなと思いました。

奈々福◆そこまで心を預けられるって、すごいことですよね。

釈◉やっぱり語りの力というか、語りだから成り立つんですよ。文章やビジュアルにしたら陳腐になったりするけど、語りだからリアルに感じられる。宗教というのは死を越えて続くストーリーを語るものです。死をもって道が途切れないという独特の領域が、人々のリアルになっていたのだと思います。インタビューを受けているのは、一般の農村や漁村の住民なんですよ。難しい理屈を知っているわけでもないし、仏教の教えに精通しているわけでもない。でも、死の問題を解決している。それはやっぱりお説教の力ですよね。

奈々福◆私を含め、現代の人たちは不安の中で生きていますよね。不安をかきたてるのが商売になっているし、不安を消すためにお金を払っちゃう。だからこそ、死ぬのが怖くないと人々に思わせるお説教の力って、本当にすごいというか、羨ましくて仕方がないんです。

釈◉でも大変ですよ、廣陵先生も。どこに行っても追っかけの人たちについてこられますし。

奈々福◆そうですよね。私も追っかけ……(笑)。

仏様は、今いただかないと

廣陵◇永六輔さんが「人間は二度死ぬ」と言われたとき、ああ、仏法はそういうことなんだと思いましたね。我々は肉体の往生ばかり考えとるけど、もう一つ命があるでしょ。私の命は永遠につながってきたし、つながっていくものなんですね。遺伝子でもつながっていくかもしれんけど、学校の先生の子どもは学校の先生になり、警察官の子は警察官になる。そうすると、命はずーっとつながっていくんじゃないかと。肉体的なもんだけじゃなくて、そういうつながりの中に仏さんの命も一緒にある。そこにいわゆる信仰は成り立っていくんだろうと思う。

命が終わったら浄土へ往った、というのは本当はちょっとおかしいね。自分では行けないところに、神様仏様に頼んで行くというのはおかしいんで。そういう肉体的なものじゃなくて、精神の中、私の命の中に仏様の命がつながってきた。そして私はずっとそこに生かされている。先生がさっきおっしゃったように、私の世界の中に、仏様の世界が来てくだされた。浄土真宗というのは、そういうことなんです。死んでどこかへ行ったのではなく、私の世界へ仏様が呼び声となって現れた。そして、私と一緒に生きてくださっている。そういうものが言葉として表れたのが、南無阿弥陀仏なんです。

私のところへ来た仏様が言葉となって表れたのが南無阿弥陀仏やから、念仏を称えて浄土に往った、というんじゃねえんだ。仏様が来てくだされたから、それが働いて南無阿弥陀仏として表れてきただけ。そうすれば、どんな境涯の中にあっても仏様と一緒にいられる。人生というのは、いいことばかりあるわけじゃない。苦しいこともつらいこともいっぱいあって、人生は成り立っとる。だからといって、あんとき悪かったからどうにもならん、というものでもない。いずれにしても、南無阿弥陀仏がなければ、今日一日が成り立っていかんです。

もう一つ、今はどうなんだろう。今、愚痴をこぼしている者は、自分の人生を否定しているんじゃなかろうかね。これまで生きてきてどんなことをしておったか知らんけど、今喜ばれなかったら、無になってしまう。いろんな苦しみや悩みいっぱいの命が積み重なって、今日一日があるんだから、「ああ、幸せやな」と思う世界を仏様にいただかれるのが浄土真宗の真骨頂なんじゃないかと思うんです。ほやから、仏様は今いただかなくてはだめなんだ。死んでからじゃ、間に合わんやろう。

奈々福◆皆さん、おまけのお説教を聞くことができましたね。

釈◉この声で語られると語りに身を委ねるのが上手になってくるわけですよね。

奈々福◆はい。そのうち「なまんだ」って言い始める。

釈◉そうそう。やっぱりどこかで語りに委ねるような、ぼーんと飛ぶようなことがないと、宗教の扉はなかなか開きませんから。

奈々福◆お名残惜しいところでございますが、ちょうど時間となりましたので。

関連書籍紹介

祖父江省念『節談説教七十年』(方丈堂出版)

小沢昭一『日本の放浪芸』(白水社)

釈徹宗『落語に花咲く仏教』(朝日新聞出版)

協力：真宗佛光寺派　西徳寺

第3章 ごぜ唄、説経祭文

萱森直子
渡部八太夫

萱森直子（かやもり・なおこ）——「最後の瞽女」とよばれ「記録作成等の措置を講ずべき無形文化財」保持者として国から認定された長岡瞽女、小林ハル（二〇〇五年、一〇五歳で死去）に師事。師のすすめにより高田瞽女・故杉本シズを通して高田系瞽女唄も習得するなど、広範な演目を伝承している。長岡、高田、両系統の瞽女唄を直接伝授された唯一の伝承者でもある。

渡部八太夫（わたなべ・はちたゆう）——東京生まれ。小学校教員として東京の地芝居「二宮歌舞伎」の復活に関わる中で邦楽（長唄、義太夫、説経節）の道に入り、一九九七年「小栗判官一代記」で初舞台。二〇〇五年薩摩派説経節家元十三代目若太夫を襲名。二〇一一年、文弥人形 猿八座の座付き太夫として八太夫を名乗り、若太夫は廃業。現在は文弥節を活用して古説経、古浄瑠璃の復活上演に取り組むとともに、説経祭文の現代的再生に挑戦している。

《口上》

「説経祭文」と「ごぜ唄」というのは、とても古くて、わかっていないことの多い芸です。おそらく中世、平安時代の終わり頃。貴族というパトロンを失った仏教が、お金集めの「勧進」をしなくてはいけなくなり、熊野かいわいから熊野比丘尼や勧進僧を全国に派遣。比丘尼や聖といった人たちが全国を回り歩きまして、ありがたそうなお話をしてはお金を集めた。説経祭文もごぜ唄も、元をたどるとそうした放浪、漂泊の芸能に行き着く芸だと思います。

説経節は、わかっている記録としては室町時代から語りつがれてきたようですが、江戸初期に一旦衰退しました。代わって山伏姿の辻芸人が法螺貝や錫杖を片手に「祭文」として語るようになる。江戸後期、その山伏祭文に町人・薩摩若太夫が三味線を合わせて寄席芸として再生させたのが「説経祭文」だそうです。「山椒太夫」「小栗判官」「信徳丸」「葛の葉」「刈萱」……数々の有名な演題がありますが、一九六〇年代に断絶。その再生に取り組んでおられるのが、八太夫師匠です。

ごぜ唄とは、瞽女と呼ばれた盲目の女性芸人たちがうたい継いできた芸能。もとは全国にあったそうですが、越後の地に生き残り、民謡やはやり歌などさまざまなジャンルを取り込み、涙も笑いも、縁起担ぎや祝い唄もある娯楽芸です。萱森直子さんは、最後の長岡瞽女と呼ばれた小林ハルさんに師事され、それを受け継いでおられる稀有な方です。

いずれも、もともとはどういう音楽性のものであったのか、それがどう変遷してきたのか、音の歴史は記録に残らず、たどるべくもありません。「梁塵秘抄」を撰び、自らも今様に耽溺し、遊女に歌を教わって声節を磨き続けた異形の法皇、後白河院がこう言われたそうです。「おほかた詩を作り、和歌を詠み、手を書くともがらは、書きとめつれば末の世までも朽つることなし。こゑわざのかなしきことは、わが身かくれぬる後、とどまる事のなきなり」記録できないから、体から体へと伝えるしかなかった。でも、だからこそ、より確実に伝わるものでもあると、私は思うのです。

中世このかたの、一番底辺に近いところから生まれ、地を這うようにしながら残って来たこの芸に、お二人がどう惹かれて受け継ぐことになり、その芸の本質を、どうとらえておられるのか……迫ります。

ごぜ唄とは

萱森◉新潟から出てまいりました。さきほど奇特な、稀有なとご紹介いただき、どんな変わり者かと思われたでしょうけれど、普通の主婦でございます。

今日楽しんでいただく「越後ごぜ唄」ですが、「ごぜ唄」とは、ごぜさんと呼ばれた主に盲目の女性たちが歌っていた、歌というか、芸能の枠組みです。

ごぜに男はいません。目が見えない人だけでなく、他の障害を持つ人もいました。小学校入学前、五、六歳ごろになると、親や祖父母が言うわけです。「お前、おらって（自分たちが）生きているうちはいいろも、おらって死んだらどうする気なんね」と。「お前は目が見えんにゃから、ごぜかあんまか、どっちゃいいね」と、そう言われてごぜになった人がほとんどです。非常に寂しいような暗く惨めなものを想像されるかもしれませんが、実はそうではありません。非常にパワフルな究極の娯楽芸なんです。

ごぜの始まりは室町時代と言われております。かつては日本全国にたくさんのごぜがいらっしゃったそうで、全国を回っておりますと、九州や大阪や四国に「ここらあたりにもいた」という地域がいっぱいあります。でもみんな早くに途絶えてしまいました。それぞれの事情があったのだと思います。

たとえば「甲府ごぜ」は、明治維新を境に、お上がなかったことにしてしまえということで、資料は全部なくしたそうです。明治維新ですから何か意図があったんでしょうけれども、そのせいで甲府ごぜには甲府ごぜの、上州ごぜには上州ごぜにあったはずの芸風をまったくもって知ることができないわけです。ところが、私が生まれ育ち今も住んでいる新潟、越後の地は違うんです。私の親の世代には今も覚えている人がいっぱいいらっしゃいます。つまりごぜさんがたくさんいらした。しかも一つの地域だけじゃない、あっちにもこっちにも集団があって、それぞれが独自の芸風を持っていた。私がそれらを受け取ることができたのは、非常に幸せなことだと思います。

ごぜさんの芸の特長の一つは、レパートリーの広さです。唄の数ではなく、ジャンルが多いんです。長唄、端唄、小唄、新内、浄瑠璃、民謡、はやり歌、何でも来いなんですね。ごぜ唄は生活のための歌だから、メニューの多いレストランのほうが儲かるでしょう、という発想なんです。ですから何でもやりますし、その一つひとつが、たとえば民謡ならばその土地の民謡の上手が歌うものとはちょっと違う。そこがおもしろいと、研究なさる方もいらっしゃるんですよ。

定番「祭文松坂」より「葛の葉子別れ」

萱森◉しかし一方で、これを聞かないと「ごぜ唄」を聞いたことにはならないという核になるジャンルもやっぱりあります。それが「祭文松坂（さいもんまつさか）」という語り芸です。ただし、私は師匠から祭文松坂と聞いたことは一度もありません。一段、二段、三段と語り継いで展開していく物語唄なので、「段もん」と呼ばれます。読みようにもよりますが、一段が二五分程度です。どこからどこまでが何の段と決まっているわけでもないので、短くも長くも読めるのですが。長いものになりますと、一五段にもなるものもあって、私のレパートリーにもございます。

目の見えない人が、それを目の前で語ってくれるところを想像してみてください。すごい気迫ですよ。気迫という印象しかないぐらい、パワーのある芸です。

この祭文松坂にはいろんなお話があります。新しいものですと江戸時代の「八百屋お七」などもありますが、このたびは古いものということで、「五説経」を取り上げることにいたしました（注・「苅萱（かるかや）」「三荘太夫（さんしょうだゆう）」「信太妻（しのだづま）」「**梅若**（うめわか）」「愛護若（あいごのわか）」の五つの物語）。ご存じでしょうか。「五説経」にある物語は全部、「祭文松坂」に入っています。中でもごぜ唄の一番人気と言われ、今

梅若
能「隅田川」における梅若伝説を題材とした演目。人買いにさらわれた愛児梅若丸を狂い尋ねる母が隅田川の渡し守にその死を知らされ、墓前で弔うと亡霊が現れる。

もござ唄の代名詞に使う方もいらっしゃるのが「葛の葉子別れ」という演目です。「信太妻」と言ったほうがわかりやすいでしょうか。

これは四段で伝えられているので全部やると二時間かかります。いいところだけかいつまんでお話ししますと、信太の森に千年もの間住む白ギツネが、あるとき命を助けてくれた保名（やすな）という男性を助けるために、「葛の葉姫」に姿を変えて一緒に暮らします。そのうちに童子丸という子どももでき、かりそめの幸せな暮らしをするんですが、そこに本当の葛の葉姫、「まことの葛の葉姫」が現れる。自分の居場所はもうどこにもないわと、キツネはもとの信太の森へ帰る決意をする、というお話です。

今日は二の段、白ギツネがいよいよ帰ろうというその晩、「今生の名残に今一度」と言ってわが子を抱いて最後の別れを惜しむ場面を聞いていただきます。

実はこの「祭文松坂」を聞くにはコツがあります。緩やかに変化しながら耳から耳へとつながってきた芸能ですので、それほどわかりにくくはありませんが、やはり古い文句や背景を知らないとわからない文句や越後弁のようなものも出てきます。もしもわからなかったら、どうか聞き流してください。それがコツなんです。

こういう場所ですと、皆さん本当に熱心にメモをとったりされますよね。でもメモをしているとどんどん進んでしまいますので、決して隣の方に質問したりせず、わかる言葉だけつないでいただくのでいいです。もしまったくわからなくなってしまったら、どうぞもう物語を追うのをやめていただいて、繰り返しうねる波のように出てくる同じリズム、同じメロディーに身を任せて過ごしていただければ、十分楽しめる芸だと思います。
では、聞いていただきます。祭文松坂「葛の葉子別れ」二の段です。

■【実演】「祭文松坂」より「葛の葉子別れ」

パワフルで誇り高き芸

萱森◉非常に力強いパワフルな芸であることがおわかりいただけたのではないでしょうか。ほかのどの芸能とも重ならない響きですよね。三味線の弾き方もパワフルです。そして大きな特徴としてはやはり、物語なのに一切脚色、演出がないということ。最初から最後まで同じようにやっていく。もちろん、「葛の葉の身になって歌え」「保名の身になって歌え」と教わりはしますが、保名が男だからといって、葛の葉が女だからといって、童子丸が子どもだからといっ て声色を使うようなことは絶対にしないんです。自分が盛り上がるのはいいけれど、仕組んでここをゆっくりしようとか、伏線を置いて後で盛り上げるなんていうこともしません。

私の師匠は、「芝居声を使うなんてのは、おらっての仕事でねぇあんだ。そういうのを聞きていしょには芝居観に行ってもらえりゃいいこっちゃ」と、いつもそうおっしゃっていました。私が知っているごぜさんは師匠ともう一人、**杉本シズ**さんという方なのですが、どちらもものすごく誇り高いんです。仕方なくやっているとかではなく、この芸で自分たちは生きていくん

杉本シズ
一九一六（大正五）年、新潟県上越市生まれ。間もなく失明。満六歳で杉本キクイに弟子入り、養子となる。芸名シズエ。キクイの没後、廃業。二〇〇〇年没。

だと、他の芸能の方たちとも張り合うくらいに高い誇りを持って唄っていらっしゃる。

最後に「一息入れて段の次」というせりふがありましたでしょう。あれはこの次を聞いてほしいときにしか使いません。「一息入れて段の次」と唄った後、継いで唄うときには「ただいま読んだる段の次」と、こういうふうにいくんです。二年後でも三年後でも構いません。「こないだ聞いたあれ、聞かしてくら」と言われたら、「ただいま読んだる段の次」と始まる。

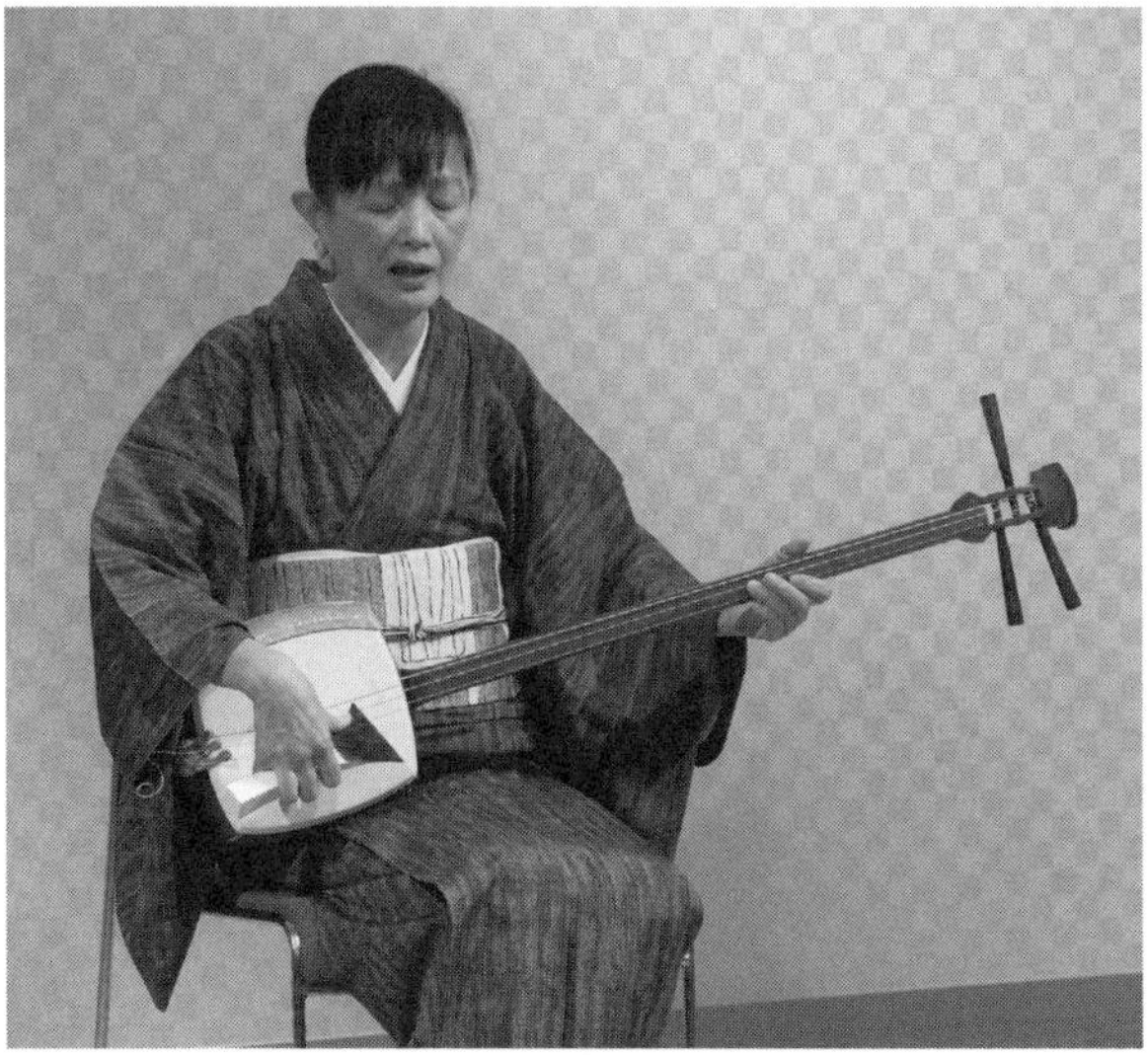
萱森直子氏によるごぜ唄

とはいえ、どの文句まで読んだか、覚えているわけがありませんよね。最初に「どこからどこまでが何の段と決まっていない」と言ったのはそういうわけなんですね。読みたいところからやればいい。ただ、二の段のクライマックスシーンはこういう感じ、というのはたしかにありまして、それを自分が習い覚えている文句でもって再現していく。そういう芸なんです、「祭文松坂」というのは。

祭文松坂　葛の葉　二の段　（全四段のうち）

四言(よこと)もしくは六言(ろっこと)を一つの区切りとして一流れ(ひとながれ)とし、流れと流れの間を一定の三味線でつないでゆくのが祭文松坂の基本形となっており、始めから終わりまで意図的な変化は加えず、淡々と話を進めるのが特徴。文句は七五調に字余りもある。子別れものの多い祭文松坂の中でも最も愛され続けてきた演目で、葛の葉子別れともよばれる。

居場所を失い元のすみかである信太の森へ帰ろうというその夜、我が子童子丸を抱いて別れを惜しむ葛の葉。

〽なんぼ狐の子じゃとても
腹は十月(とつき)の仮の宿
御身は保名の種じゃもの
あとのしいれは母さんと
みな人々にほめられな
母はかげにて喜ぶぞえ
必ず必ず別れても
母はそなたのかげみに添い
ゆくすえ長く守るぞえ

自分の身の上を悲しむとともに、普通の人間とは違う血を持った我が子のこれからを案じ成長を願う母。幼い童子丸もけなげにこたえる。

〽嘆きたまえば童子丸
たんだ五つの幼子は
母の言うことききわけて
申し上げます母様へ
あなたは狐といわしゃんすが
狐の腹から生まれたなら
童子も狐でござんしょの
あなたのゆかんす信太とやらへ
私も一緒にゆきたいと
言う子の顔がみおさめか
これがこのよのわかれかと
葛の葉涙にくれにける

「恋しくば　訪ね来てみよ　和泉なる
　信太が森の　うらみくずのは」

障子の欄間に名残りの歌をかき残す。

語り芸「噺松坂」

萱森◉さて、今日のテーマは語り芸です。ごぜ唄の中には、語り芸がたくさんあります。「祭文松坂」の節まわしでもたくさんあって、それが「高田」「地蔵堂」「長岡」「新津」と地域ごとに少しずつ違う。同じ演目をいくとおりもの節まわしで唄えるんです。それがまたおもしろいところです。

「祭文松坂」以外にもありますよ。「口説き」というジャンルは「祭文松坂」より少し短い単位で唄います。多いのは、「地震身の上口説き」とか「洪水口説き」といったニュースの伝達を兼ねたもの、あるいは男と女の心中物ですね。これも非常に人気があります。さらに短いジャンルに「噺松坂」があります。これは松坂とあるとおり、「祭文松坂」の変化形です。非常に短く、最長でも五分ほど。

ごぜの芸というのは笑いもあり、めでたいものもあり、泣きものもあり、それを全部一人でやっちゃうというところがすごいんですよね。

せっかくなので、お笑いものの「噺松坂」を聞いていただこうと思います。

■【実演】「噺松坂」

噺松坂　おみみずさん

冒頭とおしまいのオチのみが唄となっており大部分はまるで落語か小噺のような語りとなっている。勢い付けの三味線は入るがメロディにはなっておらず打楽器のような使い方。
このほか「ダイコンさん」「どじょ・ふな・こい」などいずれもごく短い笑い話だ。

〽はあ〜
これも皆さん　お笑いぐさよ

お笑いぐさと申しまして
おらのお裏のおミミズさんが　このごろ恋のわずらいで寝てなるそうだ
とんと見舞いにまいったはとなりのゲジゲジ
申しおミミズさん
このごろ聞けばおまえさんが恋のわずらいで寝てなるそうだね
どなたに惚れなした
そう言いなりゃなかど（仲人）をしてあげるがね
あの声のいいおセミさんにでも惚れなしたか

いいえ

おのおナメクジさんに惚れなしたか

いいえ
声のいいおセミさんやおナメクジさんに惚れないが
向かいに住んだるおムカデさんに惚れました

おやおや
おまえさんはあの色の黒い背の長い人に惚れましたか

色の黒いや背の長いとこに惚れないがね

〽まあ〜

おあしのあるのに惚れました

萱森◉ありがとうございました。笑っていただき、うれしいです。実を言いますと、新潟でもこれは非常に古い芸と捉えられ、「保存活動をなさっているんですね」と言われることがあって、がくっとしちゃうんです。私は「伝承芸能」という言葉もあまり好きではありません。「ごぜ唄」は知っておくと賢くなれるとか、勉強しておいたほうがいいというような芸ではなくて、究極の娯楽芸です。私自身もうちに習いに来てくださる方たちも、そういうところが好きなんです。一人でいろいろなものができるパワフルでおもしろい芸だということをわかっていただけたらうれしいです。

山伏が語り継いできた「説経祭文」

奈々福◆引き続きまして「説経祭文」の渡部八太夫師匠をお迎えいたします。

渡部◇南無帰命頂礼(なむきみょうちょうらい)、皆々様方の弥栄(いやさか)ますます大願所願成就がため、祭文を読み上げ奉ります。読み上げ奉りまするは私、渡部八太夫でございます。よろしくお願いいたします。

「説経祭文」とは何か。これはなかなか説明しにくくて、自分でもよくわかりません。概略としては、遡ること四〇〇年ほど前、戦国時代が終わり世情が安定して、江戸時代が始まる頃のこと。有名な京都の「洛中洛外図」の四条河原のところに、説経繰りの絵がありますが、ここに描かれている「説経」は仏様のお話の人形芝居です。この話は最初からお芝居なんです。これがはやりましたので、それをネタに使ってちょっと稼いでやろうというのが山伏さん。それが「祭文」です。仏と神が一緒になって説経を祭文として語る、「説経＝仏」＋「祭文＝神」＝神仏習合の芸能、これが一番単純な説明ですね。

先ほど奈々福さんも触れられた**熊野比丘尼**（くまのびくに）と山伏は夫婦のことが多かったから、二人で全国を勧進して回っていました。江戸初期から始まりますが、そのうちに説経そのものは廃れてしまいます。というのも、皆さんもよくご存じの義太夫節、浄瑠璃が発達してきて人形芝居の質が変化しますよね。そういう仏様の話が飽きられて、劇場からは姿を消してしまった。でも山伏さんはそれをずっと語り継いだんです。おかげで民衆の中では話が残りました。

萱森さんも触れていた「五説経」。後ほど皆さんにお話しする「小栗判官」「苅萱道心」「愛護若」、あとは萱森さんが今やった「信太妻」や「山椒太夫」など、有名な話がたくさん残っています。山伏が語るので「山伏祭文」という呼び名になっていくわけです。

しかし江戸後期になると、薩摩若太夫という方がこれを劇場に戻し、寄席にかけるようにしたんです。それが新しい「説経祭文」です。今日皆さんには、四〇〇年前の「説経」という芸能と江戸時代の後期に新しくできた「説経祭文」という芸能は別物であって、その間に「山伏祭文」があるということを頭に入れていっていただけましたらよいと存じます。

お手元の資料のとおり、初代薩摩若太夫はもともとお米屋さんです。要するに大店（おおだな）のぼんぼんで道楽者、さっさと隠居してその後は「山伏祭文」をやっていたという変な人です。お隣に盲目のあんまの三味線弾きがいた。この二人が組んで寄席にのせたのが、今私自身が引き継いでいる江戸の「説経祭文」なんです。今日、皆さんに聞いていただくのも、その系統であるこ

熊野比丘尼
熊野三山に属した有髪の女性宗教者。戦国時代から江戸時代にかけて活動が盛んだった。荘園がなくなり、参詣者も減ったことで基盤が揺るいだ熊野三山の運営資金を集めるために諸国を巡り歩いた。熊野三山のために勧進したので、勧進比丘尼とも呼ばれ、さらに「熊野勧心十界曼荼羅」などの仏教絵画を持ち歩き、その絵解きをしたことから、絵解き比丘尼とも呼ばれた。

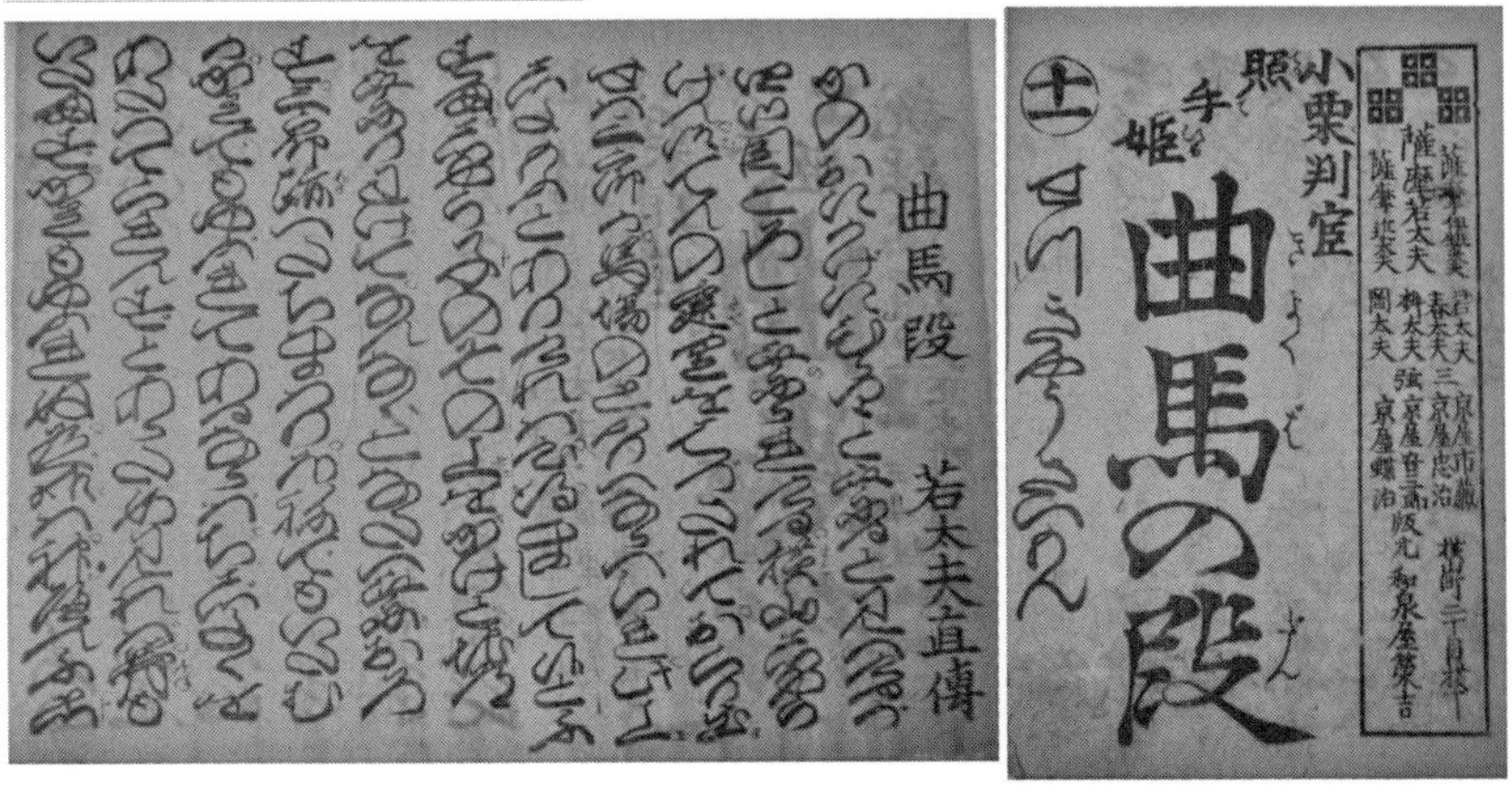

薩摩若大夫正本版本　横山町和泉屋栄吉

とを覚えておいてくださいね。

資料（次頁の系図）の一番下、十三代目薩摩若太夫（渡部雅彦）と書いてあるのが私です。薩摩若太夫は二〇〇年ほど続く名跡です。私自身はすでにお返ししているので若太夫ではなく、渡部八太夫としてお話をさせていただいているわけですが。

今日皆さんにお聞かせするのは、「小栗判官」という物語の「曲馬の段」です。話は平安時代、京の都で小栗判官さんが深泥池（みぞろがいけ）という池の龍女と交わってしまったところから始まります。怒った八大龍王が大嵐を起こしたため、小栗判官は帝の怒りをかいまして、常陸の国に流されてしまう。その後、この小栗判官が相模国の横山将監照元の娘、照手姫のところに押し入り婿に入りまして、お父さんの横山将監が怒って小栗判官を退治しようとする。そこが今日の聞きどころ、「曲馬の段」です。

資料として原文を一ページ目だけ載せてあります（本頁上段の図版参照）。ただし、これから皆さんにお

豊国鬼鹿毛曲馬

説経祭文の系譜

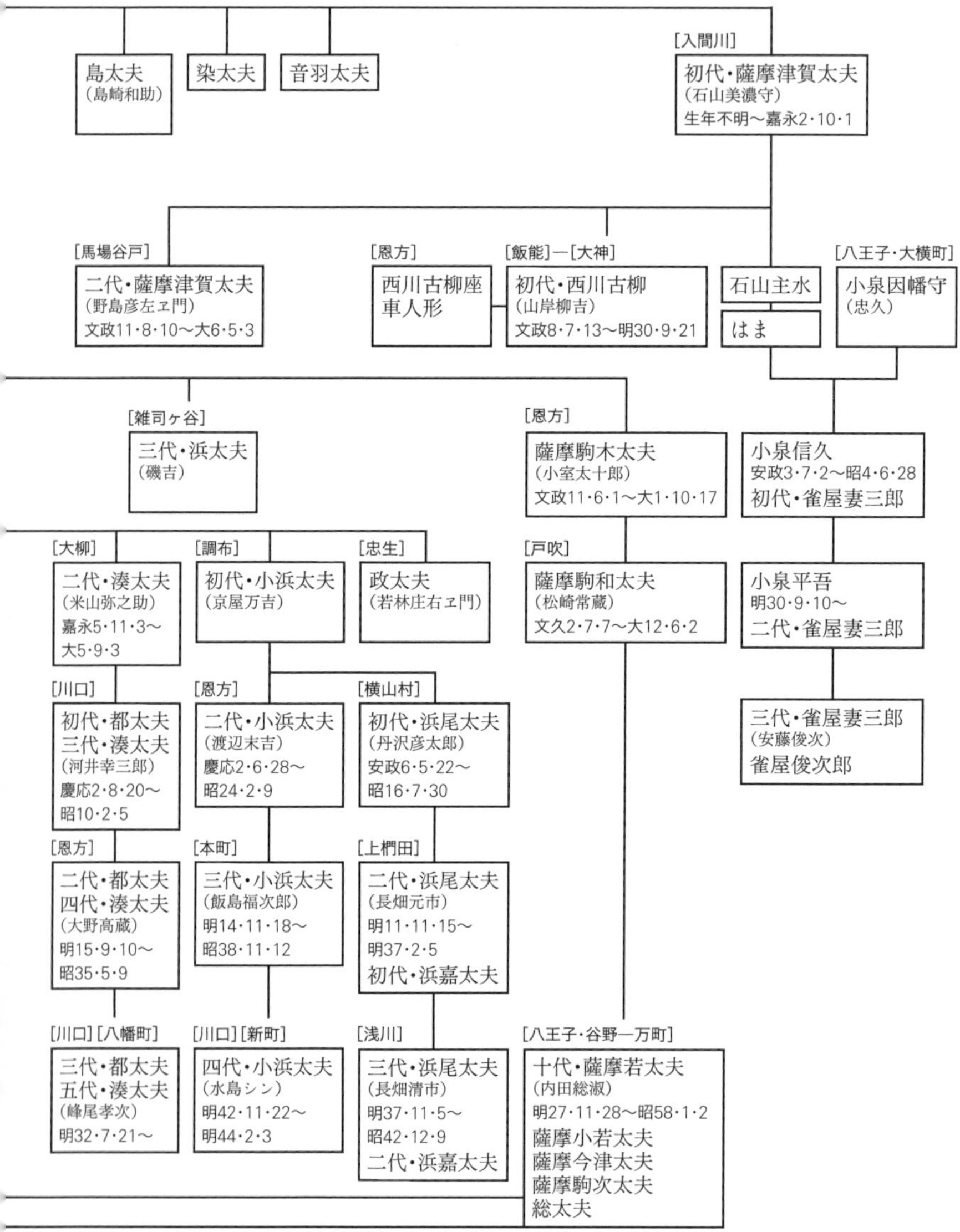
島太夫
（島崎和助）
染太夫
音羽太夫
［入間川］
初代・薩摩津賀太夫
（石山美濃守）
生年不明～嘉永2・10・1
［馬場谷戸］
二代・薩摩津賀太夫
（野島彦左ヱ門）
文政11・8・10～大6・5・3
［恩方］
西川古柳座
車人形
［飯能］—［大神］
初代・西川古柳
（山岸柳吉）
文政8・7・13～明30・9・21
石山主水
はま
［八王子・大横町］
小泉因幡守
（忠久）
［雑司ヶ谷］
三代・浜太夫
（磯吉）
［恩方］
薩摩駒木太夫
（小室太十郎）
文政11・6・1～大1・10・17
小泉信久
安政3・7・2～昭4・6・28
初代・雀屋妻三郎
［大柳］
二代・湊太夫
（米山弥之助）
嘉永5・11・3～
大5・9・3
［調布］
初代・小浜太夫
（京屋万吉）
［忠生］
政太夫
（若林庄右ヱ門）
［戸吹］
薩摩駒和太夫
（松崎常蔵）
文久2・7・7～大12・6・2
小泉平吾
明30・9・10～
二代・雀屋妻三郎
［川口］
初代・都太夫
三代・湊太夫
（河井幸三郎）
慶応2・8・20～
昭10・2・5
［恩方］
二代・小浜太夫
（渡辺末吉）
慶応2・6・28～
昭24・2・9
［横山村］
初代・浜尾太夫
（丹沢彦太郎）
安政6・5・22～
昭16・7・30
三代・雀屋妻三郎
（安藤俊次）
雀屋俊次郎
［恩方］
二代・都太夫
四代・湊太夫
（大野高蔵）
明15・9・10～
昭35・5・9
［本町］
三代・小浜太夫
（飯島福次郎）
明14・11・18～
昭38・11・12
［上椚田］
二代・浜尾太夫
（長畑元市）
明11・11・15～
明37・2・5
初代・浜嘉太夫
［川口］［八幡町］
三代・都太夫
五代・湊太夫
（峰尾孝次）
明32・7・21～
［川口］［新町］
四代・小浜太夫
（水島シン）
明42・11・22～
明44・2・3
［浅川］
三代・浜尾太夫
（長畑清市）
明37・11・5～
昭42・12・9
二代・浜嘉太夫
［八王子・谷野一万町］
十代・薩摩若太夫
（内田総淑）
明27・11・28～昭58・1・2
薩摩小若太夫
薩摩今津太夫
薩摩駒次太夫
総太夫

一七八九
（寛政）
一八〇四
（文化）
一八一八
（文政）
一八三〇
（天保）
一八四四
（弘化）
一八四八
（嘉永）
一八五四
（安政）
一八六〇
（万延）
一八六一
（文久）
一八六五
（慶応）
一八六八
（明治）
一九一一
（大正）
一九二六
（昭和）

八王子郷土資料館 特別展 図録
「写し絵・車人形・説経節」に基づき作成

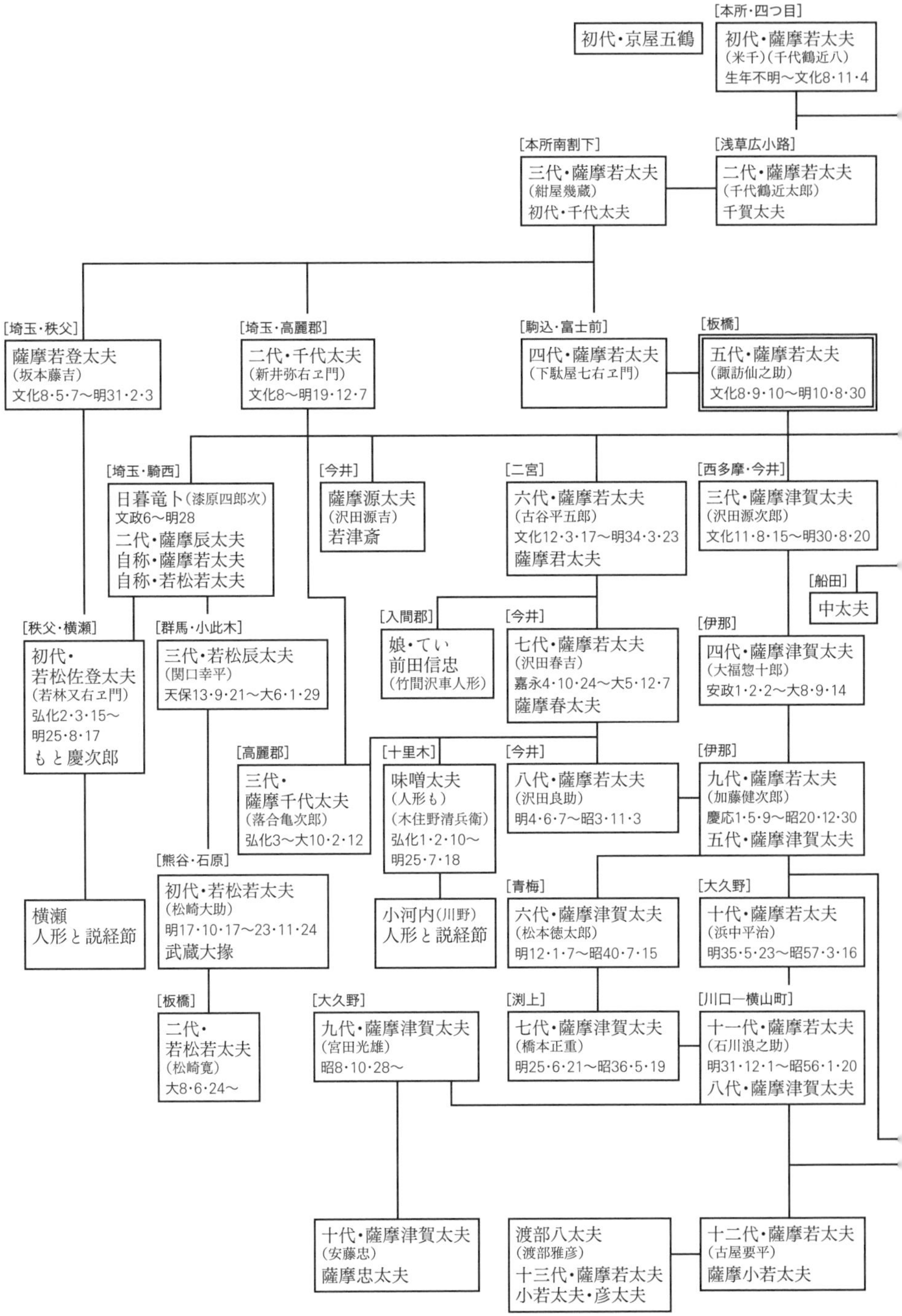
初代・京屋五鶴
[本所・四つ目]
初代・薩摩若太夫
(米千)(千代鶴近八)
生年不明〜文化8・11・4
[本所南割下]
三代・薩摩若太夫
(紺屋幾蔵)
初代・千代太夫
[浅草広小路]
二代・薩摩若太夫
(千代鶴近太郎)
千賀太夫
[埼玉・秩父]
薩摩若登太夫
(坂本藤吉)
文化8・5・7〜明31・2・3
[埼玉・高麗郡]
二代・千代太夫
(新井弥右ヱ門)
文化8〜明19・12・7
[駒込・富士前]
四代・薩摩若太夫
(下駄屋七右ヱ門)
[板橋]
五代・薩摩若太夫
(諏訪仙之助)
文化8・9・10〜明10・8・30
[埼玉・騎西]
日暮竜卜(漆原四郎次)
文政6〜明28
二代・薩摩辰太夫
自称・薩摩若太夫
自称・若松若太夫
[今井]
薩摩源太夫
(沢田源吉)
若津斎
[二宮]
六代・薩摩若太夫
(古谷平五郎)
文化12・3・17〜明34・3・23
薩摩君太夫
[西多摩・今井]
三代・薩摩津賀太夫
(沢田源次郎)
文化11・8・15〜明30・8・20
[船田]
中太夫
[秩父・横瀬]
初代・
若松佐登太夫
(若林又右ヱ門)
弘化2・3・15〜
明25・8・17
もと慶次郎
[群馬・小此木]
三代・若松辰太夫
(関口幸平)
天保13・9・21〜大6・1・29
[入間郡]
娘・てい
前田信忠
(竹間沢車人形)
[今井]
七代・薩摩若太夫
(沢田春吉)
嘉永4・10・24〜大5・12・7
薩摩春太夫
[伊那]
四代・薩摩津賀太夫
(大福惣十郎)
安政1・2・2〜大8・9・14
[高麗郡]
三代・
薩摩千代太夫
(落合亀次郎)
弘化3〜大10・2・12
[十里木]
味噌太夫
(人形も)
(木住野清兵衛)
弘化1・2・10〜
明25・7・18
[今井]
八代・薩摩若太夫
(沢田良助)
明4・6・7〜昭3・11・3
[伊那]
九代・薩摩若太夫
(加藤健次郎)
慶応1・5・9〜昭20・12・30
五代・薩摩津賀太夫
[熊谷・石原]
初代・若松若太夫
(松崎大助)
明17・10・17〜23・11・24
武蔵大掾
横瀬
人形と説経節
小河内(川野)
人形と説経節
[青梅]
六代・薩摩津賀太夫
(松本徳太郎)
明12・1・7〜昭40・7・15
[大久野]
十代・薩摩若太夫
(浜中平治)
明35・5・23〜昭57・3・16
[板橋]
二代・
若松若太夫
(松崎寛)
大8・6・24〜
[大久野]
九代・薩摩津賀太夫
(宮田光雄)
昭8・10・28〜
[渕上]
七代・薩摩津賀太夫
(橋本正重)
明25・6・21〜昭36・5・19
[川口ー横山町]
十一代・薩摩若太夫
(石川浪之助)
明31・12・1〜昭56・1・20
八代・薩摩津賀太夫
十代・薩摩津賀太夫
(安藤忠)
薩摩忠太夫
渡部八太夫
(渡部雅彦)
十三代・薩摩若太夫
小若太夫・彦太夫
十二代・薩摩若太夫
(古屋要平)
薩摩小若太夫

説経祭文小栗判官照手姫

横山町和泉屋栄吉・馬喰町吉田小吉板（一八三〇〜一八四〇年代）薩摩若太夫正本より

全三三段の長編説経祭文の傑作。都に隠れ無き、三条高倉大納言兼家卿の御嫡子、小栗判官政清が、深泥池（みぞろがいけ）に住む龍女と交わったという話が発端。八大龍王の怒りを買い、大嵐が都を吹き荒れたので、占ったところ、小栗判官の所業が明らかとなり、常陸の国に流罪となる。しかし、その流罪先でまたまた問題を起こす。

以下「鬼鹿毛曲馬の段」は、補綴・姜信子、節付・渡部八太夫。

されればにや、これは又、小栗判官照手姫鬼鹿毛曲馬の段。常陸の国に流罪の小栗殿、相模の国、横山将監照元の息女、照手姫の所に、押し入り聟であります。

怒りましたのは、父親の横山将監、人食い馬の鬼鹿毛を仕掛けますが……流石は、ヒーロー小栗であります。あっという間に鬼鹿毛を乗りこなしてしまいます。

小栗の家来たちがわーわー騒いでいるので、横山は、

「あれ、三郎、萱野の方にて、人声がする
大方、小栗めが、鬼鹿毛の秣（まぐさ）となり
十人殿原めらの嘆きの声と覚えたり、
さは去りながら、聟と舅の間柄

今から、萱野へ行て
せめて、捨て念仏など唱えてくりょう
おお、そうじゃ、幸い、花見がてらに参るとしようか
ささ、早や疾く、用意、用意」

〽畏まって候と、
毛氈、花ござ、お茶やら弁当
酒樽を担いで、萱野へ急がるる
程無く、萱野になりぬれば
横山親子、既に酒宴となしけるが

ところが、鬼鹿毛にまたがった小栗が、堂々と近づいてくるではありませんか、横山一族は泡を食って逃げまわりますが、酔っ払った横山が逃げ遅れ。

〽三郎、**それと見るよりも**
「ひぇ、**古**（いにしえ）**より**
親捨てる藪はあれど、
我が身捨てる藪は無しと聞く
父上様、お先にごめん」
と、毛氈一枚、引き立てて
頭へくるりと引っかぶり

只一散に逃げ帰る
後にも残る横山将監
逃げんとすれども老いの足
お茶やら、弁当に蹴躓き
おイモの煮っころがしで滑るやら
おきつ、ころんず、命からがら
おのれが館へ逃げ帰るは
見苦しかりける次第なり
「はあはあ、こりゃ、三郎
親を一人、残し置き、
先に逃げるとは何事じゃ
この親不孝の罰当たりめが」
聞いて三郎
「いやいや、父上
御立腹はご尤もなれども
これも子細あってのこと
もしも、親子諸共、鬼鹿毛が餌食となれば
お家は断絶、誰が敵を討ちましょうぞ」

聞かせするのは原文どおりではありません。私はこの古い説経祭文を、現存する正本をもとに、皆さんにお聞かせできるような新しい祭文にできないかといろいろと工夫していまして。今日は作家の姜信子が脚色をしたものに節づけをしてお聞かせしたいと思います。

■【実演】「鬼鹿毛曲馬の段」

原初の芸の姿に打たれて

奈々福◆まずはお二人それぞれ、どうしてこの道に入られたのか、どんな御修行をなさったのかをお聞かせいただけますか。

渡部八太夫師匠による説経祭文

萱森◉私が初めて師匠の声に出会ったのは、盲人用の点字のボランティアサークルで訪れた施設で師匠が歌っていらしたのを聞いたときでした。ここの倍ぐらいある広いお部屋の一番後ろから聞いていたのですが、非常に強い印象を受けました。何を言っているのかまったくわからなかったんです。師匠は歯も抜けていらっしゃったし、なまりもすごいしで、全然文句は聞こえてこないんだけど、何かすごいなと思って。

当時から私は津軽三味線をやっていたのですが、私が感じていた津軽三味線というのは、本当に津軽の風土が立ち上ってくるような伝統的なタイプのものでした。それが、だんだん一つの舞台芸能として変わっていって、きれいなものに洗練されていった。自分自身も、練習すればするほど洗練されていってしまうわけです。そのことに何か違和感があった。

そんなとき、師匠の声を聞いたら、「ここにあるじゃない！」と思ったんです。どう表現していいかわかりませんが、手垢のついていない、生まれたまんまの原初的な姿の芸というか。それがまるで他の世界の価値観を拒否するようにして、そこにあった。その雰囲気まるごとにすごい衝撃を受けたんですよ。ああ、こういうものがあるんだ、と。

でもだからといって、自分が習うなんてことは思いもしませんでした。ああいうものは運命に選ばれた、神様に選ばれた方たちだけができる芸だと思っていましたから、「ああ、この方が亡くなるとこの芸はなくなるんだな、もったいないないな」と思っていました。それから一〇年ほど経ってから……。

奈々福◆その間、一〇年もあるんですか。

萱森◉ええ。師匠の**小林ハル**という人が教える気があるらしいという話が入ってきて。

奈々福◆教える気が……。

萱森◉本当かなと思って行ったら、本当だったんです。非常に苦労された方だというのも知っ

小林ハル
一九〇〇（明治三三）年、新潟県三条市に生まれる。生後一〇〇日で失明。五歳の時に瞽女の親方に弟子入り。九歳から旅回りに出る。以降、一九七三（昭和四八）年に福祉施設に入所するまで瞽女として生きた。一九七八年、記録作成等の措置を講ずべき無形文化財として認定。二〇〇五年、一〇五歳で永眠。

ていましたので、もしかしたら、もう唄わなくても暮らしていけるし、唄いたくないんだけど、周りが「保存」とか「伝承」とかを持ち出して「誰かに教えなきゃだめだ」とけしかけて嫌々教えようとしているのかもしれない。もしそうなら教わるのはやめようと思ったんです。でも私としてはあのときの印象も強くて、恐ろしいことにやりたいと思っちゃったんですよね。実際に行ってみたら、師匠は本当に教えたがっていた。

びっくりしました。当時九〇歳を超えていたんですよ。すごいですよね。私は民謡もやったことがないし、歌はまったくやったことがなかった。ですから最初はなかなか大変でしたね。

正解の形がない芸

奈々福◆小林ハルさんという師匠は、御自身で三味線も弾かれる方だったんですか。

萱森◉ええ。ごぜ唄というのは、三味線を弾きながら唄うものなんです。本来、三味線の上手な人が三味線を弾いて、唄の上手な人が唄うということではありません。でも、教科書も何もないんですよ。「これこれっていう演目があるそうじゃないですか、ちょっと唄ってみてくださいよ」と師匠に頼んでやってもらい、その場でまねをしてみるんだけど、ちっともできないんで録音して帰り、うちで必死になって覚えていく。ところが次にやってもらうと前と全然違って、文句も変わっていたりする。

先ほどの「祭文松坂」ですと、今日は「六こと一流れ」といって六行で一つの区切りで三味線が入るバージョンで唄いましたが、四こと一流れでも唄えるし、四こと一流れで唄っているつもりでも、興が乗るとあるところは七ことになり、あるところは五ことになるということもあるんです。そうすると、まるっきり違ってくるわけですよ。一つひとつの文句も動くんです。つまり、先ほども申し上げたように、きっちり丸覚えしているというのではなくて、自分の習い覚えた文句で再現するだけなんです。

最初は私もそのあたりのことがよくわかっていなかったので、全部丸覚えしていました。行くたびにまた新しいバージョンが出たという感じで丸覚えしたんですけど、そのうちにそういうのは無駄なんだとわかって楽になりましたね。

奈々福◆無駄というのは……。

萱森◉その必要がまったくないんです。たとえば今言ったような何ことで区切るという場合も、師匠があるときここを七ことで唄ったからといって、次に師匠が七ことで唄うとは限らないわけだから、七ことで覚えることは無駄でしょう?

逆に、何ことでも唄えるということですから、唄えるような技量の引き出しが必要になってくる。習い方がまったく違ってきちゃうんですね。そこが大変なところでもあり、おもしろいところでもあるんです。正解の形がない感じというか。

一番困るのは、文句を書いたものを配ってほしいと言われることです。このたびは奈々福さんがよくわかってくださって、何も配らなくていいと言ってくださって助かったんですけども、ほかのところではよく文句がわからないと思うので配らせてくださいと言われます。「それは要らないんです、あると邪魔なんです」と力説しないとだめなことが多いんですね。配られるとやっぱりみんな読みますので、耳から入る体感が半減してしまいますし、配っちゃうと私も文句どおりに唄おうと思ってしまって邪魔になるんです。

奈々福◆今日は「祭文松坂」が**三下がり**ですけど、三味線はいろんな調子の合わせ方がありますか。

萱森◉あります。ただ、今日やった「嘶松坂」も三下がりですが、「口説き」は**二上がり**ですし、民謡になるともう千差万別ですね。

奈々福◆そうですね。

萱森◉高さも一本、二本、一二本(じゅうに)と、そのときの調子によって変えられますので、決まってないんですね、まるっきり。

奈々福◆ご存じの方もいらっしゃると思いますが、三味線には三本の糸がありまして、その調弦には本調子、二上がり、三下がり、と基本的な三つの調子があるんですけれども、三下がりというのはさっき聞いていただいたように、ちょっとマイナーな感じがするんです。八太夫師匠の調弦は二上がりでしたね。

渡部◇私は二上がり。

奈々福◆二上がりなんですけど、「祭文松坂」も「嘶松坂」も三下がりなんだなあと思いながら……。お稽古では、三味線の手についても習うんですよね。

萱森◉はい。それも千差万別です。三味線の手もすごく変化形がいっぱいあって、どうやって

三下がり
三味線の調弦のひとつ。開放弦間の音程を完全四度に調整したもの。マイナーな雰囲気になる。

二上がり
三味線の調弦のひとつ。開放弦を一の糸と二の糸間を完全五度、二の糸と三の糸間を完全四度に調整したもの。明るい雰囲気になる。

もいいんです。やってはいけないこと以外は、どうやってもいい。長くも短くも弾けるし、組み合わせたら細かい変化がものすごくいっぱいある。

上手に聞こえるように唄うな

奈々福◆ごぜさんたちというのは、歴史をたどればいろいろありますけれども、とにかくお客さんたちにとっては最高のエンタテインメントだったわけじゃないですか。「早くごぜさん来ないかな」と旅回りのごぜさんを心待ちにしている人たちがいた。そういうお客さんたちを目の前にして、定番はもちろん流行り唄でも何でもかんでもやれなきゃいけなかった。その意味で覚えなくてはいけないことは多かったと思うのですが、師匠の御指導の中でこれはいけな

鼎談

いとか、これを大事にしろ、ということはありましたか。

萱森◉いっぱいあるんですけどね。「祭文松坂」については、芝居声を使うようなことは絶対するな、と言われていました。本当を言うと、表情も動かしちゃいけないんです。また、よく覚えているのは時間のことです。「祭文松坂」って長いでしょう。ハルさんがご高齢なので、施設の方が気になさって「お稽古を一時間で終わらせてください」とか言うわけですよ。お稽古を始めて、ひょっとして一時間過ぎたかなと思って、横にあった時計をちょっと見たんです。そうしたら唄い終わるやいなや師匠が、「おまえ、今、動いたったろ」って言ってね。「えっ、いや、時計が気になっちゃって」と言ったら、「稽古んときはいいけども、客の前ではわざとそういうことは決してするな。客の邪魔になるろ」と言うんですね。

　同じようなことはしばしばありました。師匠は何でもとにかく一応形がうまくできたら、「ようした、ようした」と言ってくださるんです。だけど、顔を見たら本当に「ようした」と思っていないことがわかるときがある。「うーん」と気になるんですけど、「ようした」とおっしゃる限りは、どこをどう直せばいいですか、と聞けない。それで、家に帰って「こうじゃないんだけどなあ、どこが違うんだろうなあ」と悩むんです。形は一緒なんですから、長さとか高さの違いじゃないことはわかる。唄い方の問題でもない。どこが違うんだろう。

　で、半年後とかに「もう一度聴いてください」と何度か繰り返した唄がいくつかあるんです。その中の一つ「**鴨緑江節**（おうりょくこうぶし）」を何回目かのときに、調弦を下げてやってみた。それまでは高い声で歌っていたんです。そのほうが朗々と上手に聞こえますからね。今、民謡の方はみんな自分

鴨緑江節
大正年間に流行した俗謡の一つ。朝鮮の鴨緑江に出稼ぎに行った筏師の歌として、満州帰りの梶原華嬢が浅草で歌って以来流行したとされる。

のできる一番上の声を使いますが、そういう感じで唄っていた。そうしたら、だめだったわけですよね。いま一つだった。

そこで、女の人でここまで下げていいんかなと思うぐらい下げて唄ってみた。そのときに師匠が「ああ、ようした」って言ってね。「今までみたいに唄うてたったら、客が、あなた、いい声ですね、お上手ですねと手たたかねばねえろ」って。客は手をたたくために来ているんじゃない。ああ、楽しい、いい歌だ、うれしいな、と幸せになりたくて来ているのであって、演者を褒めるために来ているんじゃないんだと。上手に聞こえるように歌ってはいけなかったんです。最初からそう言ってくれりゃいいんだけど、そうじゃないもんだから、得心できるまで相当な時間がかかりましたね。でもそういうことを一つひとつ得心していくと、非常に楽しい芸なんですよ。

強くて温かい人

萱森◉私はよく師匠に「どこそこへ行ってきます」とか「行ってきました」と報告をしていたのですが、師匠は必ず「声が裏返ったたって別にいい、しくじったって、どこか忘れてもかまわない」と言ってくれていました。そして帰ってくると必ず「お客人は喜んでくれなったかい」と聞いてくれた。それが楽しみで私も報告していたんですが、「ちょっと間違っちゃったんだけど、後で柿が送られてきました」なんて言うと、「おまえ、ええことしたの」って言ってね、本当に喜んでくださいました。そういうのは本当に枚挙にいとまがないほどエピソードがあって、忘れられませんね。

奈々福◆温かい方だったんですね。

萱森◉そうですね。本を読むと、すごく怖くて強い人に感じるかもしれませんが……。それは強い方でしたよ。でも怖い人ではないし、硬く冷たい人ではなかった。温かかったですね。私、習い始めた頃、一番上の子が三つで、二番目が生後四か月だったんです。赤ん坊を抱いてお稽古に行き、泣かせておいて。

奈々福◆泣かせておいて（笑）。

萱森◉うん。師匠は子どもたちを温かな目でかわいがってくれました。しっかりしているところはやっぱりすごくしっかりしていて。

　印象に残っている師匠の言葉としていつもお伝えしているものが二つあるんです。一つは「さずきもん」という言葉。いわゆる授かりものですけれども、さずきもんって言うんです。「おまえの歌はさずきもんだすけ、大事にしてくらせえ」、そういう言い方ですね。あるいは人のことを言うときにも、「さずきもんを大事にしねえからそうなる」「人のさずきもんをうらやむからそうなる」ってね。そういう使い方をされていました。

　もう一つは「気構え」。これも再三言われた言葉です。心構えのことだと思うのですが、師匠はいつも「気構え」と言っていた。「気構えさえなってりゃ、めぐりが何て言ってたってどうってこたねえ、怖いこたねえ。気構えさえなってりゃいいだ」とね。師匠はすごい「気構え」で、自分の「さずきもん」を大事にしてきたんだろうなと思います。本当に強い人でしたね。

奈々福◆独特の、いい言葉ですね。

萱森◉そういうのを思い出します、ほんと。

ひょんなことから説経祭文の道に

奈々福◆同じことを八太夫師匠にもおうかがいします。

渡部◇長くなっちゃうので、ごくかいつまんでお話ししますね。東京に昔、秋川市、今はあきる野市、ここに府中大國魂（おおくにたま）神社の二ノ宮というのがありまして。ここは昔からの説経祭文や芝居が残っていた神社なんです。そこであるとき子ども歌舞伎をやるという話になったんですよ。私は当時、近隣の小学校の教員をやっていましてね。歌舞伎のかの字も、説経のせの字も、三味線のしゃの字も何も知らない、ただの先生だったのですが、ちょっと手伝ってくれと言われて行ったのが運の尽きで、こんなんなっちゃったんですけどね。

奈々福◆かいつまみ過ぎ（笑）。

渡部◇どこでもやる有名な演目に「**絵本太功記**（えほんたいこうき）」の十段目、「太十（たいじゅう）」という地芝居があります。まだこれを演じることのできる栗沢一座の市川増三郎師匠が御存命だったので、秋川に歌舞伎を残そうじゃないかということで、子ども歌舞伎を始めたんですけども、八〇代の師匠と一〇

絵本太功記
江戸中期の人形浄瑠璃および歌舞伎の演目。全一三段。近松柳・近松湖水軒・近松千葉軒の合作で、通称『太功記』。主人公は敗者である明智光秀をモデルにした武智光秀。光秀が本能寺の変で織田信長を討ってから、天王山の合戦で秀吉に敗れて滅ぼされるまでの、「光秀の三日天下」を題材にしたもの。

歳前後の子どもが一緒にいたって何にもできないんですよ。私は間にいて困っちゃって、仕方がないから私が一から十まで習うことになったんです。それで、私のほうから子どもたちに「おい、おまえたち、こうやるんだぞ」と教えることになっちゃった。

奈々福◆さすが教員。

渡部◇歌舞伎というのは、**ちょぼ**が入らないと何も動きませんからね、特に時代物は。

奈々福◆ちょぼって？

渡部◇要するに義太夫節の……。

奈々福◆歌舞伎でいえば竹本ですよね。

渡部◇そうね。あれが入らないと芝居にならないので結局、自分で弾くしかなくなって。

奈々福◆え、いきなり義太夫節やることになるわけですか？

渡部◇ええ。しようがないから習いに行きましたよ。義太夫の素人の方たちのグループがあって、そこに。最初は義太夫の三味線から始めて、そのうちに下座（げざ）もないと芝居にならないから長唄を習うという具合で。そのようなことでこの世界に。

奈々福◆やっちゃうんだから、すごいなあ。

渡部◇しようがないですよねえ。だって子どもがかわいそうじゃないですか、教育委員会が先に舞台の日程を決めちゃうんですからね。で、先生、何とかしてよって。何とかしてよって言われたってねえ。

奈々福◆じゃあ、一人で竹本も下座の長唄もやったんですか。

ちょぼ
歌舞伎演目に入る義太夫節。舞台の上手側で物語のト書きに当たる部分を語る。現在は「竹本」という言い方が一般的になっている。

渡部◇いえ、もちろん助っ人が来ましたよ。でも稽古に何回も呼べないじゃないですか。となると私が代理で何かつけないと芝居の動きがとれない。そんなのが始まりです。

で、三味線と長唄を習いに行ったのがたまたま八王子のお師匠さんで。八王子はまだ芸者さんがいるので、三味線や笛、太鼓などを教えるところがたくさんあるんですよ。習いにいったら、「あんたちょっと、先生やっていて声がでかいから説経っていうのをやらないか」と言われて。ついこの間まで三味線も知らない、歌舞伎も知らない人を……。

奈々福◆うはははは！　声が大きいから説経をやらないかって、ものすごく跳び越えていますよね。で、そこの説経が薩摩派だったわけですか。

渡部◇ええ、それが薩摩若太夫が興した説経祭文の流れだったわけです。今、萱森さんのお話を聞いていてすごくうらやましかったのが、お師匠さんがいらっしゃることです。私は薩摩派ですが、師匠がいないんです。やらないかと言われたときにはみんな亡くなって途絶えていましたから。やり手がいなかった。

で、どうしたかというと、「このテープを聴きなさい」と渡されて。長唄のお師匠さんでしたから、三味線の基礎は習いました。長唄は今でもやっているので、聞けばこんな感じかな、と一応手はとれる。もう全部自分で耳コピですね、コピーして起こして。だから、私の師匠といえは十代目さんのテープなんです。

奈々福◆名人と言われている薩摩若太夫ですね。

渡部◇系図に出ている内田さんという方と十一代目の石川さん、お二方のテープをとにかく毎日聞いて、それを譜面に起こして勉強しました。

奈々福◆それで十三代目を継がれて若太夫になられた。今は薩摩のお名前は返上されて、佐渡の文弥節の「猿八座」の座付き太夫をやっていらっしゃいますよね。これがまたおもしろいんですよ。せっかく薩摩若太夫だったのに、そちらを返上されて。

佐渡島に、義太夫節よりも古い浄瑠璃の文弥節をずっと受け継がれて人形浄瑠璃をやっておられる「猿八座」という一座があるのですが、今の文楽とは違って一人遣いで、人形がすごく小さいんです。そこの座付きの太夫をされている。つまり、古浄瑠璃である「文弥節」をまた受け継いでいる、と。おもしろい経歴ですよね。

差別された人たちの芸

渡部◇なぜかだんだんさかのぼっていくんですね。「説経祭文」は二〇〇年ぐらい前のもので、明治以降「説経浄瑠璃」と呼ぶようになるんです。私自身も最初は「説経浄瑠璃」と言っていたんです。浄瑠璃だぞ、と威張っていた。

浄瑠璃というのはあくまでも人形につけるんですよね。もともとは浄瑠璃姫の話で。

奈々福◆源義経が主人公の「浄瑠璃姫物語」ですね。

渡部◇ええ。義太夫はやっぱり人形芝居につけるためのもので、それを浄瑠璃と呼ぶ。で、説経も実は古い時代に歌舞伎につけているんです。そのころにやはり「説経浄瑠璃」という言い方が残っている。ですが結局義太夫節に負けたために、説経は途絶えてしまう。

江戸後期から明治、大正と「説経祭文」として再興してくるんですけども、もともと伝えたのが山伏という身分の低い人たちだったこともあり、ちょっと肩身が狭かった。「説経浄瑠璃」というと、**肩衣**（かたぎぬ）なんかつけちゃって少し格が上がったように見える。しかし、あれはおかしいんですよ。「説経祭文」は肩衣をつけるような芸じゃないと思います。

それで、私も「説経浄瑠璃」とか言って鼻を高くしていたことがありました。しかし、古いものをそのままやっていてもなかなかわかっていただけないし、芸能としての限界も感じて、「説経浄瑠璃」を一度は捨てました。でもその後、いろいろな人に出会って、「説経浄瑠璃はつまらないかもしれないけど、本来の説経祭文にすればおもしろくなるかもよ」と言う人がいて。それが先ほど紹介した作家の姜信子なんですけども。彼女の入れ知恵で、じゃあちょっとやり直してみようかということで、今はわざと「説経祭文」と言っているんです。

奈々福◆おもしろいですね。

ごぜさんは、やっている方々はとても誇り高かったと思いますが、社会的地位としては一番底辺から生まれ、底辺で生きてきた芸ですよね。浪花節（なにわぶし）もそうなんです。明治時代には落語や講談よりも低く見られて、なかなか寄席に上げてもらえなかったそうです。**桃中軒雲右衛門**（とうちゅうけんくもえもん）という人が歌舞伎座でやることになったときなど、歌舞伎役者に板一枚削られたんですって、同じ舞台に上がるのは嫌だと言われて。それぐらい差別された芸なんです。

私が入ったときにはそんな意識はまったくなかったのですが、私の大師匠、三代目玉川勝太

肩衣
室町時代以後の武士の礼服。袖がなく、小袖の上に、肩からせなかをおおって着るもの。下には半袴を着ける。

桃中軒雲右衛門
一八七三（明治六）年生まれ。浪曲の中興の祖と呼ばれ、明治から大正時代にかけて活躍した浪曲師。亭号は沼津駅の駅弁屋である桃中軒に、名は修行時代に兄弟分であった力士の「天津風雲右衛門」に由来するとされる。紋付袴で、演台に美しい布をかけ、立って演じるスタイルを確立。弟子に、桃中軒牛右衛門を名乗っていた宮崎滔天など。一九一六（大正五）年、四三歳の若さで逝去。

郎のところに稽古に行ったとき、「おまえは浪花節に入って、恥ずかしくないか」と聞かれたことがあって、すっごく驚いたんです。そう聞くということは、大師匠ご自身がその思いをしてきたということですよね。私の三味線を弾いてくれている沢村豊子師匠も、浪花節の三味線が嫌で嫌で本当に言いたくなかった、と言っていて。

師匠から聞いたこととか、ご自分で芸に携わるなかで、そういう記憶はありますか。

萱森◉ございさんの社会全体が誇りを持っていましたので、そういうことはありませんでした。三味線を一人で弾きながら歌えるというのは本当に一人前ということで、そこにはやっぱりすごく誇りがあって。

かつてはいろんな旅芸人がいましたよね。師匠から聞いた話ですが、ある人が何にもなしで手拍子だけで歌っていたんですって。そこで師匠は「そこらに石があるろ。石と木ころを拾って打って歌えと言うてやったんだ」と。つまり、何も持たないで歌うのは「こじき」「おもらい」と一緒だと。そうじゃないんだ、自分たちは楽器が弾けるんだと、そういうことでしょうね。それを聞いて、ほうと思いましたね。

奈々福◆なるほど。

萱森◉私自身、そういう芸能にまつわる社会的差別について何も知らずに、「これすごいな」「この人のたたずまいはすごいな」というところから入っていたので、すごくびっくりしましたね。ごぜがさげすみの対象であったこと、差別されていたという話はよく聞きますが、師匠たちはむしろそれは当たり前みたいな感じで話していることが多かった。

たとえば、ごぜさんには巫女さん的な役割もあって、いろんなまじないの道具があるのですが、その中の一つに杖があります。ごぜさんは盲人だから杖をついているわけですが、よく歩いてすりへった杖で痛いところを触ってもらうと治る、というおまじないがある。ひざ小僧をすりむいた子どもなんかが、よく「なでてくれよ」と来たんですって。「本当になでてやったんですか」と聞いたら、「ああ、おまえ、おらって来たときに後についてはやし立てった子らろうって言って、くいくい突いてやるんだ」と。

奈々福◆うふふ、その現場、見たい（笑）。

萱森◉おもしろいでしょう。つまり対等なんですよ。お互いに敵のように思っているのではなくて、対等な遊びなんですね。その子どもはきっと、「痛たたたたー」っておうちに帰ってお母ちゃんに「ごぜさんに突っついてもろうた」って言う。そうするとお母さんが、「よかったね、おまえ」と言う。きっとそんなふうだったはずで、本当に平らな感じで暮らしていたんだろうと思います。

掟がどうのこうのと言われることもよくありました。私はごぜ唄うたいなだけで「ごぜ」ではないので掟は関係ないわけですが、師匠から聞いた話の印象としては、掟というのも特別なものではなかった気がします。男と関係したらどうこうなんていう、よく知られた、映画の『はなれ瞽女おりん』の世界。あれはあんなふうに映像にするから悪いのであって、特別なことではなかったと思うんです。たとえて言えば、学校の校則のようなもので。ごぜ社会にいる限り従っておいたら楽だ、という程度のものだったのではないかと。みんながそれをわかっていて従っていたので、別につらくも何ともないし、虐げられてもいないし、差別を意識することもなかったんじゃないかなと私は思うんです。少なくとも私の師匠はそうだった。ただ、「こん次生まれてくるんだったら目見えたらいいな」とは言っていましたよ。

奈々福◆ああ……そうですよね。

萱森◉それはもちろん言っていましたけどね。

奈々福◆八太夫師匠はどうですか。

渡部◇私は実際には差別的な経験はありません。ただ、始めたころに「信太妻」をやっていたら、ふとお客さんから「これは部落の話だね」と言われて、「えっ、そうなんですか」と教えてもらったことがありました。つまり、キツネ葛の葉はおうちにいられなくなってしまうわけだけれども、それはある意味で身分が明かされてしまったという……。

奈々福◆その比喩だというわけですよね。

渡部◇そうそう。やっぱりそういうふうに読み取る人がいらっしゃって、直接感想を言いに来てそういう話を切々とされたのにびっくりしたことはありましたね。私は自分で好きで入った道じゃないので、学習が後から来るんです。

若い頃は「葛の葉」だって何も知らずに考えないでやっていたら、後からだんだん情報が入ってきて、えっ、そんな話だったんだっていう……。恥ずかしい話なんですけどね。本当なんですよ。

奈々福◆あのことの比喩だろうな、と読み取るのは勝手なんですが、異類婚姻譚は別にあの話に限ったことではなく、昔からありますから。

渡部◇ええ。でもそういう話を聞いていると、なるほど「小栗判官」も結局、**餓鬼阿弥車**（がきあみぐるま）なんて言ってね。あれは、らい（ハンセン病）のことですね。

奈々福◆そうですね。

ごぜ唄は子別れ、説経は再生が定番のテーマ

奈々福◆ごぜさんは歌の範囲が本当に広いのですが、とりあえず「五説経」があるし、「祭文松坂」には段もの、語りものという芯がありますよね。五説経はもともと仏の利生、救済を説くものですが、描かれていることはすごく悲惨ですよね。篠田正浩さんがおっしゃっていましたが、「山椒太夫」にも本当に悲惨ないたぶられるシーンがある。底辺を生きる人たちへの共感というか、語る自分たちの境遇を写したような物語であり、そこが人々の慰めになっていたと思うんです。

ごぜ唄の楽しみ、説経祭文の楽しみとはどんなところにあると思われますか。

萱森◉すごく難しい質問で、どう答えたらいいかわからないのですが、ごぜ唄の「祭文松坂」という物語の範囲で言えば、今も昔も好まれるのはやっぱり子別れものなんですね。これはどんなに時代が移っても変わらない。人間である限り親がいて子がいる。だからでしょうか、親子と名乗れない親子とか、一緒に暮らせない親子とか、名乗らないで別れていかなきゃいけな

餓鬼阿弥車
相模の国で毒殺された小栗判官は、餓鬼阿弥（餓鬼のように痩せ衰えて、耳鼻が欠け落ちて、生気のない状態）として蘇生した。「上野ヶ原に倒れている小栗を助け、熊野で湯治させるように」との閻魔大王のお告げを聞いた遊行寺の上人は「この者を、一引き引いたは、千僧供養、二引き引いたは、万僧供養」という書付を餓鬼阿弥と化した小栗判官の胸に付け、土車（土を乗せて運ぶ車）に乗せた。

い親子とか、そういう話が多い。

そして数ある子別れものの中で、「葛の葉」だけが「葛の葉子別れ」という題名なんです。「順礼お鶴子別れ」とか「石堂丸子別れ」とは言わない。「葛の葉」だけが「葛の葉子別れ」と言う。やっぱり情ですよね。男女もあるけど、しまいには親子なんじゃないでしょうか。

奈々福◆八太夫師匠はどうですか。

渡部◇説経の大きなテーマは、蘇る、再生するということです。山伏といえば出羽三山がありますが、羽黒から登っていったとして、月山(がっさん)はあの世ですよ。峰入するということは死ぬことですからね。自分の葬式をして、死の世界である月山に行く。そして湯殿山で蘇るわけですね。「小栗判官」は熊野湯の峰本宮、つぼ湯で再生するし、「**しんとく丸**」もいったんらい病になるものの、蘇りがある。それはやっぱり、生き直しましょうという語りかけだと思うんです。

奈々福◆報われない人たちでも再生を信じなさいと。

渡部◇阿弥陀思想には来世で生まれ変わりましょうという考え方がありますが、私はそうじゃなくて、今ここで生まれ変わりましょうという問いかけだと思っているんですね、説経祭文は。

奈々福◆この世にも救いがある、救われるということですね。

渡部◇そうそう。そのための語りで、私が今日祭文をかけたのは、皆さんに弥栄(いやさか)あれと言いたかったから。

奈々福◆「祭文をかける」って言うんですね。呪文をかけるようですね。

渡部◇私にとって説経祭文は、目の前の皆様に祭文をかけて弥栄を持っていっていただくため

しんとく丸

俊徳丸／信徳丸は、「俊徳丸伝説」（高安長者伝説）で語られる伝承上の人物。河内国高安の長者の息子で、継母の呪いによって失明し落魄するが、恋仲にあった娘・乙姫の助けで四天王寺の観音に祈願することによって病が癒える、という伝説。謡曲では「弱法師」、人形浄瑠璃や歌舞伎では「攝州合邦辻」などの作品の下敷きになっている。

の祈りなんです。もちろん神仏に聞いていただくのが説経祭文の本義ですけれども、皆様方一人ひとりが神様ですから、持っていてくださいと。

奈々福◆三波春夫みたいじゃないですか（笑）。

渡部◇「お客さまは神様」とはちょっと違いますけどね。皆さんの頭上に神様を見て、祭文をかけたつもりです。「頭の上に今日の物語、鬼鹿毛を乗せて帰ってください、きっといいことがありますよ」というのが山伏祭文を源流とする説経祭文のやり方だと私は思っていて。それが再生なんじゃないでしょうか。

説経はご当地ソング？

奈々福◆上手にまとまったところですが、どうしても最後にもう一つだけお二人にうかがいたいことがあるんです。私は「語り芸」の中で、「**道行き**」がすごく気になっているんです。日本では文学でも芸能でも必ず道行き、道中というものがあり、土地の言葉を歌い込むというのがある。ごぜ唄にも、説経にもある。道行きとは何か、師匠に教わったとか、思っていらっしゃることはありますか。

萱森◉師匠から教わることはなかったですね。私の師匠は本当の一芸人で解釈は何もない、習ったのをただ唄っているだけ、という形でしたから。むしろごぜ唄の「祭文松坂」では、道行きを飛ばすことも多いですよ。

道行き
ある目的地に達するまでの場所の変移、過程、時間の経過を表現するのに、地名を次々と詠み込んだ表現形式。能楽では，ワキが目的地に到着するまでの叙景の部分をいい、浄瑠璃では，近松門左衛門以後、心中物と結んで「景事」として展開し、旅する人物の心情を描く傾向が強く表現されるようになる。これが歌舞伎舞踊にも入り、「道行物」として大きな位置を占めるようになった。

奈々福◆えっ！　そうなんですか。

萱森◉たとえば今日やった「葛の葉」でも後の段、信太の森に尋ねていくところなんか、「恋しき我が家を立ち出でて信太が森へと急がるる。信太の森にもなりぬれば」と、飛ばしちゃう。情のところだけをぐぐぐっとやるという感じでしたね。師匠の前の前の前の形がどうだったのかは、もはやわかりません。目の前の相手が喜んでくれるところだけが引き延ばされていく、そんな感じなんだと思うんですけど。

奈々福◆なるほど。八太夫師匠はどうですか。

渡部◇説経は道行きがすごく長いです。そのとおりやると道行きだけで三〇分はかかります。ただし、道行きっていつも似ています。「小栗判官」だと「照手車引き」がありますが、あれはいつも同じところを通りますからね。岐阜の青墓宿から関ケ原を通って琵琶湖畔を大津の関寺まで行くんです。区間が決まっているので有名な道行きなのですが、これはその説経語りが行った先々で変わるものだと思います。

奈々福◆ああ、なるほどねえ。

渡部◇変わらなきゃいけないんです。つまり、山伏があっちのお寺、こっちの神社にお世話になったとすれば、現地でそれを歌に読み込みますよ、どうしたって。

奈々福◆そうそう。

渡部◇これは御当地ソングに近いものですよね。昔のＣＭですよ。聞いた人はやっぱり「おお、うちを言ってくれた」と喜ぶわけで、やるたびにどんどん長くなるのは当然です。あそこもここも言ってあげなきゃ、って。

奈々福◆お世話になっているところが多いから。

渡部◇「何でうちを言わないんだよ」って後で言われないように。それでいろいろとダジャレのようなかけ言葉をつくったわけです、

奈々福◆なるほど。ありがとうございました。

関連書籍の紹介

伊藤比呂美『新訳 説経節』(平凡社)

斎藤真一『瞽女――盲目の旅芸人』(日本放送出版協会)

塩見鮮一郎『中世の貧民――説経師と廻国芸人』(文春新書)

ジェラルド・グローマー『瞽女うた』(岩波新書)

『わたしは瞽女――杉本キクエ口伝』(音楽之友社)

『三田村鳶魚全集』二一巻「浄瑠璃と説経」(中央公論社)

第4章 義太夫節

豊竹呂勢太夫・鶴澤藤蔵・児玉竜一

豊竹呂勢太夫（とよたけ・ろせたゆう）──一九六五年東京生まれ。一三歳で四代鶴澤重造に入門。八二年国立劇場文楽第八期研修生編入。八四年、五代竹本南部太夫に入門し、竹本南寿太夫を名乗る。同年、国立文楽劇場初舞台。八五年、五代豊竹呂太夫門下になり、八八年、豊竹呂勢太夫と改名。二〇〇〇年八代豊竹嶋太夫門下となり、同年「咲くやこの花賞」受賞。平成三〇年度芸術選奨文部科学大臣賞（演劇部門）受賞。他、受賞多数。

鶴澤藤蔵（つるざわ・とうぞう）──一九六五年大阪生まれ。一九七六年、十代目竹澤彌七に入門、祖父の前名、五代目鶴澤清二郎を名乗る。一九七八年、鶴澤清治門下となる。一九八三年、大阪・朝日座にて初舞台。二〇一一年、二代目藤蔵を襲名。二〇一二年、日本芸術院賞受賞。著書に『文楽の家』（雄山閣　父である故・竹本源太夫との共著）がある。

児玉竜一（こだま・りゅういち）──一九六七年兵庫県生まれ。演劇学者。早稲田大学大学院から、早大助手、東京国立文化財研究所、日本女子大学などを経て早稲田大学教授。早稲田大学演劇博物館副館長。専門は歌舞伎研究と評論だが、伝統芸能全般に詳しく、多岐にわたって研究・評論活動を行う。

《口上》

日本は節つきの語り芸の多い国で、古くは平家琵琶、中世に入って能楽、近世の浄瑠璃の代表格として義太夫節、近代に入って浪花節……これを「四大叙事曲」というと、ものの本で読みました。

ではそれが、発展関係にあるかというと、義太夫の歴史の本には義太夫節は謡の影響をうけて発達したと書いてあるのですが、義太夫節と浪花節には、そういう明らかな関係はなさそうです。大阪の庶民の間から生まれた義太夫節と、もっと底辺から生まれて、明治になってから東京でぐわあっと人気が出た浪花節とは、やはり違うんでしょうね。ただ、関西の浪曲は、義太夫節の影響を受けているなと感じることがあります。

上方の芸は、音が複雑。江戸の浄瑠璃は男性の声も高く澄んでいるのに、義太夫節は声に濁り成分があり、三味線も太棹で、音も太く重い。そして、これほど臆面もなく感情表現をする語りは、義太夫節と浪曲に極まる……いやあ、義太夫のほうが上かな、と私は思っております。

これだけ語り芸が多様であるということは、それぞれの芸にゆだねるものが、別々にある、ということだと私は考えております。人々は、義太夫に、何をゆだねたのか。そして義太夫を受け継ぐ方々は、それをなんだととらえておられるのか。聞きたいことといっぱい！

というわけで、企画をしましたけれど。

二〇年以上文楽を見ている身として、豊竹呂勢太夫さんと鶴澤藤蔵さんのお二人をお迎えできるとは！　この組み合わせを、こんなにコンパクトな空間で聞けるとは！　しかも、早稲田大学教授にして、早稲田演劇博物館副館長、古典芸能から近代演劇まで、日本の芸能について、とんでも級に該博な知見をお持ちの児玉竜一さんの解説つきで！　超絶・贅澤♡な会になりました。

「仮名手本忠臣蔵」より「大序」を聞く

呂勢◉太夫の豊竹呂勢太夫と申します。どうぞよろしくお願いします。

藤蔵◇三味線の鶴澤藤蔵と申します。どうぞよろしくお願いいたします。

呂勢◉今日は文楽を代表する演目「**仮名手本忠臣蔵**」の三段目の中から聞いていただきます。「仮名手本忠臣蔵」は、数ある文楽の演目の中でも、ほとんどすべての段が残っている非常に貴重な作品なんです。最初から最後までやるのを「通し狂言」といい、その一番最初の場面を「大序」といいます。「大序」を持つ作品はたくさんありますが、名曲として残っているものは少ない。そうした中で「忠臣蔵」の大序は非常な名曲であり、修行中の若い人がやることもあれば、幹部級の演者が大顔合わせでかけ合いにしてやる場合もあります。

　これから実演いたしますのは、昔からある曲と、明治時代に改曲されたもの、の二つです。通常、大序は若手の修行の場ということで高い調子で元気よくやるんですが、明治当時に新しくできた劇場「稲荷座」で幹部級の演者たちが「忠臣蔵」の大顔合わせをやり、名人・豊澤団平が三味線を弾くというので、少し重厚な感じに改めたんですね。

仮名手本忠臣蔵
浄瑠璃の演目。全一一段、時代物。竹田出雲、並木千柳、三好松洛による合作。一七〇二（元禄一五）年に起きた赤穂義士事件はさまざまな義士劇を生み出したが、それらを集大成したもの。「忠臣蔵」は史実の大石内蔵助の蔵と利かせたもので、四七人をいろは仮名四七文字に擬え、武士の「手本」とした題名。事件を太平記の世界に仮託し、登場人物を設定している。

まずはいわゆる昔からある大序のフシ「序詞（じょことば）」をやってみます。非常に簡単なフシで、朗読するような感じで語ります。三味線の演奏も、テンとかツンとか簡単にあしらうくらいしかありません。「ソナエ」という、一の糸弾いて三の糸弾いて二の糸を弾くという決まった三味線の旋律で始まり、「大オロシ」という大序に必ずある定番のフシで物語が進行し、最後はこれもお決まりの旋律「大三重」で終わるのが大序のお約束です。

大序の舞台はたいてい、寺社や宮中などです。近所の貧しい民家が舞台、ということはありませんから、格調高く始まります。まずはこの作品のテーマはこうです、ということを非常に難しい言葉で述べる。江戸時代の庶民が聞いてもわからないと思うのですが、わからなくていいんです。何かすごいこと、難しい中国のことわざを言っているな、というのが伝わればいい。大序とはそのためにあるものです。その荘重な雰囲気を、まず聞いていただきたいと思います。

まずは「忠臣蔵」の冒頭、鶴岡八幡宮を舞台にした、いわゆる典型的な大序のフシの部分をちょっとやってみます。

■【実演】「仮名手本忠臣蔵」より「大序」

大序

『仮名手本忠臣蔵』は、次の文章を以って始まる。

〽嘉肴有りといへども食せざれば其の味はひをしらずとは。国治まってよき武士の忠も武勇もかくる、に。たとへば星の昼見へず夜は乱れて顕はる、。例を爰に仮名書きの太平の代の。政……

【大意】

どんなにおいしいといわれるご馳走でも、実際に口にしなければそのおいしさはわからない。平和な世の中では立派な武士の忠義も武勇もこれと同じで、それらは話に聞くだけで実際に目にすることが無くなってしまうのである。だがそんな世の中でも、立派な忠義の武士は必ずいる。それはたとえば、星は昼には見えないが夜になれば空にたくさん現われるのと同じように、普段は見えなくても忠義の武士は、あるべきところには確かに存在するのだ。そんな武士たちの話をわかり易いように仮名書きにして、これから説明することにしよう……という大意で、要するにこれから「忠」も「武勇」も備わった「よき武士」である「赤穂義士」たちのことについて語ろうということである。

「嘉肴有りといへども食せざれば其の味はひをしらずとは。国治まってよき武士の忠も武勇もかくる、に。たとへば星の昼見へず」

このあたりまでを、「序詞」という朗読のようにさらさらと読むような語り口で語るのが昔からある曲である。そして、同じ個所を重厚な節回しの旋律でゆったり語るのが、団平師匠により改曲されたものである。

呂勢◉これが典型的な大序の序詞のフシです。朗読のようでしたよね。次は豊澤団平が改曲した、偉い演者がやる場合の重厚なフシをやってみたいと思います。

■【実演】「大序」

呂勢◉文章は一緒ですが、曲調が随分違います。元気よくやるのと荘重にやるのと。幹部の偉い方はだいたい年配なので、元気にやるよりは今のように重厚感を出したほうが作品としての雰囲気が出るというのでアレンジされました。そのほか「**国性爺合戦**（こくせんやかっせん）」の楼門とか「**妹背山**（いもせやま）」の山の段の雛鳥とか、いくつか団平師匠によるアレンジが伝わっている曲がありますが、それ以外はほとんど昔のまま。基本的には、昔から伝わっているものをそのままやるのが古典文楽です。

古典のままと改曲バージョンと二つあるのは珍しいですね。あとは「国性爺」の楼門。あれはまったく曲が違っていますが。

藤蔵◇彦六系と文楽系という……。

呂勢◉本当に頭がごちゃごちゃになっちゃうぐらい違うんです。それぞれのよさがあるのですが、演者にとってはなかなか難しい……。そのように先人が伝えてきたものをそのままやるのが、我々義太夫ですね。後で「忠臣蔵」の三段目を聞いていただきますが、これは有名な場面ですので、説明はこの後の児玉先生にしていただこうと思います。

国性爺合戦
浄瑠璃の演目。近松門左衛門作、全五段。江戸時代初期、中国人を父に、日本人を母に持ち、台湾を拠点に明朝の清朝からの復興運動を行った鄭成功（国性爺、史実は国姓爺）を題材にとり、これを脚色。結末を含め、史実とは異なる展開となっている。

妹背山
「妹背山婦女庭訓」。浄瑠璃の演目。全五段、近松半二らによる合作。藤原鎌足・淡海親子の蘇我入鹿討伐（大化の改新）を題材に、大和に伝わる数々の伝説を織り込んだ王朝物。

豊竹呂勢太夫師匠と鶴澤藤蔵師匠（三味線）による義太夫

さて義太夫とはどういうものか。今やった「大序」は、作品のテーマを一つ皆さんにお伝えするものです。荘重にやるのがポイントです。たとえば「ためしをここに仮名書の」というのがありましたね。仮名書とは「いろは」のこと。いろはは四七文字、討ち入りに参加した赤穂浪士は四七人、それで「仮名手本忠臣蔵」というタイトルになっているんです。「太平の代の政」と言ったのは、赤穂浪士だから本当は元禄時代の話ですけど、それは「太平記」の時代の設定に移しているよと。そういうふうに「この作品のテーマはこういうことですよ」というのを、これら難しい文章を使ってまず序章としてお客さんに示すのが「大序」です。その典型例として「忠臣蔵」の大序の一部分をやらせていただきました。その後の演奏は、またたっぷり聞いていただきたいと思います。

「語る」と「読む」

児玉◎今日は「義太夫節」の回ということでございます。日本には昔からいろいろな語りの芸がありまして、小沢昭一さんは普段の生活の中でも、「三番線にまいりますのは」のような駅のアナウンスや、水泳レースの「第2のコース、古橋君」といったコールさえも、一種の語りじゃないか、と言っていました。もちろん本人は「語り」と意識はしていないでしょう。でも、たとえば野球場のウグイス嬢には明らかに語りの芸らしきものが入っていますね。「四番、サード、掛布」――すみません、長嶋じゃなくて。私は関西人なので――あれはやはり語りの芸です。

私はたまたま昨日まで南の方の海外に旅行に行っていたのですが、あちらの空港でも搭乗が迫っている客をちゃんと日本語で一生懸命呼んでくれるんですよね。「オキャクサマのタマガワ、ナナフク、さま」みたいな呼び方をしてくれる。これは語りなのか、それともなまりなのか。同じように抑揚がついていても、なまりと語り、フシは違うんですよね。ドナルド・キーンという先生がいらっしゃいましたけど、あの方は七〇年間日本にいるのになまりが抜けず、「チカマツモンザエモンは」と言うんですね（活字では分かりにくいですけど）。もうちょっとうまくならないかと思うんだけども、あの方はあのなまりで得をしているところもある気がしますね。同様に、語りと発話、語るということと話すということ、さらには読むということ、音読というのもたぶん似ているようで違うと思うんです。

　次回扱う講談は、基本的には「読む」といいます。講談は釈台を置き、目の前で本を開いても構わないことになっています。文楽も今、ここに本を置いていますが、もちろん暗記していらっしゃるんです。覚えていらっしゃるんだけれども、本を語って聞かせますという姿勢を堅持しているんですよね。講談は覚えずに読んでもいいそうです。無本で出る場合もありますが、本ありで出ても構わないと、亡くなった宝井馬琴さんにうかがいました。

　こういう催し物のときに本ありで出ると、アンケートに「覚えていなくてけしからん」という回答をいただいたりするのですが、そうじゃないんです。つまり、読むということと話すということでは言葉の発し方が違う。そして「語る」というのも、話すのとも読むのとも違います。おそらくそこには「音楽」という新たな要素が入ってくるんだろうと思うんです。

義太夫節は浄瑠璃の一つ

児玉◎今日お聞きいただきます義太夫節は語り芸の王者のようなところがありますが、そもそも現在義太夫節を一番ポピュラーに聞くのは文楽、人形浄瑠璃という人形芝居ですよね。義太夫節に合わせて人形を遣う演劇において最も聞かれている。今日はお人形抜きですので、「素浄瑠璃」という言い方をいたします。何も入っていないうどんを素うどんと呼ぶのと似たような感じですね。本来はこれにお人形がつくのだと考えていただけたらと思います。

人形の芸と語りの芸というのは本来は別のものです。人形は、「人型」としてさまざまなまじないの道具として使われてきたように、芸になるずっと以前から日本文化に根付いてきました。

一方、「語り芸」のご先祖様は何かといえば、「平家物語」です。「平家物語」を琵琶で語るのを平曲といいます。平家琵琶あるいは琵琶法師たちが戦国から安土桃山時代頃から、余技のような形でいろいろな語り物を始める。そういう中で、「浄瑠璃姫物語」という大ヒット作品が生まれ、この類の語り物を「浄瑠璃」と呼ぶようになった。ですからまずは「浄瑠璃」という大きな範疇（はんちゅう）がありまして、その中に今日お聞きいただく義太夫節、その他に「**清元**（きよもと）」や「**新内**（しんない）」、「**常磐津**（ときわづ）」などのジャンルがあるわけです。義太夫節はある時期非常に盛んになりましたので、特に地盤としていた関西、大阪などでは浄瑠璃＝義太夫のイメージで捉えられているのですが、概念としては浄瑠璃の方が大きく、その中の一つが義太夫節であるとお考えいただければよろしいと思います。

「浄瑠璃姫物語」は、こういうお話です。浄瑠璃とはそもそも、薬師如来が住む浄土のことを「浄瑠璃浄土」と呼ぶところから来ているんです。

子どもに恵まれなかった岡崎の長者が、「どうか私たち夫婦に子どもを授けてください」と薬師如来に願をかけたところ、そのおかげで月満ちて子どもが産まれた。神様にお祈りをかけて授かった子どもは申し子と申します。薬師如来の申し子なので、薬師如来がおわします浄瑠

清元
清元節。江戸浄瑠璃の一つ。澄んだ高音を用いる節が特長で、主として歌舞伎や歌舞伎舞踊の伴奏音楽として用いられる。

新内
新内節。鶴賀新内が創始した。江戸浄瑠璃の一つ。心中物などを題材として女性の哀しみを歌い、遊里で受けたことで隆盛をほこった。

常磐津
常磐津節。常磐津文字太夫が江戸で創始した。特徴として、ゆったりした重厚な曲調が色濃い。

璃浄土にちなんで浄瑠璃姫という美しい名前をつけることになった。彼女は長じて大変美しい少女に成長し、都からやってきた御曹子と恋に落ちます。御曹子と言えば源義経でして、義経と結ばれる。そののち義経は、病のために命も絶えそうになるのを姫が救って、義経は奥州に行ってしまいます。義経のことを思い続けて浄瑠璃姫はついにはかなく命を終わってしまい、その後へ義経が軍勢を引き連れて訪れるという悲恋物語です。

この話が大当たりしたものですから、こういう語り物全般のことを浄瑠璃というようになりました。

そしてここで入ってくるのが外来楽器である三味線です。日本の音楽、とくにいわゆる邦楽の場合、江戸時代以前と以後を分ける最大の要因は、三味線が入るかどうかということになります。お能などは入りません。江戸時代の**長唄**・常磐津・清元などはみんな三味線を伴奏に使います。

三味線はもともと沖縄地方の三線、もしくは蛇の皮を胴に巻いた蛇皮線を、本土にはそんなに大きな蛇がいないという極めて現実的な理由により、猫もしくは犬の皮——義太夫は犬の場合が多ございますね——を胴に張って生まれました。この三味線と語り芸、さらに人形のある芸とが結びついたのが一六〇〇年代初頭、つまり徳川幕府が始まった頃のことです。記録上、いわゆる江戸時代の始まりと、歌舞伎という演劇の始まりが同じ頃ということになっているんです。

長唄
江戸の音曲の一つであり、正式には江戸長唄という。

個人芸から伝統芸能へ

児玉◎ただ、最初から今お聞きいただいたような形だったわけではありません。当初はのちに古浄瑠璃と呼ばれる段階の、義太夫節以前の太夫さんたちがたくさんいて、その中から一七世紀の終わりに竹本義太夫という人が大阪の道頓堀に旗上げをした。つまり、義太夫節というのは、もともとは個人名なんですね。義太夫のお師匠さん、宇治加賀掾（うじかがのじょう）も自分の個人名でもって一流派を立てていたわけですが、義太夫節の場合、竹本義太夫の死後も竹本座を引き継いでゆく人材に恵まれ、その後もさらにその弟子たちによってずっと続いていくことになる。ほかの古浄瑠璃の太夫たちの語りは――民俗芸能の形で石川県、佐渡島、宮崎県などに細々と残ってはいますが――創始者の死とともに廃れていったのに対し、義太夫節は代々がずっと伝えて今日に至ったということなのです。

ですから、もともとは個人芸だったものが個人の芸でなくなっていき、代々ずっと伝わっているものをやっているんですね。さてそれが一体いつからの「代々」なのかというのは、演目や曲により事情も違いますし、先ほどおっしゃったように近年になって改められた曲、場合によっては、すごく最近復活したものもあります。「**曽根崎心中**（そねざきしんじゅう）」なんて昭和三〇年の復曲で、曲も新しく作って詞章もかなり変えたんですから、少なくとも一六〇〇年がどうこうという年代と比べれば、ついこの間の新作みたいなもんですよね。事ほどさように曲によってさまざまな事情があります。

曽根崎心中
世話物浄瑠璃。全一段。近松門左衛門作。一七〇三（元禄一六）年、竹本座初演の人形浄瑠璃。同年に起こったお初・徳兵衛の心中事件を戯曲化。相愛の若い庶民の男女が、恋と金と義理との葛藤の末に心中する近松悲劇の典型で、のちに歌舞伎の演目にもなる。

そういったことで、さまざまな曲を伝えてきた文楽の本拠地は現在、大阪の文楽劇場で、東京では二月、五月、九月、一二月と年四回の公演がございます。

カモフラージュに満ちた「太平記」の世界

児玉◎今お聞きいただいた大序は、呂勢太夫さんが非常に格調高いところとおっしゃっていましたけども、この後「**太平記**」の世界が展開されていきます。徳川幕府は同時代の出来事を脚色されるのを、とくに幕府に対して批判的に脚色されるのを非常に嫌がりました。ですから、そこをカモフラージュするんですね。「太平記」の中では浅野内匠頭のことを塩谷判官と言いますが、これは実在の人物です。なぜ浅野内匠頭が塩谷判官なのか。赤穂といえば塩が有名ですよね。それで塩谷判官。吉良上野介は高師直。たしかに高師直が塩谷判官をいじめたという事実は「太平記」に記されています。吉良上野介がなぜ高師直か。それは吉良が高家筆頭だから。そういったところをにおわせつつ、「太平記」の中の出来事として記しているんです。

児玉竜一先生による講義

太平記
南北朝時代の軍記物語。全四〇巻。文保二（一三一八）年、後醍醐天皇の即位以後、約五〇年の期間を描く。

ところが、この大序では、いきなり吉良が浅野をいじめるわけではないんですね。高師直は最初、塩谷判官の妻・顔世御前（かおよごぜん）に横恋慕しますが、それを塩谷判官と一緒に饗応の役目を務めている桃井若狭助（もものいわかさのすけ）が救うんです。そこで師直は邪魔されたと思って若狭助につらく当たる。「若狭助、おまえはそれでも武士か」と、罵詈雑言の限りを尽くしていじめるので、若狭助が思わず刀の柄に手をかける――大序はそこで終わります。最後、ちょうど足利直義公が帰ってくる「還御（かんぎょ）」だというので、今ここで斬るわけにはいかないからと若狭助が刀をおさめる。描写する文章が、「切られぬ高師直を」と言うんですよね。「切られぬ高師直」って変な文句だなと思うんですけど、これは「高師直＝吉良」なんだよということを一生懸命暗示しているわけなんです。

観客がみんな「あっ、若狭助がこのまま刃傷に及ぶんだな」と思っていると、三段目になる。二段目はそれを後押しするんです。若狭助が「俺はもう師直を許せないから斬る」と言うと、家老の加古川本蔵（かこがわほんぞう）が「やりなさい、やりなさい、こんなふうに」と言って松の木をすぱっと切る。「よし、わかった、ありがとう、きょうはもう寝るぞ」と若狭助が去ったところで、本蔵はその足で賄賂を贈りに行くんですよね。その結果が表れるのが、この後お聞きいただく「殿中の段」です。

その殿中の段の前段に、判官の登城についてくるお付きの侍、早野勘平の話が入ります。早野勘平には一〇歳ほど年の離れたおかるという彼女がいる。勘平は顔世御前の文箱を預かっているのですが、おかるは勘平に会いたいだけでやってきて、「勘平さん呼んで」と誘う。勘平は優柔不断の固まりみたいな人なんです。「ねえねえ、ちょっといいじゃない」と迫るおかるに対して、「だめだよ、仕事中だから……、うーん、しようがないかな」と、勘平はおかるとちょっと逢ってしまう。その間に殿中で事件が起きるんです。さあ、どうしようというのが殿中の後の「裏門の段」です。

登場人物の巧みな語り分け

児玉◎さっきお聞きいただいたものは「地」の文と少し音楽的な「節」しか出てきていませんが、義太夫節は基本的には「地」と「節」と登場人物のせりふである「詞」で進みます。詞、地、節と、進んでいくほどに音楽的になるんです。せりふと情景描写とそれらがさらにメロディアスになる部分の三つから成り立っています。

ただ、その場合も、せりふの言葉遣いはもちろん、地の部分からも塩谷判官の言葉ならば判官らしく、師直の言葉なら意地悪い老人の師直らしく聞こえるよう、登場人物が語り分けられています。人物の語り分けは地の文章、情景描写の文章からすでに始まっているわけです。

これを義太夫の「ぎ」の字も知らぬ大学生に説明するとき、私は教育テレビの「おかあさんといっしょ」の曲を使って説明しています。「ゾウさんのあくび　あーあ」「アリさんのあくびあーあ」という歌があるんですね。文字を知らない子どもたちに歌わせる歌です。最初の「ゾウさんのあくび」というのは地の文、情景描写ですよね。通常、象のあくびを見るのに、わざわざ「ゾウさんのあくび」と言う必要はない。でも子どもによくわからせるために、「ゾウさんのあくび」と情景描写する時点からゾウさんらしく語り、「あーあ　あーあ」という大きなゾウさんのあくびをしてみせる。それと対象的に「アリさんのあくび」では小さく言う。普通に語ってもいいはずの情景描写をアリさんらしく聞こえるように小さく言ってから、小さなあくびを「あーあ　あーあ」と続けると、子どもでもゾウさんとアリさんでこんなに違うんだとわかるわけです。

義太夫節も基本的にはこれです。こうした語り分けの順列組み合わせなんです。ゾウさんとアリさんが高師直と塩谷判官になるか、早野勘平とおかるになるか、その違いの組み合わせ。ただし、浄瑠璃は人物になりきってはいけないと言われます。いろんな人物を語り分けるのですが、同時に第三者的な語り手本体が残っていなくてはならないのです。

ですから、どれだけ没入して人物を語っても、情景描写の場面ではふっと戻ってくる本体が必要です。いわゆる八人芸のようになりきってしまってはいけない。あくまでも語り手本体、呂勢太夫さんなら呂勢太夫さんの背骨が通っているままで、さまざまな人物を皆様の前に出してくるというふうにお考えいただければいいと思います。

「忠臣蔵」の観劇は一日仕事

児玉◎そういうふうにして、長い長い物語をやる。「忠臣蔵」は全十一段ございます。いわゆる時代物といわれるお武家様の出来事を扱った浄瑠璃は全五段が基本なので、一一段というのは破格の構成です。ところが研究者は、一一段をうまく分けると全五段に振り分けられるんじゃないかとおせっかいなことを考えまして。たしかに一理あるんですよね。全五段のうち三段目と四段目が事件の核心、一日のクライマックスなので、「忠臣蔵」でいえば、「六段目」と「九段目」が重要部分なんだなということがすぐわかる。

「忠臣蔵」を通しで見ると大変でして、一日仕事なんですね。一〇時半頃始まって夜の九時頃終わる。その間、昼夜の入れ替えはわずか三〇分。昼に二五分の休憩が一回、夜に二〇分の休憩が一回、あとはずーっと席に座って義太夫節を聞く、という修行のようなことで堪能するわけですけれども。これからお聞きいただく殿中と裏門は、五段組織にあてはめると第一段目、初段の終わりのほうに当たります。一日かけて聞いていくほどの大変な事件が発生して、てんやわんやして終わる。

おかると勘平は、殿中の刃傷という大事件の最中に、そうとは知らずにいちゃついていたばかりに、さてどうする?という責任を求められることになってしまった。そこで勘平は腹を切ろうとするのですが、やっぱり女性は強いですよね。おかるは、「何言ってるの、あんた。ここで今おなかを切って何のためになるのよ。私の実家に来なさい」と切々と訴える。勘平は優柔不断の固まりですから、「えっ、いや、そんなことはできない。うーん、じゃあ、そうしよう」と山崎の里に行く。その続きは五段目、六段目になるんですけども、国じゅうをひっくり返すような殿中の事件が起きて、その騒動の裏で一組の若いカップルが紛れるようにして国元に帰っていくという場面を、非常に美しいフシで締めくくっています。

　また、その前の殿中は、判官と師直の喧嘩シーンでして。浄瑠璃では笑いと泣きというのが大変なんだと俗に申します。落語がお好きな方は、よく義太夫ネタの落語に出てくる「フーフ、ハーハ」という笑いの芸をご存じかと思いますが、あれの最もゴツイ版の一つが殿中の高師直なんです。「なるほど、これがうわさに聞く義太夫の笑いなんだな」ということで御堪能いただければよろしいかと思います。

　つまり、義太夫節というのは非常に繊細なせりふもあり、たっぷりの情感を音楽に託した節回しや、誇張した笑いといった、多彩な表現手段を持つ語りもの芸能なんですね。それらをかき集めて物語を丸一日、長大な物語を演じるわけです。

大人による大人のための人形劇、文楽の作法

児玉◎人形のお芝居が人間の芝居に匹敵する、あるいはそれよりも上を行くなどという事態は、世界の演劇史上なかなかありません。ところが文楽、人形浄瑠璃の場合、人形浄瑠璃のために書かれた戯曲が歌舞伎にそのまま応用されることがある。テレビでヒットしたドラマが映画化されるのと同じですね。映画監督が自我を出してテレビと違うキャラクターをつくるとダメになるんですが、近年はキャラクターもそのままで成功させております。そこも一緒です。歌舞伎はたいてい、最初に歌舞伎化する時は、「浄瑠璃をそっくりそのまま使ってます」と宣伝し

て脚色しているわけです。

お能にも一作品で二時間半とか三時間という長いものがありますが、十何時間という長編はございません。日本の代表的な長編戯曲は、ことごとく文楽を土台に生まれていったといっても過言ではないんですね。文楽は大人による大人のための人形劇なんです。そこが世界の人形劇にも類を見ない大きな特徴だと思います。

こちらにある見台（けんだい）は、塗りの台です。「仮名手本忠臣蔵」だからというので、鷹の羽のぶっちがえは浅野の紋どころ、塩谷の紋どころになっております。どんな見台を選ぶかは太夫さん、演者さんたちの裁量にかかっておりまして。現在の文楽界で最も多くの見台を持っていらっしゃるのが呂勢太夫さんなんです。それから肩衣（かたぎぬ）も、お揃いでなくてはいけないのですが、これも基本、太夫がお出しになって揃える。語り物に合わせた肩衣を選ばれるわけです。

見台

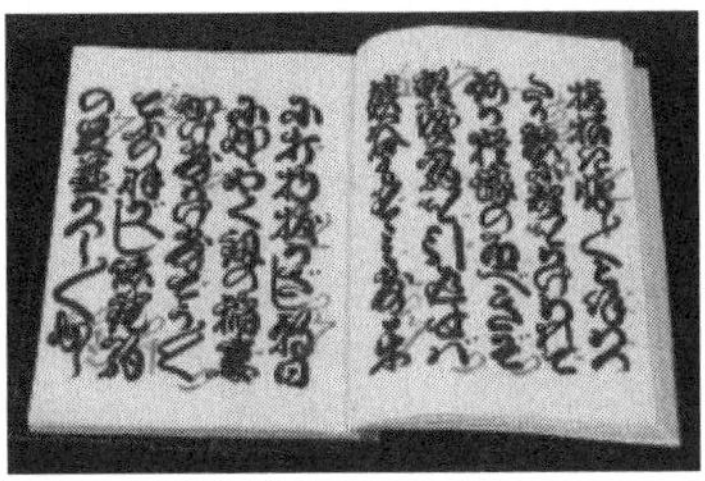
床本

乗っているのは床本（ゆかほん）と申しまして、各太夫さんの語る場面が手書きで書いてあります。中の文字は、桂米朝がよく落語のマクラで「あんなん岩波文庫やったら三ページ半で済んでしまいます」と言っていたほど大きくて、その横に赤い文字で語り口が書いてある。さらに人によっては、お稽古で師匠から受けた注意を御自身にわかるように書きつけていたりします。三段目切とか四段目切のもっと分厚いものになりますと、師匠からそのまま受け継いだものを持って語られる方もいらっしゃいます。

床本は太夫さんにとっては非常に大切な神聖なもので、拝んでから語られることが多い。語る内容に対して、あるいは語る行為そのものに対して、語る中身の伝承に対して拝むお気持ちがあるのだと思います。そのあたりもごらんいただければと思います。

それからお三味線。義太夫節の三味線はありとあらゆる日本の三味線の中で一番大きいんですね。津軽三味線と文楽がおそらく最も大きい。津軽三味線は、文楽の三味線を改良したものという説があります。胴が大きく棹が太いので、どーんとおなかに響く音が出るわけです。長唄のような繊細さよりも、もっとどーんと腹に応える音が出る三味線です。先ほど来、胴のところに糸をつがえるのに使う駒をたくさんお持ちになって、どれにしようか、あれにしようかとやっていらっしゃいましたが、人によっては一〇〇個ぐらい駒を持っていらっしゃって、場合によってお決めになるそうでございます。

三味線の撥は象牙です。太棹と、こちらを「尻引き」と言います。太夫さんは正座しているのではなく、座ったところにこれを引いて、いわば足で突っ張って前のめりになって語られる。さらにおなかには小豆などで重みをつけたオトシというものを入れて、腹帯というものをぐるぐるっと巻いていらっしゃる。そうして腹をぐっと引き締め、息を詰めて人物を語り分けるんです。そういう語り分けの呼吸というものも、ぜひ感じ取っていただきたいと思います。

仮名手本忠臣蔵　殿中刃傷の段

演奏される仮名手本忠臣蔵「殿中刃傷の段」は通称「喧嘩場」とも言い、この場面がいわゆる「刃傷松の廊下」にあたる。

塩谷判官（えんやはんがん）から手渡された返歌に、顔世御前（かおよごぜん）の拒絶を読み取った高師直（こうのもろのう）は、判官につらく当たり、悪口雑言（あっこうぞうごん）はエスカレート。「鮒よ、鮒よ、鮒だ、鮒だ、鮒武士（ふなざむらい）だ」と言いたい放題。さすがにこらえかねて、刀の柄（つか）に手をかける判官に「殿中だ」と一言。このセリフは、実は浄瑠璃本文にはなく、歌舞伎等で広く知られたセリフを文楽でも後から取り入れたもの。その後の師直の笑いは「大笑い」と言って文楽独特のもの、師直の憎々しさ、役の大きさを表している。

【あらすじ】

御殿の中では、桃井若狭助（もものいわかさのすけ）が無念を晴らそうと高師直を待ち受けている。ところが、若狭助の家老である加古川本蔵（かこがわほんぞう）から賄賂を受けとっていた師直は、若狭助の姿を見付けると平伏して一方的に詫びる有様。斬りかかる機会をなくした若狭助は刀を納め、奥の間へ去る。固唾（かたず）を飲んで成り行きを見守っていた本蔵は、もうこれで安心と、次の間へ控える。何も知らずに参上した塩谷判官は、師直に、顔世御前からの文箱（ふばこ）を渡す。師直は、顔世からの色よい返歌を期待したが、中には邪恋を戒める古歌が納められていた。嫉妬が募り、若狭助に追従した憤懣（ふんまん）までも加わり、そのはけ口を判官に向ける。師直の悪口雑言に耐えかね、判官は刀を抜いて斬りかかるが、次の間に控えていた本蔵が後ろから抱き留める。師直は逃げのびてしまい、御殿の中は騒然となる。

〽連れて行く脇能過ぎて御楽屋に鼓の調べ太鼓の音。天下泰平繁昌の寿祝ふ直義公、御機嫌な、めならざりける。若狭助はかねて待つ師直遅しと御殿の内、奥をうかがう長袴の紐しめく、り気配りし、『おのれ師直、真二つ』と刀の鯉口息をつめ、待つとも知らぬ師直主従。遠見に見付け（略）

主従寄つてお手車に、迷惑ながら若狭助『これは』と思へど、是非なくも奥の一間へ入りければ「ア、もう楽ぢや」と本蔵は天を拝し、地を拝しお次の間にぞ控へ居る。ほどもあらさず塩谷判官。御前へ通る長廊下。師直呼びかけ「遅し〱。なんと心得てござる。（略）総体貴様のやうな、内にばかり居る者を井戸の鮒ぢやといふ譬がある。後学のため聞いておかつしやれ。かの鮒めがわづか三尺か四尺の井の中を、天にも地にもないやうに思ふてふだん外を見る事がない。ところにかの井戸がへに釣瓶について上ります。それを川へ放ちやると、なにが内にばかり居る奴ぢやによつて喜んで途を失ひあちらへはうろうろこちらへはうろうろあげくには、橋杭で鼻をうつて即座にぴり〱〱と死にまする。さあかの鮒めが。貴様も丁度その鮒と同じことだ。鮒よ鮒よ、鮒だ、〱、鮒武士だ」「フウム」「殿中だ」「ハア〱〱」「ハ、、、、」と出放題。（略）

「くどい〱、がまた本性ならどうする」「ム、オ、かうする」と抜討ちに真向へ切りつくる眉間の大傷。『これは』と沈む身のかはし、烏帽子の頭二つに切り、また切りかゝるを抜けつくぐりつ逃げ廻る折もあれ、お次に控へし本蔵走り出て押しとゞめ「コレ判官様御短慮」

と抱きとむるその隙に、師直は館をさしてこけつまろびつ逃げ行けば「おのれ師直真二つ。放せ本蔵放しやれ」とせりあふ中、館も俄に騒ぎ出し、家中の諸武士、大小名押さへて刀もぎとるやら。師直を介抱やら、上を下へと

■【実演】「仮名手本忠臣蔵」より「殿中刃傷の段」

父に促されて義太夫の道へ

奈々福◆この空間で聞くと、皆さんまるで音になぎ倒されるような感じがしたのではないでしょうか。私自身、いつも行く国立小劇場とはまったく違う感じで聞かせていただきました。

　これだけ多様な語り芸が日本にある中で、それぞれの芸がなぜ潰れずに多様なままであるのか。それは芸自体の出自が異なることはもちろん、担う人、享受する人がそれぞれ違うからだろうと思っておりまして。今日はそういった観点から、義太夫の特徴をうかがいたいと思います。まずは、どうしてこの道に入られたのかということです。

　まず藤蔵さん。義太夫は歌舞伎と違って「その家に生まれた子が継ぐ」ということではないそうですが、藤蔵さんはもう四代続く義太夫のおうちの出でいらっしゃいますね。

藤蔵◇うちは曽祖父が七代目竹本源太夫、祖父が初代の鶴澤藤蔵、父が九代目竹本源太夫、私が二代目鶴澤藤蔵ということになります。太夫、三味線、太夫、三味線と、こしらえたわけではないんですが、不思議にもそういうふうになったんですけどね。

　父の源太夫は僕を文楽に入れるつもりはなかったようです。それが、私が小学生の頃、お友達である俳優の大川橋蔵さんとお酒を飲んでいて──その時代は織太夫だったんですけども

座談会

――「織太夫さん、息子さんがいてるんだったら、この世界に引っ張った方がいいですよ」と言われたそうで。年がいくと、父と息子は商売が違うと話が合わなくなるし、そういう機会もなくなるけれど、同じ世界にいれば常に一緒に話ができていいですよ、と。父はそこで「ああ、そうかな」と思ったらしく、僕の本名は一良（いちろう）というんですが、「おい、一良、おまえ、朝日座（道頓堀の東にあった文楽の本拠地）に芝居を見に来い」と言って。私は「嫌や。何言うてるかわからへんし」って答えたんですよ。「ほんなら、芝居が終わってからお寿司食べに連れていってあげるから」言うて。「ほな、行く」言うて。

肝心の芝居はわからへんので、ずーっと寝てました。終わってからお寿司を食べに行くのを楽しみに朝日座に行っていた。それが何回か続くうちに、父が「太夫になるか」と言うたんですよ。そのころ、太夫ですごく豪快な浄瑠璃を語る竹本津太夫師匠の舞台を間近で見たら、つばはばーっと飛ぶは、顔は真っ赤でがーっと一時間以上語ってはるんですよね。「ああ、こんなことは僕はできないな」と。横で三味線弾きが静かにやっていたので、こっちやったら行けそうかなと思って、「三味線弾きになる」と言ったのが一〇歳の頃ですね。

一一歳のとき、八代目綱太夫師匠の相三味線だった名手・竹澤彌七師匠のところに行ったんですけど、師匠ももうお年だったので、うちの父に「忠男さん、わては年やからこんな子どもの弟子はもう、ちょっと」と言われた。すると父は「お師匠さんが天寿を全うした後は弟子の清治君に託しますから」って。「ほんなら」というので、昭和五一年、一一歳のときに父と二人で鯛と角樽を持って竹澤彌七師匠のところに弟子入りしたんです。

奈々福◆なるほど。映画スターの大川橋蔵さんの言葉がきっかけで。大川橋蔵さんはその時点では、太夫にさせよう、三味線にさせようというご意思はなかったんですか。

藤蔵◇ありませんでしたね。ただ同じ世界に引きずり込め、と言いたかったんだね。

奈々福◆で、お父様はやっぱり太夫っておっしゃった。

藤蔵◇最初は「太夫に」と言いましたね。

奈々福◆じゃあ「三味線」と言ったときには「えっ」という感じでいらっしゃいましたか。

藤蔵◇いや、ちゃんとできるんやったらどちらでもいいと思っていたようですが、やっぱり太夫として僕を仕込みたかったでしょうね。

奈々福◆なるほど。

藤蔵◇平成八年から父の三味線を一八年間弾かせてもらって、そこで仕込まれましたので、結果としては一緒なんですけどね。

奈々福◆文楽のお三味線は今、大勢いらっしゃいますが、お小さい頃からの方がほとんどですか。国立劇場の養成事業から入られる方もおられますよね。

藤蔵◇そうですね。寛治師匠のお孫さんの寛太郎君が小さいときからやっていますね。

奈々福◆寛太郎さんはまだお若いですけど……。

藤蔵◇三十近いですよ。顔は子どもっぽいですが、もうええ年です。清馗君も子どもの時分からやっています。

人形劇好きが高じて文楽の道へ

奈々福◆呂勢太夫さんもお小さいころからですよね。

呂勢◉こちら（藤蔵）は御曹子で私は馬の骨なんですけども（笑）。文楽は世襲制じゃないので、誰でも入れるんです。うちの父親はサラリーマンですし。私は小学生のときに「新八犬伝」という人形劇をＮＨＫで見て……。

児玉◎辻村ジュサブローさんのお人形。

呂勢◉当時の小学生はみんな大好きでした。テレビを見るのに学校から六時半までに走って帰るくらい人形劇が好きで、いつも見ていたんです。そうしたらうちの親がどう勘違いしたか、「人形劇が好きなら文楽っていうのがあるぞ」と。

奈々福◆すごい飛躍（笑）。

呂勢◉どうしてそう言ったのかは今聞いてもよくわからないらしいんですが、うちは教育好きで、情操教育の一環という感覚だったのだと思います。その結果、こんな芸人になっちゃったんですけど（笑）。九歳のときに国立劇場で「**加賀見山旧錦絵**（かがみやまこきょうのにしきえ）」を見たんです。草履打ちとかああいうのです。

親は退屈したらしいんですけど、私はすごくハマったんですね。開演前にやる「**三番叟**（さんばそう）」のメロディーがすごく好きになってしまって。それ以来、「また行きたい」と言うようになって、親はびっくりしたようです。父や祖父母が交替で連れていってくれて、東京へ文楽が来るたびに見に行っていました。

あるときその帰りに、「三番叟」が好きならレコード屋に行こう、と親に連れていかれたんです。この辺がうちの親は間違っていますね。そんなところに連れていかなきゃよかったのに。当時はレコード屋に純邦楽コーナーがあって、なんと「寿式三番叟」があったんです。当時一五〇〇〇円ぐらいとすごく高かったのですが、それを買ってもらって。家で一生懸命聞くうちに、今度は義太夫が好きだと思い始めて。もちろん、子どもですから商売がどうこうじゃなくて。

音楽、楽器が好きだったので、それなら三味線をやったらどうだろうと祖母の知人の国立劇場に勤めている人から紹介されました。義太夫の三味線って大きいんですね。子どもにはなか

加賀見山旧錦絵
人形浄瑠璃の演目の一つ。時代物。天明二（一七八二）年一月、江戸外記座にて初演。全一一段。容楊黛の作。史実をもとに、大名家の奥御殿にて、女たちの嫉妬と陰謀が渦巻く世界を描いた作品。

三番叟
式三番（能の翁）で、翁の舞に続いて舞う役、あるいはその舞事。能楽では狂言役者が演ずる。歌舞伎や人形浄瑠璃などに取り入れられ、開幕前に祝儀として舞われたほか、一幕物の歌舞伎舞踊としても発達。日本各地の民俗芸能や人形芝居のなかにも様々な形態で、祝言の舞として残されている。

なか扱えないから、最初はみんな地唄を手ほどきにやるんです。それで小学六年生のときから、琴と地唄を習いに行った。そうこうするうちに、今度は「東京に重造師匠がいるから義太夫をやってみるか」と養成課の方が引き合わせてくれた呂太夫師匠に言われて、一三歳のときに初めてお稽古に行きました。

鶴澤重造という文楽三味線の偉いお師匠さんに義太夫の語りと三味線の両方を教えてもらって。「どっちに向いているかわからないから両方やりなさい」というようなことだったらしいんですけど、そのうちに「どっちがいい」と聞かれて。なぜだか「太夫がいい」と答えたんですね。こんなに難しいと思わなかったので後悔しているんですけど。「じゃあ」ということで太夫の修行をして、高校を出てから文楽に入って今日に至る、という感じです。

子どもの頃からやっているので、職業人を志して目指したという感じがなくて。好きでやっているうちに、だんだんプロになりました、みたいな感じで今日まで来ています。

大阪弁でないという苦悩

奈々福◆最初はお三味線もされたんですね。

呂勢◉そうなんです。文楽の太夫って、三味線を弾けちゃいけないと言われているんですが。

奈々福◆えっ？　弾けちゃいけないんですか。

呂勢◉ええ。多少は弾ける方もいますが、基本的には弾けない方がいいと言われています。三味線と違うことをやって二人で合うのが義太夫の理想だからです。三味線をやってしまうとどうしても三味線の枠の中に入っちゃってよくないんです。

藤蔵◇相手の手のうちがわかってしまいますからね。太夫というのは自分の世界をまっしぐらに行くのを、三味線の手数を知ってしまうと三味線からぬけられなくなっちゃうんですよ。

奈々福◆今、私、ものすごくぐさっときているんです。しまった、間違えた、と。

藤蔵◇そうでしたね（笑）。

呂勢◉それから、一番間違えたのは、私は東京の出身ですが、義太夫って大阪の言葉なんですよ。なまりは一生ついて回るもので、あるときぴたっと全部が関西なまりになるってもんではない。なまりが一番大変ですね。

奈々福◆藤蔵さんとはもう何度もお会いしていますけれど、呂勢太夫さんとお話しするのは今日が初めてに近いんですが、関西弁じゃないのにびっくりしてしまって。

呂勢◉昔は関東出身の名人の方もたくさんいらっしゃいましたし、いろいろですけれども、浄瑠璃を語るときは大阪のアクセントじゃないといけない。克服するのが本当に大変です。これは私が一生背負っていかなくてはいけない運命ですね。

児玉◎近代の大名人の**豊竹山城少掾**（とよたけやましろのしょうじょう）も東京出身ですね。

呂勢◉山城師匠も普段は江戸弁をしゃべっておられたって。

児玉◎浪花節は出身による違いは特にないんですか。

奈々福◆浪花節は東京と関西に限らずあらゆる地域にありましたから。福島弁のまま一生貫い

豊竹山城少掾
一八七八（明治一一）年、浅草に生まれる。三代目竹本津太夫、六代目竹本土佐太夫とともに三巨頭と呼ばれ、一九四二年に文楽座最後の紋下（総座頭）となる。一九四六年帝国芸術院会員、翌年、秩父宮家から山城少掾の掾号を受領。一九五五年、人間国宝。義太夫節に近代的、心理主義的演出を導入、山城風といわれる芸風を確立した。一九六七（昭和四二）年、逝去。

た方もいらっしゃいますし、それぞれです。

呂勢◉義太夫は福島でも大阪弁でやらないとだめです。日本全国どこに行っても大阪弁。これは必須の約束事なんで。関西アクセントでやることだけは譲れない。

子どもが急に義太夫や三味線をやりたいとは思いませんから、最初はやっぱり親がだますようにして連れていく。きっかけづくりは大人なんですよね。大人が劇場に連れていくなり、お寿司でつるなりしないと、こういうのにハマる人っていないと思います。

児玉◎なかなかいないですね。

呂勢◉ハマった後は放っておいてもみんなどんどんハマって行くので。

奈々福◆普通はハマらないですけどね（笑）。

呂勢◉でも、文楽に子どものときに入った人はたいがい、何か間違えてハマっていますね。好きだと言うとダサいと思われるから嫌いなそぶりをしていますが、実際はかなり好きなんですよ、みんな。

師匠のお稽古

奈々福◆お師匠さんからいろんな手ほどきを受けられたと思いますが、どんなお稽古だったか覚えていらっしゃいますか。

藤蔵◇清治師匠は舞台姿を見るとわかりますが、クールな人なんです。ある程度できる人にはもっと教えようというタイプで、できない人には「あ、わかんない、じゃあそれでやっとき」みたいな感じですが、最初の手ほどきは丁寧にやってもらったと思います。正座を長時間したことがなかったので「足が痛い、早く終わらないかな」とごそごそしていると見透かされて、「うん、何、足が痛いの、じゃあしようがないね。またあしたするから」みたいな感じで、ちっとも覚えられないんです。でもまだそれも優しかったんですね。

そのうち、勉強会をやろうということになったときには、「テープを一〇〇回聞いて、寸分たがわないぐらいまで覚えてこい」と言われて。「違う、違う、こうじゃなくてこうなんだ」と言われてやってみるのですが、それでも違うと、「わからなかったらしようがない」って放り出されるんです。食らいついていかないと教えてくれないですね、それ以上のことは。

児玉◎最初に弟子入りされた彌七師匠は、お入りになってすぐお亡くなりに……。

藤蔵◇入った年に亡くなりました。ですから、稽古も何もしてもらっていません。だから、一年間は喪に服して、昭和五三年、一三歳から清治師匠のところで最初の手ほどきをしていただき、現在に至っていると。

義太夫の三味線

奈々福◆三味線の調子は、いろんな合わせ方があるんですか。浪曲の場合は、全部三下がりなんですが。

藤蔵◇本調子と二上り、三下がり、珍しいので六下がり。一上がりというのもあります。あとは楽調子っていうちょっと変わったものも。

奈々福◆楽調子？

藤蔵◇これはメリヤス（舞台上手(かみて)御簾(みす)内で演奏する合いの手）なんですけども、普通は一ってそんなに上げないものなのですが、「国性爺」で甘輝(かんき)が帰ってくるときはダーン、バララーン、ダララン、一が高いんです。

奈々福◆唐物みたいな感じですか。

藤蔵◇そうですね。そういうやつです。

児玉◎基本は本調子ですよね。

藤蔵◇ええ。基本にやるのは本調子で、歌で始まるものは二上がりとか三下がりですね。

児玉◎段切れに来て調子を上げるっていうと、一、二、三みんな上げますよね。

藤蔵◇そうですね。

奈々福◆三味線を弾くときに、師匠から教わる基本的なことは何ですか。

藤蔵◇基本的には、三味線弾きは太夫のことをうかがわなくてはいけませんが、うかがい過ぎてもいけない。こう弾くと決めたら太夫がどう言おうが、弾きにいかないとだめなんです。自分が思っていたのと違ったときに、相手にずっと合わせているようではだめなんだ、途中で信念を曲げるな、と言われました。こっちについてこんかい、というぐらいでないと。それは三味線弾きとしてのプライドだ、と。

奈々福◆三味線というと皆さん弦楽器だと思っておられるでしょうけれど、義太夫や浪曲においては、三味線は打楽器でもあるんですよね。太鼓を打つのと糸をこする音が、弾くというのにはとどまらない表現を担っている。

藤蔵◇お嬢さんがチントンシャンと弾くのと違って、表現として糸をシュッ、シーとしたり、ジャラーンと鳴らしたりと、強い音もやわらかい音もいろんな音が要りますのでね。先人がこういう弾き方を考案して、現在に至っているのだと思います。

児玉◎文字どおり棹を打楽器で使う音もありますよね。

藤蔵◇トントンとたたいたりしてね。

呂勢◉一番だめなのは生ぬるい芸ですね。間が生ぬるいとものすごく怒られるんですよ、「もっと厳しい芸をやれ」と言われて。義太夫は、そういうちょっと攻撃的なのが特徴ですね。

藤蔵◇切っ先がないとだめでしょうね。

奈々福◆切っ先……おお。

藤蔵◇切っ先すなわち撥先にぐっと力を入れてチチンていかないと、義太夫節にならないんです。

御法度を破る絶滅危惧種？

児玉◎かけ声はどうですか。

藤蔵◇かけ声は、僕は一番……。

呂勢◉うるさい人（笑）。

藤蔵◇うるさい。

呂勢◉昔の演奏はSPレコードを聞くとみんな「アッ、アッ」と言ってやっていたんです。それを一時期、うるさいからやめようというので黙って弾くようにみんながしていたところへ、この人が突然破りだして。

藤蔵◇いやいや、破り出したというよりは師匠が「これから藤蔵の二代目を襲名するんだから、おじいさんのような三味線弾きになれ」と……。

呂勢◉なるほど、かけ声がおじいさんのように……。それは疑問ですけどね（笑）。

奈々福◆でも、ご襲名前の、清二郎さんのときからかけ声はすごかったですよ（笑）。藤蔵になられたからじゃないと思いますよ。

呂勢◉弾き方も違うんですよ。僕は実はああいうの好きですけどね。嫌いという人もいます。おそらく今でも藤蔵さんの三味線は賛否両論があると思います。それから、ティンテン、ティンテン、ティンテンティンテンティンっていうアクセントをつけていたのが下品だというので、チンチン、チンチンっていうふうに変わったのですが、この人はわざと今でもティンテン、ティンテン、ティンってやっている。昔の演奏を聞くとどなたもやっていたことで、時代の趨勢でやめていたものをまた復活したという感じ。

藤蔵◇一人ぐらいそういう三味線弾きがいてもいいじゃないかと。絶滅危惧種。

竹本
歌舞伎の伴奏音楽としての義太夫節の通称。一二七頁「ちょぼ」の項も参照。

奈々福◆浪曲もそうです。昔のレコードを聞くと、ものすごい絞め殺されそうなかけ声を出しているような三味線のお師匠さんもいます。やっぱり一時期レコードの時代にかけ声は下品だと止められて。今はもう普通にやるようになっていますね。

児玉◎かけ声をかけなくなったのは歌舞伎の**竹本**の三味線ですね。

呂勢◉あれはでも、やっぱりつまらないですね。

藤蔵◇おかしいですね、あれ。

児玉◎昔はものすごく、みなさんかけ声に個性がありましたね。

藤蔵◇豊澤重松さんとかはすごかったですよ。

児玉◎そうそう。かけ声だけでもたしてた時もありましたよね。

藤蔵◇スカ撥してでもかけ声で。

奈々福◆スカ撥（爆笑）。

呂勢◉あんまりうるさいのは聞いている人も違和感ありますが、盛り上がっていい部分もあると思うんです。そういう人のは理屈抜きに楽しいですから。今は理屈ばかりになりましたよね。かつては理屈っぽい人もいれば、「ふーん、いーよ」という人もいて、いろんなのがあって楽しかったのですが。

児玉◎間口が広くないとね。

呂勢◉今は画一化されちゃってつまらない。

児玉◎弾いていないときにも声だけが出ることがありますよね。あれは太夫にとってはどうなんですか。ぐっと来るものですか。

呂勢◉弾いているときのかけ声もありますが、言葉の間にウーとか言って、息を引かせてくれることもある。

児玉◎締めてくれるんですね。

呂勢◉いろいろあるんです。清治師匠に弾いていただいているとき、かけ声や音色のイキで怒っているとかまだ足りなかったとか、いろんなことがわかるんです。周りからさまざまなサインが来る。やっぱりお互いに、うかがっているというか、影響を与えながらやっているんですね。

藤蔵◇あんまり仲よくするな、ということなんですよ。「ふだん楽屋では仲よくしていてもええけども、舞台に出たら絶対に仲よくしたらいかん」と師匠は言うてます。

奈々福◆なるほどなあ。勉強になります。

藤蔵◇はい。ちゃんと火花が散っていないとおもしろくない、と。お互いを気遣いながら、突き放すとこはばーんと突き放さなくてはいけない。声があまり出ていないところをわからないようにしてあげるとか、そういうことはしてもいいですが、仲よくするなと言われましたね。

「いっぱいに行け」

奈々福◆呂勢太夫さんの御修行のことをうかがいたいのですが、声、フシについては、どう教わりましたか。

呂勢◉私は幸い子どものときに、重造師匠にいわゆる昔風の稽古をつけていただきました。昔の稽古というのは、三回なんです。お師匠さんが一遍聞かせてくれて、二回目は一緒にやり、最後は一人でやる。今はテープレコーダーがあるので予習もできますが、昔は対面稽古は三回だけ。聞かせてもらう、一緒にやる、一人でやって終わり、と。だから相当に集中力がないとまず覚えられない。レコードじゃないんだからきっちり再現しなくても、大体覚えればというところはありましたが。

今振り返っても、あの対面稽古はものすごく役立っていると思います。その場でマスターする力を養えましたから。芸って結局、まずは物まねなんです。どれだけお師匠さんの物まねができるかが一番大事。物まねして、コピーして、完コピーができるようになってから、いろいろ演奏していくうちに、だんだんとその人なりのカラーが出てくる。人間はそれぞれ人生も違えば声も違いますからね。最初から僕の主張はこれ、というんじゃない。まずは完コピーから入るし、そのためにはお師匠さんの物まねをする対面稽古が非常によかったと思います。

もう一つ言われるのは、声を作るためにとにかくいっぱいにやれ、と。やけくそということじゃないし、ただ大声を出せばいいわけでもないのですが、加減をしていたらいけないんです。とにかく目いっぱいやる。そうすると、声を痛めてしまうこともありますが、文楽の場合、それで怒られることは決してないんです。痛めないようにやっているほうが怒られます。どんな大きな失敗をしてもいい。通過点ですから。通過点を通らずごまかしたりすると、ものすごく怒られるんです。
義太夫はすごく体力と声量が要るので、最大値を高めておかなくてはいけない。ものすごく大きな声が出る人が年をとって多少出なくなるのはいいのですが、最初から小さい声しか出せなければ、年をとったとき、とても聞こえる声は出せなくなる。いっぱいにやっていれば、芸のマックスが高まる、ということなんですね。とにかくかばうな、いっぱいに行けと言われる。三味線も同じです。計算で弾いているとものすごく怒られる。そんなの誰でも弾くって言われて。でも実際は誰でも弾けないですよ。
藤蔵◇手がつってもいいから、つついっぱいに行かないとって。激しい手数をこのまま弾いていたら、だんだん手がつってくるからもうちょっと加減しようかなって思ったら、「だめだ、つついっぱいに行け。計算しながら弾くな」と言われて。あからさまにバレてるんですね。撥の才尻が上がってくるぐらいにやっていると、だんだんここの筋肉に乳酸がたまってきて……。
呂勢◉でも、これだけ今弾ける人でも、舞台稽古の日に手がもつれちゃって「合邦（がっぽう）」（摂州合邦辻）で弾き直しをしたの。びっくりした。藤蔵さんでもこんなになるのかと思って。舞台で弾き直すってすごく恥ずかしいんですよ、みんなが見ているんだから。
藤蔵◇ああ、そうでしたね。
呂勢◉こんな人でもそんなときがあるんですよ。僕も、二〇歳くらいの時、素浄瑠璃の会で「やい、なまくらおやじめ、ブフェ、エヘッ」って咳き込んじゃったんです。本人はもう半泣き。このとき、**竹本越路太夫**師匠が聞きに来てくださったので、翌日お礼に行ったら、ふんふんふ

竹本越路太夫
一九一四年、大阪府生まれ。豊竹山城少掾の門弟となり、豊竹つばめ大夫。一九六七年に越路大夫を襲名。一九七一年に重要無形文化財保持者に認定、一九八四年に芸術院会員に推された。一九八九年五月に引退。二〇〇二年、逝去。

んって笑って、「気張るとああなるだろう」と、これで終わりなんです。そのことに関して先輩は誰も怒らない。そういう声を出すとそうなるよ、わかっただろうということなんです。それは本当の義太夫の通過点だから。

そういう具合に段階ごとの芸をやっていき、芸の骨格をつくっていく。やっぱり段階を経ていかないと、急にはできないですね。そのためには自分でいっぱいにやってマックスを高めつつ、こうやったら声を痛めるんだなというのを自分の体で覚えることですね。アドバイスは皆さんしてくれるんですよ。でも、結局やるのは自分ですから。

奈々福◆一日どれぐらいお稽古をされているんですか。

呂勢◉よく聞かれますが、一つのものを一人で何時間もということはありません。勉強にも声を出すのもあれば、本読みとか、小声でやるとか、作品をよく読むとかいろいろあるんです。三味線もなしで一人でわーわー五時間もやるなんてことは、太夫はないですね。

子どもの頃「いつも浄瑠璃のことを考えておけ」と言われました。本を開けているときや稽古場にいるときだけじゃなくて、遊んでいるときにも、道を歩いているときにも。「浄瑠璃なんか、道を歩いていたって稽古できるんだぞ。歩きながら語るとか、あの電柱まで一息で声を出してみるとか、どんな勉強でもできる」、と藤蔵さんのお父様、源太夫師は言っておられました。本当にそのとおりだと思います。いつもどっかに浄瑠璃のことを考えておけというのは、いい言葉ですね。

生身の芸はツライよ

奈々福◆藤蔵さんは今日、楽屋で弾きっぱなしで。本番前に丸々さらわれるような感じでしたね。

藤蔵◇そうですね。楽屋入りしても結局、丸々みんなさらいますよ。最初から最後まで。

呂勢◉太夫は本があるけど、三味線は暗譜なので、覚えておかなくてはいけませんから。確認しながらやらなきゃいけないっていうのがあるので。

藤蔵◇三味線もいきものなので、出したてはやっぱり音がまだだめで。弾いているうちに楽器が温まってくるというか。

奈々福◆鳴ってくれるまでにちょっとかかる。三味線は難しいですね。

藤蔵◇だから、全部一回弾いてみるといい感じに温まってきて、舞台に出られる。

奈々福◆弾かない日はないですか。

藤蔵◇いや、あります。今日は弾かんとこうと思ったら弾きませんし。

奈々福◆爪とか大変じゃないですか。

藤蔵◇減りますよ。稽古が重なってくると、見る見るうちに爪がなくなります。

呂勢◉この人はすごくいい爪をしていますよ。バイパスをいっぱいつけられるようなね。

奈々福◆ああ、そうか。ここだけじゃなくて、複数の溝を、爪につくるんですね。

藤蔵◇はい、そうです。稽古用はこっちとか、本番用はこっちとか。溝が大きくなると音がよくないじゃないですか。音がシャープにならないから、稽古のときはこの辺でいいとか。

奈々福◆皆さんにご説明すると、三味線の糸は、肉で押さえちゃいけないんです。絶対に爪だけで押さえなきゃいけないので、爪に溝がつくんです。ただ立てているだけだと減っちゃうので、爪の背の方まで溝がついちゃう。

藤蔵◇にじったり、こうぐーっと巻き込んで押さえますので、結構、巻き込みます。

奈々福◆呂勢太夫さんも声を使って使って……。ご自身のお役のみならず代役までされるのを何度も拝聴しましたが、これ、もしも私だったら死んじゃうな、みたいな状況でした。

呂勢◉やっぱり生身ですから声が出ないようになったりすることもあります。でも、聞いているお客さんはつらいと思いますが、楽屋内的には先ほどお話ししたように、いっぱいにやって声が痛んでいても誰も怒りません。そういうときは、「なあ、ええか、声痛んでいるときが勉強やで」と言われて。調子がいいときはある程度めちゃくちゃでも何でもやれる。でも声を痛めているときは技術を使わないと声が出ない。だからテクニックを会得できるチャンスだというんです。

児玉◎体得するわけですね。

呂勢◉ええ。それから、そういうときのほうがいいとか言われるんですね、もう自分じゃ泣きそうなんですけど。

藤蔵◇哀愁があってよかったわとか（笑）。

呂勢◉お客さまからすると、ガラガラ声でつらいのになぜ休まないんだろうと思われるでしょうけれど、義太夫は声が痛んだくらいじゃ休めないんです。オペラ歌手のように風邪を引いたから休演、ということはできません。本当に声が出なくても舞台に出されます。お客さんもつらいでしょうけれど、演者もつらい。でも、そういう状態で何かを会得してこい、というのが義太夫なんです。

文楽は見るよりやるのが断然楽しい

奈々福◆義太夫節が一番盛んだったのはいつ頃でしょうか。

児玉◎新作が最も多くできたのは一八世紀の中盤以降ですが、日本全国で義太夫節が最も聞かれたのは、江戸時代の後期から明治ともいわれていますね。正確に測る術はないのですが、明治後半までは日本中が国民共有の物語として義太夫節を知っていたと言っても過言ではないと思います。その国民共有の物語、誰もが知ってる語りもの音楽の座を奪ったのがおそらく浪曲だったのだと思います。

奈々福◆うひゃあ、そうでしたか。江戸時代までは基礎教養として能楽の小謡(こうたい)なんかがあって、そのあと義太夫節が基礎教養になっていて、そういう変遷ってあると思うんですけれども、落語で「寝床」ってありますでしょう。大阪の商家の旦那さんたちがみんな義太夫を習っていたというのが、明治とかぐらいまでの時代なんですね。

呂勢◉義太夫は、習うと人前で語りたくなるんですよ。本当にやりたくなる。皆さんも、聞いているばかりじゃつまらないです、やったらいいと思いますよ。やるとハマります。

奈々福◆でも呂勢太夫さんに習う術はないわけですよね。

呂勢◉私は忙しくて無理ですが、教えるのが得意な方がたくさんいらっしゃいますので。

児玉◎昔は東京にも町のお師匠さんがいましたね。

呂勢◉野球のように、草野球からリトルリーグ、高校野球、そしてプロ野球があるというのが理想ですね。かつては文楽も、素人でやっている人がたくさんいて、そこから頂点を目指すということがあった。プロしかいないというのはダメ。裾野が広いということはとても大事なんです。

児玉◎その中から急にプロになる。まさに、「運がよければルーキーに」。

呂勢◉文楽はルーキーが出やすいと思います。ですから、もし我こそはという若い方がいらしたら、ぜひ。義太夫は聞くよりもやる方が間違いなく楽しいですから。

奈々福◆浪曲もそうです。

呂勢◉誰もがやってみたくなるというのは、やっぱり魅力があるからだと思うんです。昔、それだけ流行ったということはね。

ダミ声文化の関西

奈々福◆先ほど、浄瑠璃にはいろいろな種類があって、義太夫節が代表格とおっしゃっていましたが、江戸の浄瑠璃ってすごく声が澄んでいますよね、男性の声でも。一方、関西は、浪曲の声もしゃべり声もザラザラしている。私が「ああ、大阪に来たな」と感じる瞬間は、通天閣下を歩いているおばちゃんたちの声を聞いたときです。全員もれなく鶴瓶師匠みたいな声をしているんですよ（笑）。

児玉◎昔、谷崎潤一郎が書いていましたね。「大阪の人間にはどうも義太夫顔と義太夫声の連中がたくさんいる」って。

奈々福◆どうして大阪は濁るのが好きなのでしょうか。

呂勢◉かわいい声の人もいるんですよ（笑）。ただ、やっぱりああいうのを好む土壌がある。東京の人は粋なのが好きですが、関西人は粋はあんまり好きじゃない。ちょっともっさりしていても、コクがあるほうがいいというか。

奈々福◆濁り成分があるのが味な……。

呂勢◉感性の違いがあると思いますね。

児玉◎東京はつついっぱいまでやれというのも嫌がる。

呂勢◉ダサいんでしょうね、きっとね。

児玉◎ちょっと手前にしておくのが、東京の風（ふう）でしょうね。

呂勢◉義太夫でも、さっき鼻をかんだりしていましたけど、ああいう汚れをできるのが関西だと思う。東京はやっぱりきれいですから、「カッ、ペッ」と痰を吐くなんてちょっと……。大阪人はその「カッ、ペッ」がたまらない。演者のつばがかかる席に行きたいというお客さんもいたくらいですから。澄んだ声よりもだみ声が好きというか。

奈々福◆語られるテーマも、悲劇が多いですよね。

呂勢◉悲劇しかありませんね。

児玉◎そうですね。

奈々福◆笑いに特化した上方落語が片方にあるから、逆は義太夫は涙になったということなのでしょうか。

児玉◎でも、悲劇の中にも笑いがあるんですよね。さっきも勘平とおかるが、これからさあ大変だっていう前に、鷺坂伴内（さぎさかばんない）が首がつながってるのを確認して、「あるとも　あるとも大丈夫」なんて言って、非常にバランスがとれていますよね。関西は歌舞伎でも、最終的に悲劇になるにしても、どこかに必ず喜劇的な部分があります。

呂勢◉義太夫は長いんでね。昔だったら暗いうちから始まって、日が落ちて終わるというくらい。だからいろんな場面がたくさん必要なんです。私、子どもの頃に言われたんですよ。「フルコースで、ステーキを食った後に善哉（ぜんざい）食えっていったって食えないだろう。だからお茶漬けも必要なんだ」と。最初からこてっとうまいものを食わせて、ずっと食っていたら気持ち悪くなる。軽い場面や重い場面、甘ったるい場面やつらい場面、いろいろあることが一日がかりの物語においてバランスをとるのに必要だった。

児玉◎今日やっていただいた「忠臣蔵」の大序は若手がやる前菜バージョンと、偉い人がやるこってりバージョンだったわけですね。

奈々福◆これはおもしろかったです。

児玉◎基本的に劇場で聞けるのが、若手がやる高い声バージョンですね。

呂勢◉そうですね。

関連書籍の紹介

竹本織太夫『文楽のすすめ』（実業之日本社）

竹本住太夫『文楽のこころを語る』（文藝春秋）

三宅周太郎『文楽の研究』『続文楽の研究』（岩波文庫）

三浦しをん『あやつられ文楽鑑賞』（双葉文庫）

第5章 講談

神田愛山
旭堂南海

神田愛山（かんだ・あいざん）――一九五三年、栃木県佐野市生まれ。駒澤大学中退。日本講談協会常任理事。大学時代、落語研究会に所属し落語家を目指すが口調が講談向きだと進められ、七四年二代目神田山陽に入門。一陽を名乗る。一九八七年、真打昇進し二代目神田愛山を襲名。著書に『酒とバカの日々――アル中からの脱出』『酔って件の如し』『ベラ　私小説掌編集』などがある。

旭堂南海（きょくどう・なんかい）――一九六四年兵庫県加古川市生まれ。高校時代は落語研究会に所属。大阪大学文学部で国文学を専攻。大衆芸能に魅せられ、落語、浪曲を経て講談にたどりつき、八九年、三代目旭堂南陵に入門。九六年、大阪府芸術劇場奨励新人賞、九八年「咲くやこの花賞」を受賞。九七年から翌年にかけ、旭堂一門のお家芸である上方講談「難波戦記」の続き読みを月一回のペースで完遂。

《口上》

前回までご紹介した語り芸は、三味線やほら貝、勤行にお線香、御本尊といった「モノ」が入りましたが、今回は飛び道具なし、張り扇ひとつと、語りのみの芸です。

浪曲は、多くの演題を、講談からいただいております。前回義太夫が、さいたる長編戯曲であると、児玉竜一先生がおっしゃいましたが、講談にも、長編の物語が数々あります。それを浪曲はいただきながら、多くの浪曲師（含：奈々福）は、いい場面だけやって、ダレ場はやらず……なんてこともありまして。

ところがやはり芸質が違うのでしょう。三味線があり、節がある浪曲と講談では、力の入れどころ、味付けが違ってくるのです。そういう、語り芸ごとの質の違いに強く興味を持ちます。

講談は「語り芸」ではありますが、「語る」とは言わないようで「読む」というようです。そして、どうやら東西でいろいろ違うようです。

東から、以前よりさまざまに教えをいただいております神田愛山先生。そして、西から、旭堂南海先生、超尊敬するお二人の先生にお出ましいただきました。

愛山先生は、私の師匠・二代目玉川福太郎亡き後、浪曲では玉川の家の芸とされる「天保水滸伝」の連続読みの会をされると聞き、お願いして会に通い、勉強させていただきました。また南海先生を拝聴したくて、大阪にうかがったことがあります。「難波戦記（なんばせんき）」、真っ赤な甲冑を付けた真田幸村が騎馬で走って来るさまがまざまざ見えて、ひっくり返りました。

そして二〇一一年、私のプロデュースで、お二方のご出演で「悪党列伝」という企画をやらせていただきました。二日間、長講一席ずつ、翌日は前日の続きを読んでいただく。愛山先生が「徳川天一坊（とくがわてんいちぼう）」より二席、南海先生が「浪花五人男」より二席。怒涛のうねりに、二日間、ぶっ飛びました。二日目の「網代問答（あじろもんどう）」を演じ終わった愛山先生が、私をじろり睨んで「命を削ったぞ」と言われたことが忘れられません。

講談とは何ぞや？

南海◉関西は大阪からやってまいりました。講談を初めてお聞きになる方も多数いらっしゃるんじゃなかろうかと思います。全国に八〇名少し、イリオモテヤマネコより少ない数しか生存していない芸人でございます。繁殖能力はパンダに劣ると言われている芸能なのですが、歴史は古うございます。しかし、落語、浪曲と違ってその始まりは実はいまだにわかっていないところが多分にございます。これほどシンプルな芸であるにもかかわらず、わからない。単純だからこそわからないのかもしれません。

ひょっとすると講談というのは、一人の人間がお話をしたところから生まれたのかもしれませんが、相手に意図を持って物語を伝えるという、ただそれだけでお金をもらっていたかどうかは定かでございません。前に小さな台を置いてございますが、これが講釈の台で、釈台（しゃくだい）と唱えます。張扇（はりおうぎ）を持ってパンパンと調子をつけてたたきながらおしゃべりをするんですが、講釈というのは、まことの歴史ではなく、見てきたような物語をおしゃべりする芸です。誰も見たわけじゃございません。四〇〇年、五〇〇年昔の物語をさながら見てきたかのようにしゃべるわけですね。

この張扇はどういうときにたたくかといいますと、ちょっとしたうそが入るときにこれを一発、大うそが入るときにはこれを乱打するのでございます。大阪から来ましたが、やはり東京は違いますね。人の多さもさることながら、この芸に対する熱心な観衆の皆様方、特にお江戸の女性の洗練された美しさ、はっは（張扇をたたく）。乱打でもよかったわけですが、うそが入るときにたたくというのも実はうそでございます。これは息継ぎをするとき、あるいは場面展開のときにたたいたり。

講談は、「読む」と昔から現在まで唱えます。ここに台本（丸本）を置く場合もあるし、要点だけを記した点取り帳を置く場合もございます。つまりは読んでいたわけでございますね。

ところが、今から一六〇〇年ほど昔、江戸の**田辺南鶴**という人が、無本で読めるというので本を外して読み始めたというのが定説になってございます。そういいたしますと、同じ木戸銭を払って聞くのなら、首っ引きで読んでいるのと、凡そのところを覚えて落語家さん

旭堂南海先生による講談

田辺南鶴
田辺派の祖。武家の出身と言われる。

のように身振り、手振りを加えて上下をふりながら男声、女声の色分けをしておしゃべりするのと、どちらが聞きたいかというのは歴然としてまいります。それからです、我々は仕方なく暗記しなければならなくなったわけでございます。その最初に本を外した人間を、我々は謀反（無本）者と呼んでいる。他所で言わないほうがいいかもしれませんがね（笑）。

講談と講談社のふかーい関係

南海◉講談という漢字は、今では誰でも書けますね。出版社の講談社があるからだろうと思うのでございますが、あれは明治末期、弁論が非常に流行っていまして。有名な早稲田大学の雄弁会はその名残です。政治家になろうとする人は弁論部に入るべし、というふうでした。そうした折、野間清治という方が弁論集を出す会社として、大日本雄辯會を立ち上げたんです。

当時はまだ講談の需要があったわけです。講談は物語ですから、分量も分厚くページ数をとることができます。速記者が、講談師の演じるそのままをずーっと書いていくという技術が確立されていたので、速記者が書き取ったものも一緒に本にしたらどうか、ということで、野間清治さんが大日本雄辯會の一セクションとして講談部門というのをつくった。これが大日本雄辯會講談社というんですね。講談専門の雑誌「講談倶楽部」を立ち上げたんですが、野間さんは賢うございましたよ。

当時、世間では浪曲が燎原の火のごとく広がってきていたわけです。そこで浪曲の台本集も出そうということで、「講談倶楽部」の別冊、増刊号として「浪曲集十八番特集」を出します、と当時の講釈師の方々に宣言したんです。するとこれを聞いた講釈師が「ばかにするな、俺たちのネタをパクって金もうけをしているような浪曲師と一緒にするんじゃない、やれるもんならやってみろ、俺たちはもう二度とネタは提供しないぞ」と速記者たちと一緒に組合をつくり、野間清治さんにそう宣言したんです。

　野間清治は偉かったですね。「わかりました、じゃあ、講釈師の方々は要りません」というので切られたわけなんですな。で、どうしたかというと、次の号からはゴーストライターを使うようになったわけです。実はこのゴーストライターの中に、後に有名になっていく方がたくさんいらっしゃる。丹下左膳（たんげさぜん）をお書きになった林不忘（はやしふぼう）先生とか。丹下左膳というのは新講談と角書きを入れていらっしゃいます。誰も知られたくないと黙っていましたが、ネタ元はほぼ講談だったんですね。

　林不忘先生はそれを「黙っておくのはよいことじゃない」と、角書きにあえて新講談と書いて、「丹下左膳こけ猿の壺」と売り出したというわけです。その頃、講談の懸賞というのが流行っていましてね、講談のようなネタを書いて応募すると、よいものは雑誌に載せますよと。吉川英治はこの懸賞で出てきた方です。戦後になると講談の宮本武蔵のネタをパクって文化勲章を受けるという……どれほど講談が痛めつけられたかというお話なのでございますが。さて、お時間がございますので、私から一席、つづいて愛山先生の一席をお聞きいただきます。

浪花侠客伝より　木津勘助

「浪花侠客伝」は、根津（三好屋）四郎右衛門、違袖音吉、そして三代目木津勘助の三侠客が活躍をする物語。ゆえに「浪花三兄弟」とか「浪花三人男」とも言う。また、侠客達が贔屓の相撲取（濡髪長五郎と放駒長吉）の名を取って「双蝶々廓の達引」とも言うが、これは芝居からの拝借であろう。

今回の読物の木津勘助は初代勘助で、「浪花侠客伝」の勘助とは異なる。元々、初代勘助の事績話があり、後に「浪花侠客伝」の中に三代目勘助を入れたと考える。町名変更の為、今は無くなったが、大阪市内には「勘助町」や「勘助島」という地名が実在した。


江戸はごく最初の頃のお話。大坂今橋三丁目に材木問屋として手広く商いをしていた淀屋十兵衛。今日しも店の暖簾を肩で押し分けるように入ってきたのが、歳の頃は二〇歳半ば、身の丈六尺近くある若い男…が、身なりは至って粗末…

「十兵衛おるか！」

「じっ…十兵衛っちゅうたらウチの旦さんですがな…私はこの淀屋の番頭の五兵衛でございます。お前さんぐらいの用ならワタイで充分です。はい、何ですかな？」

「こらっ！　ワイが十兵衛出せと言うたら十兵衛呼んだらエエのやっ！　第一、五兵衛っちゅうたら十兵衛の半分やないかっ！」

この騒ぎが奥に聞こえたと見え、主の十兵衛が出て来ると
「なんじゃ番頭さん騒がしい…はい、手前が十兵衛でございます」

「ワレが十兵衛かっ！……この袱紗返しとくで。中ぁ改めてや」

「あっ！……その袱紗……はっはい…確かに中もございます…いいえ、お金は高々二十両ばかりでございましたが、印形が入っておりまして、これが無ければ取引に差し障りが出るので困っていた所でございます…ちょっとお待ちを願います」

と、手早く懐から懐紙を取り出すと袱紗の中の小判を包んで
「どうもありがとうございました…これは些少でございますが…」

「これなんや？」

「へぇほんのお礼でございます」

「なんじゃいっ！　こんなもんっ！」

勘助がぱっと手を払うたから、十兵衛が手に載せていた包みが飛んで土間に散らばった。

「なっなんちゅう事をしなさる」

「それだけ渡したら黙って帰ろと思うてたが…言わなあかへんみたいやな…ええか？　お前、その袱紗どこで忘れた？」

「えっ？…さぁ…それは…」

「竹林寺さんの、お前んとこのご先祖を祀った立派な墓の隣にある、小さい墓石の上やわいっ！　なるほど、お前は先祖参りをする、そら立派なこっちゃ。けどな、隣の小さい墓はお前んとこの物置とちゃうねんでっ！　小さいながらもご先祖大事とお墓をお建てなさったんとちゃうんかいっ！　金持ちの性根っちゅうんはそんなもんかいっ！…ほな、渡したさかいこれで帰るでっ」

徳川天一坊より　網代問答

八代将軍吉宗公の御落胤を騙り、徳川の天下を我が物にしようと企てましたのが徳川天一坊でございます。この読み物は初代神田伯山が創り上げたもので金襖物といわれ、講談の中では最高難度の読み物とされておりますが、〝伯山は天一坊で蔵を立て〟と川柳に読まれたくらいに大層当たった読み物でございます。

八代将軍吉宗公いまだ源六郎君と名乗られて紀州和歌山におられましたお若い時分、沢野という腰元とおたわむれになられました。女は受け身ですから懐妊をいたします。吉宗公いまだ部屋住の身ですからことを公にすることができません。そこで御墨付と三つ葉葵の御紋散りばめました御短刀を証拠の品として与えます。

これから沢野は紀州名草郡平沢村に帰りまして男の子をもうけました。つまりこの男の子が吉宗公まことの御落胤にあたります。しかしお七夜を待たないうちにこの子は亡くなり、血上がりをしたものとみえます。沢野も死んでしまいました。

後残りましたのが御墨付に御短刀という証拠の品。これをあずかりますのが沢野の母親のおさん。

そしてそれから一二年の歳月が流れ、ひょんなことでこの事を知りましたのが源氏坊改行という修験者の弟子でございます。自分が亡き御落胤と同年同月同日の生まれであるところから将軍家御落胤として名乗りを上げてくれようとの悪心を抱きました。

これからおさんを扼殺し御証拠の品を手に入れ、修験道の師感応院を毒殺し、自分は紀州名代の加太の浦で賊に殺されてしまったかのように見せかけ源氏坊改行という名前をこの世から消してしまいました。

そしてこれから肥後の熊本に渡ります。吉兵衛と名を変えて一四から二一まで足掛け七年働いて三〇〇両という金を貯め、いよいよ将軍家御落胤として名乗りを上げることにいたしました。

しかしこれだけの企てですので、とても一人の手に負えるものではありません。味方につきましたのが水戸の浪人で赤川大膳、藤井左京。美濃の国常楽院住職天忠坊日真。

そしてこの時に将軍家御落胤にふさわしい名前というので徳川天一坊と改めたわけでございますが、何ともうしましても元九条関白家雑所（ざっしょ）山之内伊賀之亮（いがのすけ）重道が味方につきましたのが百万の力を得たようなもの。それはそうでしょう、この人は悪人ではありますが超一流の学者で知らないものがございません。

ですから大坂城代、京都所司代、江戸の老中若年寄が取り調べても逐一応答するのが山之内で、もう間違いない、天一坊様上様御落胤に相違なしとの断が下されました。

しかし一人だけ疑いの念を持ちましたのが江戸南町奉行大岡越前守忠相（えちぜんのかみただすけ）。それは天一坊の顔が何ともいえない悪相でございます。上様御落胤にかかる悪相あるわけはなしと再調べを願い出ましたが、上役をないがしろにする段重々不届きと吉宗公の逆鱗に触れ重閉門を仰せつけられてしまったのでございます。

この越前を救いましたのが天下の副将軍水戸中納言綱枝卿（つなえだきょう）。この綱枝卿の働きで越前は閉門御免。

これからいよいよ品川の八つ山の仮御殿におりました天一坊主従を数寄屋橋の役宅に召し立て、越前が天一坊の生い立ち身の上を山之内に訊ねる網代問答となるわけでございます。

五代目一龍斎貞丈
一九〇六年、三重県生まれ。早稲田実業に学び、当時の講談師としては珍しいインテリであり、新作にも積極的だった。一九六八年、逝去。

■【実演】旭堂南海「木津勘助」、神田愛山「網代問答」

愛山◇奈々福さんのパースペクティブ……なんなんですか、この会は（笑）。いまここにいても意味がわかっておりませんし、皆さんが何を求めておられるのかわかりませんが、とにかく「徳川天一坊」の「網代問答」をやってくれと奈々福が言いますので。一席おつき合い願った次第です。

落語家がだめだったから講談師に

奈々福◆まずは御入門のきっかけ、どうしてこの世界に入られたかをお話しいただけますか。

愛山◇なぜ入門したかというよりは、どうして講談を知ってきたかということになるかと思いますが。寄席オタクの演芸少年だったんです。栃木県の佐野で生まれて静岡県の清水で育ちましたから、演芸といえばほぼ落語で、落語には詳しかった。浪花節もおやじの影響で聞いていました。講談は一番後に知った芸能でしたね。小学校の高学年だったか。

奈々福◆全然後じゃないです（笑）。

愛山◇NHKの夜の「演芸指定席」とかいう番組で、この間亡くなった貞丈先生のお父さんの**五代目貞丈**（ていじょう）先生が「安兵衛高田馬場駆けつけ」をやっていたのを見たんです。安兵衛が駆けつけていく途中で酒屋で酒をあおっていった。酒だからいいんで、これがお汁粉だとこうはいかない、というくすぐりが小学校高学年の坊やにウケたんです。これはおもしろいと。

それから、**一龍斎貞鳳**先生の番組ですね。今泉正二という本名で歌謡番組の司会をよくやられていた超売れっ子でした。この先生のバラエティ番組で、あるとき流れた戦のシーンに、貞鳳先生の「ひらば」が入った。

奈々福◆ひらばは、漢字で「修羅場」と書きます。

愛山◇これを聞いていたうちのおやじが、「これが正ちゃんの本業だ」と言ったんです。うちの父は貞鳳先生の大ファンで「正ちゃん、正ちゃん」と言っていましてね。私はその修羅場を聞いて、格好いいなと思ったわけです。貞鳳先生は格好いいなと思っていたところに、中学に入ってうちの師匠の**二代目山陽**を知るわけです。連続して聞きましたね。テレビで「**井伊直人**」「**仙台の鬼夫婦**」、ラジオで「**河村瑞賢**」。この「河村瑞賢」が落語以上におもしろくて。それから「**応挙の幽霊**」「**忠僕元助**」を立て続けに聞いて。わかりやすくておもしろくてじーんとしたんですね。

そういう講談を聞いてきた流れから、芸人になりたいと思うようになって。明らかに落語家よりも人数が少ないから、売れる確率が高いだろうなと、本気でそう考えた

神田愛山先生による講談

一龍斎貞鳳
一九二六年、福島県出身。五代目一龍斎貞丈に入門するが、戦争のため一時中断。一九五四年に真打昇進。参議院議員（一期）、環境政務次官（三木改造内閣・福田赳夫内閣）などを歴任した。二〇一六年、逝去。

二代目神田山陽
一九〇九（明治四二）年、中国大連生まれ、生後すぐ東京に移住。大阪屋号書店（書店・出版社）社長の嗣子であった。当初、品川連山の名で、師匠を持たず独立独歩で進み、その後神田派に迎え入れられ初代神田山陽に師事、一九四二年に講談組合の真打に昇進、一九四七年に三代目神田小伯山を襲名、一九五五年に二代目神田山陽を襲名。一九七〇年と一九八五年に講談協会会長に就任、後に独立し日本講談協会会長。二〇〇〇年に逝去。

井伊直人／仙台の鬼夫婦
講談・浪曲の演目。連続物である武芸物「寛永御前試合」の中の一部で、この部分だけが一席物のよ

んですよ。人数が少ないのは需要がないから、とまでは思いが至らなくて（笑）。で、悩みに悩んで、どうしようかどうしようかと考え続けて大学まで行っちゃって。その頃に今の立川談四楼さんに出会ったんです。今では小説家として知られていますが。

奈々福◆いえいえ、噺家でも。

愛山◇談四楼先輩は当時、まだ寸志という見習いで前座の前でした。私は駒澤大学の学生で、談志師匠のお弟子になりたかったのですが、あまりにも人数が多くて噺家は弟子をとるなというお達しが落語協会に出ちゃったんです。これはもうしようがないというので、もう一つ保険として考えていた講談の道に。もともと高校時代、山陽師匠に弟子入り志願の手紙を書いていて、許可はもらっていたのでね。でもなかなか踏み切れなくて。落語家がだめだったから保険の講談のほうに。今、保険で食っているようなものなんですよ。

この人の横にいたらおもしろいんじゃないかと思って

南海◉僕は愛山先生と違い、講談を知ったのは大学生になってからです。子どもの頃、やはりテレビやラジオで聞いたり見た記憶はありますが、ぼんやりとしています。大学を出ても、働く気はまったくなかったんですよね。

奈々福◆働く気がなかった（笑）。

南海◉愛山先生も、一般の会社に勤められるような顔じゃないですよね。

うによく演じられる。「仙台の鬼夫婦」「井伊直人」両方の演題ともよく使われる。ダメな夫を武術を通して妻が立ち直らせていくという、いわゆる賢妻の読物。

河村瑞賢
お家騒動の連続物「柳沢昇進録」中の一演目として演じられることもある。伊勢国の貧農として生まれた河村瑞賢は江戸時代初期の商人で海運や土木事業にも携わる。その後それらの功績が認められ晩年には旗本になったという。

応挙の幽霊
江戸時代、幽霊画の大家・円山応挙が修行時代のこと。応挙は長崎で、薄雲という花魁に出会い、身上話を聞くことになった。酷い人生で流れ流れて遊郭に辿り着いたという彼女を下絵に描くも、彼女はまもなく亡くなってしまう。彼女を懇ろに弔って、京に戻ると意外な事実がわかる。

忠僕元助
赤穂浪士の一人、片岡源五右衛門の忠実な下僕、元助についての読

奈々福◆ああ、そうですね。
愛山◇（笑）。いやいや、あなたと同じで働くことなんて全然考えていなかったですよ。学生時代にアルバイトをしていて、そのまま学校をやめて講談に入っちゃったから。
奈々福◆えっ！　アルバイトをされたことはあるんですか？
愛山◇ある。
奈々福◆……あのう、何をされたんですか？
愛山◇ボーリング場で客に靴を渡す仕事。それと、川崎の文学堂という一番大きな店で働いた。あと、古本屋でも。
南海◉へぇー。
奈々福◆今までうかがった話のなかで一番びっくりしました。
南海◉最近は、大学を中退したにせよ卒業したにせよ、一度どこかに勤めたり違う世界に行ってから、やっぱり志を貫徹したいというので芸界に入ってくる方が多いと聞くんですけどね。愛山先生も僕らも、いわゆるストレートなんですよね。アルバイト以外は外の世界をほぼ知らない。私も卒業直前にはすでに師匠に弟子入りして名前をもらっていましたし。卒業式とか卒業証書とかは知らんのです。
　ともかく、私が講談を知ったのは大学に入ってからです。それもレコードで。小沢昭一さんの「日本の放浪芸」の中の「滅びゆく芸」に講談が入っていて、それを聞いたらこれは滅ぶわと。働きたくないし、何がいいかな、香具師（やし）がいいかなあと思って。

物。上州下秋間に百姓の子として生まれた元助は一四歳の時に故郷を出奔、源五右衛門の家僕となり、浅野家がお取り潰しになり、主人が浪人になっても仕え続けた。赤穂浪士切腹後は故郷に帰り、出家して仏門に入る。

奈々福◆本当に働きたくなかったんですね（笑）。

南海◉はい。長時間の労働は無理だと思いましたので、香具師、テキ屋ですね、ヤーテキに何とかなれないかなと思っていたときに、小沢さんの放浪芸に出会いまして。たたき売りから見せ物の口上、ストリップの場内アナウンスまで、いろんなものに憧れました。その中に講談が入っていたんです。こうなると、講談も聞いておかないと、と思って聞きに行きまして。帰ろうと思ったら「若いのが来てる、あいつを帰すな」と楽屋から……。

奈々福◆ああ、それ、ありますね。

南海◉よくわかるでしょ（笑）。

奈々福◆私もほぼ、それで引っ張られた感じです。

南海◉おりてくる人たちが「若いのがいるよ」ということで、終演後に会場でやる打ち上げに入れていただきまして。当時、木戸銭が五〇〇円で、五〇〇円で飲み食いして持ち上げてくれるんですよ。その後、スナックまで連れていってくれて、「来月もおいで」と。二年経つと、僕が「若いのが来ていますよ」と言う役回りに。そういう感じで入りましたね。

奈々福◆今、日本浪曲協会は同じことをやっていますね。演芸の後、茶話会と称して飲み会をつけて、若いのを帰さないようにして。

南海◉酔わせてね。

奈々福◆はい。

南海◉ほぼ犯罪じゃないですか。

鼎談

奈々福◆そうでもしないと網にひっかかってくれないとか言って。ストレートですか。

南海◉ストレートですけど、別に講談が好きでも何でもなくて。当時、うちの師匠は七〇ぐらいで、ほぼ隠居状態だったんですよ。家族を次々に亡くされて、一人でぼろ屋に住んでいられて。

奈々福◆何年ぐらいですか。

南海◉一九八九年ですね。平成元年二月に入門しましたので。バブルの終わりかけ、景気の一番いい頃の最後。周りはみんな就職していましたが、僕は就職はしたくなかった。師匠を見たときに、「ああ、この人はバブルとは違う人だ」と思ったんです。この人の横にいればおもしろいんじゃないかというのが先にあった。講談自体は滅びゆくものだと思っていましたから。とにかく師匠の横にいてて話を聞く、これがおもしろいと思って、四、五年、ずーっと。それまでは講談なんておもしろいとは思わなかったですね。

奈々福◆桂米朝師匠が、『一芸一談』という対談集で、南海先生のお師匠さんの**南陵先生**とおしゃべりされているんですが、超おもしろいんですよね。お人柄がすごくおもしろい……。

南海◉おもしろい人です。飄々としているんですが、戦争で中国に五年間行って抑留もさせられている。全滅部隊の生き残りなんですよ。千数百人いた部隊が最後は八〇数名にまでなった中の一人でして。師匠が生きて帰ってこなかったら、大阪の講談はなかったわけなんですよね。

奈々福◆すごい運命ですね……。

南海◉帰ってこなければ、僕も普通の生活を送れていたわけですけど。

奈々福◆それは保証の限りではないかと（笑）。

学術として、芸事として

奈々福◆講談とひとくちに言っていますが、上方と東京とは随分違うとのこと。愛山先生から、東京の講談の歴史や、先生が思う講談とは、というようなお話をお願いできますか。

愛山◇講談の歴史はいろいろありますよね、ルーツは説教師であって、お説教から始まったという説もあるし、秀吉がはべらせていた**御伽衆**（おとぎしゅう）の中の**曽呂利新左衛門**（そろりしんざえもん）が噺家の元祖で、「**由己法眼**（ゆうこほうげん）」が講釈師の元祖であるという説もある。また、大阪の生國魂神社（いくたまじんじゃ）で後藤又兵衛や豊臣の

旭堂南陵
三代目。一九一七年、大阪府生まれ。一九三三年、大阪貿易学校卒業後に二代目旭堂南陵に入門。一九六六年に三代目旭堂南陵を襲名。上方講談協会を創設し初代会長となる。一九九七年に無形文化財「講談」の保持者に認定される。二〇〇五年、逝去。

御伽衆
室町末期以後、将軍・大名のそばにいて話し相手や書物の講釈などをした人のこと。

曽呂利新左衛門
豊臣秀吉に御伽衆として仕えたといわれる人物。落語家の始祖とも言われ、ユーモラスな頓知で人を笑わせる数々の逸話を残した。

由己法眼
同じく、御伽衆として秀吉に仕えたとされる人物。物読みの第一人者とされる。

残党が戦場で用いた甲冑を置いて、戦の模様を語り、やじ馬に投げ銭を求めたという説もある。個人的にはこのあたりが講釈師の始まりではないかと思っています。

南北朝の争いを書物にした「太平記」を読んでいた「太平記読み」という連中がいて、徳川家康に「太平記」「源平盛衰記」を講じた**赤松法印**が講釈師の元祖であると、公式な記録には残っています。最初は文字どおり書物の意味を講釈した、教えた、説明した、という学術的な意味があったのが、いつの間にか芸能化してしまった。

当時のやせ浪人たち……働きたくない、でも何か食わなきゃいけない……僕たちと一緒の気持ちであった（笑）彼らが、読み書きできるんだから自分が経験したことをしゃべろうじゃないかと。赤松法印は「太平記」「源平盛衰記」というネタで、しばらく大名の周りを回っていたんですよね。そういう中で、やせ浪人が就職先を求めて自分のプロフィールを語るときに、あの戦ではこんな働きをした、この戦ではこれぐらいの働きをしたということを修羅場調子で語ったのではないか。それがどうも講釈師の元祖ではないか、と思っているんです。

その後、徳川も太平の世となりましたので、講釈師も呼ばれなくなっていく。そこでいろんなネタを作る必要が出てきた。今、古典として残っているのは、たいてい徳川吉宗以降に講釈師が作ったものです。このあたりから芸能、芸人、寄席演芸になっていったのではないでしょうか。

でも、ルーツとしての学術的な意味は、今も引きずっている。「講釈師って物知りでしょう」と言われますが、二人ともなんにも知りませんから。学術的な流れと演芸、寄席芸としての流

赤松法印
江戸時代前期の軍書読み。徳川家康や諸大名にまねかれて「源平盛衰記」や「太平記」などの軍書を講じた。「太平記読み」とよばれ、講釈師の祖とされる。

れの二つの上に講談というのはあるんじゃないかと思いますね。

講談はダンディズム、滅びの美学

奈々福◆いずれにしても、やっぱりもともとお武家の間から生まれたんですね。

愛山◇それは間違いないですね。武家方のものだと思います。一番盛んだったのは幕末と言われています。江戸中期に多様な講談ネタや今に残るお家が生まれてきて、幕末に最盛期を迎えます。江戸には八〇〇人の講釈師がいたそうです。

奈々福◆今の噺家さんと同じぐらいの人数です。

愛山◇で、女流が一人もいなかったという……。

奈々福◆そこに行きますか、やっぱり（笑）。

愛山◇実にすがすがしい（笑）。講釈場も二〇〇軒もあったそうですよ。

講談芸を聞いてじーんとしたと言いましたが、それは、講談には江戸時代の儒学の思想「君に忠、親に孝」が入っているからなんですね。琴線に触れるようなじーんとした感じ、これが子どもの頃聞いていた落語や漫才やコントにはなかったものでした。つまり講談は、儒学を引きずっているわけで、これを古いという人がいる。そう感じる人は講談は意地でも聞かないでしょう。そこをよしとして心に触れると感じる人が聞いてくれるんだと思います。

私は貞鳳先生の修羅場（ひらば）を聞いて格好いいなと思ったのですが、修羅場（ひらば）芸こそまことに男性の骨格美であって、そこがいいなと思っていたわけです。でも「骨格美」という言葉ではどうも納得できなかった。何か一味足りないと。そうしたら一〇年ほど前、「**三十三間堂誉れの通し矢**」という古典を初めて聞いたお客さんに、「愛山さん、講談ってダンディズムですね」と言われて、ああ、この言葉だと思った。講談とはダンディズム、つまり滅びの美学なんです。自信に裏づけられた自己犠牲ですね、ダンディズムというのは。

奈々福◆自信に裏づけられた自己犠牲。

愛山◇母親が子どもに向ける愛情とも犠牲ともちょっと違う、滅びの美学が講談にはあるんですよ。これをもっとわかりやすく表現したお客さまがいて。「桜の散り際が美しいのと同じ心理ですね」って、まさにそのとおりなんです。桜の散り際がいいな、美しいなと思う、あれがダンディズムなんですよ。これが講談の味としてずっと伝わってきていると思うんです。

奈々福◆日本人はそれをすごく好きですね。

愛山◇うん。好きと思う人が来てくれますしね。

奈々福◆先日、映画監督の篠田正浩さんが講義をしてくださったのですが、日本の芸能の脊梁山脈を築いているのが源義経の伝説だとおっしゃっていまして。義経も滅びた人であり、語り芸にはやはり敗者の美学が多く流れているから、と。浪曲も講談から随分演題をいただいているし、すごく同調する部分がある。

愛山◇そう、ハイシャの美学。入れ歯にするか、インプラントにするかという選択。

奈々福◆先生、せっかくいいお話になっているのに。南海先生、助けてください。

三十三間堂誉れの通し矢
一六八六（貞享三）年四月に京都・三十三間堂で通し矢が行われ、和佐大八郎が八一三三本の矢を射抜き、天下一になる。その際にそれまでの天下一であった星野勘左衛門が大八郎の手助けをしたというエピソードを講談に仕立てたもの。

南海◉インプラントは高いから嫌です（笑）。ただ、滅びの美学ということでいえば、義経の物語以前に「平家物語」自体がもう滅びの文学であり、芸能ですよね。

もう一つ、今、愛山先生が徳川家康に「源平盛衰記」と「太平記」を講じた講釈師が赤松法印であるとおっしゃいましたが、赤松法印は坊主であると同時に、「太平記」の中の赤松氏の末裔と自称していた。江戸時代にはすでに滅んだ家なんです。元禄の頃に、名和とか赤松といった屋号が出てきて、江戸の講釈の礎を築いたといわれる。名和というのは後醍醐天皇方なんですね。その末裔であることをあえてうたい文句にして講釈師として登場してくる。で、読むのが「太平記」となれば……。

奈々福◆まさに敗者側の心を背負っているわけですね。

南海◉生まれるときから、そういうものを背負って出てきたとしか考えられないわけなんです。滅びの芸能と言ったらおかしいですが、散りゆくときの美しさみたいなものを、江戸の太平の世であえて伝える意味がどこにあるんだろうかと思うんですが、みんな結構これを受け入れるんですよね。

愛山◇「義士伝」がそうでしょ。あの人たちはまさに滅びの美学でしょう。白浪（泥棒）物も、侠客伝も、みんなアウトローでドロップアウトした連中であり、最後にはみんな捕まる、滅んでいくわけです。今日の「天一坊」だって、山之内伊賀亮という人は、あれだけ頭が良かったけれども、最後は成功できないと思っていたから、自分の死に際を天一坊に託したんじゃないか。ネタをみると、みんな滅びの美学です。敗者の美学なの。

このダンディズムと、もう一つの流れとして講釈のしゃべるテクニックがあるんですよね。修羅場（ひらば）だって、「何が何して何とやら」から「海山道の火事装束……」という謡い調子があって、「つく息　ひく息　あうんの呼吸」といった畳み込みがあって。これらのしゃべりのテクニックを使えば、ダンディズムがなくても講談という芸能は成立する。

奈々福◆テクニックとして。

愛山◇これならば女流もやれるんです。

奈々福◆あくまでもそこに行くわけですか（笑）。

南海◉きょうは客席に神田阿久鯉（あぐり）ちゃんが来てくれていて。彼女はもうおっさんですから構へんのですが。

奈々福◆ひどい！

愛山◇女流がもし講談をやるっていうのなら「お市の方」をやってほしいですね。お市の方って、信長の妹で絶世の美人でしょう？　あらゆる歴史家が美人だという、そのお市の方が逃げずに、越前北の庄で勝家ともども炎上する城の中で果てていったわけだから。もしやってくれればすごいと思うね。

奈々福◆阿久鯉さん、如何ですか。

阿久鯉◎やっています。

愛山◇え？

阿久鯉◎やっています。「太閤記」の中でやりました。

愛山◇ああ……そう。

南海◉謝りなさい。

愛山◇ごめんね。聞いてなかった。でも、そういうことなんですよ。どういう演出をしているかは知らないけど。

発祥は上方なのに

奈々福◆その滅びの美学に水を差すような質問をして恐縮なのですが、今回、皆様に、今日やっていただいた講談のあらすじをお配りしましたでしょ。愛山先生のは、私が先生から直接うかがって語りから起こした上で少し整理させていただいたものです。南海先生のあらすじは、先生からメールで送っていただいたものを整理したんですけれども……整理しながら笑ってしまいました。愛山先生のはすっと一直線にあらすじになるのに、南海先生のは間に括弧、注釈がものすごく多いんですよ。

それで「**難波戦記**」には二つあると、書いてありました。徳川幕府公認の「難波戦記」では豊臣家がちゃんと滅びる。ところが、非公認の「難波戦記」では、豊臣家は滅びず、薩摩へ落ちる。大阪の人はそっちを信じていたと。いまだに豊臣は薩摩で生きているという説があって。

愛山◇それは滅びの美学の延長です。

奈々福◆延長？

公認の難波戦記
一六一一（慶長一六）年三月の二条城での家康と秀頼の会見から、一六一五（慶長二〇）年五月の大坂夏の陣終了までを描いた軍記物。一六七二（寛文一二）年以前に刊行された。

非公認の難波戦記
真田幸村らの活躍により家康は堺で討死。豊臣秀頼は幸村と共に薩摩へ落ちる。一八世紀中頃には成立。作者は大坂の講釈師とも言われ、写本で広まった。

南海◉そのとおりだと思いますよ。毎年、阪神は今年こそ優勝。

奈々福◆それは違うと思うんですけど（笑）。

南海◉同じですよ。義経は死なない、幸村も死なないというのと同じだし、もともと芸能は関西、上方が主であったにもかかわらず、享保年間頃から、江戸のほうが主流になりつつあることがだんだんわかってくるわけですよね。そのことへ「何くそ」という思い入れがあると思うんです、関西の人には。

だって、近松門左衛門という一大浄瑠璃作家、もとは歌舞伎の戯作者ですけども、あの方が若い頃、講釈師だったことが証明されているんですよ。実際、堺の町中で自分で書いた講釈、際物の世話物、心中事件などをしゃべっていた。ところが不特定多数の方にもっと聞いてもらうにはどうしたらいいかを考えて講釈師から足を洗ったという、非常に見る目がある人なんですよね。**竹田出雲**という戯作者も、今岡丹波の名で講釈師だったとも言われています。**為永春水**という人情本作家は講釈師で、下手くそやったというのも資料で明らかです。

奈々福◆そうなんですか。

南海◉はい。で、講釈師の道を諦められず、どうしたらいいかと悩んだ挙句、人情物、世話物を書くようになったという。「**春色梅児誉美**」など、文字どおり講談ネタの世話物の極致といっていいんですけどね。賛否両論あるものの、井原西鶴も講釈師だったのではないか、と言われている。それは西鶴作品の中に上方ダネの講釈師の名前が何人か出てくるからなんです。江戸ではなく関西の講釈師の名前が。近松にはもっと主要な講釈師が出てきますが。

竹田出雲
生年不明。江戸時代中期に活躍した人形浄瑠璃の作者であり、初代以降三代にわたって竹本座の座元（興行主）となる。

為永春水
江戸時代後期の戯作者。『春色梅児誉美』など人情本の代表作家。天保の改革で手鎖の刑に処せられる。

春色梅児誉美
江戸の町を背景に、悪巧みによって隠棲生活を強いられている唐琴屋の美青年丹次郎を慕う芸者・米八、仇吉の二人と、許婚のお長との三角関係を描いている。

先ほど赤松、名和という屋号が出てきましたが、赤松は京都の生まれであるとはっきりわかっているんですね。赤松清左衛門は江戸の講釈の元祖と呼ばれておりますよね、先生。

愛山◇そういうことです。

南海◉後藤又兵衛も兵庫県の加西の生まれと言われていまして。こっちのほうが元祖の気がする。「太平記」にしても源平にしても平家にしても、発祥は上方なんですね。でも、職業芸能として花開くのは江戸ですし、不幸なるかな、関西の文書が残っていない。そもそも研究する方もいらっしゃらない。

奈々福◆なんと……。

南海◉はい。**中村幸彦**（なかむらゆきひこ）先生ぐらいしか。

奈々福◆あれは貴重なものですよね。

南海◉ええ。野村無名庵先生とか、関根黙庵先生の「講談落語今昔譚」の二冊、バイブルのような本があるんですが、上方のことにほぼ触れておりません。東京の方が書いたからしようがないんですけれど、実は関西には近松の時代から脈々と在野の講釈の流れというのがあったはずなんですよ。一七六〇年頃には**吉田一保**（よしだいっぽう）とか、その弟子の吉田天山といった人が上方で出ている。吉田一保などは「さながら芝居を見るがごとし」という評判だったと。時代的な先進性と人気度合い、そしてマスコミとしての影響力に左右されるところがどうしてもあるから評価がしづらいし、やはり関西の講談の歴史はなかなかわからない。

中村幸彦
近世文学研究者。一九一一（明治四四）年、淡路島の生まれ。京都帝国大学卒業。厳密な実証的研究により、近世文学研究に多大な貢献をした。一九八六（昭和六一）年、朝日賞受賞。

吉田一保
江戸時代中期の講釈師。大坂講談中興の祖。軍談を得意とし、一七七〇（明和七）年、軍書の概説書「和漢軍書要覧」をあらわす。

講釈師は学者か、芸人か

愛山◇**東流斎馬琴**というのは、人物描写が巧みで男女を演じ分けたという有名な先生ですよね。それまでは棒読みというか、一つの調子で読んでいたのをこの馬琴先生が初めて男女を演じ分けた。

南海◉本当に棒読みで男声も女声も関係なかったのが、男声、女声とか上下とか、手ぶりも入ってくるという。それまでの講釈の伝統を守っていらっしゃる方々からは、初代の馬琴先生はボロかすのように言われていました。「あいつは講釈をおとしめたやつだ」と。でも、江戸の講釈師界隈では、同僚が「あいつは講釈を堕落させた」とボロかすのように言う人に限って売れているんです。そういう人の系譜が現在残ってきていると思って間違いないです。

愛山◇旭堂南海もぼろくそに言われていますから。

南海◉愛山先生はみんなが褒めそやすんでございます。

愛山◇江戸では**馬場文耕**の弟子の森川馬谷がちゃんとした木戸銭を取って、講釈場の形を整えましたからね。享保ぐらいから本当の演芸、寄席というシステムができ上がってきた。それまでは芸人とも学者先生とも言いがたい非常に中途半端な存在だったのが、馬場文耕、森川馬谷の時代から江戸には講釈場ができてきたわけで。

南海◉講釈師は芸人なのか、研究者なのかというのは、最近ようやく研究がされはじめました。キーは軍学者です。戦国時代には軍学者は軍師として横についておりましたが、江戸時代にな

東流斎馬琴
江戸後期の講釈師。芸名は「八犬伝」の著者曲亭馬琴に因んだもの。それまでの棒読みを改め老若男女ごとに音調を変えて演じたり、身振りを加えたりする俗受けの手法で人気者となった。後年大坂に赴き、多くの弟子を育てた。

馬場文耕
江戸時代中期の講釈師。世話物講談の分野を開き、「近世講談の祖」とも評価される。一七五八（宝暦九）年、審理中であった金森騒動について作品化して発表したことが幕府の怒りをかい、逮捕され、小塚原刑場にて処刑された。

ると職業として成り立たなくなるのであぶれるわけです。そこで大名の家臣の方々に書物を講義するようになる。そのとき参考書に使ったのが「平家物語」であり「太平記」であり、これらを講釈した、というんです。

そして彼らは自分たちで本も書きます。昔からの「太平記」に自分の解釈を入れて、それを「評伝」というんですが、最も有名な講釈の本「太平記秘伝理尽鈔」は、芝居にもなっています。「太平記」の書物はみんなが持っていて、先生は読みながらここのくだりというのはと言って「伝」、つまり補足を入れたり、「評」、批評を入れたりしていく。文字通りの講釈ですよね。

そのうちに、たとえば小幡勘兵衛という実在の人物の私は弟子であるとか、私はその孫であるということで、実名で勝手に本を書いていく。これを実録本といいます。実際の人物名、実際の事件名として書く。実録というぐらいですから、事実が六分ぐらいしかない本になる。

奈々福◆ジツロクとは、そういう意味だったんですか（笑）。

南海◉いやいや、本当は事実は千に三ぐらいしかないんです。名前と年代、年代もばらばらだったりします。江戸時代には、実名を使うことははばかられました。特に徳川関係とか大名家のものは使ってはならないのですが、写本ならば実名を使っておもしろおかしく書いても構わないというような、緩い感じです。出版にかけると取り調べを受けてしまいますが、書き写して貸し本屋に並べるぐらいなら大目に見られていた。紀伊國屋、ジュンク堂には置けないけれど、TSUTAYAはOKみたいな（笑）。

そういうレベルで講談の台本になるような実録的なものが出てきて、軍学者たちも教えるばかりでも商売が成り立ちませんので、もう少し芸能としておもしろおかしい方へと入っていく。軍学者崩れで講釈師になるという人が実は非常に多くて、本をたくさん持っているので貸し本屋もしていたんですね。

愛山◇馬場文耕がそうでしょう、ものすごく体制を批判した本を貸していた。販売できないから貸し本でみんな読んでいたけど、結局、捕まって打ち首になっちゃう。

南海◉そうですね。

奈々福◆上方で手鎖とか、馬場文耕のように罰せられた講釈師はいるんですか。

南海◉吉村昭さんの「島抜け」という中編小説があるのですが、そこに、幕末の頃、島流しに遭った大阪の講釈師・瑞龍が出てきます。これは「難波戦記」のくだりで東照神君と言わなければならないところを、「徳川家康、徳川家康、元和元年五月七日」と繰り返してしまったために、お客さんの中にいた役人に咎められて島へ流される。そこから抜けていくという物語です。研究者に聞くと、たしかに瑞龍という名前で島流しに遭った大阪の講釈師はいるそうです。家康と呼び捨てにしたから島流しに遭ったかどうかは定かではありませんが。ほかにも、獄門にされた講釈師はいるんですよ。講釈にはかけなかったらしいですが、SFまがいの台本をつくるんです、これはすごいですよ。鎖国の時代に、ロシアが攻めてきて蝦夷から日本の軍隊が出ていき、カムチャツカ沖で大海戦が起こるという（笑）。

奈々福◆すごい。そんなのがあったんですか。

南海◉あるんですよ。それを書いて、みんなに見せびらかした罪で首を切られた。

愛山◇きょうは役人はいないでしょうね（笑）。

講釈の顔と講談の顔と

奈々福◆もう一つ、南海先生にうかがいたかったのは、上方には神道系講釈というのがあると言われておりまして。

南海◉そうですね。京都には神社に仕える方々の間で見られます。特に多いのは天神さんで、**「天神記」**という一つの講談が昔からあります。神主の格好をして「天神様」の由来を説いていく。これは神道講釈と名づけられていますが、中村幸彦先生などは講釈とは別に置いています。とはいえ、何かを講じてお教えするというのは、広く考えるとすべて講釈の範疇に入るんです。

たとえばお医者さんが問診をして、「これは風邪やね」というとき、今のようにレントゲンもなくて数値を測れない時代、なぜ風邪かというとって、ずらーっと網代問答みたいに見立ての理由を言われてごらんなさい。「えーっ、そうですね」って納得する、これが講釈なんです。神様の講釈ということで、初めは神社の氏子に対してやっていたのでしょうけれど、次第に軍学者崩れと同じく、神道崩れのように日銭稼ぎをするようになって、どんどん芸能の方へ入っていく。でも形だけは神主の格好をするから、客席が「おお、偉いのが来たで、これ」となる。

天神記
菅原道真がいかにして天神様になったかを記した一代記。史実より伝説に重きを置き、浄瑠璃や歌舞伎の筋も取り込み成長させた。

で、「我が言うことはまっことであるぞよ」と言いながらおしゃべりし始めると、普通の講釈師がしゃべるよりも本物らしいということになって。はったりですよね。

奈々福◆山伏とちょっと似たところが。

南海◉あると思います。それが玉田という屋号ですね。

奈々福◆最近上方で復活した亭号ですね。

南海◉はい。幕末では**玉田永教**（たまだえいきょう）という人が一番有名でしたが、その系統で玉田玉秀斎とか玉芳斎とか玉枝斎とか。玉田玉智は「水戸黄門漫遊記」の助さん、格さんを完成させた人です。講釈に旅回りはつきものなんですけど。

奈々福◆ああ、やっぱり旅のネタが多いんですね。

南海◉そうですね。ねえ、先生、しくじったらすぐ行きますもんね。

愛山◇私はしくじった経験がないからよくわからないんだけど（笑）。ただ、松本清張さんの昭和三〇年代の長編小説に、説教師が登場してくる作品がある。説教師という言葉は、昭和三〇年代まではごく当たり前に使われていたんですよ。

私が入門したとき、**馬場光陽**という大先輩がいました。軍談読みで、修羅場（ひらば）しか読まない。こういう先生が昔の講釈師の型をずっととどめたんだと思います。演じ分けはほとんどせず、ただ、修羅場（ひらば）を読んでいく。光陽先生に楽屋でこう言われたことがあります。「講釈というのは講じて釈するから難しい。でも、講談は講じて談じるだけだから一陽さん、楽なんですよ」と。この光陽先生の言葉がぴったりなんじゃないでしょうか。講釈としての要素と講談として

玉田永教
江戸時代中期から後期の神道家。一七五六（宝暦六）年生まれ。阿波徳島藩士の子。垂加神道を学んだ後、吉田神道を修める。京都に家塾秀穂舎を設立、また諸国に布教した。

馬場光陽
一八九六（明治二九）年、愛知県生まれ。一九二〇（大正九）年、四代目宝井馬琴に弟子入り、宝井琴松、琴柳を名乗る。一九二八（昭和三）年師が亡くなると初代神田山陽の門人となる。戦後は廃業したが、一九六六年、馬場光陽の名で復帰、四代目馬琴直伝の本格軍談の真髄を次代に伝えた。

の要素、これを今の講談の世界は必然的に背負っているんじゃないかと。
だから、個人的な好みで講談を演じる芸人を私は講釈師と言っているし、一つの作品を講談と言うし、確定申告の職業欄には講談師と書いている。講釈と講談の両方を使っているんです。今、南海さんの話を聞いていても、寄席の芸に神道だとかそういうのが入ってくるとは思いも寄りませんでしたが、講釈を引きずっているわけだから、明らかに。今になってあの光陽先生の言葉は正確だったと感じるね。

奈々福◆ああ、なるほど。小沢昭一さんが馬場光陽先生のお姿を撮っていらして、板橋の駅でインバネス着て、ペタペタと歩いていらっしゃる後ろ姿が写真集に入っていますね。

講談は成長する

奈々福◆先生方は入門されるとまず、口調のお稽古をされると思いますが、声については師匠からどんな教えを受けられたんですか。

愛山◇うちの師匠の山陽はダンスの先生で、社交ダンスの審査員を審査するような人でした。歌もうまくて、非常に音楽的なんです。言葉を音階として捉えているから、「そこで君、声を上げげなさい」「下げなさい」「強弱はこう」という稽古のつけ方をするわけ。とても芸人の稽古とは思えません。まるで話術研究家です。この人物はどういう人物だとか、時代背景がどうとか、そういったことは一遍も言われたことがない。でも話術として教わってきたおかげで、入門したての者でもうまく聞こえる。それはありましたね。

奈々福◆そうなんですか！

愛山◇南陵先生は稽古をつけたの。

南海◉いえ、うちの師匠は稽古が嫌いでしたね。そもそも修羅場（ひらば）というのは上方ではあまり教えてくれなかった。勝手にやっておけ、という感じで。風土にもよるかと思いますが、江戸末期から明治初頭には、大阪では物語のおもしろいものをやれという風土があった、と師匠から聞いたことがあります。

幕末に東京を中心として講談が非常にはやります。大阪でもはやってはいたんでしょうけども、層が少し違っていただろうと思います。というのも、大阪では若いときから修羅場（ひらば）を叩き込まれて、お客さんがいないときからずーっとしゃべり読み続けるというような修行はなくて、屋号をもらっても、商売をしながらいわば片手間のようにやっている人もそれなりにいましたので。お金に余裕がある人が自分の家だの店だのを、自分の講釈場にしちゃうんですね。お客が来ようが来まいが構へん。そこへプロの講釈師がやってきて混然一体になることもあるし、講釈はおっさんや隠居が趣味でやるものだというイメージも定着していた。そうなると、年をとってから一から修羅場なんかをやるよりは、簡単な筋のある物語をとうとうと話す、というほうがやっていても充足感を得られる。

上方はそういう状況になってしまっていたんじゃないか。だから江戸に比べて世話がかった物語を好む風潮が江戸時代からあったと思うんです。

江戸の場合、おおかたは当然、初めは合戦物ですよね。「太平記」「源平」。それからどういうふうになっていくかと言えば、合戦物から近いところでお家騒動もの、内紛ものが生まれていく。そういう上つ方のもめごとがおもしろいというところから、次第に物語が抽出され、独立していくわけですね。女性が主人公だと怪談、お菊さんとかの話になってくる。

さらにもう少し役柄が市井に近い話、「**大岡政談**」のようなお奉行さんと市民、庶民がかかわるお話が出てくる。もう半ば世話いう感じになりますね。武張ったものから半世話のようなものへ。江戸の場合は、そのように順繰りに変遷を追っていける。それはやはり武士がいたからだろうと僕は思います。一方、大阪は一足飛びです。合戦物の次が心中で。

奈々福◆すごい飛び方。

愛山◇講談は、武家社会を演じるか町民の社会を演じるかの二つに大別できます。講釈師の場合は修羅場(ひらば)を教わって武芸物に入り、侠客伝になって、世話に入っていって、最後は非常に難しい金襖物(きんぶすまもの)という、系統立てた流れがある。そのように順繰りに教わっていきますね。

南海◉大岡裁きにしても、中国からいろんな逸話を取り寄せてきて、全部乗っけていくからおもしろい。今は神田ご一門だけかもしれませんが、昔は「うちの系統の大岡はこうだよ」とか「私のところの大岡はこうだ」と、「大岡政談」でも「天一坊」でも、先祖が一部をあえて改変しているところに矜持を持っていたりする。

現代の我々にとっても、講談は成長するという定説があるんですが、そう考えると愛山先生が「網代問答」をご自分なりの講釈、解釈、表現で変えていくというのは理にかなっている。

大岡政談
大岡越前守忠相が江戸町奉行として活躍した物語。当時名裁判官として評判の高かった忠相を主人公として創作されたもので、史実とは無関係に作られている。内容は中国の「棠陰比事」などを模したものが多く、天一坊、白子屋お熊、煙草屋喜八、村井長庵などの一六編からなる。

愛山◇昔の演者の「網代問答」と今日の「網代問答」はまったく違うと思いますよ。

南海◉そうですよね。

奈々福◆先生が洗い直された「**天保水滸伝**」を拝聴したとき、やっぱり全然違ってびっくりしましたけど。

南海◉落語の場合、師匠からつけていただいたものを改変するなんていうのは、相当な度量、度胸が要りますよね。でも講談では違う。亡くなった師匠にはよく「これは講談だから変えなさいよ」と言われたものです。

奈々福◆ああ、そうですか！

南海◉ええ。絶対じゃない、と。時代を経て、多くの人に変えていってもらう中で一番人口に膾炙（かいしゃ）したのが正解になるというようなお話だから。荒木又右衛門の話にしても、事実はまったく違ったんですよね。それがいつの間にか芝居に取り込まれるようになって。その芝居がめちゃ当たったものだから、今度は芝居から講談にとってくるようになって。そうなるともはや何が何だかわからなくなりますが、今となっては芝居の流れが多分に講釈の中に入り込んで、主筋になっている。持ちつ持たれつといえばそうなんでしょうがね。

愛山◇しかし大正時代から講談は古い、時代遅れだと言われている。

奈々福◆筋金が入っていますね。

愛山◇驚きませんよ、今さら時代遅れだと言われたって。昨日、今日の時代遅れじゃありませんから。その時代遅れをよしとしてこれだけの方が来てくれるわけですし。

天保水滸伝
宝井琴凌、五代目伊東陵潮の作。一八四四（天保一五）年八月に実際に起こった飯岡助五郎一家と笹川繁蔵一家との大利根の決闘と、一八四九年（嘉永二）年四月の勢力富五郎の自殺を中心とする、下総は利根川周辺の侠客の争いを講談化したもの。のちに正岡容によって浪曲化され、二代目玉川勝太郎が演じたものが有名になった。

奈々福◆お話は尽きませんが、そろそろお時間でございます。実は午前中、上方落語の回の解説をいただく小佐田定雄先生とお話をしていたのですが、小佐田先生が海音寺潮五郎さんの「庶民は歴史に歴史を学ぶのではなく、フィクションに歴史を学ぶのである」という言葉を紹介されていました。講談、講釈とはまさに血肉化された歴史ですよね。庶民が歴史を学ぶとき、講談、講釈の果たした役割は、それが真実であろうとなかろうと、大きかったんだろうなという気はいたします。

関連書籍の紹介

有竹修二『講談・伝統の話芸』（朝日新聞社）
『中村幸彦著述集』第十巻「舌耕文学談」（中央公論新社）

第6章

女流義太夫

竹本駒之助・鶴澤寛也・児玉竜一

竹本駒之助（たけもと・こまのすけ）──女流義太夫、太夫。淡路島出身。一九四九年、竹本春駒に入門。その後、三代豊竹つばめ太夫（のちの四代竹本越路太夫）に師事。文楽の諸師匠方に指導を受ける。七〇年、四代竹本越路太夫の女性唯一の門人となる。九九年、重要無形文化財「義太夫節浄瑠璃」各個認定保持者（人間国宝）認定。二〇〇三年、紫綬褒章受章。二〇〇八年、旭日小綬章受章。二〇〇九年度第六四回文化庁芸術祭賞優秀賞（レコード部門）受賞。二〇一五年度、第七〇回文化庁芸術祭賞大賞（音楽部門）受賞。二〇一七年、文化功労者に選出。
現在、義太夫節語りとして最高峰の一人とされ、情味あふれる語り口で知られる。伝統芸能伝承者養成事業に多大な貢献をしている。

鶴澤寛也（つるざわ・かんや）──女流義太夫、三味線。一九八四年、鶴澤寛八に入門、寛也となる。八五年初舞台。九三年、豊澤雛代の預かり弟子となる。二〇〇七年、鶴澤清介の預かり弟子となる。二〇〇九年、義太夫節保存会会員。重要無形文化財総合指定保持者認定。（財）清栄会奨励賞（財）人形浄瑠璃因協会女子部門賞（財）ポーラ伝統文化財団ポーラ賞奨励賞など受賞多数。

児玉竜一（こだま・りゅういち）──一九六七年兵庫県生まれ。演劇学者。早稲田大学大学院から、早大助手、東京国立文化財研究所、日本女子大学などを経て早稲田大学教授。早稲田大学演劇博物館副館長。専門は歌舞伎研究と評論だが、伝統芸能全般に詳しく、多岐にわたって研究・評論活動を行う。

《口上》

浪曲は、男性演者の多い芸能ではありましたが、古くから女流浪曲師がいました。いま現在「浪曲」というひとつのジャンルに、男性も女性もいて、曲師（三味線）も男性女性ともどもいる状況です。

ところが、義太夫は男性と女性が分かれています。先日「義太夫節」でご登壇いただいた豊竹呂勢太夫さんと鶴澤藤蔵さんは、人形浄瑠璃の文楽協会の技芸員さんで、文楽協会所属の演者さんたちは全員男性です。

それとは別に、義太夫には女流の伝統があります。

女流義太夫は江戸時代に生まれたそうです。明治時代、浪花節人気が沸騰する前。つまり桃中軒雲右衛門の浪曲が大ヒットする前、東京で大人気だったのが娘義太夫。一時期の東京には演者が一〇〇〇人以上もいたそうで、その演者を追っかけ、客席から「どうするどうする！」という声をかける「堂摺連（どうするれん）」という女義オタクたちが生まれ、すさまじい人気だったとか。

本日は人間国宝であられる太夫・竹本駒之助師匠にご登壇いただきます。芸歴七〇年以上……この道一筋七〇年というのがどれだけのご修行であるか、考えるだけでクラッと来ます。そしてお三味線は、私にとって尊敬するお姉さまである鶴澤寛也さんです。また解説に前回同様、早稲田大学教授の児玉竜一先生に再度お出ましをいただきます。

太夫一人と三味線一人。女性が演じる語り芸。女流浪曲師としては、もっとも興味津々な今回です。もともと男性が演じる芸として骨格をつくられたものを女性が演じるためには、越えなければならないハードルがいくつもあります。また、義太夫の回のときに指摘された、義太夫節が上方言葉で語られることのハードル、もあります。

本日の演題は「重の井子別れ」。「恋女房染分手綱」の中でも有名な一段です。前回、義太夫の回では「仮名手本忠臣蔵」の「大序」と「殿中刃傷」、「裏門」を聞いていただいたと駒之助師匠にお伝えしたところ、「そういう演目をやったのであれば、女義らしい演目の方がいいわね」とおっしゃって、選ばれたということです。

駒之助師匠をこの空間で拝聴できるなんて、実に、大変なことなんですよ！　耳をダンボにして拝聴してください。

「恋女房染分手綱」は江戸の母物

児玉◉本日の作品は、大変わかりやすい話ですので、事前に知っておいたほうがいいことだけお話しします。

「**恋女房染分手綱**」は一七五一年初演ですが、これはそれより四〇年ほど前の近松門左衛門の作品「丹波与作待夜の小室節」を改作したものです。近松の時代はお人形を一人で遣っていましたが、四〇年後には三人で遣っていますので、言葉、運び、テンポなど、いろいろと変わってくる。それで当時は著作権などありませんので、改作がよく行われるんです。「恋女房染分手綱」は全一三段ありまして、一〇段目に関してはほとんど近松の原作を丸取りしています。

恋女房染分手綱
浄瑠璃、全一三段、時代物。吉田冠子、三好松洛の合作。一七五一（宝暦元）年、大坂竹本座初演。近松門左衛門作「丹波与作待夜の小室節」の改作。一〇段目「重の井子別れ」が名高く、歌舞伎でもしばしば上演される。

近松と同じ竹本座で、近松を直接知る人がまだいた時代の改作になります。

由留木(ゆるぎ)家のお姫さんが御年一二歳でお輿入れをする、結婚して江戸へ行くのですが、途中で「行くのは嫌だ、嫌だ」とごねはるわけでありますo困ったなと言っているところに、「宿の前で、馬方が道中双六を広げてあれこれやっているのがすごくおもしろいから、あれを見せたら御機嫌直してくれるかもしれへんよ」というので、その馬方を呼んで道中双六をやる。

この間、文楽の公演(二〇一七年九月国立小劇場)で、「**玉藻前曦袂**(たまものまえあさひのたもと)」という、双六で負けたほうの首を切る、というえらい物騒な演目をやっていましたが、あの双六は今で言うバックギャモンですね。自陣に全部の駒を集めてから上がる。バックギャモンの駒は一五枚ほどありますが、道中双六というのは一番皆さんが思い浮かべるあの双六でございます。それをお姫様の前でやったところ、お姫様が「これはおもしろい、これはおもしろい」と喜んで、無事江戸まで上がった。「まあ、お姫様が一番乗りやわ」と言っていたら、「こんな楽しい江戸だったらすぐ行きたい」と言うので、御機嫌が変わらないうちに早う、早うということになるわけです。

それで殊勲のあった馬方三吉君に乳母の重の井が、「おまえ、ようやってくれてありがとね」とお菓子とお小遣いをあげて、「こんなええ、かわいい子やのに馬方をさせてる親御の気持ちは大変やろね」と同情をするんです。職業に貴賤はございませんが、お武家から見たら馬方はえらい大変なお商売に見えるわけです。それで、「あんた、何かあったら由留木家の乳母の重の井と言って尋ねてきたら、私、何でもしてあげるからね」と声をかけてあげる。「えっ、あなたは由留木家の重の井さんとおっしゃるんですか。それやったら僕のお母さんです」と言い

玉藻前曦袂
浄瑠璃、全五段、時代物。浪岡橘平、浅田一鳥らによる合作。初演は一七五一(宝暦元)年、豊竹座。現行の曲は、一八〇八(文化三)年の増補版で、謡曲「殺生石」の王藻前の伝説を、当時流行の読本(よみほん)の影響を受けて、印度、中国、日本へと展開する。

出すというところから、話が始まるんです。

重の井さんはもともと由留木家に勤めていて、伊達の与作と不義密通というか、要するに同じ屋敷内で忍び逢う仲になったというか。いずれにしても、お武家では不義密通はお手討ちに遭うても仕方がないところを、お父さんが身替わりにおなかを切る形で、重の井は助かった。その御恩を返すため、お姫様の乳母となって家へ残ることになり、夫とも子どもとも離れた。その離れた子どもが今、こうして目の前に来てしまった。でも、その子と夫は勘当されて外にいるわけですから、「あっ、この子は十数年ぶりに会うたわが子なんです」とはとても言えない。そういうかせがかかっているわけで、「おまえ、まあ、大きくなったわね」という思いはありつつも、他人に知られてはならぬということになる。

子どもは馬方として自活しとるわけですね。「僕、沓も編める。お父さんだってお母さんだって養えるよ」と、自立しているつもりだけども、親はいつまでも子どもだと思っている、その意識のすれ違いもありますし、お互いの身の上を明かすわけにいかないかせもありまして。義太夫に限らず、こういう物語の展開には「かせ」というやつがやっぱり大事でございます。「かせ」があるばかりに人物たちがどんな思いをあらわにできず、二人きりになったときどこまで言えるのか。そのあたりをじっくり聞いていただければと思います。

要するに**三益愛子**の母物、あれの江戸版というたらええですね。どうせだったら女流義太夫らしいものをということで、母と子の情愛を語るものをお選びになったそうですので、ぜひ、そのあたりもお含みの上、お聞きいただければと思います。

三益愛子
一九一〇（明治四三）年生まれ。女優。戦後、母物映画で一世を風靡し、「母物映画女優」と呼ばれた。主な出演に映画『山猫令嬢』、舞台『がめつい奴』など。

恋女房染分手綱

寛延四年（一七五一）二月大坂竹本座初演、吉田冠子・三好松洛の合作で、宝永四年（一七〇七）初演の近松門左衛門作「丹波与作待夜の小室節」の改作。十三段続きの時代物で、十段目にあたる「道中双六の段」「重の井子別れの段」は、繰り返し上演される人気作品となっている。

【あらすじ】

「道中双六の段」丹波・由留木家の調姫は関東へ嫁入りすることになったが、まだ一二歳と幼く、東の土地に行くのが不安で駄々をこねる。家老や乳母の重の井がなだめても姫は行きたくないの一点張り。そこで門外で道中双六をしていた馬方の三吉が呼ばれ、姫と双六で遊び始め、アガリである江戸へ一番乗りした姫の機嫌も直る。

「重の井子別れの段」重の井は三吉に感謝し何かあれば自分を訪ねるように言うと、三吉が突然「おれが母様」と抱きつく。守り袋を見た重の井は、三吉が奥家老の息子・与作との不義から生まれた与之助だと確信する。すぐにでも息子を抱き寄せたい思いだったが、父の切腹によって主君に許され、姫の乳母となった重の井は涙ながらに「今では子でも母でもない」と三吉を諭し帰そうとする。そして手持ちの金を渡そうとするが、「母様でもない他人に金貰う筈がない」と三吉に拒絶され、奉公の身のつらさに苦しむのだった。

いよいよ姫が出立の時、重の井は三吉に馬子唄を唄うよう命じる。母と子はそれぞれの思いを胸に、再び離れ離れになる。

〽不憫や三吉しく〳〵涙。頬被りして目を隠し、沓見まつべて腰に付け、みすぼらしげな後ろ影
「コリヤま一度〳〵こちら向きや。山川で怪我しやんな。雨風雪降り夜道には、腹が痛いと作病起こし二日も三日も休んで、患はぬ様にしてたも。毒な物喰はずに下痢（はら）や麻疹（はしか）の用心しや。可愛の形（なり）や、痛々しや。千三百石の代（よ）取りが何の罰ぞ咎（とが）めぞ」
と式台の壇箱に身を投げ、伏して嘆きしが、懐中のあり合ふ一歩十三袱紗（ふくさ）に包み
「これ嗜（たしな）みに持つてゐや」
と、涙ながらに渡さるゝ、三吉見返り恨めしげに
「母でも子でもないならば、病まうと死なうといらぬお構ひ。その一分もいらぬ。馬方こそすれ、伊達の与作が惣領ぢや。母様でもない他人に金貰ふ筈がない。エ、胴欲な母様覚えてゐさつしやれ」
とわつと泣き出すその有様、母は魂消え入つて
「養ひ君お家のご恩思はずば、さて一人子を手放してなんのやらうぞ。奉公の身の、浅ましや」
と悶え、焦がれて嘆きける。

■【実演】「恋女房染分手綱」より「重の井子別れの段」

リアルと客観を自在に行き来する義太夫節

児玉◉まずはこれを企画してくださった奈々福さんに、御礼申し上げたいと思います。よくぞ駒之助師匠を連れてきてくださった。すばらしい演奏でした。女流義太夫を初めて聞いた方が多いようでしたが、初めてでこれを聞かれた方は今後のハードルが高いですよ。この先、駒之助師匠を追っかけ続けていただくというのが一番いいかと思うんですけども。

駒之助師匠は、昭和四五年に**四代目竹本越路太夫**師匠の、唯一の女性の門人となりました。それ以前の御修行その他については後でうかがいたいと思います。

四代目竹本越路太夫師匠は平成元年に引退されましたが、越路太夫という人は音曲的にも内容的にも、言葉的にも、極めて自然であるところが魅力だとおっしゃった方がいらっしゃいます。私は駒之助師匠のお語りになるものにもそれを非常に感じます。音も内容も、まるで水がしみ込むように自然に入ってくる。そこが一つの大きな魅力だと思います。

しかし義太夫節というのは、自然なように見えて、必ずしもそうではない、非常にリアルなところと第三者的に客観的なところという相反するものを、極めて高度に兼ね備えている語り物でございます。

竹本越路太夫
一七九頁参照。

竹本駒之助師匠と鶴澤寛也師匠（三味線）による義太夫

たとえば今、駒之助師匠がお語りになった三吉君は、ものすごくリアルでしたよね。子どもでありながら自活しているという自意識のある大人であるというあの感じ。あるいは重の井の、知らん子やと思って親切にしていた子にいきなり抱きつかれて、「馬方の子は持たんよ」と言うあの感じ。ああいう非常にリアルな語り分けがある一方で、最後の「間の土山、雨が降る」というグッと来る歌がある。あれは当時非常によく知られた歌なんです。誰もが知る歌に登場人物の心情を重ね合わせていくという語りの技法には、ある種の客観性があるわけです。

　もっと下世話な話をしますと、重の井が「おまえが、そんな身の上になった理由はね」と、過去のいきさつを語りますよね。「互ひに若木の恋風に、摺(す)れつ縺(もつ)れつ一夜が二夜と度重なり」……って、こんなん自分の子どもに聞かせる話と違いますよ。これはつまり回想シーンに入っているわけなんです。

義太夫節にはリアルと客観がありますから、実際にそれをしゃべっているようでありながら、実は回想する過去の時間に戻っているわけですよね。ああ、この人にもそういう命を燃やす青春もあったんだなと納得させるためには、やっぱりある程度「摺れつ縺れつ」せなあかんわけです。でもそれを子どもに言うかといえば、言わへん。だからこそ回想する時間に戻って、過去におけるリアルを語る必要があるわけです。

過去の話をしているうちに、いつの間にか時間は現在に戻っている。自然に聞こえる語りの中で、時間や空間を、自在に操っておられるんです。上手な方の義太夫節は時間が飛んだとか向こうへ行ったなんて思わせずにすーっと聞いて、ふん、ふん、ふんと思わせるところがあるんだろうと思います。

語り芸は近代にもある

児玉◉駒之助師匠は淡路の御出身ですから、上方言語圏の中にいらっしゃることも、もちろん自然さに役立っているかとは思います。ですが、今は必ずしも地方言語による語り芸だけではないと思うんです。ちょっとそのお話しもしておきます。

つまり、共通語による語り芸というのも世の中にはあるんじゃないか。義太夫から少し離れますが、私は本日ここに来る前にサンシャイン劇場で「アマデウス」という芝居を観てきたんです。松本幸四郎（現・松本白鸚）がサリエリというモーツァルトを殺した男を演じているのですが、観客に「未来の亡霊さんたちよ」と語りかけながら劇に戻り、また語りかけながら劇に戻るという非常に複雑な構造で。あれはやっぱり一種の語りなんですよね。

客席にアナウンサーの山川静夫さんも来ておられました。先日山川さんとお話しさせていただきましたが、アナウンサーの芸というのは、やっぱり近代における一種の見事な語り芸ですよね。たとえば歌番組。まず前奏が何分何秒と決まってあります。その間に、「一九七四年の何々、それでは思いを込めて歌っていただきます、森進一、襟裳岬」とかいう口上をぴちっとおさめないかんわけです。「紅白歌合戦」になるとそれを三〇回近くやるわけで。あれもやっぱり一種の語り芸でございましてね、近代ならではの語り芸はやっぱり存在すると思います。

スポーツの中継にしてもそうです。昔のSPレコードにも「神宮球場に夕闇迫る、カラスが一羽、二羽、三羽……」という六大学野球の中継が残っています。ですからスポーツ中継にも、あれは標準語ですが、やっぱり語り芸はあるんだなと思います、植草貞夫の甲子園の中継なんてそうでしょう。もちろん競技によりますよ。「福原がサーブを打ちました、石川、愛、石川、愛、石川、愛、石川ー、福原が取りました」って、卓球の実況では語り芸の入り込むすき間がありませんから、競技によります。

放送や活弁にも語り芸はあるに違いありません。たとえば上岡龍太郎がラジオでリスナーから届いたはがきを初見でずらーっと読む。そうすると横で見ていた藤山直美が「何でいきなりそんな読めるんですか、それは一種の芸ですやん」と驚嘆したというんです。口が読んでいる一行先を目は追っている。それを無意識のうちにしているとしたら、たしかに立派な芸ですよね。

ですから、語りの芸というのは、いろんなところにきっともっとたくさん見出せるに違いない。このシリーズ、まだまだできますよ、ということです。

女が義太夫をなすということ

児玉◉さて、本題の女流義太夫に戻りましょう。水野悠子さんの『知られざる芸能史 娘義太夫――スキャンダルと文化のあいだ』(中公新書、現在は電子版のみ)という本があります。一九九八年に出たとき、たちどころに買い求めた思い出があります。女流義太夫について何か、という場合、入門にはこれをお探しになって読まれるとよいと思います。

ただ、女流義太夫と言っても、駒之助師匠のものをお聞きになりますと、もはやあそこまで到達されると、女流とかなんとかは関係なしやわと、と皆様、思われるのではないでしょうか。ちょっと方向が違いますが、昭和の末に亡くなった十七代目中村勘三郎は、七〇代後半でも女形をやっていました。出てきたときには顔も垂れているし、うわって思うのですが、そのうちに男でも女でも関係ない、つまり何かすごいものがそこにいる、という感じがあって、もう男でも女でもどっちゃでもいいと思いました。やっぱり芸があるところに到達すると、男流、女流はどうでもいいという域に達せられるわけなのです。

ただ、女流がどういう経路をたどってきたかという歴史についてはやはり少し申し上げなければなりません。義太夫節というのはもともと男性が語るようにこしらえられた様式です。それに女流として入っていく。これはやはり単純な話ではありません。歌舞伎も、なぜ女形でなければいけないのか、なぜ女性がやってはいけないかという議論は昔からありますが、あの衣裳や鬘（かつら）の重さとあのデザインのごつさは、簡単に女性に置きかえられるものでは決してございません。それは男女差別などという単純な話ではないわけです。

この本にもありますように、義太夫節を語る女性は江戸時代からいらっしゃいました。義太夫節に限りません。お稽古のお師匠さんやいわゆる女芸人さん、ふだんは日本舞踊のお師匠をしていて大名の奥向きに歌舞伎を演じに行くお狂言師もいました。

預ける側からしたら、女の子を習わせに行くのに男の師匠より女の師匠の方が安全だという思いがあったかもしれません。映画の「旗本退屈男」で市川右太衛門先生の脇にちらっといる常磐津のお師匠などは、大概女性ですよね。ですから、ああいうところに至るまで、いろんな音曲に女の方はいらっしゃいますが、明治に入って特に娘義太夫が大変クローズアップされたのです。というのも志賀直哉にしろ夏目漱石にしろ、名だたる文豪たちがその青春期に女流義太夫に通ったという記録を残しているからです。志賀直哉などは、女流義太夫の追っかけをしていたことがよく知られています。

今度始まるＮＨＫの朝ドラ「わろてんか」（二〇一七年下半期）は、吉本せいをモデルにしたフィクションで、そこにも娘義太夫が出てくるそうでして。以前放映された「坂の上の雲」でも、夏目漱石や正岡子規たちの青春時代を描くのにその時代を代表する芸能ということで、娘義太夫が取り上げられ、その考証を水野悠子さんがされておられました。

これは御本をお読みいただければわかりますが、当時を代表する言葉として「堂摺連」というのがございます。内容が最高潮に達したところで、演者のかんざしがはらっと落ち、客席から「どうする、どうする」と声がかかる、と。つまり「こんなに僕たちを興奮させてどうしてくれるんだ」というわけです。大きなお世話やっちゅう話ですが、とにかく娘義太夫はアイドル的な人気を誇っていたわけです。

不特定多数に注目されるアイドルに向けられるのは、好意の目ばかりとは限らないのが世の常。娘義太夫も、「あんなふうにしているけど、裏ではな」といった目にさらされておりました。ただしこれは娘義太夫に限った話ではございません。女優さんもそうですし、一番ひどかったのは大正時代の浅草オペラですね。オペラ女優など、雑誌にを採点表がついているくらいでした。「技芸」に「斉唱（歌い方）」のほかに、「熱（迫力）」「魅力」、「肉体美」「品行」「人気」「艶聞」といった採点項目がある。

舞台に立つ女性は、ある時期までそういう非常な好奇の視線を受けていました。正直、現代でもどれぐらい変わるのか疑問ですけれども。とにかく明治、大正、昭和戦前ぐらいまでは露骨だったんです。

そういう一世風靡をした大スターに、大正の末に引退された**豊竹呂昇**（とよたけろしょう）という方がいらっしゃ

豊竹呂昇
一八七四（明治七）年生まれ。女流義太夫 太夫。一一歳の時、父親と死別したことが岐点となり義太夫の道へ進む。叔父のすすめで、当時名古屋の義太夫語りの第一人者竹本浪越太夫に弟子入り、仲路と名のる。一八九二（明治二五）年大阪に出て二代目豊竹呂太夫に師事し、豊竹呂昇を名のる。大阪の席亭播重、万亭などに出演、女流義太夫のトップスターとして一世を風靡した。

いました。呂昇の引退後だと誰でしょう。義太夫節が非常に盛んだった明治から大正にかけて、ちょうど舞台芸術から映画に移っていくように、国民的人気は浪花節へと移っていった、そこに女流も重なっていたんじゃないかと思うんです。

ただ、先ほど申しましたように、もともとはこれは男性のための様式を女性がやるということですから、体力から声のつくり方まで、どのように御自分の芸をつくっていくかが大変なところだと思います。それは浪花節にも共通するはずです。

浪花節の場合は新作がたくさんありますので、戦時中であれば「軍国の母」といった類いの女性らしさを重ね合わせやすい演目をわざわざつくることができました。しかし義太夫節の場合は、昔からやっているものが基本ですので、母と子どもの情愛が女流らしいとされたのでしょう。

その一例が、「**先代萩**（せんだいはぎ）」の政岡です。子を失った悲しみというのを切々と訴える演目です。先ほど名前を出した三益愛子の母物の映画にはいろいろあって大概は現代物ですが、中には「母御殿」という時代物があるんです。その中味が「先代萩」で、三益愛子が政岡をやっている。昭和二〇～三〇年代までは、やはり女性の涙を絞る一定の需要があったということなんですよね。義太夫節の人気が高かった当時のこと、それを利用しない手はありませんでしたし、不幸なことですが、昭和一〇年代後半には図らずも、そういった国のために子を失う母の悲しみが現実のものとなっていくわけです。ですから江戸時代に作られた遠い話であった義太夫節のさまざまな演目は、日清戦争に始まる戦争の時代を経たことによって、再び当事者としての

先代萩
「伽羅先代萩」。伊達騒動を題材とした作品。伊達綱宗を足利頼兼、原田甲斐を仁木弾正の役名で脚色。頼兼の子を守護する乳人政岡が、わが子千松の犠牲によって、幼君を毒殺から守る「御殿の段」が有名。

現実感を取り戻した時期があったのだろうと思います。

ただ、こちらにおいでの皆さんを含め私どもは、女流の義太夫にしろ浪花節にしろ、物心ついたときにすでにあった世代に属します。いっとき、女流狂言師がもてはやされましたが、いつの間にかいなくなりましたよね。やっぱりあれは非常に難しいことだったのだと思います。近頃女性の落語家さんはちらほらいらっしゃいますが、桂米朝師匠も、女性の落語家を育てるというのは、もう一つ新しいジャンルの芸をつくるぐらい難しいことだ、と書いておられます。

一方で、講釈師というのは今、女性のほうが多いんですよね。声優さんから入ってきた方たちもいて、いつの間にか講談というジャンルは女性抜きでは考えられないようになっています。ですから女流が出ようとしてダメだったジャンルもあれば、女流抜きでは考えられないほどに、女性たちが自分たちの様式を作りつつあるジャンルもあるんです。

平たく言って、女の子のほうがしっかりしているんですよね。私は演劇系の学校で教えていたこともありますが、男女半々だった生徒がある時期から一対二ぐらいまで男性が減ったんです。どうしたのかと聞くと、「いや、げたを履かせて男女半々にしていたけど、もう授業が成り立たないので、すぱっと成績でとることにしたらこうなりました。でないと、女の子がかわいそうで」とおっしゃる。なるほど、まあそうやろなと思います。

そう考えますと、あらゆるジャンルで女性が進出していくときに、どんな工夫がいるのか。男性用につくられていたものをそのように女性用にアレンジしていくのか。きっとそれぞれの具体例があると思います。

歌舞伎の裏方の方にうかがいましたら、小道具などの役割は、「女性のほうが細心がつくからいい」ともおっしゃる。大道具は現実的に大きな重い物を持たなくてはなりませんから、どうしても男性のほうが有利ですが、それさえ解消できれば、大道具にさえ、女性が入ってくるだろうとおっしゃる方もいました。そのように、完全男性社会だったところに女性が進出していくには各方面でさまざまな課題が残るわけです。

では江戸時代から連綿と続く女流義太夫の場合は、どうか。申し上げたように、義太夫はもともと男性が語る様式であり、そこを女性がどうするのかというのは、やはり大きなテーマです。駒之助師匠は、いろんな文楽の方の教えを受けられて、さらに越路太夫師匠の唯一の女性のお弟子さんということで、女流の義太夫さんにおける最高峰であることは申し上げるまでもありません。そこでどんな御修行をなさってこられたのか、ぜひともおうかがいできたらと思います。どうぞよろしくお願い申し上げます。

「一か月、一度も声を出しませんでした」

奈々福◆先生、お疲れさまでございました。

駒之助◇ありがとうございます。

奈々福◆私のやっている浪花節は、もちろん全然違う芸ではありますが、三味線と太夫とで一丁一人という形は同じ、しかももともとは男性の演者のほうが多い芸です。私の師匠も男性で、とても声のある豪快な節をする方だったので、女の弟子としてはとてもではないけれども体が追いつかないという感じでした。先生は淡路のお生まれでいらっしゃいます。淡路島は人形浄瑠璃がすごく盛んなところなんですね。

座談会

駒之助◇そうです。

児玉◉お子様のころから子守歌のように義太夫を聞いていらしたのでしょうか。

駒之助◇そうですね。

奈々福◆でも、最初はお好きじゃなかったんですね。

駒之助◇あんまり好きじゃなかった。

奈々福◆お母様が熱心でいらしたんですね。

駒之助◇そうですね。

児玉◉いつごろからお好きになられたんですか。

駒之助◇好きになったのは、クラブに入ってしばらくたってからです。人形浄瑠璃発祥の地とはいっても、終戦後、やはり衰退しつつありました。中学に入りましたときに、校長先生がクラブを作ろうということで作られて。

奈々福◆淡路島においても。当時でも、ですか。

駒之助◇そうそう。それで私が呼ばれて、生徒を集めてこいと言われたのですが、誰も乗ってくれない。仕方がないので自分だけで行ったんです。男の子一人と私以外どなたも来ないので、あとは先生方が放課後残られて、先生をお迎えすることになって。教えに来てくださったのは吉田傳次郎さんという、人形座の座元の方でした。お三味線も白い皮ではなくて、もうぼろぼろの黒くなったお三味線で。音もどこかおかしい。

これは何だろう、いつも聞かせてもらっているのとは違うなと思って、うちに帰って母に「こういうことで校長先生に呼ばれて行ったら、こういう先生が見えた」と言いましたら、「お稽古事をするには専門の先生にかからなきゃいけない。そのクラブは明日から行くのをやめなさい」と。やれやれと思っていたら、母が近所の先生に頼みに行って、そこへ行かされることになった。そこから始まったんです。

奈々福◆その近所の先生というのが、**鶴澤友路**（つるざわともじ）師匠だったんですね。女性の師匠。

駒之助◇そう、つい先日亡くなった友路師匠だったの。まだそのころはお師匠さんも若うございましたから。だけど、私もやる気がないので一か月、毎日聞くばかりで。「**阿波の鳴門**」という演目を「声を出しなさい」と言われるのですが、嫌だと言い続けて。お師匠さんのおうちはずーっと一枚ガラスが入った回り廊下になっていまして、私が学校のクラブに行かないのにここへ来ているということで、同級生たちがみんな見に来るの。だから、「もう声は出さない！」と思って、一か月間通って声を一遍も出さなかったんです。そうしたら、たまたまその

鶴澤友路
一九一三（大正二）年、兵庫県生まれ。女流義太夫 三味線奏者。一九三六（昭和一一）年、六代目鶴澤友次郎の弟子となり、一九四一年に真打。淡路人形座につとめ、淡路人形浄瑠璃の海外公演などに活躍。一九九八年、人間国宝に認定。二〇一六年逝去。

阿波の鳴門
「傾城阿波の鳴門」。阿波人形浄瑠璃の代表的演目。阿波藩のお家騒動を題材にした物語。作者は、近松半二らによる合作といわれる。玉木家お家騒動の解決に奔走する阿波の十郎兵衛、お弓夫妻を中心として、両親へと娘のおつるが巡礼姿でたずねて来る「順礼歌の段」が有名。

お師匠さんが鳴門海峡のある福良港の実家に戻られることになって。「ああ、助かった」と思ったら、今度は電車に乗っていくところへ連れていかれたので、これはもう仕方がないと。「一か月聞いていたんだから、声を出してごらんなさい」と言われて、初めて声を出しました。そこからが始まりです。

中学三年で大阪へ弟子入り

奈々福◆声を出されときには、もう耳には友路師匠の語りが。

駒之助◇子どものときですから、聞き覚えでやれますよね。

奈々福◆何となくこういう形だなというものが耳に。

駒之助◇そうです。そんなところでした。でも、私の村では、お祭りに出る御輿には一つずつ、だんじり歌という義太夫くずしの歌がついていた。だから、本当に子どものときから義太夫は耳についているんです。でもだんじり歌ふうで本物ではないので、母としてはいけないと思っていたようなのですが。

児玉◉大阪の文楽のお師匠さんのところに行かれたのは、もうちょっと後。

駒之助◇ええ、そうですね。中学三年生になった頃に、大阪の**三蝶**一座から女流の方が五、六人見えて、淡路の人形座元で興行があったんです。母が太夫さんと三味線弾きさんをうちにお泊めして。それがご縁で私が前座を勤めさせてもらったらしいんです。お義理で大阪から来た

竹本三蝶
一八九六（明治二九）年生まれ。女流義太夫 太夫。一〇歳で豊澤三平の門人となり三蝶。一九一〇（明治四三）年、大阪の播重で初舞台。一九二八（昭和三）年、大阪より全国放送、以後ラジオ出演多数。一九五二（昭和二七）年、女義と文楽人形の合同公演を実現させ、翌年からは宝塚歌舞伎の床を勤めた。二月堂の渚の方の泣きに定評があり、鳴門は絶品と言われた。一九七一（昭和四六）年、逝去。

お師匠さんたちが聞きにみえて、他に誰もやる人がいないから天才だの何だの言うでしょう。母はもうかーっとのぼせちゃって。それでお師匠さん方も「誰が連れて帰るか」ということになっちゃったらしいんです。そんなことで、私が何にも知らないうちに、どんどん話が進んでしまって。

児玉◉で、大阪に行くということになって、（十代目豊竹）**若太夫**師匠のところですかね。

寛也◎最初は女流の**竹本春駒**師匠のところに内弟子に入られたのですが、毎日さびしくて泣いていらしたので、それで、よそへもお稽古に、とうかがいました。

駒之助◇私は「帰りたい、帰りたい」と毎日泣いていたらしいんですね。あんまり泣くので、母が「外に稽古に出してくれ」と頼んで、それで、春駒が若太夫師匠に言ったらしいんですね。

奈々福◆若太夫師匠というのは男性の……。

駒之助◇男です。それはもう本当に豪快な語りをなさる義太夫の方。四国の出身だったので、何となしにそこへ行きました。ただ、私もあんまり気乗りしていませんので。

奈々福◆その時点でもまだ気が乗らない。

駒之助◇気が乗りませんね。何しろすごく豪快なんです。節一つでも、「うぉうぉうぉ、よぃよぃ～」と。これは何だろうかと思って。お目の悪いお方だからすごく勘がいいんですね。前でどんな顔をして座っているか、すごく感じるんだと思う。

児玉◉キャッチボールの球が目に当たって、それでご病気もあったのが、晩年、本当に見えなくなられたんですよね。お住まいは住吉ですよね。

豊竹若太夫
一八八八（明治二一）年、徳島県生まれ。一九〇一年に二代目豊竹呂太夫に入門し豊竹英太夫を名乗る。一九二〇年に七代目豊竹嶋太夫を襲名。一九三二年に三代目呂太夫を襲名。一九四七年、文楽座組合を結成。一九五〇年に十代目若太夫を襲名。一九五六年に病気で失明したが、ますます円熟の語りをきかせた。一九六二年、人間国宝認定。一九六六年、芸術選奨受賞。

竹本春駒
一八九一（明治二四）年、東京生まれ。女流義太夫 太夫。大阪で修行し、一九〇六（明治三九）年、二世竹本春子太夫の門人となる。一九一〇（明治四三）年に真打。一九八〇（昭和五五）年、重要無形文化財「義太夫節」総合指定保持者に認定。一九八八（昭和六三）年、逝去。大阪女義界の大立者で、二一歳（明治四四年）の初上京から東京の宮松亭や本牧亭にも出演した。

駒之助◇住吉。お目が悪くて、おかみさんに手を引いてもらっていました。その目の悪い若太夫師匠が、のちに越路太夫になられた、（豊竹）つばめ太夫師匠に私のことを頼みに行ってくださったらしいんです。その時分は文楽も三和会と文楽とに分かれていて、三和会でしたんですが。つばめ太夫師匠も先輩さんが頼みに見えたのでびっくりなさったし、私も頼んでくれと言った覚えはなかったんですが。

いろんなお師匠さんから少しずついただいた

奈々福◆若太夫師匠の方が先輩でいらしたわけですよね、つばめ太夫師匠より。

駒之助◇そうそう。ですけど、お受けなさったらしいんですね。その後に私に（若太夫師が）「あちらに師事を受けなさい。僕のところへ来るなというんじゃないけれども、本当の師事はあちらにとお願いしてきたから、あちらへ行きなさい」というので、そこから始まって。

それで、越路師匠のところに行きました。一門の男の弟子が、「うちの師匠は武士み

稽古の日々を語る竹本駒之助師匠

たいな人だ」と言ったぐらい、本当にぴしっとしていて、にこりともしないような本当に窮屈なお師匠さんだったんですけど。第一声に「君を女だとは思っていない。僕は男だと思って受けたんで、それでいいか。厳しいよ」とおっしゃいまして、「あれー、えーっ」と思いましたが、お稽古を受けたときに「いやー、これ嫌いだったんけど、やっぱりこれは違うわ」と。そこで初めて目が覚めたんです。

児玉◉若太夫師匠と越路太夫師匠。越路太夫師匠は言うたら非常に理知的な語り口、若太夫師匠は豪快にぐーっという感じですよね。

駒之助◇そうです。

児玉◉越路太夫師匠のほうに合ったという感じだったんでしょうか。

駒之助◇そうですね。自分が合ったというか、やっているうちにあちらのあれもいただかなきゃならない、こちらのあれもいただかなきゃ、と。そのうちに、時がたってから感じたときがあるんです。当時は八代目綱太夫師匠が「櫓下（やぐらした）」で。

児玉◉トップの人ですね。

駒之助◇そうですよね。そこに行けばほかの師匠方にはつけない。常に母が言っていましたのは、師匠の半芸です。「弟子は師の半芸に至らず」、つまり、師匠のようにはなれるもんではない。絶対に半芸しかなれない。だから、いろんな師匠につくべきだと母が常に言っていました。それで後で気がついたんですが、春駒が一番最初にあちらのお師匠さんに行ったのは、ああ、そうだったんだろうな、門戸を広げてくれたんだなと。特に越路師匠が、「若太夫師匠というのはお偉い方やな」とおっしゃいましたが、そこだったんだろうと思います。その時分は女の弟子なんて、本当にどこにもいませんでしたし。

児玉◉いらっしゃらなかったですね。

駒之助◇だから私は、文楽の中で育ったようなものです。いろんなお師匠さんにお稽古していただくんですが、それをお聞きになったお師匠さんが「次に何やるの、僕が稽古してやる」と、師匠みずからがそうおっしゃって、頼んでもしてもらえないのに、みんな師匠のほうから言ってくださって。だから、その当時、お稽古していただかなかったのは山城少掾師匠ぐらいで。

奈々福◆おお、すごいお名前が出た。そうですか。

駒之助◇ほかのお師匠さん方にはみんな、お声をかけていただきましたね。

児玉◉当時は三和会と因会(ちなみ)で対立して分かれていましたが、関係なく両方から?

駒之助◇関係なく。

奈々福◆そうですか。

駒之助◇いろんなお師匠さんに教わりまして。そのときはわかりませんでしたが、今になっていい稽古していただいたなと思って。

奈々福◆お住いはまだ春駒師匠の内弟子ということで、一緒に住まわれていたんですよね。春駒師匠はお稽古はされないんですか。

駒之助◇あんまりしません。

奈々福◆一番多かったのはやっぱり越路師匠ですか。

駒之助◇そうですね。一番多いというか、いろんなお師匠さんにいろんな稽古をしていただきましたので。春駒には、おうちで御連中さんに稽古していらっしゃるのを聞かせていただいていたから、しているのと同じことですが、女の師匠にはかかわっていません。

児玉◉お稽古をなさった女流の方は、それまではほとんどいらっしゃらない。

駒之助◇でも、関西の人はほとんど男のお師匠さんが教えたんですからね。

寛也◎関西には文楽のお師匠さん方がいらっしゃいますので。

駒之助◇男のお師匠さんがいたでしょ。

寛也◎ですから、男の師匠に教えていただいたり、弟子になったりということは、それほど珍しいことではなかった。ただ、駒之助お師匠さんのような天才少女があらわれて、文楽のいろいろなお師匠さんへお稽古にいらした、というのは初めてのことではないでしょうか。

「風」を心得、自然に

寛也◎今日の「重の井」は、越路さんのお師匠さんのお稽古に一八歳で初めていらしたときの曲だそうです。

駒之助◇これは普通の義太夫ではなくて音遣い、俗に言う風（ふう）のあるもので……。

児玉◉「重の井」でしたら大和風ですね。

駒之助◇大和とか、駒太夫風とか、風のあるものと言いますね。特に音遣いのあるもので、オクリから違いますね。どの音を使ってどこから出てどういうふうに通ってくるというようなことから、ほう、これは違うぞ、これだなと思いましたね。他のお師匠さんの場合は、まず一段を二、三回聞かせてくださるのですが、越路師匠ははじめから一行のオクリを……。

児玉◉音の出どころがこうだ、ああだというのを。

駒之助◇もっぱらお三味線なしで**タタキ**です。太夫のお稽古はみなタタキでやりますね。こうやれば、どう弾いても合うはずだと。

児玉◉初演した方、あるいはその曲のやり方を定めた方の演奏の仕方が残っているのが「風」であり、音の出方、音の遣い方で曲の構えが決まるということなんですよね。

奈々福◆曲の構え……。

駒之助◇そういうことです。

児玉◉越路太夫師匠はそこの微細なところが今までとは違う、と。

駒之助◇違います。そういうところをまず最初にきちっとたたき込んでおきなさいという教えでした。

児玉◉たとえば声の出し方とかつくり方において、女性ならではの教えは何かありましたか。

駒之助◇女性と男性では当然声帯が違います。同じ男性でも、声質は一人ひとりみんな違いますから、無理に声を潰しなさい、というようなことはしない。無理をせず、潰したりしないで自然にやりなさいと。ただ、女性は自然と高い声、女性の声になりがちだからそこは心得なさい、女性を売り物にするな、とは言われました。

タタキ
三味線なしで、扇で間を取りながらする語りの稽古。

児玉◉語り出しのマクラは二倍、三倍も大変だといわれますが、たとえば「重の井」だとこう、というようなコツを教えられたことってありますか？

駒之助◇「僕らは子役は厳しいけれど、女性の君はそのまま自然でいけるから」といわれて、お直しにもなりませんでした。ただ、「あくまで男の子やで、おつると違うから、それは意識してやりなさい」と。

児玉◉男の子に聞こえるようにせなあかんということ。

駒之助◇そして、小さい子どもであっても、三吉は馬追いという職を持っているわけですから、その雰囲気をときどき出しなさいとおっしゃいましたね。歌を歌うときでもぐーっと声を出しなさいとか。

天才少女・駒之助の苦労

児玉◉寛也さんはどこか師匠から言われたところはありますか。

奈々福◆「重の井」は難しいとおっしゃっていましたね。

寛也◎「重の井」はとにかく「風」がありますから。前にも勤めたことがあるのですが、とにかく普通ならこう行くはずというところが、独特の間になっていたりします。私はすべてにおいて幅が狭いのであわあわしちゃうんです。お師匠さんは特に幅がたっぷりしていらっしゃるので、少しでもお師匠さんのお邪魔にならないようにと、心がけました。

やっぱりお師匠さんを弾かせていただくと、あるべき風や節、詞を聞かせていただけてありがたいですね。ずっとお稽古をしていただきたい気持ちと、自分の手に余るものを弾かねばという重圧との両方がひしひしとあって、早く本番が来て終わってくれないかと思ったり。さきほど終わったときは本当にほっとしましたけれど、今はもうちょっと稽古したかったなと思っています。

駒之助◇そうですか。そんなことはないですよ。よく勤めてくれた。

寛也◎必死には勤めましたが……。

駒之助◇気を遣わずご自分の思うように弾いてくださいと申し上げました。お三味線でも何でも、性格が出ますのでね。寛也さんは非常に気持ちのいい方で、気持ちよくやらせていただきました。

寛也◎偶然にも越路さんのお師匠さんにお稽古を受けられた最初の曲だったんですよね。でも、こういう難しいものを一八歳の女の子に普通は教えませんよねえ。

奈々福◆そうなんですか。

寛也◎はい。ですが、駒之助お師匠さんは子どものころから天才少女と言われた方で、越路師匠も教えがいがあるというか、「一言一句、僕のように」とおっしゃったそうですし、お師匠さんならご自分の芸を正確に伝えてくれるだろうと、一八歳のときすでに思われていらしたのだと思います。

駒之助◇自分では本当に、みなさんが私をやめさせないようにとおだてているんだとずっと思っていました。褒めてくれても、「これもおだてだ、やめさせないために言っているんだ」とばかり思っていた。

奈々福◆KAAT（神奈川芸術劇場）で先生がなさっている連続公演のウェブサイトに、先生の一代記が掲載されていまして。読んでいると泣いちゃうところがあるんです。

駒之助師匠はご結婚されてお子様もいらっしゃるのですが、ご結婚相手は東京にご出演になったときに三味線を弾いてくださった**鶴澤三生**師匠という方の息子さんで、義太夫のおうちだったんですけれども、駒之助師匠は全然ご存じないままに話が先に進んでしまって。

そうしてお話が進んで東京に嫁に行くことが決まったときに、条件が一つあった。内弟子修行された春駒師匠も、駒之助師匠とご一緒に東京へ行くと。びっくりです。

私を弾いてくださっている沢村豊子師匠が、私の家に住み込んで二年間帰らなくなったという過去があるのですが、先生の場合、内弟子修行に入った師匠がお嫁入りについていきて、入った家で、義理のお母さんと師匠と同居したという……。そのお二人が亡くなるまで尽くされたというのを読んで、私は号泣してしまいました。それこそ大変な御苦労があったんじゃないかと。

駒之助◇春駒は本当にお一人で孤独な人だったんです。一生芸をやらせてくれるところじゃないと嫁には行かせない、と言っていましたし、私は春駒の面倒を死ぬまでみなくてはいけませんから。それで私は、東京で私を弾いてくれていた三生の家に嫁ぐことにしたのですが、三生の息子である本人は全然知らなくて、結婚式に来ないんですよ。

鶴澤三生
一九〇三（明治三六）年、東京生まれ。一九一一（明治四四）年、母の叔母である初代三生の養女となり、十二歳で初舞台。一九一五（大正四）年、六代目竹本津賀太夫の門人となり津賀寿を名乗る。一九二三（大正一二）年、二代鶴澤三生を襲名。一九八〇（昭和五五）年、重要無形文化財「義太夫節」総合指定保持者に認定。一九八四（昭和五九）年、逝去。女流義太夫三味線の名手として活躍し、若手からベテランまで多くの後進を育てた。

奈々福◆夫になる人が。

駒之助◇相手が来ない。神主さんがお榊を持って構える中、「新郎が見えませんがどうします」って。それはいささか悲しかったです。師匠を連れていくために結婚したわけですね。気の毒なのは主人です。お姑さんよりも春駒のほうがずっと後に残ったんですから。本当に家族のおかげで春駒を見送ることができました。

奈々福◆一四歳で内弟子に入られるときすでに春駒師匠は六〇歳で、九七歳でみまかられるまで三七年間尽くされたんですね。泣きました。

駒之助◇そういうことです。

越路師匠の教え

児玉◉それにしてもKAATで「**袖萩祭文**（そではぎさいもん）」丸一段というのは、これはまたえらい大変なものを。「**山科閑居**（やましなかんきょ）」丸一段とか「**熊谷**」とか。これだけのものをお語りになる体力を維持されるには、何か特別なことをされていらっしゃるのでしょうか。

駒之助◇特にしていませんが、越路師匠は「義太夫は余して語るな」と常におっしゃっていました。「命をかけてやりなさい、死んでもええやないか」って。だから本当に集中してやらないと、ここで楽しようなんてことを思ったらだめだということですので、できる限り気をつけるようにはしておりますけれども。

袖萩祭文
浄瑠璃「奥州安達原」の三段目切の通称。安倍貞任の妻袖萩は盲人となり、雪中、娘お君に手を引かれて、父母の住む門口にたどり着く。彼女はそこで祭文にことよせて切々と思いを述べる。

山科閑居の場
浄瑠璃「仮名手本忠臣蔵」の九段目。一七四八（寛延元）年に初演。九段目は大曲として知られ、親子の縁（加古川本蔵・戸無瀬と小浪）、武士の苦悩（大星由良助と加古川本蔵）と、若い恋人たち（由良助の息子力弥と小浪）の哀しみが折り重なった場面である。

熊谷
浄瑠璃「一谷嫩軍記」、全五段。一七五一（宝暦元）年に豊竹座にて初演。並木宗輔の作。三段目の切が「熊谷陣屋」と通称される。源平合戦の最中、源氏の武将である熊谷直実は平家の若武者・平敦盛を討つ。実は敦盛は後白河法皇の子であり、その母である藤の方は、かつて熊谷を救った恩人であった。熊谷は義経の意志を受け、敦盛のかわりにわが子を殺し、その首を敦盛の首として差し出したのであった。

児玉◉近ごろは文楽の本興行でも、前後に分けるとかいろいろな取り組みがございますけど、ここでは本当に丸一段。当然そうあるべきなんですけど、それを全うされるのは大変なことではないかと。

駒之助◇聞いてくださる方も気の毒ですよね。

寛也◎でも、毎回すばらしいですから。ＫＡＡＴの会は、九回目なのですが、毎回二日間、本当にすばらしいです。

義太夫節は一つの物語で一段になっています。さまざまな事情で分けて演奏することはありますが、やはり丸ごと語ってこそ作品のよさが立つし、音楽的なよさもわかる。何のためにこれだけの長さがあるのかということです。六〇分なり八〇分という大きな一段の中で、わーっと盛り上がっていくのがいいですよね。

奈々福◆「余して語るな」という言葉以外で、越路師匠に教えられたことって他に何か覚えていらっしゃいますか。

駒之助◇その都度いろいろおっしゃってくださいます。褒められたことは一遍もありません。お稽古のときには「楽に小さい声でいいよ」とおっしゃるので、小さい声でいいのかなと思っていたら、「わしを前に置いて余して語るのか、一段座らせておくのか」と、怒られて。「どう言おうと、きちっとやりなさい」と。それで、ダメな節が二、三回、三つ四つありますと、次にやったときにそれがすっと通っているか、「同じことは二度言わないよ」と。それはもう常に言われました。

引退なさった後でしたが、最後に丸一段のお稽古をつけていただいたとき、「この曲は非常にやっかいで難しいんだ」と初めておっしゃってくださって。「むつかしいんだけどもな、よくとってくれたよ」って。それがうれしかったですね。そのときの模様がテープに入っていて、亡くなられてから聞いたときには私、うれしくて泣いちゃって。

お師匠さんの奥様は「駒之助さん、師匠は『よくとってくれたね、うれしい』って。あなたが喜ぶよりもっとお師匠さんはうれしかったんだと思うわよ」とおっしゃって。私はそれで余計泣いちゃって。それ一回ですね、褒められたのは。

あとはすごく厳しくて怖いお師匠さんでしたが、後で考えれば非常に情愛のあったお方だったなと思います。怖い怖いと思っていたから、二度とこれはしちゃいけないんだ、と肝に銘じられたのがよかったんだと思っています。非常に情のあるお師匠さんだったと感謝しています。

児玉◉ちなみに、そのお褒めにあずかったのは何の曲でしたか。

駒之助◇「一谷（嫩軍記）」の「**林住家**（はやしすみか）」。

児玉◉あれは難しいですよね……。

奈々福◆越路師匠といえば、先般引退された義太夫の最高峰、**竹本住太夫**師匠が晩年までお稽古に通われていたお方ですよね。NHKのドキュメンタリー番組にもなっていた。

児玉◉「人間国宝ふたり」という**吉田玉男**師匠と住太夫師匠に光を当てた番組ですね。引退後、十数年間テレビに一切出なかった越路師匠の京都のマンションに住太夫師匠がお稽古に行く場面がありました。私どももそれで十数年ぶりで越路太夫を見ました。当時八〇代後半でしたが、

林住家
「一谷嫩軍記」二段目の切。平忠度は、平家の武将であると共に藤原俊成に和歌を師事する歌人であった。「自ら詠んだ歌を後世に残したい」という思いから、忠度は俊成の元を訪れる。忠度は俊成の娘菊の前と慕いあう仲であったが、平氏である自らの運命を思うと、別れを覚悟する。そこへ義経からの使者・六弥太が訪れる。

竹本住太夫
一九二四年生まれ。一九四六年、二代目豊竹古靭太夫（後の豊竹山城少掾）に入門。一九六〇年、九代目竹本文字太夫を襲名。一九八五年、七代目竹本住太夫を襲名。一九八九年、人間国宝に認定。二〇一八年に逝去。

初代吉田玉男
一九一九年、大阪府生まれ。文楽人形浄瑠璃の人形遣い。一九三三年に吉田玉次郎に入門し、玉男と名乗る。立役（男役）。戦後「曽根崎心中」の徳兵衛役が当たり役となり、生涯で一一三六回勤めた。一九七七年に人間国宝に認定され

る。昭和後期から平成期の第一人者。二〇〇六年、逝去。

まったく変わっていなくて。

奈々福◆すばらしかったです、あのドキュメンタリーは。

児玉◉こんな物騒な現役感あふれる八八歳おるやろうかと思いましたね。

奈々福◆ＤＶＤが出ていますし、国立小劇場には越路師匠のＣＤもたくさん売っていて、今でも聞くことはできますので。

児玉◉そのお稽古でも住太夫さんにおっしゃっていましたね。「やっぱりそりゃ楽したらこたえない」と。楽をしたらお客さんにはこたえないとおっしゃっていました。きっとどなたにもおっしゃっていたのでしょう。

駒之助◇卑怯なことはするなと。

奈々福◆ああ、ぐさり……。

児玉◉だから、おやめになるときも、まだおやりになれそうなところで、本当にすぱっと潔くおやめになられましたね。

奈々福◆寛也さんの入門の経緯もうかがいたかったのですが、時間がなくなってきてしまいました。

寛也◎では、私の一代記（笑）のかわりに少し宣伝をさせていただきます。まず、今申し上げました駒之助師匠とまな弟子である鶴澤津賀寿さんとの舞台です。横浜のＫＡＡＴです。

また、私共の所属する（一社）義太夫協会では毎月一回、女流義太夫公演をしております。毎回全員出るわけではありませんが一〇月はお師匠さんが「すし屋の段」をなさいます。いがみの権太を女の人がやるのは珍しいですし、私も出ます。ぜひいらしてください。

それから私の主催「はなやぐらの会」というのがありまして、毎年一度お師匠さんに特別出演していただき大きな曲を勉強しております。

また、女流義太夫初のＤＶＤがこちらで、演目は『ひらかな盛衰記　神崎揚屋の段』。語りは駒之助師匠で、三味線を弾いているのは私、不肖寛也。ツレ弾きに津賀寿さんが出てくださっています。特筆すべきは、作家の橋本治さん（二〇一九年逝去）がお話をしてくださっていることです。

あと、お師匠さんのブロマイドがついておりますＣＤと、私が表紙になっております『義太夫を聴こう』（橋本治著、河出書房新社）。こちらの本には橋本さんと私の対談や、橋本さんに書いていただいた新作の詞章が載っています。ぜひよろしくお願いいします。

児玉◉お師匠さんの一〇枚組ＣＤがありましたけど、あれはもう売り切れですか。

寛也◎重たいので今日は持ってこられなかったのですが、まだお求めになれます。先ほどお話に出た「流しの枝（林住家）」も入っています。

児玉◉先ほどの「流しの枝」というのは、ドラマティックな事件があまり起きないお話ですね。非常に詩情豊かであり、それゆえ難しいんだろうと、素人ながらに思うのですが。

これは女流にはちょっと大変、という曲はありますか？

駒之助◇無理なものが多いですけれども、やらしてもろたらええのちゃいますか。

児玉◉そうですか、ぜひともあらゆる曲に挑んでいただきたいですね。

鶴澤清介
一九五二（昭和五二）年生まれ。人形浄瑠璃文楽　三味線。一九七三年、二代鶴澤道八に入門、翌年初舞台。一九八二年、鶴澤清治門下。二〇〇二年、芸術選奨文部科学大臣新人賞、二〇一八年、恩賜賞・日本芸術院賞、二〇二〇年、紫綬褒章ほか多数受賞。

寛也◎今日みたいな母物の曲は比較的女の人にも向いていると言われています。**鶴澤清介**師匠にお稽古していただきましたが、男の人と同じにやれと言われても私などには無理ですが、自分の女の身体を通して出てくるものはやはり男の方と違ってくるので、そのあたりが女流義太夫の魅力ではないかと思っています。今後とも女流義太夫をどうぞよろしくお願いします。

奈々福◆今日は本当にありがとうございました。

関連書籍の紹介

水野悠子『知られざる芸能史　娘義太夫——スキャンダルと文化のあいだ』（中公新書）
水野悠子『江戸東京　娘義太夫の歴史』（法政大学出版局）
橋本治『義太夫を聴こう』（河出書房新社）
内田樹『日本の身体』（新潮文庫）

第7章
能

安田登
槻宅聡

安田登（やすだ・のぼる）——能楽師・下掛宝生流ワキ方。一九五六年、千葉県銚子市生まれ。能のメソッドを使った作品の創作、演出、出演も行う。また、日本と中国の古典に描かれた〝身体性〟を読み直す試みも長年継続している。主な著書に『異界を旅する能』（ちくま文庫）、『日本人の身体』（ちくま新書）、『疲れない体をつくる「和」の身体作法』『能に学ぶ「和」の呼吸法』（以上、祥伝社）、『身体感覚で『論語』を読みなおす。』『身体感覚で「芭蕉」を読みなおす。』（以上、春秋社）『あわいの力 「心の時代」の次を生きる』（ミシマ社）など多数。

槻宅聡（つきたく・さとし）——能楽師・森田流笛方。一九六一年、島根県安来市生まれ。九三年、国立能楽堂第二期研修終了。故・寺井啓之、中谷明（ともに重要無形文化財総合指定）に師事。

《口上》

このシリーズに「能」を入れたことに驚かれた方が多かったようです。はたして、能は、語り芸であるのか。

能は、舞である、との言い方もあり、能は演劇であるという言い方もあり。能は、語り芸であるか。私は、そう言えると思います、が。

それを問うよりも、このシリーズにお能を入れたかったのは、能が、今現在続く伝統芸能の中で最も古いものの一つであり、その起源と歴史、そして詞章の内容、語りの質、誰に向けられて語られるものであるのか、それについてわずかなりとも学ぶことが、企画意図の核心につながると思ったからです。

お能には、まずシテ方がいらっしゃいます。主人公を舞われる方です。さらにワキ方やお囃子方、狂言方など、いろんな役割の方がいます。今日来ていただきましたのは、下掛宝生流というワキ方の安田登先生と、森田流の笛方、槻宅聡先生のお二人です。

なぜシテ方ではなくワキ方の先生に来ていただいたのか。実は三年ほど前から、安田登先生に師事し、下掛宝生流（ワキ方）の謡を習っています。習っておりますと、芸能の始原の、想像も及ばない深淵のとばくちに立つ気がします。

ワキというと脇役のように思われるかもしれませんが、そうではありません。先生はよく扇を例にとられ、扇の表面がうつつ世で裏面があの世だとすると、その境目のこのワキにいるのがワキ方だ、とおっしゃるんです。「全力をかけて何もしないこと、それがワキの役割だ」とおっしゃいます。何もしないことを使命としている人が、お能の舞台にはいるのです。

実際、ワキ方は脇座にて、二時間なら二時間ほぼ座っていることがお仕事のようです。先生の右足と左足とは靴のサイズがものすごく違います。脇坐りで、重心のかかり方が違うので、足の形が左右で変わってしまっている。それくらい、じっと座っておられる。

動かずに何をしているのか。ワキ方は、シテ方のこの世に残した思い、残念を全力をかけて聞く人です。語りというのは聞き手があって初めて成立しますから、この「語り芸パースペクティブ」で最古のお能において全力で聞く人、聞く役割の方をお呼びした、というわけです。

安田登先生。親しく教えを乞うている能楽師の先生ですが、中国古代哲学、甲骨文字、金文、古典ギリシア語、シュメール語、アッカド語等の何千年前の言語や哲学から、最先端のAI、AR、VR、ゲームに至るまで、射程距離広すぎて深すぎて、正体不明の先生です。

槻宅聡先生。コラボ公演で何度もお舞台をご一緒させていただいておりますが、その笛の音色、西洋音階では捉えられない、息で打つような音に、ひゅんと、異界へ連れて行かれる思いを何度もしました。

本日は、能「隅田川」の語りを実演していただき、そしてお囃子についてのお話と「乱（みだれ）」という実演をしていただいたあと、能と笛のメソッドを用いて（何故か奈々福も三味線で参加して）夏目漱石を聞いていただきます。

死者に聞かせる芸能

安田◉能は六五〇年ほど前に完成し、その後多少の変化はありつつも、そのまま続いているという珍しい芸能です。言葉も六五〇年前の言葉ですので、わかりづらい。そして能は、年がたつほどに観客から離れていったというおもしろい芸能でもあります。最初の頃はすごく観客に近く、桟敷が壊れるほど人気がありました。それがだんだんお客さんから離れていき、後で詳しくお話ししますが、死者にどんどん近づいていっているのです。

これまでご覧になってきた義太夫や講談と比べ、お客さんに聞かせようとする気持ちがかなり希薄です。生身のお客さんよりは、そこらへんにいる死者の方、あるいは皆さんが背負っていらっしゃるご先祖の方に聞かせようとするのが、能という芸能なんです。ですから、声色はいっさい使いませんし、表情も変えず、感情もまったく表現しません。どんなことも、このままの顔で、あるいは面をかけて表現します。

「隅田川」のあらすじ

安田◉今日お聞かせする「隅田川」という演目、ご覧になった方はどのぐらいいらっしゃいますか？　おっ、案外多いですね。

槻宅◇かなりの人数です。

安田◉こういうところで聞くと、能を見たことがない人がほとんどなのに、すばらしい。

能では、主人公をシテといいます。「隅田川」のシテは都からこの東の国、武蔵にある隅田川までやってきた女性です。彼女は人買いにわが子を誘拐されて、その子を追って狂気となり、ここまでやってきました。隅田川でわが子を思い、もっと奥（奥州）に行ったに違いないと、そこにいた舟守に舟に乗せてくれと頼みます。

その舟守はひどい男で、おまえは狂女だろう、狂女ならば「おもしろう狂え」と言うんです。「狂わずはこの舟には乗せまじいにて候」、狂わなければこの舟に乗せないと。彼女はそこで狂乱の舞をし、舟に乗り込みます。舟に乗っていると、向こう岸から念仏の声が聞こえる。同舟の一人が、あれは何だと聞きます。「あれは今、人の弔いに大念仏をしているんだ。この舟が着く間にその物語を語ってあげよう」。これから語るのは、その物語です。

能では一五日、満月のときに何かが起こるというのが定番で、実は史実を曲げてまで一五日にすることが多いのですが、このお話でも、去年の三月一五日に、都で一〇歳くらいの子が人(ひと)商人(あきんど)にさらわれてここまで来た、と。慣れない旅の疲れでここで病気になり、臥せってしまった。商人は他の子も連れていたので、その子を置いてどんどん行ってしまった。

その子がいよいよ弱って息も絶え絶えになったとき、かわいそうに思った地元の人が、「お前の名は何だ」と聞いた。すると「実は自分は都の北白河に住む吉田のなにがしという人のひとり子、名前は梅若丸です」と答えます。墨田区の木母寺(もくぼじ)には、梅若塚というのがありますね。そして、「お父さんはすでに亡くなり、お母さんと二人だけで暮らしていたけれど、今お母さんとも別れて自分はここに来ている。もし、自分が死んだならばこの道の土の中に葬ってください」と。「何でそんなことを言うんだ」と尋ねると、「ここは都の人が通るでしょう。都の人の足の影、手の影も懐かしいから」と答える。さらに彼は、「本当に恋しいのはお母さんなんです」と言って、最後に念仏を四、五遍唱えて亡くなってしまう。

それで「今向こう岸でやっている大念仏はそのためのものだ、この舟の上にも都の人がいるだろうから一緒に弔ってくれ」と舟守が言うと、さっき乗った狂女が泣いている。もうお気づきだと思いますが、この方こそがあの子のお母さんだったのです。

狂女があまりにも号泣するので、ここで泣いても仕方がないから一緒にお墓に行って弔おうと言って、お墓で念仏を唱えたところ、墓の中から子どもの念仏の声が聞こえてくる。そこにいた全員に聞こえたのです。それを聞いた人々が「自分たちはやめるから、お母さん一人で唱えてください」と言うと、お母さんの声に唱和するように子どもの念仏が聞こえてくる。やがて墓の中から少年の霊が現れます。お母さんがああ、わが子だと抱こうとすると、幽霊ですからすっと通り越してしまう。現れては通り越し、現れては通り越しを続けているうちに夜が明けて、塚の上の草だけが残った。それが「隅田川」という能です。

今日は、船頭が乗船者たちに向かって、去年あったことをお話ししている場面を語りたいと思います。こっちを向いたりあっちを向いたりして聞かせますから、皆さんは舟に乗っている人になったつもりでお聞きください。ただし、さっき言ったとおり一番聞かせたいのは少年の霊にです。よろしくお願いいたします。

隅田川 より語り

〽さても。去年三月十五日。や。しかも今日にて候ひしよ。都の人とて年十歳ばかりなる幼き者を。人商人奥へ連れて下り候が。この人習はぬ旅の疲れにや。路次より以ての外に違例し。この川岸にひれ伏し候ひしを。のうなんぼう世には。不徳心なる者の候ひけるぞ。今を限りと見えたる幼き人をば捨て置き。商人は奥へ下って候さりとも。さりともと思ひしかども。彼の人ただ弱りに弱り。すでに末期に及び候程に。飾りに痛はしく存じ。故郷を尋ねて候へば。今は何をか包み参らせ候べき。われは都北白河に。吉田の某と申しし人の唯一子にて候。わが名は梅若丸。生年十二歳になり候。父には遅れ。母一人に添ひ参らせ候を。人商人是まで連れて下り候。われ空しくなりて候はば。この路次の土中に築きこめて給はり候へ。それをいかにと申すに。誠は都の人の。足手影までも懐かしう候程に。か様に申し候。唯返す返すも母上こそ。何より以て恋しく候へとて。弱りたる息の下にて。念仏四五回唱へ終に終つて候。

■【実演】「隅田川」

集団の弔いにおける芸能の役割

安田◉ありがとうございました。

能の語りは実はいくつかあるのですが、私は3・11以降、これを特にするようになりまして。能とは関係ありませんが、ちょっとその話をしていいですか。

私は千葉県銚子市の出身で、母が旭市（千葉県）に住んでいます。3・11が起きたとき、私は寺子屋を開催中だった和尚さんのお寺でニュース映像を見ていました。私が映像を見ていたちょうどそのとき、実は母の住む旭市では津波で十数名亡くなっていた。あのときは情報が錯綜していましたし、電話もまったくつながりませんでしたでしょう。映像を見ていたとき、実家が津波に襲われたことを知ったとき、そして母が無事だと確認できたとき、この三つの「とき」の私の気持ちがまったく違ったんです。

地震の直後、私たちは、津波をとても悲惨な気持ちで見ていましたよね。ところがそれは自分の身内が今生きているかどうかわからないときの気持ちに比べたら、全然悲惨じゃなかった。むしろ、もしかしたらこの震災によって自分の閉塞された日常が変わるかもしれないという、わくわく感さえあったかもしれないと冷静になった今は思うのです。私たちには、災害ですら

安田登先生による能（謡）

エンタテインメントとして見てしまうような心があるんです。

東北では多くの子どもが亡くなりました。子どもが亡くなるということは、その子だけの死にとどまりません。その子に夢を託していたご両親や祖父母の気持ちがすべて持っていかれる。そういう子たちや親たち、そして祖父母の気持ちをエンタテインメントとして見てしまうというのは、なんて人間は罪深いんだろうかと思いました。それからこの「隅田川」の語りをよくするようになりました。

地震から少し経って、奈々福さんと槻宅さんと一緒に「**海神別荘**」という泉鏡花の作品をさせていただきました。鏡花は、ご存知の通り、能に関係の深い家に生まれましたし、能に影響を受けた作品をたくさん書いています。鏡花は、人間のこの業を「海神別荘」で語っています。

能は表層の「心」ではなく、深層の「思い」を扱います。個人の弔いならば言葉でも済みますが、集団の弔いにおいては表層では済まないものがある。そのときに芸能はとても大きな意味を持つのではないかとこの頃考えています。

海神別荘
泉鏡花による戯曲。一九一四年に「中央公論」にて発表。海底の宮殿に住む海神の世継ぎたる公子へ、人柱として地上の美女が使わされた。公子は優しくもてなすが、彼女は故郷を思って悲しみに暮れる。

お囃子は「音楽」ではない？

安田◉先ほどお話ししたように、能というのはここにいない方に向けても発せられています。特にそれが顕著なのがお囃子です。お囃子は音楽とは違うんですよね。

槻宅◇私は笛ですが、小鼓（こつづみ）、大鼓（おおつづみ）、太鼓などの打楽器もあります。みんな楽器を使って音を出しますので、いわゆる演奏家と見られることが多いですけれどもね。

安田◉実はこの笛、よく税関の荷物検査でひっかかるんですよね。笛だと信じてもらえなくて、エックス線をかけられて、さらに疑われる。

槻宅◇頭に鉛が入っていて、筒の中に何か黒いものが詰まっているというふうに……。

安田◉よく能の笛方は税関検査でヒーッと吹いていますよね。

槻宅◇日本では、見れば笛だとわかってもらえるんですが、外国だとそういうこともあります。ですからそういう場面では音楽家と見てもらっていいんですけど、音楽とはどうしても性質が違う点がいくつかありまして、特にこの**能管**（のうかん）という笛です。音階が出ない。それは一体どういうことか。姿は雅楽の竜笛（りゅうてき）とかなり近いので、説明が非常に難しいのですが。

大きな穴、歌口に息を入れて、七つの指穴を塞いだり開けたりする。息を入れて吹くところは一般の笛と同じなのですが、違うのは作る工程です。一本の竹の中に、この太い部分をわざわざ切って、内側にもう一本細い竹を埋め込むんです。これは外からではわかりませんが、レントゲン写真を撮るとわかります。ここだけ内側がぎゅっと絞り込んであって、二重構造になっているんです。一番太いところが一番狭くできていて、細いところが逆に広くなっている。

そういういびつな構造にすることによって、倍音構造が壊れるんです。たいていの管楽器は同じ指穴で高い音と低い音でオクターブの倍音が出るようになっています。オクターブというのは八度。ホッホッホッ、ピーという時報の音の低いほうが四四〇ヘルツで高いほうが八八〇ヘルツです。この二つの音は倍音関係です。つまり、同じ指穴を押さえたときに、普通の管楽器はオクターブ関係になるように指穴の大きさを調整し、それ低いところと高いところで同様の音程が出るようにして、それによって音階を出しています。

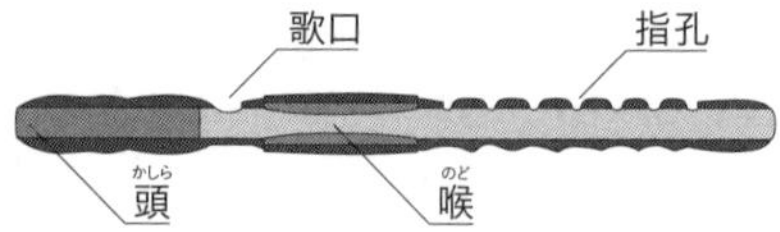

能管の構造

によってメロディを吹く。

でもこの笛は、この指穴だとオクターブより広いとか、この指穴だとオクターブより狭いとか、低い音域を並べたときの音の間隔と、高い音域を並べたときの音の間隔が違う。当然、メロディは吹けません。ですから、五線譜を渡されて「これを吹いてください」と言われても、できないんです。

そういうわけで、いわゆる普通の旋律が吹けない笛です。じゃあ、何を吹くのか。能の中で伝承された唱歌(しょうが)を吹きます。今吹いたのも唱歌になっていました。

最初に習うのは、「オヒャーラーイホウホウヒー」みたいな口伝えの歌です。あるいは片仮

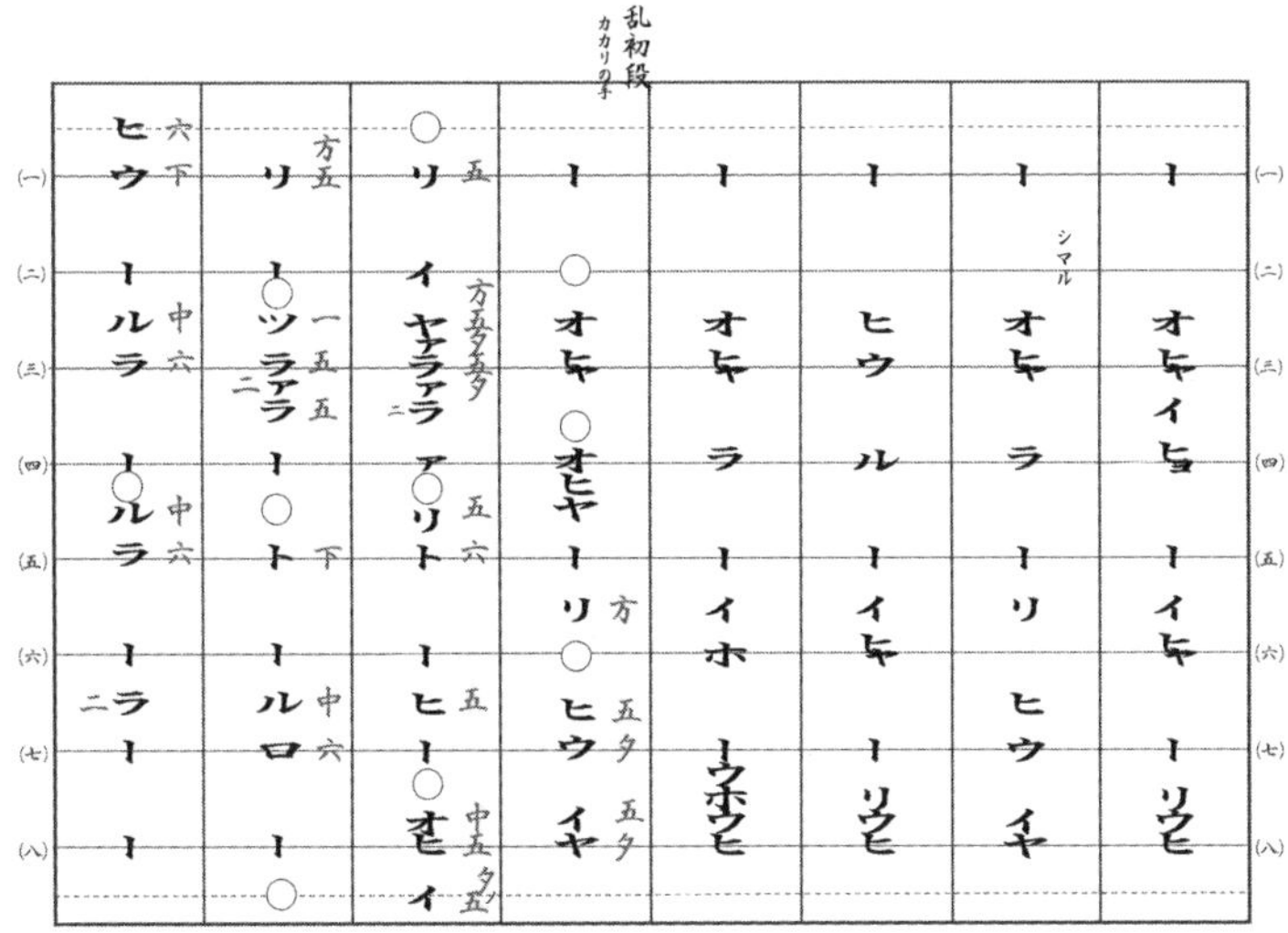

猩々乱（指附、息継ぎ入り）の唱歌

名で書いてある覚書もあります。片仮名が書いてあるだけなので、見ても歌えません。師匠が歌ってくれるのを聞いて、それを覚えて指はこうだと教わります。あるいは師匠が舞台に出ているときに後ろで聞いて、ああ、こうやるんだと見覚える。そういうふうにして修得していくんですね。直に聞いたものしか吹けませんから、覚書も楽譜とは言えないと思います。

それから、笛以外はみんな打楽器です。だから音程を合わせる必要がないんですよ。かけ声と打音だけなので、打楽器的に吹けとよく言われます。リズム理論は非常に精緻ですので、間のことはかなりやかましく言われますが、笛によって音の個性が強いので、音程はどうでもいい。音楽一般とはかなり違う音曲であることは確かですね。

「舞」とは語りである

槻宅◇音の話になっていますけども、今回は語り芸についての講座です。「隅田川」の語りの中で、私はほとんど何もしませんね。先ほどワキは全力で何もしないとおっしゃっていましたけど、何もしないことにかけては笛も負けていません。やることは本当に少ないけれど役割はある。

槻宅聡先生による笛（猩々乱）

民俗学の柳田國男に『日本の祭』（角川ソフィア文庫）という本があります。その中で舞とは端的に言って語りであると書かれています。語っているうちに手が動き足が動き、夢うつつのような状態になる。その結果出てくるのが所作、動きとしての舞なんだというんです。

語っているうちにトランス状態になる。語りから忘我の状態に入っていった結果生じるのが舞であり、その舞で使うのがこの笛の音であると。音曲としての笛の曲にはまったく意味がありません、言葉ではありませんから。ただし、唱歌は時間や音の高さを示しているので、そういう意味では言葉なんですけども。

その語りが昇華した結果、いくつかの舞のパターンが生まれています。その一つ、「猩々乱（しょうじょうみだれ）」という曲を笛の音だけで聞いていただこうと思います。乱の意味するところは何か。この曲は、間に非常な伸縮があって、均等なリズムを刻んでいません。あるところではゆっくりになったと思うと、軽くなったり、それからまたふわーっと大きくなったり。リズムが大幅に伸縮する。そういうことをもって能では乱というようです。

乱拍子(らんびょうし)という、「**道成寺**」に有名な特殊な舞事がありますが、あれも間の伸縮が非常に大きいですね。「**猩々**(しょうじょう)」という曲の小書(こがき)で舞われる舞です。低い音、高い音、その間の揺れを楽しんでいただけるのではないかと思います。では、「猩々乱」を聞いていただきます。

■【実演】「猩々乱」

いかに意味から離れるか

槻宅◇これが舞という舞踊に使う笛の曲の一種です。このほかにも何種類かありますが、さほど多くありません。一般的な楽曲のレパートリーとしてイメージされるものに比べたらかなり少ない。その代わり、たとえば「序の舞」という舞はいろんな演目で使われるので、太鼓が入る「序の舞」もあれば太鼓が入らない「序の舞」も、「**羽衣**」の「序の舞」も「定家」の「序の舞」もありという感じで、同じ所作や音曲を違う演目の中に置くことで豊富なレパートリーを実現しているのが能です。

安田◉能は基本的に詞章がありますが、舞になるとまったく詞章がなくなりますよね。意味と

道成寺
紀州道成寺に伝わる、安珍・清姫伝説（思いを寄せた僧の安珍に裏切られた少女の清姫が激怒のあまり蛇に変化し、道成寺で鐘ごと安珍を焼き殺す）に取材した作品。

猩々
揚子江沿岸、揚子の里に住む親孝行な高風はある夜、夢で「市に出て酒を売れば豊かになる」と告げられた。その通りに市で酒を売ると、何度もやって来てまったく酔わずに酒を何杯も飲む者がいる。不思議に思い名を尋ねると海中に住む猩々だと名乗る。

羽衣
羽衣伝説に取材した作品。漁師・伯龍は三保浦で松の枝に掛かっている一枚の美しい衣を見つける。そこへ、持ち主の天人が現れ、それは自分の羽衣である、衣がなくては天に戻ることは叶わない、と嘆き悲しむ。天神の羽衣と知った白龍は返すのを渋るが、嘆く姿を哀れみ天人の舞を舞ってくれるのであれば、羽衣を返そうと答える。

しての言葉がなくなる。

槻宅◇意味がないというか、意味から脱出する。

安田◉そうですね。慣れない方は、意味がわからないと非常に動揺して、意味を見出そうとする。僕たちはやっぱり意味の世界に生きていますから意味がないと困るし、動揺する。でもその困った状態を引き受けて、一〇年ぐらい能を観続けていくと、意味の世界から脱して、なんだか気持ちよくなってきます。能には幽霊の世界が多い。ふだん生きている意味の世界からいかに脱するかが重要なんですね。その解体を行うのが実はお笛です。さっきの「隅田川」だって、こうやってしゃべったほうがわかりやすいでしょう。「都の人とて年十歳」、それをわざわざあんなふうにしゃべるのは、いかにして意味から離れるかということが重要だからなんです。

槻宅◇意味の世界って、結構狭いですよね。

安田◉そう、意味の世界は狭いです。後で語りをする夏目漱石も、能を習い始めてから書いた「草枕」の中で、小説は筋なんて読むものじゃない、と言っています。筋のない小説なんて、信じられますか。小説において筋はどうでもいい、ミュートス（筋）を大事だと考えるアリストテレスと正反対の言い方をしています。それが能の世界です。

脳内ARを発動させるのが能

安田◉能が六五〇年も続いた最大の理由は、いかに能楽師が観客の方に行かないか、それに苦心したからではないかと思うのです。今の槻宅さんのお笛だって、意味としては全然わからないでしょ。しかしここで、この「オヒャーラー」は何々の象徴だ、なんて意味の説明はしない。説明は何もしない。もっと深く感じたかったらお前たちがこっちに来いと呼んでいる。むろん、来れる人は限られています。ひょっとしたら五パーセントぐらいかもしれない。でも、だからこそ能は続き得るのです。

人間は何でも最初は「ありがたい」と思います。しかし、やがてそれが「当たり前」になる。そして、「もっと」となる。この「もっと」は際限がないので、それに応えることはできない。そうすると恨まれたり、飽きられたりします。

たとえば映画。最初は無声映画だったでしょ。それがトーキーになる。すると今度はカラーを欲しがる。さらに大きな画面の映画を望むようになり、いまは3Dすら超えて4Dとかいって水がプシュッと飛んできたり、風が吹いたりする。やればやるほど、お客さんはもっともっと望むんです。しかし、これはひょっとしたら映画の終末期の現象で、やがてVRやARに代わられてしまうということを示しているのかもしれない。

ところが本来私たちは、驚くべき想像力を持っています。私たちは脳内に「ポケモンGO」ばりのAR装置を持っている。私はこれを「脳内AR」と呼んでいます。特に日本人はその能力が高いと思います。かつて子どもたちは算盤の暗算を、空中を見ながらしましたでしょ。空中に算盤の球を幻視するのが日本民族です。だから日本では、こんなに語り芸が盛んなのではないでしょうか。

能は、その能力を利用して演じられるものです。いかに観客のニーズに応えないかにむしろ苦心します。観客のニーズに応えて風や水を出すのではなく、皆さんの脳内ARを邪魔しないよう、能舞台には基本的に何も置かない。大道具もないし、小道具だって最小限。常にあるのは松だけです。これは枯山水の庭も同じですね。何も置かないことによって、ご自分の何かを投影していただく。というのも、能で扱うのはこの世の世界の話じゃないからです。あの世のことは、どんなに描いても、うそにしかなりません。それなら個々人のつくったうそをここに投影してもらおう、というわけです。

藤原定家
鎌倉初期の歌人。俊成の子。父のあとを継いで有心体を提唱し、象徴的歌風を確立した。歌壇の指導者として活躍。「新古今和歌集」「新勅撰和歌集」の選者となる。「源氏物語」などの古典の書写・校訂に携わり研究者としてもすぐれた業績を残した。

「定家」のあらすじ

安田◉「定家」という、**藤原定家**が主人公の能があります。藤原定家は平安時代末期から鎌倉時代にかけて活躍した歌人です。「百人一首」を編纂した人として有名です。定家の和歌、いくつぐらいご存じでしょうか。有名な和歌を一緒に読んでみましょう。

安田◉見渡せば。

観客◎見渡せば。

安田◉花も紅葉も。

観客◎花も紅葉も。

安田◉なかりけり。
観客◎なかりけり。
安田◉浦の苫屋の。
観客◎浦の苫屋の。
安田◉秋の夕暮れ。
観客◎秋の夕暮れ。

安田◉これは高校時代に習うことの多い歌です。見渡しても花も紅葉もない寂しい浦の苫屋(とまや)にみすぼらしい一軒家の漁師の家がある、なんていう意味ですが、そんなあまい歌じゃない。

和歌は本来は謡われるものです。「見渡せばー」見渡すんですよ、頭の中で。その次、「花もーぉ」頭の中で満開の花が咲きます。そして「紅葉も」全山を埋め尽くす黄色や赤の紅葉です。それが「なかりけり」でなくなる。しかし、否定されても満開の桜や全山を埋め尽くす紅葉は記憶の中に残りますでしょう。ソフトフォーカスがかかった縹緲(ひょうびょう)たる景色の向こうに寂しい秋の海岸があって、そこに一軒の家がある。

本居宣長(もとおりのりなが)などは「ないのに、なぜわざわざこんなことをいうのか」なんて言っていますが、それが本居宣長の限界です。ないのにある。そんな歌をつくるのが藤原定家です。定家の歌は、一筋縄ではいかないものが多いのです。

さて、そういう藤原定家がタイトルの能「定家」は、こんな内容です。

本居宣長
江戸時代の国学者・文献学者・言語学者・医師。伊勢国松坂(三重県松阪市)の人。木綿商の家に生まれるが、医者となる。医業の傍ら『源氏物語』などことばや日本古典を講義し、また現存する日本最古の歴史書『古事記』を研究し、『古事記伝』を執筆する。主著は他に『源氏物語玉の小櫛』、『玉勝間』、『うひ山ふみ』、『秘本玉くしげ』、『菅笠日記』など。

定家の死後、一〇〇年ほど経ちました。ある晩秋、北国からお坊さんが都にやってきました。紅葉の季節はほぼ終わり、ほとんどが枯れ木になっている中、一本だけ枯れ残った紅葉がある。それを眺めてお坊さんが歌を謡っていると、山の端から時雨が降ってくる。

寒いですからね。お坊さんは雨宿りをする。すると、そこに若い女性が現れます。「ここは藤原定家ゆかりの場所と知って雨宿りしているのか」。お坊さんが「知らなかった」と言うと、女は「額を見よ」と指す。たしかに、定家ゆかりのところです。「でも今日は特別な日なので、この雨が上がってお弔いをしてくれたなら雨宿りを許しましょう」と女は言います。

お坊さんはそれが仕事ですから、「いいですよ」と答え、雨が上がると女性に連れられてお墓に行きます。話の流れからすると当然、藤原定家のお墓ですよね。ところが違ったのです。**式子内親王**という人のお墓だった。式子内親王の歌も読んでみましょう。「玉の緒よ」、はい。

観客◎玉の緒よ。

安田◉「玉の緒よ」というのは自分の魂と自分を結んでいる線ですね。「絶えなば絶えね」、はい。

観客◎絶えなば絶えね。

安田◉切れるなら切れてしまえというんです。自分が死ぬなら死んでしまえ。なぜならば「長らえば」、はい。

観客◎長らえば。

安田◉忍ぶることの。

式子内親王
平安末期・鎌倉初期の女流歌人。後白河天皇の第三皇女。名は「しきし」ともよむ。賀茂斎院となり、のちに出家。和歌を藤原俊成に学んだ。新古今集に四九首入集。家集に「式子内親王集」。

観客◎忍ぶることの。
安田◉弱りもぞする。
観客◎弱りもぞする。
安田◉彼女は忍ぶ恋、人に知られてはいけない恋をしていて、もしこのまま自分が生き長らえてしまったら、心が弱って誰かに言ってしまうからと。式子内親王とはそういう歌をつくった人です。天皇の娘であり、賀茂の宮の斎宮、神に身をささげる女性です。そんな女性のお墓なので、どんなすごいお墓かと思って連れられるままに行ってみると、そこは一面ぼうぼうの草野原。よく見ると石塔がありますが、ツタやカズラが絡まってどこが墓かもしかとはわからない。お坊さんはその女性に質問します。「なぜ式子内親王ともあろう人のお墓がこんな状態なのか」と。

彼女は話し始めます。昔、藤原定家と式子内親王が恋をした。式子内親王は神に身をささげる女性ですから、絶対に人間の男性と恋をしてはいけない。つまり忍ぶ恋です。そこで彼女は、「玉の緒よ」の歌を謡います。

ここから先、能のせりふがきれいです。
「心の秋の花薄。穂に出でそめし契りとて又かれがれのなかとなりて」と謡う。
「心の秋」。心が秋になる。「あき」には秋という季節と、飽和状態という意味があります。さらには飽きるという意味もありますね。もう心が飽き、すなわち飽和状態、いっぱいいっぱいになって、秋にススキが出るように「穂に出る」。穂に出るというのは、外に現れるということ、人に知られてしまうということです。そうすると「かれがれのなかとなりて」という。「かれがれ」は、むろん枯れ枯れです。秋のススキは枯れます。しかし、離れ離れも古語では「かれがれ」と訓じます。人に知られた二人の仲は枯れてしまい、そして離れ離れにさせられてしまった。

時が経ち、人間ですからふたりは死にます。いまは執念深いのは女性といわれていますが、この時代には男性なんです。古典を読んでも、だいたい男性のほうが執念深い。まあ、いまもストーカーは男性が多いですね。定家は死んでも式子内親王のことが好きで、ストーカーとなるのです。死後、彼は植物の精霊と化します。定家葛（かずら）ってありますでしょ？　つぶすと汁の出てくる怖い植物で、彼はその定家葛となって地面を這い、式子内親王の墓に絡みつきます。こわいですね。

式子内親王は神に身をささげた女性ですから、もう男なんかどうでもいいと思っている、おそらくね。ところが体が許さない。能では「色こがれまとわり」とか「荊（おどろ）の髪も結ぼほれ」という表現を使うのですが、こういう言葉を聞くと、墓地の下に横たわる彼女の髪が伸びてきて、上から伸びてくる藤原定家の定家葛に絡まっている、そんなイメージが浮かびます。「この墓から抜け出せない。こんな私の妄執を助けてください」と、その女性が言うんです。えっと思うでしょ。さっき「雨宿りしちゃだめだ」と言った女性が、「こんな私を助けてください」と言うなんて。「ひょっとしたらあなたは式子内親王の亡霊ですか」とお坊さんが聞くと、その女性は何となくほのめかしながら墓のそばで姿を消してしまいます。

気がつくとあたりは暗くなっている。お坊さんは今の女性こそ式子内親王の亡霊に違いないと確信し、墓に向かってお経を唱えます。そうすると、墓に絡みついていたツタカズラが解けて中から式子内親王の亡霊が現れる。

そのときに使う面に、主に二種類の選択肢があります。ひとつは「増女（ぞうのおんな）」、あるいは単に「増」と呼ばれる女性の面です。それを使うと高貴な女性、内親王の高貴さが際立ちます。もう一つは「痩女（やせおんな）」という面です。これは、骸骨に顔が張ってあるだけのように見える面です。これを使うと数百年墓に閉じこもった女性になる。どちらを使うかは、シテを舞う人に任されます。

「夢幻能」の構造

安田◉そのようにして現れた式子内親王の霊は、「あなたのお経のおかげで私は成仏できそうです」と言って、報恩の舞を舞い始めます。どのくらいかかりますかね、この舞は。

槻宅◇やったことありませんが、一七、八分ぐらいですか。

安田◉少し前にワキでつとめましたが、そのときは二〇分かかりました。一七、八分から二〇分。さっきのは一〇分以内ですよね。

槻宅◇そうですね。

安田◉みなさん、どうですか、あの倍以上、耐えられますか。その前にも一時間以上あります。

槻宅◇長い能ですよね。二時間ぐらい。

安田◉ふつうはこのあと成仏する能が多いのですが、「定家」ではもう一度、定家葛が伸びてきて彼女を墓の中に引きずり込む。永遠にこれが繰り返される、それが「定家」ですね。

能には今のような「**夢幻能**(むげんのう)」と、もう一つ演劇に似た「現在能(げんざいのう)」があります。「夢幻能」では、最初に現実世界の人物、ワキが現れます。これは旅人であることが多い。その人物が植物や岩など、自然物に対して歌を謡っていると、どこからともなく女性や老人、童子といった人、シテが現れる。若い青年ということは少ないですね。

槻宅◇あまりいませんね。

安田◉その現れたものと旅人が会話を交わしていると、途中から相手がどんどん変なことを言い出すんです。そしていつの間にか、今は昔になっている。同じ場所が、語っているうちに昔に変わってしまう。先ほどの例だと、藤原定家と式子内親王の時代に変わり、主人公もいつの間にか変わって、「こんな私を助けてください」と言う。これは主語がない能だからできる技なんですね。「雨宿りするな」と言った女性から式子内親王に変わる。変わったときに不審に思って「あなたは誰ですか」と言うと、消えてしまう。

そこで、お坊さんならお経を読み、普通の人なら眠ります。そうすると霊が出てきて思いのたけを述べ、また帰っていく。これが夢幻能の構造です。

夢幻能
若い男が前シテとして登場する夢幻能は「敦盛」「箙」「綿木」「松虫」など。

時間と空間を切り取る笛のひしぎ

安田◉「残念」という言葉がありますが、これは本来「念が残る」ということ。亡くなった人がわざわざ現れるのは、この「残念」のため、すなわち念を残しているからです。その念を聞くのがワキの役割なのです。最初に会話をすることによってその念を引き出します。聞いたら後は何もしちゃいけないので、ただここに座っている。江戸時代の川柳に「ワキ僧は煙草盆でもほしく見え」というのがあるぐらい、何もしません。あちらの世界とこちらの世界の間にはすごく大きな境があって、幽霊は本当はこちらの世界にやってきたくはありません。それを破るのが笛の役割なんですね。

ちょっとひしぎを聞かせていただけますか。

槻宅◇ひしぎという言葉は、ひしぐという動詞から来ています。こういう音です。

（実演）

槻宅◇かなり強い音ですけども。

安田◉ある意味、うるさく感じる音ですね。

槻宅◇うるさいことに重要性がある。能の笛は音楽ではないと言いましたね。今私たちが思っている音楽というのは、旋律や音色の美しさを聞いて楽しむことだと思います。それに対して、能における「ひしぎ」の音というのは、物語が始まる合図のような機能を持っているんです。今は昔になるこの舞台を、この音でもって日常的な時間・空間から断ち切る。それがひしぎです。

「ひしぐ」という動詞は、つぶすとか壊すという意味です。しょんぼりするとか、がっくりくるとかという意味の「打ちひしがれる」という言葉もありますよね。夏目漱石の時代には普通に使われていました。音を使うことによって、この時間と空間を切り取る、分節化する、これが笛のひしぎの役割です。

安田◉ひしぎによって破られた空間から幽霊が現れ、その幽霊の思いを聞いてまた成仏させる。成仏というか、思いを晴らして、またあちらに戻っていただくというのが本来だと思いますが。

槻宅◇そうですね。

安田◉夢幻能のシテ——さっき幽霊と言いましたが——には、他にどんな登場人物がいますか。

槻宅◇神。

安田◉神様がいます。「高砂(たかさご)」とかは神様ですね。

槻宅◇「半蔀(はじとみ)」の精霊。

安田◉能「半蔀」のシテは『源氏物語』の夕顔の霊なのか、植物の夕顔の霊なのか判然としない形で登場しますね。能には植物の精霊というのが案外います。虫もいますね。

槻宅◇「胡蝶」ですね。虫がいるのはおもしろいですね。

安田◉そうですね。そうした人間ではない存在が現れるのが「夢幻能」で、そういうものが今まで続いているというのは能の不思議だと思いますね。世界中に幽霊が出る演劇はたくさんありますが、幽霊が主人公になる演劇はほとんどありません。感情移入のしようがないんで、主人公にはなれないのです。

夏目漱石「夢十夜」より「第三夜」

安田◉では、夏目漱石「夢十夜」に移りましょう。漱石は「吾輩は猫である」の中では能の謡をバカにしていますが、宝生新師（ほうしょうあらた）から謡を習い始めてから書いた「草枕」や「夢十夜」では能に対する考え方が変わってきています。今日は、その「夢十夜」の中から「三夜」を語ってみようと思います。

この小説はタイトルのとおり、一〇日間の夢を書いた小説です。この作品が書かれたのは、フロイトの「夢判断」やアインシュタインの相対性理論が知られた時代です。無意識というものが初めて言語化された、その感動が「夢十夜」には表れていますし、それと同時に夢を売買するほど、夢に実在性を感じていた江戸時代の名残も残っています。個人的無意識としての夢と、集合的無意識としての夢が併存している、それが漱石の「夢十夜」の面白いところです。また、相対性理論も日本人に大きな影響を与えました。それに感動して、天の川に窮理（物理）の船に浮かべて銀河の彼方に向かおう、という「星の界（よ）」という詩まで書かれています。これは讃美歌の「いつくしみ深き」のメロディーで歌われます。漱石の生きた明治というのは、時代が大きく変わった時代だったのです。

「夢十夜」の「第三夜」は、自分という主人公が六つになるわが子を背負いながら田んぼのあぜ道を歩いていく話です。この子には不思議なところが二つありまして、一つはなぜか目が潰れているということ。もう一つは青坊主になっていることです。青坊主というのは、坊主にしたての青々とした頭です。その子を背負いながら田んぼの脇を歩いていると、サギの声が聞こえたりする。そんな「第三夜」をこれから語りたいと思います。

最初に能の謡を一節謡います。これはきっと何を言っているかわからないと思いますが、気にしなくて大丈夫です、ほんの一五秒ほどでそのストレスはなくなりますから。その後、「こんな夢を見た」からは、漱石の文章なので、だいたいわかると思います。夢なので暗くして上演しましょう。

■実演「夢十夜」

「吾輩は猫である」より「猫が餅を食べた話」

安田◉ありがとうございました。

能の舞台をご覧になったことのある方は、能と狂言とが交互に上演されるのをご存じかと思います。能は悲劇的な話が多い。その後に笑いの狂言を持ってくる。

『夢十夜』夏目漱石より「第三夜」一部改変：安田登

謡：夢の通い路辿り来て。夢の通い路辿り来て。行方やいつと定むらん

こんな夢を見た。

六つになる子供を負ってる。たしかに自分の子である。ただ不思議な事にはいつの間にか眼が潰れて、青坊主になっている。自分が御前の眼はいつ潰れたのかいと聞くと、なに昔からさと答えた。声は子供の声に相違ないが、言葉つきはまるで大人である。しかも対等だ。

左右は青田である。路は細い。鷺の影が時々闇に差す。

「田圃へかかったね」

「どうして解る」

「だって鷺が鳴くじゃないか」

すると鷺がはたして二声ほど鳴いた。

自分は我子ながら少し怖くなった。こんなものを背負っていては、この先どうなるか分らない。どこか打遣ゃる所はなかろうかと向うを見ると闇の中に大きな森が見えた。あすこならばと考え出す途端に、背中で、「ふふん」と云う声がした。

「何を笑うんだ」

子供は返事をしなかった。ただ

「御父さん、重いかい」と聞いた。

「重かあない」と答えると
「今に重くなるよ」と云った。

自分は黙って森を目標にあるいて行った。田の中の路が不規則にうねってなかなか思うように出られない。しばらくすると二股になった。自分は股の根に立って、ちょっと休んだ。

「石が立ってるはずだがな」と小僧が云った。

なるほど八寸角の石が腰ほどの高さに立っている。表には左り日ケ窪、右堀田原とある。闇だのに赤い字が明かに見えた。赤い字は井守の腹のような色であった。

「左が好いだろう」と小僧が命令した。左を見るとさっきの森が闇の影を、高い空から自分らの頭の上へ抛げかけていた。自分はちょっと躊躇した。

「遠慮しないでもいい」と小僧がまた云った。自分は仕方なしに森の方へ歩き出した。腹の中では、よく盲目のくせに何でも知ってるなと考えながら一筋道を森へ近づいてくると、背中で、「どうも盲目は不自由でいけないね」と云った。

「だから負ってやるからいいじゃないか」

「負ぶって貰ってすまないが、どうも人に馬鹿にされていけない。親にまで馬鹿にされるからいけない」

何だか厭になった。早く森へ行って捨ててしまおうと思って急いだ。

「もう少し行くと解る。――ちょうどこんな晩だったな」

『吾輩は猫である』餅の段　改変：安田登

吾輩は猫である。

吾輩もちょっと雑煮が食って見たくなった。

吾輩は猫ではあるが大抵のものは食う。何でも食える時に食っておこうという考から、主人の食い剰した雑煮がもしや台所に残っていはすまいかと思い出した。

台所へ廻って見る。今朝見た通りの餅が、今朝見た通りの色で椀の底に膠着している。

見るとうまそうにもあるし、また少しは気味がわるくもある。

前足で上にかかっている菜っ葉を掻き寄せる。爪を見ると餅の上皮が引き掛ってねばねばする。嗅いで見るとくさい。

食おうかな、やめようかな、とあたりを見廻す。幸か不幸か誰もいない。

食うとすれば今だ。もしこの機をはずすと来年までは餅というものの味を知らずに暮してしまわねばならぬ。

吾輩はこの刹那に猫ながら一の真理を感得した。

「得難き機会はすべての動物をして、好まざる事をも敢てせしむ、好まざる事をも敢てせしむ」

吾輩は実を云うとそんなに雑煮を食いたくはないのである。否、椀底の様子を熟視すればするほど気味が悪くなって、食うのが厭になったのである。

この時もし誰かがここに現れたなら、吾輩は惜気もなく椀を見棄てたろう。吾輩は椀の中を覗き込みながら、早く誰か来てくれればいいと念じた。が、やはり誰も来てくれない。

吾輩はとうとう雑煮を食わなければならぬ。

最後にからだ全体の重量を椀の底へ落すようにして、あぐりと餅の角を一寸ばかり食い込んだ。このくらい力を込めて食い付いたのだから、大抵なものなら噛み切れる訳だ。が、驚いた！　もうよかろうと思って歯を引こうとすると引けない。もう一辺噛み直そうとすると動きがとれない。餅は魔物だなと疳づいた時はすでに遅かった。

沼へでも落ちた人が足を抜こうと焦慮(あせ)るたびにぶくぶく深く沈むように、噛めば噛むほど口が重くなる、歯が動かなくなる。歯答えはあるが、歯答えがあるだけでどうしても始末をつける事が出来ない。

この煩悶の際吾輩は覚えず第二の真理に逢着(ほうちゃく)した。

「すべての動物は直覚的に事物の適不適を予知す」

能の深刻さを狂言で笑ってしまおうという発想です。能と狂言では、完全にパロディ関係になっているのもあります。大真面目に能を演じたのに、それが後で笑われる。それをよしとします。雄雌のことをつがいと言いますでしょう。漢字では「番」と書きますね。「番組」という言葉は、つがいで組でやるからそういうんだとも言われています。「夢十夜」のような暗い曲をやった後には、必ずお笑いの曲かおめでたい曲をやらなきゃいけない。……ということで、夏目漱石の「吾輩は猫である」をこれから語りたいと思います。

「吾輩は猫である」を最初から最後まで読み通した方はどのくらいいらっしゃいますか。多い！ 何でこんなに多いんですか。

奈々福◆変わっていますね、この集まりは。

安田◉この規模ですと、普通は二人ぐらいなんですけどね。

「吾輩は猫である」は日本で最も有名な小説の一つでありながら、ほとんどの日本人が読み通したことのない小説でもあります。普通に全部を読むのはきついですね。これからチャレンジされる方は、トイレに置いておいて、一年ぐらいかけてゆっくり読むといいですよ。もともと新聞小説なので、そういう読み方が一番適しています。

これは、漱石がロンドンで精神を病んでしまい、そのリハビリのために書いた小説です。それを朗読した高浜虚子が「これはおもしろい」ということで『ホトトギス』に発表されました。虚子の朗読から始まった小説ですので、もともと朗読されるようにできているので、ぜひみなさんも朗読をしてみてください。

今日は猫が餅を食べるところを演じてみたいと思います。

あるお正月、苦沙弥(くしゃみ)先生――漱石ですね――の食べ残した餅を見た猫が、自分も食べてみようと台所に回り、実際に餅を食うというお話です。猫を飼っている方で、餅を食べさせたことがある方はいらっしゃいますか。友人が食べさせてみたら、まさにこのとおりになったそうです。漱石も食べさせたのかも知れません。

気楽な話ですから、どうぞ気を抜いて聞いてください。また、「第三夜」のパロディが間に入っています。どこに入っているか探してみてください。

槻宅◇「夢十夜」の「第三夜」でお気づきになったかもしれませんが、笛の音は話を分節化しています。区切り区切りに笛が鳴ることで語りが構造化するという効果を与えているんです。

安田◉では、「吾輩は猫である」をお聞きください。ところどころ省略していますが、基本的には漱石の書いた文章のまま語ります。

■実演「吾輩は猫である」

能の語り口

安田◉「夢十夜」も「吾輩は猫である」も、能の語りの手法でお届けしました。能の語りの手法というのは、たとえば「これは西塔の武蔵坊ノ弁慶にて候」というふうに、一文を真ん中に分けて後半を強くハルという手法です。「腕組みをしてノ枕元に座っていると」「我が輩もちょっと雑煮をノ喰ってみたくなった」、これも同じ構造です。日本語の文章自体が自然とこの構造になっていることが多い。

たとえば「桃太郎」の語りだしって、不思議ですよね。「昔々あるところにおじいさんとおばあさんがいました。おじいさんは山へしば刈りに、おばあさんは……」ここは、全国どこに行っても共通です。「浦島太郎」ではこんなことはありません。そして語っている相手の年齢が低いほど、節をつけて語る。「むかーしむかし、あるところにおじいさんとノおばあさんがいました。おじいさんはノ山へしば刈りに。おばあさんはノ川へ、洗濯に行きました」。おじいさんの部分は低くて、おばあさんのところでは強くハル。考えてみたら、この物語において、おじいさんの存在はないに等しい。だから大事なおばあさんはあとに書かれる。最初は平たんで始まり、後半で強くハルという、これが日本語の文章の基本構造です。

奈々福◆そして、浪曲、講談、節談説教、説経祭文、ごぜ唄と、それぞれの語り口があります。

安田◉そうですね。

奈々福◆今おっしゃった二番目のほうが強くハルというお能と、浪曲――浪曲と講談は近いと思いますが――とでは、細かく聞いていくと語り口が違うなとしみじみ感じます。

日本語ってこんな響きをするのか

奈々福◆これまでいろいろな芸能者の方に出ていただいてきましたが、考えてみると、その芸能の家に生まれた方は義太夫の鶴澤藤蔵さんだけです。お能こそ家が大事なのではないかと思うのですが、安田先生も槻宅先生もお能のおうちのお生まれではないということで、一体どんな経緯でお入りになったのかをお話しいただきたいと思います。

槻宅◇私は謡の素人から始めました。一九か二〇歳の頃です。大学の謡曲サークルに誘われて入ったんです。もともと歌が好きで、合唱をやったりギターを弾きながら歌ったりしていたものですから、仲のよかった一つ上の先輩が「謡をやろうよ」と誘ってくれて。宝生流の謡を習い始め、舞台を見るようになったら、おもしろくてやめられなくなっちゃって。

奈々福◆どのへんがおもしろいと思われたんですか。

槻宅◇先生が謡ってくれて、自分で繰り返して謡いますでしょう。そこで自分にはこんな声が出るんだ、と、口から出てくる日本語の響きにびっくりしたんです。たしかに自分は日本語を知っているし日本語で歌っているけれど、日本語がこんな響きをするなんて思ってもみなかった。伝統的な声楽である謡って、かなり謡い方が自由なんです。先生が「こう謡いなさい」とお手本を示してくれて、それを真似しようとは思うけれど先生と同じにはなりませんよね。でもそれでいいんです。あとは自分がどれだけ鍛錬していくかの問題であって、非常に自由なんですよね。その解放感がたまらなかった。謡の自由さに比べると、それまで並行してやっていた五線譜で歌う合唱はすごく窮屈に思えました。

舞台上での楽器演奏を見るのも好きだったので、お囃子方を見るのもおもしろくて。とくに旋律が外れている笛の音色にショックを受けて、これはおもしろい、やってみたいと思ったんです。

そんなことがきっかけで、できたばかりだった国立能楽堂が募集していた研修制度に二期生として入りました。

奈々福◆そのときはもう明確にプロになろうというお気持ちで。

槻宅◇もちろんそうです。でも、物になるかどうかなんてわかりません。でも、これをやらずにおけば後々すごく後悔する。だめならだめでいいからやってみようと思って、始めました。

奈々福◆国立で養成される研修生ですから、師匠につくというわけではないんですよね。

槻宅◇もちろん先生はいます。初舞台というのが何を指すのか難しいですが、観客の前で初めてやるのが初舞台ならば、研修三年目の節目で出た初めての発表会が初舞台といえるでしょうか。

奈々福◆お師匠さんは、研修生のときの先生ということですね。

槻宅◇研修生といっても、国が制度として稽古場とカリキュラムと先生への幾らかの金銭的な報酬を確保するというだけで、先生が私たちを教えに来るわけです。つまりそのときちゃんと入門しているんです。

奈々福◆入門しているわけですね。初めてギャランティをいただいたのはいつ頃ですか。

槻宅◇たしか四年目ぐらいだったでしょうか。お金をもらっていいのかすごく迷って、ちょうど心配で見にいらしていた先生に「これをいただいたんですけど」と相談したら、「もらっておきなさい」と言われたので、いただくことにして。うれしかったですね。

能は寝てても大丈夫!?

奈々福◆安田先生のきっかけは。

安田◉ 僕は能を観るということも、偶然、連れていかれたのがきっかけでした。二五歳ぐらいのときです。当時、高校で教員をしたいたのですが、同僚で能が好きな人がいて、その人が一緒に行く人がいなくなったんで誰か行かないかと言われて、行ったのがきっかけです。

奈々福◆で、ご覧になって……。

安田◉うちの師匠の**鏑木岑男**（かぶらきみねお）の声にすごく感動したのです。先日、亡くなってしまわれましたが。

しかし、能自体は退屈で、「いつまでやっているんだ」と頭に来ましたね。自分が悪いんだろうかと一生懸命見ようとは思いましたが、退屈さは最後まで変わりませんでした。槻宅さんのように感動される方もいますが、何度観ても退屈な人もいると思います。そういう人にどうやって楽しんでいただくかかが重要だと思っています。能を二〇年見続けていても、客席で寝る人はたくさんいますから。

鏑木岑男
一九三一（昭和六）年生まれ。下掛宝生流。重要無形文化財保持者（総合認定）。愛宕神社名誉宮司。二〇一七年に逝去。

槻宅◇私も退屈しなかったわけじゃないんです。舞台の展開や最後まで寝ずに見ていられるかという意味では退屈していましたが、能の音響と手ざわり、感触が気持ちよかったんです。気持ちよく寝ていられるというか。

安田◉槻宅さんはたまに舞台上で寝ているとおっしゃっていますものね。

槻宅◇私だけじゃないと思う。

奈々福◆そんなこと言っていいんですか（笑）。

槻宅◇半覚醒状態なんです。

安田◉そうそう、そうなんですよ。

奈々福◆夢とうつつを行き来していらっしゃる。

槻宅◇身体的には、かなりそうですよね。トランス状態に近い。

安田◉そうですね。

槻宅◇だから、憑依するんだと思うんです。お客さんも生理的にそれに近くなってきて同じ幻影を見るんだと、私は思っていますけどね。

奈々福◆お能でも演芸でも、見ているときには心が遊びますよね。もちろん目の前の物語に集中してもいるのですが、あらぬことを考えていたりと、うつつ世から離れていく感じがあります。

安田◉浪曲の場合は、一〇分寝てしまうと話がわからなくなるでしょう。能はほぼ同じところにいますから。

安田◉そうです。

奈々福◆わはははは！　一〇分経ってもさほど進まない（笑）。

安田◉そこが能のすごいところです。

槻宅◇能の構造的なよさはそこですね。一部分抜けてもつながるんです。大丈夫。

奈々福◆筋が非常にシンプルだからですよね。

槻宅◇そうそう、そういうことです。

奈々福◆描いているものが筋ではないからですよね。

それぞれの入門

奈々福◆鏑木先生の舞台をご覧になってから能を志すまでの間は。

安田◉本当のことを言ってもいいかな。もう師匠は亡くなったからいいか。

奈々福◆いいですよ。

安田◉学生時代にナイトクラブでピアノを弾いて学費と生活費を稼いでいました。就職してからは趣味でフリージャズやっていました。フリージャズはドラムとかサックスがうるさいじゃないですか。ピアノは、どんなに叩いてもそんなに大きな音が出ない。そんなとき、先生の声を聞いて、これだ、声しかないと思って。まあそんなことは一切言わずに「お稽古してくださ い」とお願いしました。

奈々福◆声一つのために。

安田◉そうですね。

奈々福◆でも、能の世界がどんなものなのか、ご存じなかったわけですよね。

安田◉まったく知りませんでした。

奈々福◆槻宅さんは研修制度から入られたわけですが、いきなり素人で入門されるということも結構あるんでしょうか。

安田◉僕は実は、**薪能**（たきぎのう）のチケットを買いに行くふりをして稽古をしてもらいました。

奈々福◆どういうことですか。

安田◉当時、先生が赤坂の日枝神社で東京薪能を主宰されていらっしゃったのです。で、チケットを先生のところへ買いに行って、そのまま何となくずるずると。

奈々福◆そのとき、入門させてくださいと先生におっしゃったんですか。

安田◉結局、一度も言っていませんね。

槻宅◇じゃあ、どうやって習ったんですか。

安田◉同じ時期に入ってきた人がいて、その人は玄人を目指していて、その稽古のとき、横に座って一緒にいて、いつの間にか稽古が始まりました。

槻宅◇追い出されなかったわけですね。

安田◉ええ、追い出されませんでした。

奈々福◆先生としては最初からプロを志して入門したと認識されていたという。

薪能
本来は奈良興福寺の修二会で行われる神事能をいうが、近年は野外の仮設の舞台にかがり火をたいて行う野外能をそのようにも呼ぶ。

安田◉そうですね、うちの先生はいわゆる素人弟子はとっていなかったので、当然そのつもりで来たんだろうと思ったのかもしれません。こちらはそのつもりはまったくありませんでしたが。

国立の研修制度とは

奈々福◆能のお修行ってちょっと想像がつかないのですが、どんなお修行なんですか。
安田◉先生によって違うでしょうね。
槻宅◇先生によっても、囃子方、ワキ方、シテ方によっても違いますね。
　私の場合は国立の研修生でしたから、とにかく朝から夕方まで稽古のカリキュラムが入っていて。稽古ばかりでした。
奈々福◆お笛以外も全部やったんですか。
槻宅◇ええ。午前中が謡で、午後は最初に笛があってその後、大鼓や小鼓。その後、大学から先生が来て能の歴史などの講義を。講義は椅子に座るので足が疲れてぐたっと寝ている人も多かったですが、立派な先生たちだったので、何とかかじりついて聞きましたね。
奈々福◆とにかくみっちり教わるという状況だったんですね。
槻宅◇促成栽培と悪く言われましたがね。飽和状態になるくらい稽古づけの毎日なので、午後学校から帰ってから稽古する人よりはずっと速く身につくんですよ。ただし、短期間に集中して覚えたものって、あまり熟成しない。やっぱり三年なり六年なりが過ぎた頃、ぼちぼち身に

鼎談

ついてきて、だんだん芸になっていくというのが正しいプロセスなんでしょうね。我々研修生の教わり方は、能界のそれまでの常識からすると、かなり異質だったようです。

国立研修もスタートから二〇年以上経って、たくさんの研修生が活躍するようになりましたが、我々の頃は「あんなんで物になるのか」「たしかに技術はあるけど、あれじゃちょっとね」という感じがかなりありましたね。

奈々福◆研修生出身の方とほかの方では色が違うみたいなことって、今もあるんですか。

槻宅◇まだ多少ありますが、我々ももう五〇代、六〇代になってきましたからね。

安田◉研修生って、どのぐらい残るものですか。

槻宅◇歩どまりですね、人間の。

奈々福◆人間の歩どまり。

槻宅◇我々のときは最初に一一人入って、今残っているのは三人ですかね。

奈々福◆三年の最初の発表会のとき残っていたのは何人ぐらいですか。

槻宅◇その段階で四、五人でしたかね。

奈々福◆最初の段階でかなり……。

槻宅◇思っていたのと違うというのは最初の段階でわかっちゃうのでね。親からやめなさいと言われた人もいますし、先生からおまえは要らないと言われる人もいる。というのも、皆何を専門にするか決めずに入ってくるんです。稽古をするうちに、やりたいことや適正を先生が見極めて、数か月後の実技試験で笛とか小鼓とか希望を書く。選別された結果、その段階で誰からも要らないと言われる人がいるわけです。

奈々福◆要らないかあ。それはつらいなあ。

槻宅◇自分も入れてもらえないかもしれないので、つらいものがありますよね。

たくさん採用して、その中から少しずついいのを選んでいこうというんじゃないんですよ。最初からこいつにしようと一人か二人を確保して、玄人になるまで育てる、というのがこの世界なんですね。だから、学校システムは本当に合わない。学校ってたくさんいる中から成績優秀者を抜てきしていこうという発想でしょう。そうじゃないんですよ。勘なんです、先生の。優秀だからとか器用だからということじゃない。

奈々福◆違うんですね。

槻宅◇違うんです。こいつならよさそうだ、波長が合う、みたいな感じです。長いつき合いになりますからね。

奈々福◆お能ってチームワークですもんね。

槻宅◇そう。だから、こいつはどうも虫が好かないというのは絶対だめです。

奈々福◆なるほど、なるほど。

人には鈍感、舞台には繊細

奈々福◆そうですか。槻宅さんご自身は、その発表会後始まった長い道のりの中で、迷われることはなかったですか。

槻宅◇私はその時点で大学も出ていたのですが、国立の研修募集は三年周期で、私が卒業した年には募集がなったんです。うーんと考えて、何もせずに一年待つわけにもいかないので一応、会社に就職しました。それで一年後に会社を辞めて研修生になった。まだ二四、五歳でしたが、それでもこれから何かをやり直すにはちょっと遅い。能楽師として稽古を始めるにも遅いですよね。小学生ぐらいから稽古を始めるのが普通ですから。もう後はない、迷っている場合ではありませんでしたね。

奈々福◆なるほど。安田先生は。

安田◉僕は掃除がつらかったですね。

奈々福◆先生のおうちの。

安田◉はい。冬の寒いとき、すごく長い廊下を大掃除するのが。でも、それがあるときすごい楽になってきて。足腰がかたまってきたんでしょうね。

奈々福◆安田先生の師匠、鏑木岑男先生のおうちは、「**寛永三馬術**（かんえいさんばじゅつ）」の曲垣平九郎（まがきへいくろう）が馬で上がった、愛宕山の出世の石段の一番上にある愛宕神社です。

安田◉目の前で稽古をしてくれるより、掃除してるほうが多かったですね。でも、窓拭きをしているときに、一緒に入った人と謡を掛け合いで謡ったりして、そのうちに覚える。

奈々福◆先生のお稽古はものすごく厳しかったということですが。

安田◉もう、殴る、蹴る、罵倒する。亡くなった今だから言えますが。

奈々福◆先生を恨んだこともあったのでは。

安田◉死ぬほどありました。それがだめな人はやめちゃうんですよ。殴られたり蹴られたり、「おまえなんか人間じゃない」みたいなことを言われたりとかね。僕の場合は、そうされると怒りが湧くのです。今だからこそ言えますが、殺意も湧きました。それが僕はエネルギーになる。でも、「もう、あしたから来なくていい」と言われて、本当に来なかったりとか。そういう人もいます。一緒に始めた人は、途中でやめてしまいました。繊細だったのでしょうね。

（鶴澤）寛也さんもおっしゃってましたが、その家じゃないのに古典芸能で生き残っている人は、多くが半分鈍感だと言っていました。鈍感ってすごく重要だと思いました。

寛永三馬術
講談。曲垣平九郎、向井蔵人、筑紫市兵衛の三人の馬術の名人を主人公とした連続物の武芸講談。浪曲にもなっている。

槻宅◇あんまり繊細だとやっぱりもちませんよね。
奈々福◆受け流すのがポイントです。
安田◉ＳＮＳもそうですね。でも、舞台上ではすごく繊細になるべきですが。
槻宅◇きっと繊細であるべきところが違うんでしょうね。
安田◉人から言われたことには鈍感で、舞台上では繊細、というのが重要。
槻宅◇皮膚感覚みたいなね。

能はつまらなくてなんぼ

奈々福◆実演者として、ご自分のやっている芸能とは、歴史的事実はともかくとして、どんなものだと認識していらっしゃいますか。
安田◉僕は認識していないかもしれない。まだ自分のやっていることを、あまり客観視していないかも。まだ一生懸命やっている段階で。
槻宅◇私もそうです。
奈々福◆ああ、それはわかります。でもこの国には数々の語り芸がある中で、ご自分のなさっている芸の質がどういうものであるか、ポイントはどこだろうと考えたりしませんか。
安田◉お客さんが寝ていても気にしない、とか。
槻宅◇多いですからね。

安田◉それはすごく重要だと思いますね。普通は、寝ている人やつまらなそうな顔をしていた人がいたら、何とか盛り上げようとするじゃないですか。

奈々福◆します。

安田◉ねえ。私たちは一切しません。お客さんの方を見てもいないかもしれません。

奈々福◆私は浪曲師ながら安田先生と御一緒させていただく機会が数々ありまして、能の舞台というのはやっぱり特殊だなと思いました。

槻宅◇そうですね。

奈々福◆能舞台には屋根がありますでしょ。舞台の中だけで声が回るんですよ。あれはやっている人が一番気持ちいい、本当にお客さんはどうでもいいと思っているという構造ですよね。

安田◉それも最初に話したのと同じで。

槻宅◇こっちに来いとね。

安田◉そう。お客さんがこっちに意識を飛ばしたときに、初めておもしろく感じられるような構造になっているんです。

奈々福◆脳内ARを発動させて、舞台の上に気持ちを飛ばしてくれればということですよね。

安田◉能は六五〇年続いていますが、江戸時代にすでにつまらなくなっているんですよ。子どもに「そんな悪いことをすると能を見せますよ」などと言っていたようです。

槻宅◇能の演目を説明する解説本が今たくさん出ていますが、江戸時代にも出ていましたからね。

安田◉それだけわからないものですから、中には「寝ている客を起こしたい」「おもしろくさせたい」という気持ちを持った能楽師があまたいたはずなのですが、その気持ちをぐっとこらえている。これが多分、能の芸の特徴だと思うのです。どうだ、浪曲。

奈々福◆どうせこちらは一五〇年しか歴史のない新しい子ですよ。そのぶん、常に新機軸を打ち出していくのが定めみたいなところがあって。

「バーン」が一番大事

奈々福◆さっき槻宅さんは能に自由を感じたとおっしゃいましたが、伝統という点では最も長い。継承についてはどう意識されていますか。

槻宅◇継承。あんまり私は考えていませんね。

奈々福◆おお。

安田◉僕も考えていません。

奈々福◆ほーう。でも、師匠の声とか師匠の笛の音とかを目指すということは。私は考えますよ。

安田◉狂言の方は師匠に似ている方が多いですが、能は、師匠とはあまり似ません。ねえ。

槻宅◇似ない。

安田◉僕もあまり鏑木岑男に似ていないでしょ。

槻宅◇似ているところはありますけどね。

安田◉でも、そっくりは似ていない。そっくり同じにするということを目指さない。

奈々福◆よしとされないんですか。

安田◉型にはめるようになると、何か「バーンッ！」というのがなくなってしまう。

奈々福◆……「バーンッ！」というのが重んじられるわけですか。

安田◉そもそも「バーンッ！」が、重要ですね。

槻宅◇最も大事。若い段階で、脇能という神様が出てくる能をたくさんやらせるんです。とにかくエネルギーを出せ、出せ、出せなんですよ。強くやれ、強くやれ、発散しろ、発散しろ、と。理屈じゃありません。とにかく肉体を酷使して、解放して、力を出すようなことをたくさんやらされる。力を出せるようになったら、あとはそれを元に自分でいろんなことをやっていきなさい、と。

奈々福◆お修行で最も重んじられるのは、型を正確にやることではないのですか。

槻宅◇もちろん、型は教わりますよ。唱歌はこうで、指使いはこうで、この寸法はこうだって。たしかにその流儀なり先生なりの芸を継承します。でもそれが他の家や流儀とどう違うかはまったく知らない。

安田◉あと、型というのがすごく大ざっぱなんですよ。注意されるときも、「それは違う」と否定されるだけで。それは違うけど、「それが正解」というのはない。正解が型としてあったほうが、そっくりなものができるじゃないですか。でも「違う」だけを言われるので、そっくりには決してならない。なったら気持ち悪いですね。

奈々福◆やっぱり「バーンッ！」であるかどうかというのが常に……。

安田◉重要ですね。

奈々福◆能はそのときそのときでスピードも遅くなったり、衣装が派手になったりと、長く続く間にものすごい変化があったとうかがっています。変化の理由はいろいろあったと思いますが、逆に言えば、形だけを重んじていては続いてこなかったということなんでしょうか。

安田◉そうですね、はい。

奈々福◆恐ろしい話ですね、これは。「バーンッ！」でなければ続かないんですね。日本最古の芸をされる方がこういうことをおっしゃる。これは今後の肝になりそうですね。

安田◉シテ方の動きを見ても、お父様と息子さんはまったく違いますね。先日、うちの天籟能（てんらい）の会で**地頭**をしていた友枝昭世先生とお父様の友枝喜久夫先生、まったく違いますよね。

奈々福◆今、そのお名前を思い浮かべたところでした、父と子で全然違うという。

槻宅◇本当にそうですね。

奈々福◆ということで、ちょうど時間となりました。まだまだうかがいたいところですが、今日はこのぐらいで。先生方、ありがとうございました。

安田◉ありがとうございました。

槻宅◇ありがとうございます。

奈々福◆あっ、今日、全員で謡をうたう予定だったのに、先生、完全に謡を忘れましたね。時

地頭
地謡の統率者・責任者のこと。

間切れだあああ！

関連書籍紹介
安田登『能』（新潮新書）

第8章
上方落語

桂九雀
小佐田定雄

桂九雀（かつら・くじゃく）――広島県出身。一九七九年三月故・桂枝雀に入門。同年六月『雀の会』にて初舞台。一九九六年より様々な楽器と落語のジョイントを開始する。二〇〇五年には落語的手法を使った演劇「噺劇（はなしげき）」を開始。生の三味線、生の太鼓を使った地声の届く会場での落語会を増やしていく活動を続けている。趣味はクラリネット、将棋（アマチュア三段）。

小佐田定雄（おさだ・さだお）――落語作家。一九五二年、大阪市生まれ。一九七七年に桂枝雀に新作落語『幽霊の辻』を書いたのを手始めに、落語の新作や改作、滅んでいた噺の復活などを手がける。これまでに書いた新作落語台本は二六〇席を超えた。一九九五年に第一回大阪舞台芸術賞奨励賞を、二〇二一年に第四二回松尾芸能賞優秀賞を受賞。近年は狂言や文楽、歌舞伎の台本も手がけている。

《口上》

いよいよ、演芸の世界に入ってきました。前回の能から時代はぐっと下って、江戸時代に生まれた芸になります。

なぜ、落語を二回にわけたのか。私は研究家でもなんでもありませんけれど、感覚として江戸の落語と上方の落語はベツモノ、という気がしております。

それは、生まれ育った場所によるもの、という気がしております。

上方落語に、「ハメモノ」という華やかなお囃子が入ること。そして、基本的な口調が、到底小さな寄席やお座敷内でやるようなものとは思えないこと。旅の話が多いこと――大道芸から起こった芸の匂いがぷんぷんといたします。そして浪花節の身からすると、そのことに、とっても親しみが湧くのです。

落語家さんのことを噺家さんともいいます。私は「語り」と「噺」は違うと思っています。落語は語りではなく噺である。口から言葉を発することには、「語る」「話す」「言う」などいろいろな表現がありますが、その違いはどんなところにあるのでしょうか。最も端的には、下に「合う」をつけると違いがおわかりいただけるかと思います。「言い合う」「話し合う」「語り合う」では、感覚がそれぞれ違いますよね。これは坂部恵先生の『かたり――物語の文法』の中に書かれていたことです。

ご講義いただく小佐田定雄先生からメッセージが届きました。

「江戸時代の中ごろ、江戸、京、大坂の三都で生まれた『落語』は、それぞれの町で、それぞれの型で進化をとげてきました。本日は、京と大坂の上方を中心として発達し、滅亡の危機に瀕し、また復活してきた『上方落語』の特色についてご紹介いたします。『上方落語』の特色である『旅ネタ』と『芝居噺』をお聞きいただき、下座囃子や見台と小拍子という上方独自の演出がなぜ発生したのかのお話も申し上げます。桂九雀さんから、上方落語界の現状や修行の方法などについてもうかがえるかもしれません」

九雀師匠とは、私が曲師だった頃、さる素人さん主催の寄席で、お囃子をご指導いただいて以来。後進を育てようという師匠の強い思いには、いつも感動しております。お弟子さん、そして若いお囃子さんを育てておられます。今回は、九雀師匠夫人でもいらっしゃるお三味線の高橋まき師匠、桂吉弥師匠のお弟子さんの弥っこさん、九雀師匠のお弟子さんの九ノ一さんにもお出ましいただき、贅沢なはめもの入りでお送りいたします。

そして小佐田定雄先生。えっと、実は、私がまだ編集者だった頃、小佐田先生を担当させて頂いておりました。亡き枝雀師匠の座付作者。サラリーマンをさらりとやめて、上方で、落語作家として単身自立という道なき道を開拓してこられたフロンティアでいらっしゃいます。大尊敬。

まず上方落語の大きな特徴である旅のお噺「七度狐」を、九雀師匠に演じていただきます。それから芝居噺である「蛸芝居」をやっていただきますが、その合間に小佐田定雄先生の解説が入ります。そして最後は鼎談という流れになります。

旅の噺「七度狐」

（出囃子）

九雀◉すばらしいラインナップに上方落語を入れていただいた上、ご縁あって二六〇人いる上方落語家の中から選んでいただきました。

先ほどご紹介のあった**米朝師匠**の『上方落語ノート』、久しぶりにタイトルを聞きました。米朝師匠に何か質問してあの本に書いてあることだと、「おまえ、本読んでないんか」言うて怒られますから、我々は必ず読まなくてはいけなかったんです。それから『上方寄席囃子大全集』を作った桂文我(ぶんが)は、実は私とまったく同時期に**桂枝雀**のもとで内弟子をやった男でございまして。だからあのCDはうちにはないんですよ。だって、彼の家のおかず代になると思うと、なんか嫌でしょ。ですから今日はあれをダビングして帰ろうと思います（笑）。

というわけで、まずは旅のお噺で一席おつき合いをいただきます。主人公は必ず二人連れと決まっております。名前を清八と喜六と申します。清八のほうはまことに常識的な普通の人間ですが、喜六はちょっとおっちょこちょい、人を笑わしているつもりで実は笑われているというタイプでして、これを落語の専門用語では「あほ」と呼ぶわけでございますけども、この二人が旅をすることになります。

桂米朝
一九二五（大正一四）年、兵庫県生まれ。出囃子は三下り鞨鼓。一九四七（昭和二二）年、四代目桂米団治に入門。大東文化学院中退。絶滅の危機に瀕していた上方落語の再興に尽力した。落語に関する著書も多数。第一回上方お笑い大賞、紫綬褒章、一九九六年、重要無形文化財保持者（人間国宝）認定、朝日賞、二〇〇二年、文化功労者顕彰、二〇〇九年、文化勲章など受賞多数。二〇一五年、逝去。

桂枝雀
一九三九年、兵庫県生まれ。出囃子は昼まま。一九五九年に三代目桂米朝から弟子入りの承諾を取り付ける。一九六一年に十代目桂小米として米朝の住み込み弟子となる。一九七三年に二代目桂枝雀を襲名。一九九九年、逝去。

七度狐（しちどぎつね）

旅のお噺でございます。出てまいりますのは二人連れで、名前を喜六と清八と申します。清八のほうは普通の人間でございますが、喜六のほうは大阪弁で言うところのイチビリで、人を笑わせているつもりで実は笑われているという、落語の専門用語ではこういうのを「アホ」と申します。

この二人が、お伊勢参りをしようと大阪を旅立ちます。格好はと言いますと、着物の後ろを高く上げまして尻からげ。笠を被りまして顎のところで括ります。前と後ろに振り分け荷物という出で立ちでございます。

途中お腹が空きましたので、煮売り屋さん……煮売り屋さんというのは、街道筋にあります、今で言うとドライブインのようなお店でございます。そこで、昼ご飯を食べながら、お酒をチビチビ呑んでおりましたが、

清八「親爺さん、そこの擂り鉢に入ってるのは、『烏賊（いか）の木の芽和え』と違うんかぇ。」
親爺「そうじゃ。」
清八「そうじゃやないがな。そんな良え物があるんなら、何で言うてくれへんねんな。こっちは、高野豆腐に生節の炊いたんで呑んでるねんで。それ、ちょっと二人前、持ってきて。」
親爺「いやいや、これは売り物やないのんでな。こないだ、村でちょっとした揉め事があって、今晩、その仲直りの手打ちの寄り合いがある。そこへ出すために、数を量って拵えたんでな。あんたらに出すわけには、いかんねや。」

清八「数を量って、て。そらぁ、魚やったら、一人前一匹てなもんやけど、そんな物、盛り付けようで、どないでもなるがな。ちょっと二人前だけ持ってきて。」
親爺「それが、あかんのじゃ。」
清八「ほな一人前。」
親爺「あかんのじゃ。」
清八「ほな半人前。」
親爺「あかんのじゃ。」
清八「ほたら。」
親爺「あかんのじゃ。」
清八「良え加減にせぇ。ほたらまで『あかんのじゃ』ちぃやがんねん。……おい、喜ぃ公、早いこと呑むだけ呑んで、喰うだけ、食てしまえ。……喰たか？　親爺さん、ごっつぉはん、勘定は何ぼや？　ああ、そうか。ここ置いとくで。……でな、親っさん、わしら二人、妙な癖と言うか、病気があってなぁ。何か物を喰た後は、思い切り、ダ～ッと走らんと、食べた物が腹へ収まらんねん。」
親爺「ほんにけったいな癖やなぁ。たいがい、物を食べた後に、じきに走ったりしたら、横っ腹が痛うなるもんやがな。」
清八「そやさかい、表へ出るなり走り出すけど、おかしいに思わんといてや。」
親爺「そらまぁ、勘定も貰たこっちゃし、食い逃げとも何とも思やせん。走りだすなと、飛び跳ねるなと、良えようにしなはれ。」

清八「そうか、おおきありがとう。ところで、奥に、何か生臭い物でも置いてへんか。」
親爺「棒鱈が水につけてあるがな。」
清八「それや！　今、犬がさーっと走ったで。」
親爺「ええ？　犬が？　そらいかん。」
清八「さぁ、喜ぃ公、今や。いくで。どっこいさのさ。」

ト、下座「韋駄天」
ト、笠を持って走る清八。追いかける喜六。

清八「早いこと走れ、早いこと走れ。」
喜六「清やん、ちょっと待てぇな。何でそんなに走んねん？」
清八「黙って走れ。黙って走れ。」

ト、下座止メ

清八「よし。ここまで来たら、もう良えやろ。」
喜六「なんで、急に走り出すねん。物を喰たら、走り出す癖て、わい、そんなんないで。横っ腹痛うなってきたがな。」

清八「ちょっと、わしの笠の下を見てみぃ。」
喜六「あっ、これ、最前の烏賊の木の芽和え。」
清八「さぁ、あの親爺さんが、あんまり片意地なことを言うさかい、擂り鉢ごと持って来たってん。」
喜六「うぁ。喰ても良えのんかい。」

■実演「七度狐」

大阪落語と東京落語

小佐田◇今日はようこそお越しくださいました。落語作家の小佐田定雄でございます。いつもでしたら、ここはちゃんとした学者の先生がお話しするのですが、今回は落語作家。「作る家」と書きますので、ほんまかどうかわからんことを作って言うかもしれませんけども、どうぞあんまり信用なさらないように。楽しい落語の入り口になればと思って申し上げます。

今見てもらいましたのが「七度狐」という上方落語の代表作です。落語はだいたい大阪（上方）落語――昔は京都にもあったとかいいますが――、と東京（江戸）落語に分かれるのですが、形としてはどちらも一人が座布団の上に座り、扇子と手ぬぐいを持って言葉だけで一人芝居をするという非常にシンプルなものです。大阪弁と東京弁という言葉だけの違いかと思いますが、実は調べていくとそもそも発生からして違うんではないか……。発生が違うものがだんだん寄ってきたのではないかと思うんです。大阪落語と東京落語は、最近異常接近してるんですよ。昔は大阪が笑いを追いかけていくのに対して、東京はしゃれたストーリーを追うという形でしたが、最近は東京落語も大阪風に笑いを追求してるし、大阪落語も東京のストーリーをもらったりしています。

大阪落語は露天から、東京落語はお座敷から

小佐田◇実は大阪落語は、発生時には露天でした。落語の発生は上方も江戸も同時期、一六八〇年頃、元禄時代の少し前くらいです。大阪ですと**米沢彦八**、京都は**露の五郎兵衛**、江戸ですと**鹿野武左衛門**が始めた。別に打ち合わせしたわけやないと思うんやけど、自然発生的に始まった。ただ、気になるのは江戸落語の創始者と言われる鹿野武左衛門は、どうやら関西出身らしいということです。口先だけであほなこと言うて金もうけしよう……という発想は、やっぱり関西の人間ですわ。東京の人はどこか職人かたぎで律気やから、道に外れたことはしません。それをやるのはやっぱり大阪かなと思ったりするんですが。

桂九雀師匠による落語（「七度狐」）

一人でしゃべってお話しするというのは、言うたら皆さんもやってますよね。「昨日社長が、『君、こういうのは困るやないか』と言うから、僕も『いや、そんなこと言うてもね』と答えてね」って、一人で噂話しゃべったりしますやろ。これを**高座**（こうざ）でやると落語になるんです。「そういう意味では最もテクニックの要らない芸であって、そこに気がつかれたら困る」と九雀さんも

米沢彦八
江戸時代前期から中期の落語家。元禄頃から大坂の生玉神社の境内で辻噺を興行して評判をとる。当世風俗や役者の物真似を得意とし、上方落語界の中心として活躍した。著作に噺本「軽口御前男」など。

露の五郎兵衛
元禄頃、京都で活躍した辻噺の祖。もと日蓮宗の談義僧であったが還俗し、貞享の頃（一六七〇〜八〇年前後）から京都の北野天満宮、真葛が原、四条河原などで往来の聴衆を前に笑い話や歌舞伎の物真似、判物を演じた。著作に噺本「霞がはなし」など。

鹿野武左衛門
江戸時代前期の落語家。上方の人。江戸で塗師となる。三〇歳頃、噺家となり、身振り手振りによる仕方噺を完成したことで江戸落語の祖とされる。噺本「鹿の巻筆」が筆禍を招き、伊豆大島に流刑となる。

高座
寄席などで、芸人が芸を演ずるた

言うてました。でも、ほんとはシンプルだからこそ余計難しいんですけどね。

ともかく、東京の落語は、最初からお座敷へ呼ばれていたんです。お客が鹿野武左衛門を呼んで「しゃべってみい」と。で、仕方話（しかたばなし）という手ぶり身ぶりを交えての小噺をする、これが落語のもとなんです。表でやっていた大阪に比べて、東京は室内ですからそんな派手にやらんでもええ。そのかわりアイデア、話の筋で笑わすことをするんですな。

対して大阪のほうは露天でやった。大阪の生國魂神社の境内では、今でも毎年九月に大阪の落語の始祖・米沢彦八の名を残すために「彦八まつり」という祭りをやっています。京都は露の五郎兵衛、この人は北野の神社の境内や三条河原でやっていたらしい。つまり往来でやってるんですわ。隣も周りも何もないところで、よしず張りでやっていた。ですからどうしても声が大きくなるし、派手になっていく。

大阪落語の変遷

小佐田◆今日お配りした資料に載っている大阪落語の絵が、米沢彦八さんの高座の様子です。往来に床几（しょうぎ）という腰掛を置いておいて、その上に編み笠とか道具をいろいろ置いていますね。どうやらこれを使っていわゆる仕方物まねという芸をやったらしい。今、物まね言うたらコロッケさんがやるような声帯模写が一般的ですが、これはどちらかというとイッセー尾形さんに近い。大名やったら大名にはこんなやつがいてますと真似をする。

めに一段高くなっている場所。

左の図が、米沢彦八の代表芸です。「評判の大名」と書いてありますが、大名というのは皆さんご存じの狂言の「これはこのあたりに住まいいたす大名です」の大名やないかと思います。狂言にも一人狂言といって、一人でお笑いをもっていくのもありますが、落語の場合はこれが元祖で、座ってやるというのはもっと後のことなんです。

「御入部伽羅女」の大阪生玉社前の図になりますと、もうすごいことになってます。ずらーっと横一列に店が並んでいて、そのうちの一ブロックが落語という。考えられますか、これ？隣でワアワア歌ったり踊りを踊ってる中で落語をやらなあかん。お囃子を使ったりして、にぎやかにやるのはそういうわけなんです。

米沢彦八（『鳥羽絵三国志』より）

「絵本満都鑑」に紹介されている絵（次頁）が二代目の米沢彦八。初代の米沢彦八が亡くなった後、二代目として京都にあらわれたこの人のときには、はっきりと横に太鼓とか鳴り物類が置いてある。これを叩いたのが彦八自身なのか**下座**なのかは不明ですが、今日のような下座の元はすでにあった、その証拠の品なんですね。「彦八」という言葉は、大阪では落語やおもしろいことを指す一般名詞になっていて、「おい、彦八見に行こか」てなことを言うんです。物まねという言い方もします

下座
寄席囃子の演奏者。舞台下手の黒御簾に囲まれた伴奏音楽用の部屋に控え、御簾越しに出演者の様子をうかがいながら演奏する。主な楽器として、三味線、太鼓、笛、当たり鉦などがある。

二代目米沢彦八（『絵本満都鑑』［日本風俗図絵］より）

ね。近松の「曽根崎心中」に出てきますよ、「物まね聞きにそれそこへ」というせりふが。物まね芸は、元禄の時分にはすでに一般の人が娯楽として見に行っていたということです。

　この米沢彦八さんが亡くなった後、**松田弥助**らが出てきます。その後一八〇二年に初代の**桂文治**が登場するまでは、大阪落語はほぼ屋外、道端でやっていました。ワアワアワアワアと陽気にやって、一席やって、またワアッと笑わす。そこで、かごや編み笠を使ってお金を集める。さっきの米沢彦八の編み笠はひょっとしたらそれにも使うたかもわかりまへん。

　そういった状態だったのを、初代・桂文治が屋内に入れて、書見台を前に置いて寄席の中でやるということを始めました。

松田弥助
江戸時代中期から後期の落語家。京都の人。天明（一七八一〜八九年）の頃から大坂の御霊神社境内などで、尽くしものの言い立て、身ぶり仕方咄を演じた。著作に弟子の初代桂文治らとの共著「おかしいはなし」がある。

桂文治
江戸時代後期の落語家。松田弥助の弟子。桂派をおこし、上方落語中興の祖と称される。一七九八（寛政一〇）年、坐摩社境内に噺小屋を設けて、鳴物・道具入りの芝居噺を得意とした。

張り扇と小拍子で見台をたたく

前たたきは修行の場

小佐田◇明治三二年の大阪の寄席「幾代亭」の高座の絵を見ると、最初は書見台のように斜めだった見台の角度がだんだん水平になってきていますね。これが上方落語の見台の進化なんです。角度が平らになったために、できるようになったことがあります。それを今から見ていただきます。

先ほど見ていただいた「東の旅」の「七度狐」より前の「発端」という最初の場面です。寄席のいわゆる前座さん、たたきながらしゃべるので「前たたき」という言い方をしますが、その前座さんの芸を特別に今日は九雀さんにやっていただきますので。いかに鮮やかにたたくかを見ていただきたい。では、お願いいたします。

東の旅（伊勢音頭まで）

★が見台を叩く（息を吸うところ）

ようようと上がりました私（わたくし）が初席一番叟（しょせきいちばんそう）でございます★

おあと二番叟に三番叟（さんばそう）、四番叟には五番叟★

御伴僧（ごばんそう）に御住持（おじゅうじ）、旗に天蓋（てんがい）、銅鑼（どら）に鐃鈸（にょうはち）、影灯籠（かげどうろう）に白張り（しらはり）と★

こない申しますと、これはまぁ葬礼（そうれん）のことで★

何や上がるなり葬礼のことを言うて、「えらいゲンの悪いやつ奴や」とお叱りがあるかも知れませんがそうやございません★

いたってゲンのおよろしい事を申しております★

およそ人間には三大礼（さんたいれい）と申しまして三つの大きな礼式がございます★

何々かと申しますと婚礼に祭礼に葬礼★

中でも一番おめでたいのが、この葬礼でございます★

あとの二つはあんまり、めでとないもんで★

まずは祭礼、お祭りでございます★

お祭りとなると、前の晩から御神酒（おみき）が入ったぁる★

まして当日は朝から飲み続け★

ちょっとしたことで、諍い（いさかい）がおこります★

喧嘩が祭りの付き物になってるてな、あんまり、めでたいもんやございません★
婚礼とくると、もひとつも一(ひと)つめでとないもんで★
仲人さんが双方へお百度を踏んで、結納を済ませます★
「四海(しかい)、波、静かに」と、謡いの一つも謡て、首尾良う御輿入れとまでは、よろしゅうございますが

★

さて、これが帰って来ると言う憂いがございます★
葬礼にはこの心配だけはございません★
「向かいのお嬢さん、こないだ十八でめでとう片づきなはったけど★
姑はんと折り合いが悪い、婿はんとケンカしたちゅうて、きのう昨日、帰って来はった」てな話は、ちょいちょい聞きますが★
「向かいのご隠居はん、八十九で、めでとうあの世へ片付きなはったけど★
閻魔はんと折り合いが悪い、三途川(しょうづか)の婆と喧嘩したちゅうて、昨日。帰ってきはった」てな話は、ついぞ聞いた事がございません★
我々の方では、これを、「ハカイキがする」と言うて、ゲンを祝います★★

■実演「東の旅 発端」

小佐田◇今の形、いかがだったでしょうか。右手に持った張り扇で見台を一回たたいて、左手の小拍子で見台を二回たたいて、また右手の張り扇を一回と。一、二、一、二、一。トカカトカカトンと、これを七・五・三に打ち分けて、繰り返していくという……。これは開場してすぐ、まだ客席が空のときに前座がたたいてしゃべっていたので、「空板(からいた)をたたく」といわれてました。

何のためにやるのか。寄席側としては、まず表に開演を知らせたいんですね。「やってるやってる、入ろか入ろか」と客が入ってきたら、「はい、おりといで」とおろされる。で、次の本当の前座さんが出る。つまり前座の前の見習い「前たたき」という人がやるネタなんです。

若いときまずこれをやらされるのには意味があります。見台をたたく音よりも高い声を出さなあかん、ということなんです。口さばきも良くなるし、この音より大きな声を出すから上に調子が出る。大阪落語では、調子を高く出すことが大事ですからね。

また、見台をたたいてる間はしゃべっても声が聞こえないんで、自然と黙っている「間」をとる呼吸をおぼえることができます。こういった演出は修行の一環として使われているわけです。

「三番叟（さんばそう）」からが人間の世界

小佐田◇今聞いていただいて、おそらく意味わからなかったでしょう。

「ようよう上りました私が初席一番叟でございまして、二番叟に三番叟、四番叟に五番叟、お住持に幡に天蓋」……。「三番叟」というのは芝居や能で最初に演じられる舞です。寄席でも最初に出る人のことを「三番叟」なんていいます。米朝師匠に、「一番叟、二番叟いうのはしゃれですか」と聞いたら、「違う、ちゃんと昔はあったんや」と。能でも一番叟、二番叟があって三番叟が出てくる。つまり神様がやっている神事に近いものが一番叟、二番叟で、三番叟からが申楽（さるがく）で人間が出てきて「ここから楽しくなりますよ」というわけなんですね。

小佐田定雄先生による講演

「四番叟に五番叟」といいましたが、実は四番叟はありません。これはお寺の「御伴僧」（五番叟）を引っ張り出してくるために言っているんです。それで「銅鑼に鐃鈸」、つまりお葬式の道具になるんですね。これを米朝一門のある若手の子が稽古してて、「ようよう上りました私が一番叟でございまして、二番叟に三番叟、四番叟に五番叟、六番叟に七番叟、八番叟に九番叟」とやったんで、師匠が「待て、どこまで行くんや」と止めたというエピソードがあります。そういうものを今日は特別に見せてもらいました。

旅ネタといえば大阪

小佐田◇途中から「豊浦、松原打ち越えて」というふうに道筋をご紹介いたします。
能や浄瑠璃には「道行」というのがありますね。浪曲だと「道中づけ」。こういうのは心地ええんですね。地名をずらっと並べていくだけなのですが、何か旅してるなあという感じがする。大阪落語に旅ネタが多いのは、やはりお伊勢さんが近くにあったからでしょうね。江戸から伊勢へ行こうと思うと往復で一か月かかるけど、大阪からなら片道五、六日で行けたらしい。伊勢参りといえば、江戸の人は生涯に一度という覚悟で行くけれど、大阪には「伊勢音頭」の文句に「伊勢に七度熊野に三度」という文句があります。「伊勢には七遍行きたいな」と言うてるわけです。それだけに旅もまことに気楽なもんで、みんなが行っていた。

このほかにも土地土地の噺があります。今テレビの旅番組を見るような感じで、「そこに俺、行ったことあるで」とか「行ったことはないけど、そんなところなんだ」と言いながら、旅の噺を聞いていたのではないかと思います。

そういう具合で、大阪には旅の噺が多くあります。東京にもあるかと探したら、「**黄金餅**」といって、「下谷の山崎町を出まして」で始まって麻布絶口釜無村へと、江戸の中で移動するのはありましたが、遠くまで旅する噺はあまりない。やっぱり大阪の噺に、旅ネタが多いよう

黄金餅
ケチな僧侶が奪われまいと飲み込んで死んだ黄金を奪おうと企む主人公の成功を描いた、古典落語の演目。主に東京で演じられる。

な気がいたします。

大阪人は付け加えるのが好き

小佐田◇そして、大阪落語にはスケッチの噺が多い。「三十石(さんじっこく)」で三十石の舟歌を歌ったりとか。乗っている舟でやっているそのとおりを、まるでスケッチしているようにやるというのが、特に幕末の頃にはよくありました。大阪人はそんなんが大好きなんです。さっきお話しした物まね芸の流れですね。

その物まねの助けをするのが、下座囃子の連中でして。大阪でも戦後、滅びかけた落語を復活させたときには寄席囃子にまで手が回らなかった時期があります。米朝師匠が「姉さん」と呼ぶような高齢の方が生きてはるぐらいで。お囃子さんはほぼ絶滅状態でした。それを米朝師匠や現・林家染丸師匠が「後世に遺さないかん」と若手の囃子方を育ててくださったおかげで、現在では二〇人余りのお囃子さんが居てはります。

大阪人って、付け加えるのが好きなんで

下座囃子の道具たち

三十石
「三十石夢の通い路」。京と大坂を結ぶ三十石舟の船上を主な舞台とする上方落語の演目。主人公二人が京からの帰途、伏見街道を下り、寺田屋の浜から夜舟に乗り、大坂へ帰るまでを描く。本来は旅噺「東の旅」の一部。

す。何かプラスしたいんですよ。逆に東京は無駄を省くというか、できるだけそぎ落としていこうとする。だから正岡容（まさおかいるる）が芥川龍之介と会ったときに、「大阪の噺はねえ、あくびをするとドラがボーンと入るんだよ」なんて言うと芥川は「嫌だね」と、実に嫌な顔をした。これが江戸の発想なんですね。「そんなもの使わなくていいじゃないか」という。大阪の発想は「あんのやったら使おうやないか」ですから、寄席もお囃子とともに進化してくるわけです。

大正時代、東京の寄席に出囃子はありませんでした。どうしていたかというと、噺家は黙って静かに出てきて座ってしゃべって、終わったら頭下げて静かに帰ってたんです。ＴＢＳ「落語研究会」の映像を見ると、初期は本当に出囃子がない。もっとすごいのは、圓生師匠や文楽師匠が舞台に出てきてるのに、拍手がないんです。高座の座布団へ座っておじぎして、初めて拍手が来る。今やったら、出囃子が鳴って演者が姿をあらわした途端に手たたきますわな。でもそうじゃない。「高座に座ってからが始まりだ」と。かようにきっちりするのが江戸の美学だったんです。

「受け囃子」という大阪の文化

小佐田◇今の「七度狐」でもたっぷり入っていた「はめもの」、あれがこれでもかと入っているのが芝居噺です。江戸にも芝居噺はございます。今の正蔵さんの前の「彦六」になった八代目林家正蔵師匠がちょいちょいやってはりました。後ろに背景の道具を飾って、下座にお囃子を入れて演じます。稲荷町の家から寄席まで荷車で道具を運んだらしいですよ。お弟子さんは、芝居噺の手伝いが一番嫌やったそうで。重たいし、絶対にうまくいかない。きっかけがきても幕が落ちないとか下座を入れそこなう……というようなアクシデントが必ず起こるんですて。するとあのとんがり（喧嘩早い）の正蔵師匠がむちゃくちゃ機嫌悪くなるんだそうです。

大阪の場合、わりと平気で芝居噺をやるんですね。というのも、下座さんと噺家さんはほぼ同時に成長してきていますから。出囃子を弾いたり、落語を終えた後、受け囃子を入れたりいたします。「受け囃子」は東京には今でもありません。東京の場合は、サゲを言って頭を上げて、立ち上がってしばらく空白の時間があってから、次の人の出囃子になります。大阪は何かサゲを言うとドンドンと鳴らす。これはコントのチャンチャン、のノリなんです。

大阪の噺家が東京へ行って、サゲ言っておりるときにお囃子が入っていないと、ドキッとします。「うわーっ、音なしで、裸で帰らなあかん」という気になるらしい。逆に東京の人はゆっくりおじぎしたとたんにドンドンと太鼓が入るとびっくりするらしい。東京と大阪の落語が近づいてきているといっても、受け囃子の発想はまだ東京には行ってないですね。でもおいおい差がなくなって、東京でも受け囃子が鳴るようになるかもしれません。そうなったらうれしいような寂しいような、東京はやっぱりシーンと静かに帰ってほしいなとも思ったりいたします。

初代・桂文治作「蛸芝居」

小佐田◇次に見ていただきますのは上方の「芝居噺」です。東京の芝居噺は、前半は普通の人情噺です。ラストだけちょっと歌舞伎のように下座が入って、三味線を鳴らしたり幕を落として背景の道具を見せたりする。まだ東京の寄席にお囃子さんが居なかった時代、下座はおそらくどこかから雇ってきていたと思います。昔は三味線を弾ける女性はそこらにいっぱいいましたからね。明治時代の東京の噺家さんは、「ちょっと来ておくれ」と言って連れてきて、芝居噺をやっていたと思います。一方、大阪の場合は、ずっと一緒に寄席にいますので、今の「七度狐」だってほとんど合わせずに口立てでやるんです。

次にやります「蛸芝居」は、初代の桂文治がこしらえた噺です。つまり、その時分からお囃子と上方落語は複雑に絡み合った、切り離すことのできない状態だったのではないかと思います。では九雀師匠、よろしくお願いいします。

（出囃子）

九雀◉芝居噺ということで一席おつき合いをいただきます。芝居噺にもいろんなタイプがあるんですけどね。芝居の一節を丸々再現するようなものもあれば、芝居好きが、なんちゃって芝居をするというのもあります。これは後者のほうでしてね。

蛸芝居

ここにございました一軒のお店。旦さんから番頭さん、丁稚さんに女子衆さん、乳母どんに至るまで、家内中が揃って芝居好きでございます。毎日、仕事が終わってからも芝居の真似ばっかりして遊んでるもんですから、朝がなかなか起きられません。

旦那が一計を案じまして『今日はひとつ三番叟で起こしてやろう』。頭には烏帽子の代わりに砂糖の紙袋を被りまして、身には一反風呂敷をキリッと纏いますと、これが素襖と言う出で立ちで。

旦那「(三番叟の『おさえ、おさえー』の口調で)遅い、遅い。夜が明けたりや。夜が開けたりや。丁稚、女子衆、起きよ乳母。」

ト、下座『三番地の合方』(曲はお任せ)唄無し。

ト、旦那の踊り(三〇秒以内のキリの良いところまで)

亀吉「ちょっと、もし定吉っとん、定吉っとん。」

定吉「もうちょっと寝かしとくなはれ。」

亀吉「そんなこと言わんと、ちょっと起きて見てみなはれ。旦さん、三番叟を踏んで、わたいらを起こしてまっせ。」

定吉「わぁ、ほんにオモロイ旦那や。なかなか身ぃ軽おまっせ。」

亀吉「ほんまでんなぁ。とても来年還暦には見えん。」
定吉「聞こえまっせ。自分もあないして芝居の真似をするくせに、わたいらがやったらじきに怒りまんねん。ほんま我が儘な旦那でっせ。」
亀吉「ほんまだんな。しゃあないさかい、声のひとつでも掛けたりまひょか。」
定吉「そうでんな。よっ、わからず屋。」

ト、下座止め。

旦那「誰が『わからず屋』や。お前らの起きようが遅いさかい三番叟を踏んで起こしてやってると言うのに。目が覚めてるねやったら、早よ起きた、早よ起きた。起きたら二人で表の掃除をしまひょ。」
亀吉「へーい。」

ト、場面は変わって、店先。

亀吉「(水を撒きながら)あーあ。今日もまた長い一日の始まりでんな。」
定吉「(箒で掃きながら)ほんまだんなぁ。お芝居の真似をしてたら、じきに時が過ぎるのに、用事してたら、なかなか時が過ぎまへんなぁ。朝と昼と夕方と掃除してんのに、ゴミちゅうのは溜まるもんでんなぁ。……黙って掃除してても、オモロイことおまへんがな。何ぞこの掃除をしながらする芝居ちゅうのんおまへんやろか？」
亀吉「掃除しながら……おます、おます。武家屋敷の幕開きちゅうたら、たいがい水撒き奴と相場が決まってまんがな。」
定吉「あぁなるほど、奴同士が喋りもって掃除するとこ、あれ演りまひょか。奴ちゅうたら可内(べくない)とか知恵内(ちえない)とか言うて、たいがい『内』が付きまっせ。ほなあんた亀吉やさかい亀内になんなはれ、わたい定吉やさかい定内になりますわ。よろしいか、いきまっせ。……『何と亀内』」
亀吉「『何じゃ、定内』」
定吉「『下郎奉公(げろうぼうこう)が何になろう。夏は布。』」
亀吉「『冬はドテラの一貫で』」
定吉「『寒さをしのぐ茶碗酒』」
亀吉「『雪と遊ぶも一興か』」
定吉「『さらば、掃除に、やっ、掛かろうかい』」

ト、下座『水撒き』
ト、掃除をする。水を撒くなどの仕草

定吉「『ヤットマカセの八兵衛(はちべい)とな。』」

■実演「蛸芝居」

「たたき」は、噺家の基礎トレーニング

奈々福◆長い前半、お疲れ様でございました。ありがとうございました。

九雀◉昨日もここで会をやりましたが、明らかに今日のほうがよく働いているんですよ。体力消耗してます。

奈々福◆もう師匠、動きっぱなし。皆さん今日はぜいたくですね。

（会場拍手）

九雀◉拍手をいただき、ありがとうございます。

奈々福◆解説もしていただきましたが、実はうかがいたいことがまだたくさんあります。まずはたたき、「東の旅」の「発端」をやっていただきました。江戸の落語が噺に集中してそぎ落としていくのに対して、やっぱり上方落語は詰め込んでいく感じがすごくいたしました。**万歳**（まんざい）の予祝のようなこともあれば、道行きもあり、**阿呆陀羅経**（あほだらきょう）なんかの物尽くしもある。すごいてんこ盛りですよね。まずはあれをお稽古すると。

九雀◉入門したら、まずはあれをやるんです。今は一門によってやらないとこもありますが、基本的にはやりますね。よくできていて、下手でもあのリズムで前座をやってくれたら、お客

万歳
「萬歳」とも記す。烏帽子をかぶった太夫と大黒頭巾をかぶった才蔵の二人一組が基本となり、新年に家々を訪れて祝言を述べ、舞を演じる門付けの芸能（座敷などで多人数によって披露されることもある）。地名を冠して（たとえば三河万歳のように）区別することが多い。

阿呆陀羅経
江戸中期、大阪に始まる。願人坊主や僧形の芸民などが街頭で行った時事風刺の滑稽な俗謡。「あほだら」と陀羅尼経をかけている。小さな二個の木魚をたたき、または扇子で拍子を取りながら歌い歩き、銭を乞うた。「ちょぼくれ」「ちょんがれ」などとも同種とされる。

さんは一五分間退屈せずに過ごせるんですよ。なまじ工夫して「**道具屋**」とかやられるより、よっぽどいい。

奈々福◆工夫して（笑）。

九雀◉はい。しかも、噺家の基礎トレーニングにもなっているということで、すごくよくできている。今日はちょうど弟子の九ノ一が鳴り物で来ていて、彼には稽古をつけてたんで何とかやることができました。九ノ一に感謝ですよ。

奈々福◆右側に持っておられたのは、講談の張扇（はりおうぎ）みたいなものですか。

九雀◉そうです、張扇です、同じもんです。

小佐田◇紙ではなく、皮で張ってるんですよね。

九雀◉そうですね。昔は自分でつくったらしいですが、最近は鳴り物の稽古用に浅草の宮本卯之助商店で売ってる。

小佐田◇昔は鹿の皮で張ってたらしいです。噺家やからシカというのではなくて、やわらかいから。

九雀◉うん、そうそう。

奈々福◆そうなんですか。でも、あのリズムはやっぱりすごい。今日のお客さまに、風邪で具合が悪かったのが、治った気がするとおっしゃった方がいました。「**外郎売り**（ういろううり）」のせりふに近いなと思いました。売り物の口上では、よく「これはありがたいものである、これを聞くとあなた方のおこりも落ちる」とかいうせりふがありますよね。あのリズムの中にも、邪気を払う

道具屋
落語の演目。与太郎噺。古くからある小噺を集めて作られたもの。神田三河町の大家、杢兵衛の甥の与太郎は二〇歳にもなるのに、ふらふらとしている。ある時、天道干しの露天商に商売を教わるが……。

外郎売り
一七一八（享保三）年、江戸森田座の「若緑勢曾我」で二代目市川團十郎によって初演された歌舞伎十八番の一つ。「拙者親方と申すは、お立合いの中にご存知のお方もござりましょうが、お江戸を発って二十里上方……」で始まる口上が有名。

というか、人を元気にするような、気持ちを浮き浮きさせるものが入っているし、道行く人を一人逃さず捕まえようという強い意志が感じられます。

九雀◉そうですね。たたいているところ以外で息を吸ったらいけないとかルールがあって、プレーヤーにとってもトレーニングになるんですよ。

奈々福◆それは講釈も一緒らしいです。

九雀◉だから、どこでたたくか、どこで間をとるかは自分で考えなくてはいけない。それから、一見ギャグのようなところもいっぱいあるでしょ。たとえば「白いのが白足袋、黒いのが紺足袋、丈夫なんが皮足袋で、もっと頑丈なんがブリキの足袋、ブリキの足袋ってなものはございませんが」というくだりがあるのですが、ギャグのつなぎ目も、たたいていないですから実は息を吸ったらあかんのです。ですから、息吸わずしてペースを変えてギャグとして成立させるという、すごく高度なテクニックがあそこには入っている。それを学ぶんですよ。切るのなら、誰でも区切りをつけられますが、切らずして言うという訓練が後々すごく役に立つんです。

奈々福◆最初はやっぱり息のコントロールが難しいんですかね。

結局、体力ですわ

九雀◉そうですね。若いころに、このとおりやれと言われてやってるうちに、体に身についてしまったというのがすごくありがたいとこでね。自分で開発しようとしたらすごく大変やと思うんですよ。笑いの息と間の関係なんて考えたら、頭がおかしくなる。あらかじめそのテクニックが入っているものを初めに習うことで、知らない間にできるようにするというのは、すごく合理的だと思います。

奈々福◆最初はとにかく、きちんとその形を覚えることですよね。

九雀◉はい、そうです。私は初舞台のとき、終わりまで声がもちませんでした。まだ一八でしたから体もできていないし、どう声を出せばいいかわからないからかすれてしまって。喉ばっかり使っていたのだと思いますが、それを繰り返しているうちに自然と出せるようになって。原始的ですが、若いうちはそれで何とか声が出来上がりますね。

奈々福◆私も初舞台だったか、一日一席やっただけで二キロ痩せたのを覚えています。声も呼吸ももたなくて、アップアップでした。こんなのを職業にするのかと絶望的な気持ちになりましたけども。

小佐田◇最終的には肉体の芸ですもんね。

九雀◉結局、体力ですね。

日本の芸は本歌取り

奈々福◆今日やっていただいたのはお芝居のお噺でした。今日にあたって、先ほどご紹介した米朝師匠の『上方落語ノート』を再読したのですが、上方はやっぱり芸の種類がすごく豊かだなと思いました。今の演目にだって、**尽くし**もあれば万歳も入っていて。上方落語が笑いに特化されているというのも、泣きの芸としての義太夫があるからだと思いますし。それにしても、こんなにお芝居を踏まえたパロディがあるということは、お芝居がものすごく盛んだったんでしょうか。

小佐田◇まあ、一番乗りやすいものなんでしょうね。

九雀◉観客が全員、歌舞伎を知っているというバックボーンがもちろんあったと思いますけどね。

奈々福◆前回、お能の話をうかがったのですが、お能の詞章は、それこそ「源氏物語」「平家物語」を全部踏まえている。歌舞伎というのはそのお能を踏まえてあるわけですよね。歌舞伎と近世の俳諧の中にはお能の詞章が随分入っていますし、そのお芝居を踏まえて落語や講談や浪曲があるという。日本の芸って本歌取りみたいなものですね。

小佐田◇米朝師匠は江戸時代の洒落本とか笑いを確認しようと思ったら、能を知りなさいと言うてはりました。

奈々福◆ああ、やっぱり。

小佐田◇能のパロディがいっぱい出てくる。

奈々福◆そうなんですねえ。芭蕉の「おくのほそ道」も、お能を知らないと読めないっていいますね。

九雀◉なるほど。

尽くし
邦楽曲の一分類。「物尽し」「尽し物」ともいう。同類のものを列挙していく歌詞の楽曲。

小佐田◇フレーズに、パロディが入ってる。つまりこの言葉を言ったら後ろに隠されていることが引っ張り出されてくることかがあるんですね。

奈々福◆芭蕉はリアルに旅をしているわけではなくて、**歌枕**（うたまくら）を踏むと、違うパラレルワールド、異界に行ってしまうようなところがある。そこがやっぱりお能を踏まえているからだ、というお話をお能の安田登先生からうかがいました。今日私も拝見していて思ったのですが、「蛸芝居」が何のパロディかは、今の人はよっぽどじゃないと全部はわからないですよね。

小佐田◇そうですね。ええとこ取りしてますからね。もとがはっきりしてるのは「仮名手本忠臣蔵・六段目」だけですな。

九雀◉そうですね。「ああ、こんな芝居どっかで見たよね」の連続ですね。

奈々福◆ああ、そうなんですか。

小佐田◇「歌舞伎あるある」になってる。

奈々福◆忠臣蔵は、はっきりとわかります。

上方はなんでもありで

奈々福◆「三番叟」はおもしろいですね。上方は寄席の踊りもいっぱいありますでしょう。羽織や手ぬぐいをおもしろく使ったり。そういう御修行も、上方のほうがきっといろいろとされるのでは……。

歌枕
古来、和歌に詠み込まれた名所、名跡のこと。

小佐田◇どうでしょう。「あやつり踊り」なんかだと、東京のほうがやるし。

奈々福◆ああ、そうですね。

九雀◉東京でも踊りはやられると思いますが、今はどうでしょう。上方は踊りをやる率は少し減っていて。

小佐田◇少ないですな。

九雀◉私らの頃は当たり前にやったし、また時間もあったんですよ。落語がさほどブームではありませんでしたからね。時間があり余ってたので、稽古事でもしないと埋まらなかったんです。

小佐田◇寄席ができるまでの、高座で踊る人は少なかったですけどね。寄席があれば踊るんです。

奈々福◆ああ、そうか。**繁昌亭**（はんじょうてい）ができるまでは上方には寄席がなかった。

九雀◉それまではありませんでしたね。

奈々福◆でも、蛸のだんまりには驚きました。おもしろい。

九雀◉ねえ、昔から考えているなあ、とね。

奈々福◆蛸の足を丸ぐけの帯にして、すりこぎを刀にして自分の墨で体を塗って。ばかばかしさのきわみですね。

小佐田◇ほんまにばかばかしい（笑）。九雀さんは、サゲをわかりやすくしたんです。

九雀◉落ちはちょっと変えてるんですよ、わかる落ちに。私は古典芸能を保存するのではなく

繁昌亭
天満天神繁昌亭。上方落語の定席の寄席。二〇〇六年に開席。

少し破壊するタイプなので、もっと古典的なのを見たかったら吉坊さんとかのを見ていただくといいかと思います。

修行時代のこと

奈々福◆米朝ご一門は、師匠のものを一言一句同じようにやりなさい、みたいなことはなかったんですか。

九雀◉初めのうち、ネタ一〇本ぐらいはそうですよ。

奈々福◆やっぱり一言一句ね。

九雀◉内弟子時代はもちろん、出てからもしばらくはそうですね。勝手に変えたらいかんと。一〇年目ぐらいまではやる前に必ず稽古に行く。五年目ぐらいからは一人で覚えてもええけど、覚えたものを見せに行く。

奈々福◆内弟子修行は三年ぐらいですか。

九雀◉僕のとこは二年なんですよ。枝雀が二年しかしなかったので、そのほうが公平だろうということで。そのかわり、うちはおかみさんも浪曲の修行をした人でしょ。二人がかりでしつけられるんで結構、過酷な二年ではありました（笑）。

奈々福◆枝雀師匠の奥様は枝代師匠とおっしゃってお囃子もされるんですが、その前はなんと日吉川秋水嬢先生のお弟子さんで、浪曲の修行をされて。

九雀◉内弟子六年やった人なんで、誰がどこで怠けるかようわかってはります。ばればれ。

奈々福◆ご存じの方もいらっしゃるかもしれません、ジョウサンズという浪曲のバラエティ、女性ばかり三人のメンバーで。

小佐田◇あの中で一番きれいな人です。

九雀◉あとの二人はおば……。

小佐田◇おお、怖い怖い（笑）。

奈々福◆内弟子修行された後、それでも五年まではお稽古には。

九雀◉五年までは面と向かっての稽古。その後は覚えてもいいけれど、見せに来いという形でしたね。

たった四人から二六〇人に

奈々福◆そうなんですね。戦後、上方落語には後に四天王といわれる方ぐらいしか主だった方がいらっしゃらなかった。上方落語の四天王とは、米朝師匠と**先代の文枝師匠**と**松鶴師匠**、この間亡くなった**春団治師匠**ですね。この四人ぐらいしかいらっしゃらなかったという。今は二六〇人ですか。

九雀◉そうですね。そのくらいいますね。

奈々福◆浪曲をやっている身として、どうしてこんなに復活したのかが知りたくて。四天王が

五代目桂文枝
一九三〇年、大阪府生まれ。戦後の上方落語復興に努め、四天王と呼ばれた一人。一九四七年に四代目桂文枝に入門。一九五四年に三代目小文枝を襲名。一九九二年には上方桂派の総本家といわれる文枝の五代目を襲名。弟子の育成にも力を入れ、三枝、きん枝、文珍ら多くの人気者を育てた。二〇〇五年、逝去。

六代目笑福亭松鶴
一九一八年、大阪府生まれ。元上方落語協会会長。出囃子は「舟行き」。父は五代目笑福亭松鶴。一九四四年に初舞台。演目は寄合酒。一九四七年に正式に入門、笑福亭松之助と命名される。一九六二年に六代目笑福亭松鶴を襲名。一九八六年、逝去。弟子に三代目笑福亭仁鶴、笑福亭鶴光、笑福亭鶴瓶などがいる。

三代目桂春団治
第三代上方落語協会会長。出囃子は「野崎」。父は二代目桂春団治。一九四七年に正式に入門、桂小春を名乗る。一九五九年、三代目桂

春団治を襲名。二〇一六年に逝去。

すばらしかったということもありますが、どんなお稽古や研究をして継承されていたのかが、ものすごく気になるんです。

九雀◉僕が入ったとき弟子八〇番目だったんです。それから考えても、えらい増えてますよねえ。

奈々福◆九雀師匠が入られたのが……。

九雀◉三八年前。そのときで八〇人。

小佐田◇まださみしいもんでしたね。

奈々福◆小佐田先生が「小佐田定雄」として四〇年ですよね。

小佐田◇今年で芸暦四〇年。

奈々福◆四〇年、それこそ枝雀師匠と米朝師匠からいっぱいお話を聞いて。

小佐田◇枝雀師匠のお話をうかがってるといっぺんなくなりかけていたこともあって、初めはただただ好きでやっててものすごく楽しかったけど、こんなに流行ると思っていなかったと……。仁鶴師匠にもお話聞いて共通していたのは、「ええもんは残るやろけども、こない増えるとは思へんかった」ということですね。九雀さんが入門する直前の段階でも言うてはりましたよ。

九雀◉ああ、そうですか。

小佐田◇六代目笑福亭松鶴師匠は六〇人を目標にしていました。「六〇人になればオーケーや」と。それが今、これだけ増えてええんかな。

九雀◉いや、こんなに要らんのです（笑）。

奈々福◆でも神戸の新開地にもまた新しい寄席ができますし。

九雀◉そうですね。やる場所が増えるのはとてもいいことですし、そうすれば指導者の数も要る。ほかの芸でも、数が少なくなっている芸ではピラミッドの底が浅くなっているので、きつい言い方すると下手な人でも出番があったりしますよね。

奈々福◆そうなんです。

九雀◉そうなるとやっぱり切磋琢磨しなくなる。「繁昌亭」ができて以降の一〇年、めちゃめちゃ入ってくるようになりましたが、やっぱり修行の差が出ますよね。そしてその差がないと人間は怠けます、やっぱり。

奈々福◆繁昌亭ができてから入門率が高くなった。

九雀◉上がってます。繁昌亭チルドレンと呼んでいるんですけど。

奈々福◆おお、繁昌亭チルドレン（笑）。

九雀◉これがみな十年選手ですから。ちゃんとやった人とやってない人では、当然差が出てきます。やっぱりそうなってこないと、切磋琢磨もできませんし。ふるいにかける、というか。

奈々福◆まあそうですね。

九雀◉そういう意味でも、やっぱり数は要るんちゃうかと思いますね。ネタでは「こんなに要らん」と言いますが、これぐらいの人数がいれば、下の人たちは頑張って上へ行こうと思う。それが大事なんじゃないかと思います。

小佐田◇まあ、定席があるということも大きいんでしょうね。関西で浪曲に行く方は会場を探さなくてはいけない。いろいろ追いかけていってやっと出会うけれど、落語ならとりあえず繁昌亭へ行けば見られる。それをきっかけに、「これやってみようかな」という人も増えてきたのではないでしょうか。

九雀◉そういうのもありますね。

小佐田◇まず、出会いに行かなくては。

九雀◉そうです。私らの頃は、情報誌もありませんでしたからね。

奈々福◆そうですよ。今は東京なら「東京かわら版」、上方には「よせぴっ」という寄席の情報誌があって。、「よせぴっ」もできて結構になりますね。

小佐田◇もう一〇年。

九雀◉それ以上かも。繁昌亭より古いから。だから数が要るんです。今困っているのは、落語作家の数が少なくて怠けがちだということです（笑）。

小佐田◇あんなに楽な仕事はないですから。

九雀◉歌舞伎書いたり、本書いたりして。

奈々福◆狂言書いたりしていらっしゃいますね。

九雀◉そうなんですよ。ちょっと言ってやってくださいよ。

小佐田◇あっちのほうが派手でええもん（笑）。

奈々福◆今こそ新作が必要なんじゃないですかねえ。

九雀◉そうですよ。

小佐田◇はい。

落語と漫才はまったく違う

奈々福◆四天王しかいらっしゃらなかった時代から、九雀師匠が入られる今から四〇年前ぐらいの間というのは、戦後から高度成長期までですよね。どんな感じだったのでしょうか。

小佐田◇落語というものが細々は続いてるし、マニアはいるけれど、一般的やない時期でしたな。

奈々福◆漫才とかそっちのほうが……。

小佐田◇主でした。大阪には寄席がありませんでしたからね。あるのは八〇〇人から千人規模の演芸場で、出番が、東京の寄席なら十何本のうち八本は落語で二本が色物とかですが、大阪では逆だったんです。たとえば前のほうに小米……後の枝雀クラスの落語家が出て奥に米朝クラスが出る。その間は全部漫才なんです。

九雀◉それもちゃっきり娘とか、かしまし娘とかフラワーショウとか、派手な女の人がいっぱい出るから、落語をぼそぼそしゃべるだけじゃ聞かないです、なかなか。

小佐田◇漫才と落語って、芸をやる人が違うんです。端的に言うと、漫才がエッセイなら落語は小説なんですよ。ストーリーを聞かなあかん。漫才は出てきて、「私こんなんでっせ」と言えばオーケー、入り口が要らない。その代わりパワーは要ります。まったく違う芸なんです、漫才と落語は。

九雀◉相当違いますよね。Ｍ‐１とか見ていても思いますもん。自己紹介してマクラしゃべったら二分で終わりや。

奈々福◆ほんとですね。

小佐田◇「えー」言うたら終わり。

奈々福◆浪曲も五分でやらなきゃだめだと言われるんですが、五分じゃストーリーはできませんよね。

小佐田◇頭のええとこだけを節だけでやらな。

奈々福◆はい。

九雀◉**千日劇場**という大きな劇場に出ていたのですが、もう嫌やというんで独演会中心にしようと米朝師匠が決めて、ホール落語に転換したんです。

奈々福◆そこが画期的でしたよね。ホール落語の開拓は米朝師匠がされた。今も寄席のファンはいますが、ホール落語という概念ができてからは、落語はホールでやるものだと思っている人のほうが……。

九雀◉多いですね。

小佐田◇ホールか寺かのどっちかですよ。若いころはお寺でやって、立派になったらホールでやる。

千日劇場
千日前交差点の南西隅、千日デパートの六階にあった劇場。一九六九年に閉鎖。

怖い下座さんの思い出

奈々福◆ホールなら、囲い込んで小説をじっくり聞かせることができるわけですよね。

小佐田◇そうそう。長編を出してホールでしっかりとやるわけです。演芸場なら「犬の目」など一〇分程度の笑いの多いネタをやって、しかもマクラを振り倒さなくてはいけないような状態だったけれど、米朝師匠は「落語はこんなんちゃうねん。もっと三〇分、四〇分聞いてもろて、最後の一言でわっと笑ってもらうのが落語や」と。それをやるために、自分で座組んでやると。あのころからもうお囃子さんを連れて歩いてはりましたか。

九雀◉そうですね。米朝師匠よりちょっと年上、それこそお姉さんというぐらいのお師匠はんを全国連れて歩いていらっしゃった。

奈々福◆その方々が残っていらっしゃったのは、米朝師匠が四天王の時代に辛うじてぐらいなんですか。

小佐田◆そうですね、下座はほんまにギャラが安かったんです。噺家も食われへんのに、そこまでもいけないわけですから。

九雀◉落語家がそんなにいなかったから、仕事にならなかったと思います。だからもうほんとに、三味線持ってるから辛うじて立ってますみたいなご高齢の方たちで。でも、みんな怖かったですよ。縦社会で生きてはるから、弾きながらしょっちゅう怒られました。池中スエ師匠なんか、座布団返しの遅い私に、「ちゃっちゃとやりい、ちゃっちゃと」と言いながらずーっと

鼎談

弾いてるんですもん。怖いばあさんやな思ってね。

奈々福◆私、うちの師匠・福太郎が鈴本演芸場に出たときに一回だけ師匠の曲師として出さしてもらったことがあるんですよ。浪曲が鈴本に上がることってまずないじゃないですか。師匠が落語協会との御縁で出たんですけど、下座さん、怖かったです。「あら、浪曲、珍しい、勉強させていただくわ〜」というのが強烈で。

九雀◉昔は芸妓上がりの人がまだいっぱいいて、怖かった。今はもう国立劇場の養成所から来ている、善良なる普通の人たちですが。

小佐田◇芸妓さんたちはいつも名人の芸を見ていますから、それはもう……。

奈々福◆ほんとに怖かったですよ。このことを国立養成所からお囃子方になられた恩田えりさんに話したら、「もうそういう人はいません」と言われて、ほっとしました。

小佐田◇もう入れかわったかな、下座さんもね。

九雀◉そういう古い人は、ほぼ残っていないと思います。

みんなで守らなくては滅びる

奈々福◆天満天神繁昌亭に時々出させていただくのですが、お三味線はお三味線でちゃんといらっしゃいますが、お弟子さんたちがみんなはめものをされるじゃないですか。みんなで物語を共有している感じがしますすね。浪曲って流派同士があまり共有しないので。

九雀◉ああ、そうか。

奈々福◆いまだに、「あなた、私に断りもなくあれをやって」という世界がありまして。流派によって「うちは義士伝の家だから」「うちは侠客伝の家だから」というのがあるんですね。でも上方落語は、みんなが、噺のはめもののきっかけを知っている。みんなで物語をつくっていく、共有している感じがすごくうらやましくて。

小佐田◇やっぱり一度滅びかけたというのがあるからでしょうね。「とりあえず、みんな覚えろ」と。本来は浪曲だってそうするべきなんでしょうけどね。節が一つ滅びかけたら誰かが取り入れなくてはいけない。それをあのころの上方落語はやっていた。

九雀◉そうですね。だから一門のボーダーを越えて稽古にも来てもいいし、教えてもくれました。そうしていかなくては滅びてしまう、という認識がみんなにあったからだと思います。

小佐田◇若いころの春団治師匠と文枝師匠が同じ師匠のとこに同じネタの稽古に行ったことに、米朝師匠が怒ったそうですけどね。「おまえら何しとんねん、違うネタ習わんかい」って。

九雀◉古老の方に習いに行くのなら、違うところへ行って全部吸収しとかんと、その人が死んだらなくなるわけですから。

奈々福◆重なったらどうすると。

小佐田◇「同じ人に同じネタを習うのはあかん。違うネタを早よ習うとかんと、あの師匠、もうじき死ぬで」って。すごいなと思いました。

奈々福◆その自覚ですよね。

小佐田◇危機感があるかどうかやね。

九雀◉そうですね、そう思います。

枝雀師匠の教え

奈々福◆継承という危機感がベースにあったと思うのですが、枝雀師匠から最も教わったことをいくつか教えていただけますか。

九雀◉落語においては息継ぎ。あとはカミシモ。これがほとんどでしたね。今うちに来る若い人に稽古つけるときも、「僕が言ってるのちゃう、枝雀に習ったことを言ってるのや」と言えば、箔がつくでしょう（笑）。

とにかく息継ぎが大事です。江戸で「**たらちね**」というネタがありますね、上方では「**延陽伯**」というやつです。それを内弟子のときに習ったのですが、稽古の仕方が変わっていて。師匠が一杯飲みながら前でせりふを言ってくれるのを僕がノートに書き取るんです。次の日までにそこにブレス記号を入れてくる。内弟子で住み込んでいるのですが、宿題なんです。

翌日それを添削される。ここ要らん、ここ要らんと言われて。「同じ台本でも、息継ぎで退屈にもなれば、おもしろくもなる」ということをすごく言われましたね。人物が変わる間に息を吸わないというのが落語の原則ですが、他の一門ではあまりやっていないルールもあって。たとえば枝雀は地の文から会話文に移るところで息を吸わないんですよ。「一席おつき合いを願いますが、こんちは」、とここは息を継がない。でも上方では大方の人がそこで見台たたく。「聞いていただきますが」、バン、「こんにちは」。これは枝雀的には最悪。いろんな考え方がありますが、うちの師匠はいかにグラデーションを保ちながら噺に入るかを大事にしていましたね。

あとはカミシモですね。やっている者に位置関係がわかっていないものは、決して見ている人の頭に浮かばないということを、常に言われました。弟子も含め、そこはきちんと教えるようにしています。一〇年はやっているキャリアのある子でも、意外とそれを習ってきていないんですよ。

小佐田◇しゃべるほうばっかりでね。

たらちね／延陽伯
大家の紹介で妻をもらった八五郎だが、京都の名家の出身である彼女の言葉づかいがあまりにも丁寧なために起きる騒動を描く。

九雀◉そうですねえ。

小佐田◇実は落語ってリアクションの芸なんです。それに気づかずにしゃべったらあかんね。

九雀◉そうですね。一種の演劇なのでやはりそういうところは押さえなあかんのですけど、今、大概の人はお笑い芸の一種と思って落語に入門してきますので、演劇部分が欠如してるんですよ。

小佐田◇なるほど。一人漫才になってまうからな。

九雀◉目つぶって聞くと、誰がしゃべってるかわからん人ぎょうさんおりますよ。それ、ラジオでやったらどうするの、と言うんですけど。

小佐田◇師匠は前でうろうろしてはったよな、お弟子さんの稽古のとき。

九雀◉うちの師匠は前でじっとは聞いてないんですよ。私が一生懸命しゃべってると、体でリズムをとりながらうろうろしはるんです。ちょっとこっちがノッキングを起こすと、ガクってしはるんですよ。そういう稽古の仕方。

小佐田◇途中でいなくなることもあるんでしょ。

九雀◉いなくても、どっかでは聞いてはるから、こちらはやらなあかん。家の中のどっかにはいるんです。

やっぱりリズムがすごく大事なんです。息ということはリズムですよね、それをすごく大切にしてましたね。私の子どもも、生まれたばかりのときから、枝雀の落語は体をゆすって見よったです。それは**志ん朝師匠**と枝雀だけです。やっぱりえらいもんですね。

三代目古今亭志ん朝
一九三八年、東京生まれ。五代目古今亭志ん生の次男。十代目金原亭馬生の弟。出囃子は「老松」。一九五七年に入門。一九六二年に真打昇進で、三代目古今亭志ん朝を襲名。実力・人気ともに高く、俳優としても活躍。七代目立川談志、五代目三遊亭圓楽、五代目春風亭柳朝とともに落語若手四天王と呼ばれた。二〇〇一年、逝去。

小佐田◇談志師匠ではやりにくい。
九雀◉談志師匠ではできませんね。

肝さえ外さなければ芸事は大丈夫

奈々福◆米朝師匠は何かそれに類することをおっしゃっていましたか。
小佐田◇やっぱり息継ぎです。「ここまで一息で言えんかい」って。
奈々福◆テクニカルなことをおっしゃるんですね。
九雀◉教え方がすごくアカデミックなんですよ。だから、次の世代に伝えやすい。
小佐田◇米朝一門の門下って、それはもう完璧に基礎が生きてるんです。そっから次は自分の力ですが、前座で一番安心なのは米朝一門。それは間違いない。
奈々福◆なるほど。実はリズムについては、私もすごく思っていることがあって。
上方落語は地域が固まっていますが、浪曲は全国ですし、育ち方も全国区で巡業している師匠もいれば、地域限定の師匠、さらにローカルなところだけ回っているような旅の浪曲もある。修行の仕方もあまりにもさまざま。それゆえ統一した教え方というのがないんです。
そんな中、リズムのことを教える師匠が過去に誰かいたのかな、とすごく考えるんですよ。浪曲って、リズムが鈍臭いところが逆にいいとされた部分もあるのかな、と……。
小佐田◇鈍臭いとこ？

奈々福◆落語は都市で育まれた粋な芸ですよね。スピーディでパパパパパッと、息継ぎもブレスもきちんと決まっていて、リズムの心地よさがある。でも、浪曲はどちらかというとローカルな芸で。

小佐田◇今となればね。昔は都市でもやってたけど。

奈々福◆今でも東京でやるよりも田舎でやったほうがお客さんが温かいんですよ。

小佐田◇それはリズムがゆっくりしてるからです。揺りかごなんですよ。

奈々福◆浪曲のリズムは鈍臭い。その鈍臭い感じが尊ばれたのかな。でも、私はスピーディなほうが好きですし、もうちょっとリズムよくした方がいいのにと思ってしまう。

小佐田◇でも、ゆっくり言っていくのが楽しいんです。こぶしとかでターッといくのもあるけれど、もっとゆっくりしたのもある。これはもういろいろあってええんちゃいまっか。

奈々福◆ああ、そうですねえ。

小佐田◇ただ、リズムが狂っていると嫌です。速くても遅くてもリズムが合っていればもう、まことに心地いいですね。

九雀◉そうですね。速さとリズムは必ずしもリンクしないところで大丈夫やないですか。たとえば東京の**彦六師匠**の晩年の録画を見ると、しゃべり方、めちゃめちゃゆっくりですよ。若いころはもちろんもっと元気があったけど。でも息吸うたらいかんとこでは絶対に吸うてはりませんよ、何ぼ晩年でも。

小佐田◇それは身についてはる。

林家彦六
一八九五年、東京府生まれ。八代目林家正蔵。出囃子は「菖蒲浴衣」。芝居噺や怪談噺を得意とした。一九一二年、二代目三遊亭三福に入門。「福よし」を名乗る。一九二〇年、真打昇進。一九五〇年、一代限りの条件で海老名家から名跡を借り、八代目林家正蔵を襲名。一九八〇年、林家三平の急逝に伴い、正蔵の名跡を海老名家に返上、「彦六」に改名する。一九八二年、逝去。弟子に林家木久扇、三遊亭好楽などがいる。

九雀◉そうそう。芸事っていうのは、絶対外さないところさえ守っていれば、決して退屈せずに聞けるんじゃないですかね。

小佐田◇難しいんですよね。工夫すると外れていくことがありますから。

九雀◉そうそう、そうですね。

奈々福◆怖いですね、工夫って。

小佐田◇怖いですよ。

奈々福◆ほんとに吉と出るか凶と出るか。

九雀◉大変です。

一九七〇年代の落語ブーム

奈々福◆こだわるようで恐縮なのですが、浪曲の未来を思うと、やっぱり増えることについて考えてしまいます。天満天神繁昌亭ができてからの上方落語の増え方はよくわかるんです。まず見る側が増えましたし、入りやすい入り口もできたという感じがする。でも、米朝師匠から九雀師匠に至るまでの増え方というのは。

小佐田◇あれは若い者がそれまで知らなかった世界だったのだと思います。頭の中だけで物語をこしらえるというのは、ラジオの影響が大きいような気がします。

九雀◉昭和四五年、万博の年に上方落語のブームがあったんですよ。そのころに入ってるのがうちの兄弟子の南光とか雀三郎といった世代。

小佐田◇それがまた、深夜放送の大流行のときやったんです。仁鶴師匠がやってはった番組で音から入って頭の中で想像するという新しいゲームをみんなが見つけた。

九雀◉雀三郎兄さんによると、そのころ上方の大学生の間ではフォークソングと落語がトレンディやったと。

小佐田◇そう。ビートルズを歌うか三十石舟歌を歌うか。

奈々福◆大分違う（笑）。

九雀◉ほんとにそんな感じやった。

奈々福◆ラジオですか。

小佐田◇そのとおり。今の子はどうやろ。テレビばっかり見てたからそれがなくなってきたかもしれません。我々のときは想像する力がおもしろかったんです。

奈々福◆深夜放送のＤＪがものすごくはやり出したのがそのころでしたね。

小佐田◇いろんな人が出てきましたが、噺家の人が多かった。

九雀◉今のようにピン芸というジャンルがなかったので、ちょっとおもしろいことをやらすには噺家をよう使いましたね。

奈々福◆鶴光師匠も……。

九雀◉そうですね。同じ時代。

小佐田◇ＤＪも、本当は噺家をやりたかった人がいっぱいいましたからね。浜村淳さんもそやろ？

九雀◉ああ、そうです。

小佐田◇そんな人もいてはったんです。

九雀◉やっぱりラジオの影響は大きいですね。その頃入門した人たちで五〇人は超えていますよね。

小佐田◇ラジオに行ったら仕事があったんです。

九雀◉落語会もたくさんあって、好きな子は中学生から行っていました。文之助兄さんという四つ上の先輩が見に行く頃はめちゃくちゃブームで、よしこれや思って入ったとたんにブームが終わったと言っていました。

枝雀師匠のブレイク秘話

小佐田◇その後は？

九雀◉私らが入ったときは全然でした。二か月ぐらい高座がないことなんかしょっちゅうありました。

奈々福◆えーっ、そうですか。でも、枝雀師匠はものすごく売れて……。

九雀◉それはちょっと後なんですよ。私らが入門したときはまだ、うちの師匠のスケジュールも半分も埋まっていませんでしたよ。

奈々福◆そうですか。枝雀師匠でさえ。もうでも、この辺から枝雀になって。

九雀◉なってました。なってたけど、お仕事は多くなかった。だから、家で毎晩飲んでましたもん。銭湯に行って家で飲むのが普通の日の過ごし方でしたから。

奈々福◆枝雀師匠に火がついたのはいつ頃ですか。

九雀◉私が入門したのが一九七九年で、八一年ぐらいですね。ちょうど内弟子を出る頃やったと思います。

小佐田◇サンケイホールとか大きなホールでの独演会だけではなく小さい落語会はもちろん、御自宅でもやってましたよね。

九雀◉そうそう、奥さんが三味線を始めた頃に場数を増やさなあかんと。落語会がないので、家でやってたんですよ。近所の人が何人か見に来たりして、枝雀と内弟子、私たちで落語をやったりして。

小佐田◇師匠も出はるぐらいお暇で、毎晩のように電話がかかってきて、飲みに行きまひょって。

奈々福◆そうですか。じゃあ、小佐田先生は火がつく前からですよね。

小佐田◇そうです。直前かな。

九雀◉私の兄弟子の雀々と芸歴が一緒なんですよ。私より二年先輩ですね。

奈々福◆枝雀師匠に火がついたときって、どんなきっかけだったんですか。

小佐田◇何でしょうね。テレビで「枝雀寄席」が始まったのは、もっと後かな。

九雀◉いや、私が入門した年に始まってます。「なにわの源蔵事件帳」というドラマもその頃なんですよ。八一年。

小佐田◇その前は、やっぱり落語会。

九雀◉そうですね。落語会は米朝師匠の間に出ていましたが、もうあれだけの実力ですから、「今度は『枝雀独演会』で」ということに自然となっていったと思います。

小佐田◇九雀さんが入った頃、あちこちにぼちぼち出はるようになってきました。

九雀◉**角座**も出てはったからね、私が入門する少し前までは。

小佐田◇枝雀師匠はしんどくなって演芸場の出演やめはったんですよ。それをやってたら、もっとスケジュールは埋まってたよね。

九雀◉ああ、そうですね。

小佐田◇あっという間にすーっと上がっていかれましたね。僕はもっと前の小米さんの時分からのファンなんです。

九雀◉仕方なく離れたファンです、この人は。

小佐田◇いっとき小米から枝雀になって目寄せたり、「ありゃー」とかオーバーアクションでやったりしてましたやろ。

奈々福◆ものすごく芸風が変わられたという……。

小佐田◇あの頃無理して変えられたんですね、師匠は。それで「もうええわ」と思って見るのをやめていたのですが、しばらくしたら、「やっぱりええ人や」とまた好きになって。で、こ

角座
道頓堀にあった劇場、演芸場、映画館。江戸時代は「角の芝居」とも呼ばれた芝居小屋であった。一九八四年に閉鎖。

んなおつき合いになったということですわな。そういうことで、突然売れたというよりは、じわじわじわーときてのだと思います。ただ、本人の願ってたところはもうわからへんな。
九雀◉そうですね。自分ではいつも「別にどうならんことないねん」と言うてはったけど……。
小佐田◇でも、それを言うということは、やっぱり「こだわり」はあったんやないかな？
九雀◉そうですね。

まずは笑い芸から

奈々福◆浪曲のプレイヤーを増やし、認知度を上げるにはどうしたらいいんでしょうか。私、考えられることはいろいろやっているんですけど。
九雀◉そんなん、こんな大ヒット企画をやってるプロデューサーにわからないものを僕らがわかるわけないじゃないですか。ねえ。
小佐田◇結局、両方の面で広げることではないでしょうか。「シンデレラ」の新作やったりしてますよね。ああいうのをやりつつ、古典の変わった節を覚えてきて、こんなんあるんですよと伝える。**岡本玉治**とか。
奈々福◆岡本玉治！　上方のケレン浪曲の系譜！
小佐田◇マニアやな（笑）。今の時代、入り口としてはやっぱり笑い芸がええと思うんですよ。笑っていただいた後で、もっとすごいやつを聞かせる。落語もそうですからね。まずはおもしろさで来てもらって、その奥に人情噺とか「蛸芝居」のようなすごい噺をやって、引っ張り込む。入り口をどうするかやと思います。

奈々福◆そうですね。今、上方落語は二六〇人、東京は五〇〇人以上噺家さんがいるわけですよね。浪曲のお客さんも、実は増えてはいるんです。私たちがライブで食べていけているというのは、支えてくれるお客さんがものすごくいるということなんですよね。これだけメディアが発達している時代にライブに足を運んでくださる方がいるというのは、非常によい状況だとは思います。

小佐田◇わざわざ来てくれてるわけですな。

奈々福◆足を運ぶということはものすごいことですよね。

小佐田◇一番恐ろしいことやし、大事なことだと思いまっせ。時間と電車賃と、何より時間を使うてくれはるわけやから。来てよかったなと思っていただけるようにしないといけませんね。

大阪は「なあなあ」の町

奈々福◆語り芸はやはりそれぞれの芸に特質があって、上方落語と江戸の落語は感覚的に違うと思うんです。上方落語を一言でいうと、何でしょうか。

小佐田◇それは難しいな。

奈々福◆そうですよね。もともと大道から出たということもありますが、この芸に受け継がれ

岡本玉治
一八九四年生まれ。上方浪曲で「フラフラ節」と称して滑稽な浪曲を売り物にした。「左甚五郎」「関取千両幟」など。

ているスピリットというか芯になるものはどんなことなのかな、と。

小佐田◇一番大きいのは共感やと思います。笑いの上の共感、「あるある」っていう。東京落語は違うかもしれません。というのも、東京落語には「与太郎」がいますが、大阪落語には与太郎はいないんです。代わりに「喜六」がいますが、これはわかっていてほんのちょっと外す人なんですね。東京の場合、いろんな国の人が集まってきている土地なので、メンツを大事にしはるんですわ。誰かを笑うというと角が立つから、誰でもない人をつくろうということで「与太郎」ができたと私は思っている。「こんなやつ、皆さんの中にはいませんよね」というのが、江戸の笑い。一方、大阪の笑いは、「こいつ、あほでっしゃろ。心配しなはんな、あんたもあほでんがな」という。だから大阪の人はツッコまれたらむちゃ喜ぶんです。

奈々福◆なるほど。

小佐田◇ですから、大阪の人がボケたらどんどんツッコんでください。「違うんじゃないの」と言ったら、うわーって喜びますから。

奈々福◆そうそう。大阪の人って、「ボケてもツッコんでくれない」と言いますよね。

九雀◉ああ、あれが一番悲しいんですよ、飲み屋とかでスルーされるというのはね。子どもでもツッコみます。

小佐田◇ツッコんでやらないと。それは商人の町だからかもしれません。体面の町じゃないから。ちょっと一緒に笑うて、ごちゃごちゃっとして……。

奈々福◆笑いが潤滑油になってお商売の話が。

小佐田◇はい。なあなあの町や。「な、な」言うて済むとこやから。東京とは違うと思う。

奈々福◆先日の打ち合わせ中、小佐田先生、おもしろいことをおっしゃったんですよ。語り芸はどれも声を使いますよね。それぞれの声の違いについておっしゃった中で、「落語の声はうその声だ」と言われたんです。講談の声は「知恵のある声」。それに対して私はひらめいて「なるほど、じゃあ浪曲は……ばかの声ですね！」と言いました。

小佐田◇このばかの声が一番出しにくい。落語の言葉はやっぱり「うそですよ」となるんです。サゲってそうでしょう？　せっかく一時間ぐらい聞いたのに、サゲでぽーんと終わって「はい、うそでした」と帰すんですから、間違うたらどつかれる。田舎では落語は前振りと思われているのか、サゲ言った後に帰ったら、「あの続きどうなるんじゃ？」って聞かれる。

奈々福◆浪曲も一緒です。

小佐田◇浪曲は「ちょうど時間となりました……」って。

奈々福◆いや、あれ、真面目に怒る人いるんですよ。

小佐田◇でも、特に上方落語はそういう形での共感、お客さんも巻き込んでの笑いを目指しているんですよね。今日のお客さんも、その意味では大阪的やったかも。一緒に笑って楽しんでいただけた。

九雀◉そうですね。さすがにお目の高い方がたくさんいらっしゃるので。

奈々福◆でも、実は初心者の方がかなり多いんです。ここで初めて体験するという方も皆さんスポンジのように吸収してくださって。今日は喜六と与太郎の違いを聞けたのが、すごく面白かったですね。ありがとうございました。

関連書籍

桂米朝『上方落語ノート』(青蛙房)
桂文我編著『上方寄席囃子大全集』(燃焼社)

第9章

浪曲

澤孝子・佐藤貴美江・玉川奈々福
沢村豊子・稲田和浩

澤孝子（さわ・たかこ）――浪曲師。千葉県銚子市出身。一九五四年、二代目廣澤菊春に入門。一九五八年、銚子市公正市民会館にて名披露目。一九六一年、澤孝子と改名。一九七三年、ＮＨＫ浪曲コンクール第一回最優秀賞。一九八二年、芸術祭優秀賞受賞。現在（一社）日本浪曲協会相談役。古典から新作まで幅広い演目を持ち、浪曲の第一人者として、活躍中。

佐藤貴美江（さとう・きみえ）――曲師。神奈川県横浜市出身。一九九四年、日本浪曲協会主宰「第一期三味線教室」に参加。三代目玉川勝太郎の曲師であった吉野静に師事。教室の講師であった澤孝子の相三味線となる。以来「澤一門」を中心に務めている。（一社）日本浪曲協会副会長。

玉川奈々福（たまがわ・ななふく）――浪曲師。神奈川県横浜市出身。一九九四年、日本浪曲協会主宰「第一期三味線教室」に参加。一九九五年、二代目玉川福太郎に曲師として入門。三味線の修行をしていたが、師の勧めにより二〇〇一年から浪曲師としても活動。二〇〇六年「奈々福」で名披露目。（一社）日本浪曲協会理事。

沢村豊子（さわむら・とよこ）――曲師。福岡県大牟田市出身。一一歳のとき、九州に巡業に来ていた佃雪舟に、見込まれてそのまま巡業の一座に入り、東京へ。山本艶子に師事し、佃雪舟の相三味線となる。その後国友忠の相三味線を長年務め、ほかに三波春夫、二葉百合子などの三味線も務める。二〇二二年に第四二回松尾芸能賞功労賞受賞。

稲田和浩（いなだ・かずひろ）――演芸作家・小説家。東京都出身。日本大学芸術学部卒業。正岡容門下の芸能研究家・永井啓夫に師事し、数々の演芸台本、邦楽の詞章を手掛ける。とくに浪曲に詳しく、『浪曲論』『にっぽん芸能史』など著書多数。日本脚本家連盟演芸部副部長。文京学院大学外国語学部非常勤講師（芸術学）。

《口上》

浪曲。今回扱う「語り芸」の中で、もっとも新しい、逆に言えば歴史の浅い、そして全盛時は日本を覆うほどの勢い、そこからの衰退の早さ激しさもとんでもないという、ジェットコースターのような道を歩んできた、「語り芸」の中の鬼っ子です。

江戸時代までは大道芸であったちょぼくれ、ちょんがれ、阿呆陀羅経、でろれん祭文などの諸芸が集まって、明治時代になって「浪花節」として東京で鑑札(かんさつ)を取得しました。雨風にさらされる辻々で育ってきた芸だから、道行く人たちを捕えんと、極端な声を出し、臆面もない感情表現をし、三味線という鳴り物も使いました。社会の最底辺の者たちが担い、それゆえに最底辺の人たちの心に響いた、もともとは多分に珍芸的要素もある芸だったのではないかと想像しています。

近代化を超特急で急いだ明治という時代とともに、ぐわんと成長し、大正という時代に磨かれ花咲いた、その急成長のひずみも背負いこみ、時代の空気を吸いこみ過ぎたゆえに、凋落も激しかった……ああ、自分の人生賭けてる芸のことだと、ご挨拶などで言うべきではないことまで、筆が先走ってしまいます。

浪曲は、昭和一八年の時点では全国に三千人も実演者がいたそうです。さまざまな興行の形があり、さまざまな浪曲がありました。大看板の先生方による大劇場型の浪曲、寄席の浪曲、そしてもっぱら旅巡業の人たちの浪曲。紅涙振り絞る浪曲もあれば、粋で笑いだくさんな浪曲もあった。いくつものジャンルにわけられそうなくらいです。

本日ご出演いただく澤孝子師匠は、二代目広澤菊春(ひろざわきくはる)門下。菊春先生は、大看板でしたが、落語の寄席に入り、座布団に坐ってサゲのある浪曲を演じてもおられました。その薫陶を受けられ、また一本立ちしてからは看板として一座を組んで全国を巡業しておられました。大劇場、寄席、旅、三つの要素を兼ね備えておられるのが澤師匠です。

そして曲師を務められる佐藤貴美江師匠は、奈々福と同期、浪曲三味線教室出身です。浪曲の魅力は、譜面もないなかで、浪曲師と曲師がセッションすることの中にもあります。だからこそ、一人前に舞台が弾けるまでが難しいんですが。

本日は、開口一番を短めに奈々福がつとめ(曲師は、名人・沢村豊子師匠)そして澤孝子師に、二代目広澤菊春ゆずりの「竹の水仙」を演じていただきます。仲入り頂戴し、演芸作家であり、浪曲についての著作もある稲田和浩さんによる講義、最後が鼎談という流れです。

浪曲のセットを見るのが初めてという方もいらっしゃるかと思います。この派手な布は一体なんだという、あたりからお話ししようと思いますが。

鑑札
明治新政府は、大道芸を禁止し、芸人には組合を結成して由来書を提出するように指示が出た。また鑑札制度が敷かれ、「遊芸稼人」という鑑札の発行を警察から受ける義務が生じた。それに従って、それまで大道芸だったちょぼくれ、ちょんがれの芸人たちが組合を結成し、「浪花節」として東京市に提出、これにより、芸人鑑札を受けることができるようになった。

新しい芸、浪曲のなりたち

奈々福◆もともと浪曲は、明治の最初に「浪花節」として**鑑札**を受けるようになった新しい芸です。当初は今の義太夫と同じように三味線と太夫が二人並んで前を向いて、太夫の前には釈台のような小さい机があって、という形でやっておりました。このように演台を前にして立つ形になったのは、明治三〇年代後半、中興の祖と言われる桃中軒雲右衛門が出てからです。今日お配りした「浪曲の歴史」という稲田先生の解説にも書いてありますが、桃中軒雲右衛門先生は浪曲の歴史を変えた人と言われています。

演台、湯呑み台、背掛けという今日の形は、これでも簡略的なものです。これが大きな浪曲大会になりますと、上と下に一つずつ台を置き、さらにその上に松の盆栽を置きます。どこまで偉そうなんだという感じですが、そういう形でやります。

明治時代に伊藤痴遊という、「英国密航」をつくった講釈師がいました。もともとは渋澤栄一の門下生で政治家を志したのですが、自由民権運動などが華やかなりし折、何と明治政府が演説を禁止したんです。そこで伊藤痴遊は、芸だったら伝えられると、講釈師になったんです。ちゃんと芸人鑑札も受けていています。この手があると思った人たちは他にもいて、浪曲は昔の演説のスタイルを踏襲していたと思います。実際に政治や武士道の鼓吹に利用されたこともありました。演説が禁じられる中、浪曲に託して民衆の啓蒙をしようという動きがあったんだと思います。

たぶんそういう経緯から、このような派手な布、テーブル掛けも生まれました。「テーブル掛け」という、身もフタもないネーミングですが、きっと当時はこの言い方がおしゃれだったのだと思います。

義太夫と同様、浪曲師が三味線とともに語る芸です。お三味線、沢村豊子師匠。義太夫には床本があり、三味線にも譜があって、アドリブはほぼないそうですが、浪曲はオールアドリブです。譜面というものがありません。お師匠さんはずーっと私のほうを見ていてどこでどんな節に入るのかを観察しながら、息と息とを合わせてやっていくのが浪曲です。

「清水次郎長伝」より「お民の度胸」

奈々福◆というわけで、私は一席、短目にやらせていただきます。澤師匠が関西節で、私は関東節です。初めて聞く方には違いがわかりにくいかと思いますが、おおざっぱに言うと比較的さっぱりしているのが関東節、ねっとりしているのが関西節です。せっかくですから両方聞いていただきたいと思いまして、関東節の中でも最もさっぱりしている「清水次郎長伝」より「お民の度胸」を抜き読みさせていただきます。

「清水次郎長伝」は広澤虎造先生の口演で全国的に広まり、最も有名なのは「石松三十石船」の場面ですが、とても長いお話です。

今日はその中の抜き読みです。話の筋はあらかじめお伝えしません。話の内容よりも、浪曲ってどんな形でどういう声を出して、三味線とどうコンタクトをとりながらやるのか、という形式の部分をまずは見ていただき、後で「竹の水仙」を堪能していただければと思っております。一席申し上げまして、お後お楽しみは澤師匠でございます。「清水次郎長伝」より「お民の度胸」の一席、お時間まで。

浪曲の歴史

幕末の頃	ヒラキ(大道芸)で浪花節のような語り芸が登場した。
明治初年	「浪花節」の鑑札を取得し、寄席の高座に登場。
	青木勝之助(美弘舎東一)、浪花亭駒吉、春日井松之助らが活躍。
明治23年	日本橋で浪花亭駒吉が15日間の独演会。連日満員。
明治25年	浪花節組合員100人。
明治27年	日清戦争。
明治37年	日露戦争。
明治38年	素人の浪花節公演、東京の寄席で多数行われる。
	浪花節組合員400人を超える。
明治40年	桃中軒雲右衛門、本郷座で20日間公演。
明治41年	関西の二代目吉田奈良丸、京山若丸らも東京の大劇場に進出。
明治45年	桃中軒雲右衛門、歌舞伎座にて15日間公演。
大正3年	吉田奈良丸の「大高源吾」のレコードがヒット。
	この頃、三代目鼈甲斎虎丸、初代天中軒雲月、東家楽燕らが活躍。
大正3〜7年	第一次世界大戦。
大正10年	浅草で「初音会」が誕生。全国で女流団が活躍。
大正12年	関東大震災。
	篠田實の「紺屋高尾」がヒットする。
大正14年	ラジオ放送開始。
昭和5年	寿々木米若「佐渡情話」レコード化。
	この頃、二代目広澤虎造、二代目玉川勝太郎、初代春日井梅鶯ら活躍。
昭和6年	満州事変。
昭和9年	二代目天中軒雲月が襲名。「杉野兵曹長の妻」などで活躍。
昭和10年	東家楽燕、日本浪曲学校を設立。
昭和12年	日中戦争勃発。
昭和15年	「浪曲向上会」設立。浪曲界をあげて戦争に協力。
	二代目広澤虎造の出演を巡り、やくざが抗争。
	明治座で「愛国浪曲の会」。
昭和16〜20年	太平洋戦争。
昭和21年	進駐軍による浪曲台本の検閲が行われる。
昭和25年	浅草・国際劇場の「浪曲大会」第一回。
昭和26年	民間放送がスタート。
昭和28年	テレビ放送がスタート。
昭和29年	ラジオ東京「浪曲ノド競べ」=「浪曲天狗道場」放送。
	民放ラジオでは、木村若衛、国友忠、村田英雄らが活躍。
昭和36年	三波春夫の歌舞伎座公演、はじまる。
昭和39年	虎造、二代目広澤菊春が死去し、勝太郎が引退。
昭和43年	正岡容「日本浪曲史」刊行。正岡の死後10年。
昭和45年	浅草・木馬亭、浪曲定席をはじめる。
昭和47年	太田英夫がヤング浪曲で売り出す。

お民の度胸

清水次郎長伝より

「清水次郎長伝」は、幕末から明治にかけて実在した侠客、山本長五郎（通称・清水次郎長）の養子となったもと磐城平藩士・天田五郎が、本人から聞き書きをした記録。それをもとに、松廼家太琉という講釈師が講談化した。三代目神田伯山がこれを譲り受け十八番として世に広めたが、それに先立って初代玉川勝太郎が太琉から伝授されて浪曲でも演じ、二代目が継承したが、のちに二代目広沢虎造が演じて、大ヒットした。

奈々福は二代目広沢虎造の子息・山田二郎の許しを得て、虎造台本を継承して演じている。

〽旅うらら　駿河よいとこ久能の桜
風にちらちら花が散る　富士にゃ白雪春霞
溶けて流れるその雪よりも　清いやくざの心意気
意地の立てひき清水の港　吹くよ潮風宇土町行けば
男次郎長の声がする
末になったらこの人の　身内になって男を磨く
小松村七五郎　女房お民の度胸のお粗末
不弁ながらも務めます

文久弐年の六月十七日の夜、遠州、中の町在、小松村の半可打ち七五郎。この半可打ちと申しますのは昔の言葉で、親分のいる侠客のことは、博打打と申しました。親分とらずの一本立ちのひとのことをこの、半可打ちといった。小松村の半可打ち七五郎。女房がお民。夫婦が、差し向かいで寝酒を

飲みながら、

「ねえ、七つぁん」

「なんでえお民」

「石さんが帰ったのは、ちょうど昨夜の、今頃だったねえ」

「ああ、今日は泊って行きなと言ったんだが、酒ェ呑むと乱暴で、無理にきかねえで帰ったが、間違いがなきゃあ、いいなぁ」

「そうだねえ」

二人が話をしているところィ、ばたばたたばたばた……

「七兄い、開けてくれ、七兄い」

「誰だ？　え？　石松か？　今開けてやってでい！」

土間へ降りて、ガタッ、ガラリッと、開けてみりゃあ驚いた、可哀そうに石松は蘇芳の樽を浴びたるよう、真っ赤！

「やられたな！」

「うーん」

「よし！」

手をとって手繰るようにして中ィ入れた。代わって七五郎表ィ出た。辺りを見回したがだーれもいない。また中ィ入ってガタン、ガチンと錠を下ろした。

「どうした石！　誰にやられた！」

■実演「清水次郎長伝」より「お民の度胸」

澤◉お運びをいただきまして、厚く御礼を申し上げます。木馬亭ですとお客さまがもう少し遠いのですが、こちらは近いですものね。見にくいところも見えますが、御容赦をいただきたいと思います。今日は一生懸命の勉強家で輝いております奈々福さんが声をかけてくれて、うれしく参上いたしました。年齢はかなり離れておりますけれども、芸人に年はなしと言われますので厚かましくいつまでも、もう死ぬまでやらせていただきたいと。今後とも浪曲をお引き立てくださいますように。

「左甚五郎伝」より「竹の水仙」

三味線は豊子師匠にかわりましてぐっと若くてかわいい方に。豊子師匠は大ベテラン、浪曲協会の宝でございます。奈々福さんもこの佐藤貴美江さんもこれから浪曲界をしょって立ってもらわなければならない大事な人です。後ほど話をお聞きいただく時間もあるそうで、何なりと質問をしていただいて結構でございます。うそはつきませんから。根が正直でございます。

では、恩師・広澤菊春師の十八番「左甚五郎伝」より「竹の水仙」をお聞きいただきます。

■実演「左甚五郎伝」より「竹の水仙」

左甚五郎伝　竹の水仙

「左甚五郎伝」は古典演目で数々の演題があり、多くの演者が手掛けているが、「竹の水仙」は澤孝子の師匠、二代目広澤菊春の十八番で師が大変好きだったという一席。師より受け継いだものを、現在澤孝子の十八番として演じている。

〽東海道　鳴海の宿の脇本陣
かけた暖簾は大杉屋
表にたたずむ旅人は
生まれついての変り者
木綿の着物に小倉帯　冷や飯草履履いている
誰が見たとてこの人が三代将軍家光公より
日本一のお墨付きいただく人とは思えない
あの声でトカゲ食うかよ山ホトトギス
人は見かけによらぬもの

「こんばんは。泊めてもらえないか」

「へい、いらっしゃいまし……どなたが、お泊りで」

「わたしだよ」

「あっはっは。こら、どうも。まあ、手前どもは、脇本陣を務めるくらいでございまして、初めてのお客様はぜんぶお断りをしております、ハイ。あいすいません。お馴染みさんだけ」

「……初めては駄目？」

「申し訳ございません。お馴染みさんだけ」

「馴染みになるには……どうすれば馴染みになれる？」

「はあはあはあ。まあ、最初から何事もお馴染みというのはございません。ねえ。二度、三度と重なりますと、お馴染みで」

「な〜るほど。二度、三度と、重なりゃ、馴染み……はあはあ、そうそう、じゃあね、さいなら！」

「どうも、あいすいません！」

〽くどくは言わず外へ出て　表でぐるっと一回回って
暖簾の間から

「こんばんは〜！」

「只今も申しました通り、初めてのお客様はぜんぶ、お断りをいたしております」

「へっへっへっへっへ。馴染みだよ」

「ど、どういうわけで？」


〽二度三度とかさなりゃ馴染み　さっききたのが初めてで……

稲田◇澤孝子師匠の浪曲をたっぷり聞いていただきました。澤師匠は**広澤菊春**という寄席読み名人のお弟子さんで、一本立ちされてからは座長として一座巡業して歩いた。地方回りの苦労もされて、昭和四〇年頃中央に出てきてからは、名実ともに大看板の浪曲も経験している。そうした三つの要素を持った方の芸をたっぷり全部聞けたわけですから、大したもんです。ご紹介が遅れまして、私は稲田和浩と申します。どうぞよろしくお願いします。

寄席読みの浪曲には、**東武蔵**や**春日清鶴**、広澤菊春といった人がいます。寄席で二〇〇人ほどのお客さまの前でやりますから、きめ細かい芸をやるわけです。一方、地方の芸というのは、誰でもわかるようにわかりやすく、臭く、粘りっこくやる。たとえば亡くなった先代の**東家三楽**師匠は、とにかく押して押して押しまくって、義士伝の「**赤垣源蔵**」が爆笑になっちゃう、という芸でした。

あとは、大看板。これは浪曲の歴史上、いろいろな方が出てきております。**二代目広澤虎造**、**二代目玉川勝太郎**、戦後ですと**初代東家浦太郎**、**四代目天中軒雲月**、そういう人たちを大看板として、浪曲は日本中を席巻したわけですよね。

今日初めて浪曲を生で聞いたという人はどのくらいいますか。お一方いらした。じゃあ、ほぼ毎月浪曲を聞いているという人は……結構いらっしゃいますね。ではもう私、話すことないです。いや、そんなことはありませんけども。

二代目広澤菊春
一九一四（大正三）年、大阪府生まれ。昭和期の浪曲師。一五歳で岡本玉治に入門。一七歳のとき上京して三代目早川燕平に師事、のち大阪へ戻り父のもとで広沢小菊春となる。さらに梅中軒鶯童の門に入り、現童を経て二代目広澤菊春を襲名。再上京して東京の寄席に出演、出囃子に乗って高座へ上がり座蒲団に座って浪曲を語った。一九六四年に逝去。

東武蔵
一八九三（明治二六）年、埼玉県生まれ。浪曲師。八歳の時に宝集舎栄楽に入門。常子、栄馬などを名乗り、一九一一（明治四四）年、東武蔵と改名（命名は巌谷小波）。演題は自分で脚色し、アドリブで好評を博した。一九七〇年に逝去。

春日清鶴
一八九四（明治二七）年、東京生まれ。幼少から浪曲好きで、一六歳で春日亭清吉の門に入り、一九歳の時に浅草新恵比寿亭でデビュー。寄席打ちの名人といわれ、啖呵のうまさは無類だったといわ

奈々福と沢村豊子師匠（三味線）による浪曲（「お民の度胸」）

大道芸から浪花節へ

稲田◇まずは浪曲の歴史についてお話ししましょう。ご承知のとおり、浪曲は落語や講談に比べてずっと若い芸能で、幕末の頃に興りました。当時やっていたのは、大道芸です。両国の広小路であけっ広げという意味の「ヒラキ」というのがあった。よしずを立てて芸をして、お客さんは投げ銭をする。

　記録が残っている演目としては、「岩見重太郎の狒々退治」、「宮本武蔵の狼退治」。動物を退治して喜んでいたんですよ。あとは「真田幸村の大阪城入城」とかですね。というのも、そういう勇ましい場面にはいい節をやるわけです。いい節をやることで「わーっ」とお客さまから投げ銭や拍手とかがもらえた。だからそういうものをやっ

れる。十八番は「野狐三次」「ねずみ小僧」「小夜衣草紙」などで、市井の物語を演じ、職人衆に喜ばれた。

四代目東家三楽
一九二一年、栃木県生まれ。浪曲師。父の浪曲好きに影響され浪曲師を志す。一九七二年に四代目東家三楽を襲名。平成八年から日本浪曲協会会長を三期務めた。二〇一三年に逝去。

赤垣源蔵
「赤垣源蔵徳利の別れ」。「赤穂義士銘々伝」のなかの一席。赤穂浪士の赤垣源蔵が討ち入り前日、兄に別れを告げに訪れるが、兄が不在であったために兄の羽織に向かって別れの挨拶をする。

二代目広澤虎造
一八九九（明治三二）年、東京都生まれ。昭和を代表する浪曲師。腕自慢の素人として、一五歳あたりから「東川春燕」の名で人気を博す。その後当時関西浪曲界の巨頭であった二代目広澤虎吉に弟子入り。一九二二年に二代目広澤虎造を襲名。ラジオ放送の普及と相

ていた。
これががらっと変わるのは明治時代になってからです。明治政府は、芸人から税金を取ろうと考えたわけです。それまで芸人というのは、ちょっと身分を低く見られていた。要するに世の中のみそっかす的な存在だから、どんなに人気があって金を稼ごうと、そういう差別的な意味合いから税金は免除されていたんです。それが、そこから何とか税金を取ろうということで、芸人が許認可制度になったんです。鑑札は警視庁に届ければ誰でももらえるのですが、鑑札をもらうのに税金を払って初めて舞台に立てる。大道芸でも同じです。それを、まだ浪曲になる前、浪花節とも呼んでいなかった時代のその芸の人たちは、これを寄席に出るチャンスと捉えたわけなんです。
寄席というのは、講談や落語といった江戸から伝わっている芸を演じる場です。落語家とか講釈師は、歌舞伎の役者さんとは違い、町人とか武士崩れの人が多かった。身分的には町人でしたから、大道芸の人たちをすごく差別して、「おまえら寄席来んなよ」みたいな感じで扱っていたのですが、浪曲の人たちは鑑札があれば堂々と寄席の舞台に出られるということで取得して、そのときに「浪花節」という名前で寄席に出たんです。
ところが、寄席に出るとなると、さっきの「岩見重太郎の狒々退治」のようなものばかりやっているわけにはいかないんですね。そこで考えたのが講談からネタをいただくというやり方です。講談というのはちゃんとストーリーがある、そこに節をつけて語ればおもしろくなるということで、講談師からちゃんとネタを習った人もいればパクった人もいます。浪花亭駒吉

まって「清水次郎長伝」が爆発的人気となり、虎造ブームを巻き起こした。一九六四年、逝去。

二代目玉川勝太郎
一八九六(明治二九)年、東京都生まれ。浪曲好きの父の影響で一七歳の時に初代玉川勝太郎に入門。一九三二年に二代目玉川勝太郎を襲名。師匠譲りの関東節で任侠物を得意とし、「天保水滸伝」はレコードに吹き込まれて一世を風靡した。一九六九年、逝去。

初代東家浦太郎
一九一九(大正八)年、東京都生まれ。一九三四年、東家楽浦に入門、翌年真打に昇進し、浦太郎を名乗る。昭和の浪曲における最後の隆盛期に活躍。一九六四年から通算六期一二年にわたり日本浪曲協会会長を務めた。二〇〇四年、逝去。

四代目天中軒雲月
一九一六(大正五)年、福岡県生まれ。一九三〇年に初代天中軒雲月に入門。一九五〇年に四代目天中軒雲月を襲名。木村若衛、初代

という人は、そうしたネタを――二〇〇とも三〇〇とも言われていますが――浪曲につくり直して、それがその後さまざまな流派に伝わったといわれています。それが明治の初めくらいのことです。

で、だんだん世の中が落ち着いてくると、そういうものの人気が出てくる。

この間の女流義太夫の回に出られた竹本駒之助師匠、すごい迫力でしたね。澤師匠と双璧ですよね。でも、昔は娘義太夫というのはああいうすごいのじゃなくて、かわいい女の子がやる、いわゆるアイドル芸だったんです。いいところになると首を振って、かんざしがバチバチバチっと客席に飛ぶ。すると客たちがわーっとかんざしを拾ったという。落語のほうも**初代三遊亭圓遊**がステテコ踊りをやったりして、人気がありました。

落語の場合、そういうふうにウケたのは、今で言う一発芸ですね。アイドルと一発芸と、今流行っているのはバンド系ですね。三味線によるバンド系音楽。今と一緒で、そういうのが人気があって、江戸の洒脱な落語とか、かしこまった講談なんかの人気が陰る一方で、だんだんと浪花節の人気が出てくるわけです。

レコードの普及で全国に広まった

稲田◇それががらりと、また正統派の浪曲として世に出るのが**桃中軒雲右衛門**。先ほど奈々福さんも説明されましたが、明治時代には本郷座という大劇場にかけて、テーブル掛けや松の盆

東家浦太郎、松平国十郎と共に戦後浪曲四天王の一人。一九六六年より日本浪曲協会会長を務めた。得意演目は「佐倉義民伝」。一九九五年、逝去。

三遊亭圓遊
一八五〇（嘉永三）年生まれ。落語家。一八七二（明治五）年頃、初代三遊亭圓朝門下に移り、三代目三遊亭圓遊に改名。大きい鼻で知られており、落語の後の余興で、その鼻をもいで捨てるような振り付けで「捨ててこ、捨ててこ」と言いながら着物の裾をまくり踊る芸が「ステテコ踊り」の異名を得、「ステテコの圓遊」と呼ばれるようになった。

桃中軒雲右衛門
一三〇頁参照。

澤孝子師匠と佐藤貴美江師匠（三味線）による浪曲（「竹の水仙」）

裁をのせたすごいスタイルでやっていたわけです。そこに至る経緯はいろいろあるのですが、裏についていたのが福岡の**玄洋社**という右翼団体なんです。今でこそ右翼というとあまりよくありませんが、当時は多少いいこと、革新的なこともやっていた。そういう右翼団体がバックについていました。

それから、中国の革命家の孫文を支援していた大陸浪人の**宮崎滔天**。日本浪曲協会の広間で毎週開かれてる「火曜亭」に行ったことのある人はどれぐらいいますか。結構いますね。ぜひ一度、話のタネに行ってみてください。正面に「桃中軒雲右衛門君へ、孫文」と書かれた大きな額がかかっています。宮崎滔天の支援に対して孫文が贈った額です。そういう時代もありました。

浪曲が流行るきっかけは、レコード、そ

玄洋社
一八八一年、福岡にあった向陽社（筑前の没落不平士族の結社）を改称して結成された政治団体。設立時の社長は平岡浩太郎。主たる社員に頭山満がいた。民権結社として出発したが、次第に国権主義的傾向を強め、後の多くの国家主義的右翼団体の母体となった。大隈重信襲撃事件などを引き起こす。一九四六年GHQの指令により解散。

宮崎滔天
一八七〇（明治三）年、熊本生まれ。徳富蘇峰の大江義塾などに学ぶ。犬養毅を通じて孫文と交流。頭山満らとともに中国革命を積極的に援助。またフィリピン独立運動も支援。一九〇〇年の恵州蜂起の失敗後、一時は桃中軒牛右衛門と名乗り浪曲師となる。一九〇五年、中国同盟会結成に尽力。一九一一年、辛亥革命が起こると参加、その後も孫文を支持し革命を支援した。

の後はラジオです。大正時代には第一次世界大戦が起きて、少し景気がよくなるんです。景気がよくなると、なぜか演芸というのは下火になるんですね。バカな金持ちがうまい芸人に祝儀を渡してお座敷に呼ぶため、寄席にあまりうまい芸人が出なくなっちゃうからです。庶民が一生懸命お金をためて寄席に行っても、おもしろい芸人が出ないから、「何だ、寄席、つまんねえじゃねえか、もう来るのはよそう」ということになって、落語や講談は大正時代初頭に再び下火になりました。浪曲も同様で、浪花節の名人はお座敷に呼ばれて寄席に出なくなり、下火になります。ただちょうどその頃、レコードと鉄道が全国に普及してくるんです。そうすると、今度は地方の人の間で人気が高まっていきます。

昔は芸人が地方へ行くというのは、東京や大阪で何かしくじりをして、この土地にいられなくなったから地方に、というのが多かった。桃中軒雲右衛門だってそうなんですよ。要するに逃避行です。先輩の奥さんだったお浜さんという三味線弾きと不倫の果てに東京にいられなくなって福岡へ行って。

でもそうじゃなくて、ちゃんとお金を払って呼んでもらって、地方の大きな劇場で公演する。それがレコードのおかげで全国的な人気になるわけです。

レコードもはじめは高価でした。蓄音機もレコードも輸入物しかなく、余裕のある金持ちがクラシックを聞くくらいだった。ところが国産の蓄音機が量産されるようになると、浪花節のレコードが生まれ、これが大ヒットしたんです。街の床屋とか食堂が蓄音機を買うと、「浪花節のレコードをかけてくれ」というお客さんが来て、かけていると散髪しないのに床屋へ人が集まってきたりする。

そうやってレコードが全国に広まるにつれて、浪花節の人気も高まっていきました。地方へ呼ばれるようになったのも、そうした影響です。地方で浪花節を一席やると、「レコードそっくり」と声がかかるくらいでした。同じ人がやっているんだから、当たり前ですが。浪花節が流行ることによってレコードの普及も進んだといえると思います。

その頃関東大震災が発生、寄席は倒壊してしまいました。ちょうど活動写真が出てきていたので、「もう寄席は潰れたから映画館に変えようか」なんていう人も多くて、東京から寄席が減っていくんですが、浪花節の場合はむしろ地方に活動の場を広げていっていたために、全国的な人気に発展したわけです。

ラジオを通してさらに人気に

稲田◇そういう中で、大正一五年にラジオ放送が始まった。当初ＮＨＫは浪花節の放送を快く思っていませんでした。ＮＨＫは頭のいいインテリがいて革新的ですが、どこか保守的な部分もあって、浪花節のようなお下品な芸能はちょっとどうかね、と。芥川龍之介や永井荷風、泉鏡花といった当時の文士は、みんな浪花節が大嫌いでした。芥川の小説にこんなシーンがあります。若い男性が上流階級の女性と付き合っていて、家の蓄音機でクラシック音楽を聴いていると、突然男のほうが「**虎丸**はないの」と言うんです。そこで「あら、あの人はお里が知れて

三代目鼈甲斎虎丸
一八八五（明治一八）年、東京生まれ。幼少時より、長唄の修行や新派の舞台に立って女形をしたりしていたが、二〇歳で二代目鼈甲斎虎丸に入門、二五歳で三代目虎丸を襲名。初代仕込の『安中草三郎』が大当たりし、初代木村重友、東家楽燕、初代天中軒雲月と共に浪曲四天王の一人として活躍。その節調は二代目広沢虎造に大きな影響を与え、のちの浪曲にも影響を与えた。妻のひさごは名曲師として名高い。一九三八（昭和一三）年、逝去。

しまうわ、嫌だわ」なんて言われちゃうという。

そういうふうに、浪曲を少し低く見るところがあったんです。当時のNHKには電波を通じて国民に教養を啓蒙しようというところがありましたから、落語や講談はいいけれど、そういう下賤の芸能を出すのはいけないと。でも試験放送として一度放送したところ、全国から「浪花節を放送してくれ」という投書が山のように来ちゃったわけです。投書が来るということは、つまり字の書ける人が浪花節を熱望しているということです。そこで、ある程度教養のある人にも浪花節はウケるんじゃないかということで、レギュラー放送になった。昭和初期にはドラマや落語を差し置いて、浪花節が放送時間数でトップに躍り出てしまうほどの人気番組になったんです。

忍び寄る戦争の影

稲田◇その後、虎造や勝太郎といった人たちが出てきて、またどんどん人気が上がっていくのですが、一方で戦争の影が忍び寄ってくるわけです。そこで国策浪曲がつくられる。昭和一五年頃でしょうか、国民が戦争に一丸となるよう浪曲で啓蒙しようという「浪曲向上会」という大政翼賛会（たいせいよくさんかい）の下部組織ができまして、明治座で浪曲の会を催した。一流の作家が国策浪曲を書き、一流の浪曲師たちがみんな演じたんです。

たとえば、上海事変のときの「**肉弾三勇士**」。敵の鉄条網に爆弾を抱えて突入し、勝利に導

肉弾三勇士
爆弾三勇士。江下武二、北川丞、作江伊之助の三名（一等兵）。一九三二年の第一次上海事変の折、敵陣を突破して自爆し、突撃路を切り開いた英雄とされる。

いたという、今でいう自爆テロですよ。そういう話や銃後の泣かせる話など、たくさんやりました。賢かったのは二代目広澤虎造です。よっぽどそういう国策浪曲をやりたくなかったんですね、ウケないから。で、代わりに「**碧血碑**（へきけつひ）」という戊辰（ぼしん）戦争の話をやっているんです。五稜郭にごろごろ放置されていた幕府軍の死体を義侠心から片づけた柳川熊吉（やながわくまきち）というやくざの話ですから、もう虎造の独壇場ですよ。そんな中でもウケたんです。一般の人たちだってそんな国策浪曲ばかり聞きたくなかった、もっと普通の浪曲を聞きたいという声は多かったそうですが、やはり国策浪曲で染まっていって。

浪曲研究者の間では、そんなふうに国策浪曲をやって戦争に協力していたから浪曲は衰退したんだ、と言う人が結構いるのですが、はっきり言って、それは間違いです。もちろん、二代目天中軒雲月の浪曲を聞いて、銃後の女はこうあらねばいけないと、「あなた、死んで帰ってきて」なんて言って旦那を戦場に送り出してしまい、本当に死んで帰ってきたら、「なんであんな浪曲を聞いて真似してしまったんだろう」という人もいなくはなかったと思いますが、それだけじゃない。昭和一〇～一六年頃にはそういうものが求められていましたからやっていましたが、浪曲というのはそういう話ばかりではないとお客さんはよくわかっていたんです。

戦後復活した浪曲人気

稲田◇戦後、昭和二六年に民間放送が始まりますと、浪曲人気が二つの系譜で復活します。一

碧血碑
北海道の函館山に一八七五（明治八）年に建立された戊辰戦争、特に箱館戦争における旧幕府軍の戦死者を記念する慰霊碑。土方歳三や中島三郎助などをはじめとする約八〇〇人の戦死者を弔っている。

つは、連続浪曲です。長谷川伸の作品や野村胡堂の「銭形平次」などを浪曲師が連続放送するなど、当時の大衆小説をモチーフにした続き物を、紙芝居や連載小説の感覚で楽しんでいた。「銭形平次」は沢村豊子師匠が長年相三味線を務めた**国友忠**（くにともただし）がやってきました。

もう一つは、東京放送でやっていた素人の「浪曲天狗道場」です。文化放送やニッポン放送でも類似番組がありました。一般の節自慢、喉自慢が集まってきて浪曲をやる。これも爆発的に人気があった。

浪曲の魅力の一つに、素人でもそこそこはできる、ということがあります。もちろん澤先生のようにうまくはできませんが、カラオケみたいに「ああ、あの人ちょっとうまいな」ぐらいのレベルまではみんな結構できるんです。他の娯楽の場合、たとえば新内や清元なんかを習ったら、月謝も道のりも大変じゃないですか、ある程度うまくなるにも随分時間がかかるもんですし、生涯うまくならない人だっている。ところが浪曲は、声がよくなくても、いい節を一節聞かせてあとは啖呵で運ぶとか、そういうのができるんです。

だから、皆さんもぜひやってみてください。浪曲というのは、聞いているだけじゃだめなの。やって初めておもしろみがわかる。私はどうしても人前で歌うのがだめだという人には、三味線もありますから。三味線は簡単じゃありませんが、下手でもどこかで呼ばれると交通費ぐらいもらえたりしますからね。そういうこともございますので、ぜひ皆様も、聞いて見てやって三味線も弾いてというのがいいんじゃないかと思います。

国友忠
一九一九（大正八）年、東京生まれ。父親は府中のとび職の頭で、小さいころから芸事に長けていた。一五歳で初代木村重友に入門。二一歳で真打。太平洋戦争中は北支に派遣され、特務員として諜報活動に従事。昭和二一年、浪曲に復帰。主に放送浪曲で活躍する。浪曲台本も数多く手がけ、連続ラジオ小説「銭形平次」を日曜日を除き毎日、五年間続けたことは放送ドラマの記録となっている。一九八〇年代には私財を投げ打ち中国残留邦人らの帰国や日本定住の支援活動に尽力した。二〇〇五年に逝去。

浅草「木馬亭」を彩った人々

稲田◇浪曲はその後、昭和三〇年代頃から衰退したのですが、衰退の理由を一つ挙げるとしたら、やはり三味線になじみがなくなったということではないかと思います。私自身、昭和三〇年代の生まれですから、三味線にはそんなになじみがありません。邦楽の人はそんなことないと言いますが、そういう隔世感のようなものが、浪曲の衰退の原因にやっぱりあると思います。だって、やっぱり学生時代に何か音楽をやろうと思ったら、ギターとかピアノとかで、三味線をやろうとした人は少ないと思います。

そうしてどんどん三味線が日常から離れてしまったために、ラジオやレコードで浪曲を聞いてもすんなり耳に入ってこない。もっと啓蒙しなくてはいけないんですが、そこで頑張ったのが、衰退期の昭和五〇年に、あろうことか浅草で「木馬亭」という浪曲の寄席を始めた**根岸興行部**と、今の東家浦太郎さんのお師匠さんである**東家楽浦**さんです。彼らが始めた浪曲の寄席があったおかげで、私も奈々福さんも、浪曲とかかわるきっかけをもらえたんじゃないかと思います。

私が通っていた頃、**芝清之**というヤギみたいな顔をしたおじさんがいたんです。いつも座っていて、この人は何だろうなと思っていた。今回奈々福さんに、「芝清之さんの物まねをやってください」と言われて。今の浦太郎さんがすごくうまいから、習いに行こうかと思ったら……。

根岸興行部
浅草で最も歴史のある興行会社。明治年間に設立、大正年間には常盤座、東京倶楽部、金龍館などの劇場を持ち、軽演劇、オペラ、映画の興行を行った。一九一八（大正七）年、木馬館をオープン。震災で打撃を受け、一時松竹の傘下に入った。その後復興し、一九七〇（昭和四五）年、木馬館の一階を浪曲の定席の寄席「木馬亭」として開場する。以後、二階は大衆演劇、一階は浪曲の定席として現在も興行を続けている。

東家楽浦
一八九八（明治三一）年、東京都生まれ。浪曲師。一九一九（大正八）年に二代目東家楽遊門下の東家小楽遊に入門。一九二三年に真打。一〇年以上途絶えていた浪曲の寄席定席を木馬亭で復活させた貢献者。また、浪曲作家としても数多くの作品を残した。一九七八年、逝去。

芝清之
一九二三（大正一二）年、東京生まれ。大衆芸能・浪曲研究家、浪

稲田和浩先生

奈々福◆物まねをやってくださいとは言っていません（笑）。

稲田◇そうなの、俺聞き間違えちゃって、浦太郎さんのところに習いに行こうと思ったんだけど、物まねはやらなくていいそうですので。

　そんなわけで芝清之さんという人がいまして。すごい人でしたよ。あるとき突然、「ちょっとコーヒー飲みに行こうか」と言うんですよ。コーヒー飲みに行こうかっていうのは、普通はほかの人に聞かれちゃいけない話があるから二人だけで話そう、という意味でしょう。で、二人で木馬亭の裏にある「サニー」という喫茶店に行ってコーヒーを頼んで、コーヒーが来たら「がばがばがば」って飲んで、「さあ、行こう」って。コーヒーなんてそうやって飲むものじゃないだろう。熱いのに一気飲みですよ。何だったんでしょうね、あれは。

　でも、浪曲研究家としていろんな資料を残してくれました。さっき私がしゃべった中にも、芝さんの資料からとった話もございます。平成一〇年に亡くなりました。

　しんみりしてもしょうがないのですが、浪曲を応援してくださった方たちというのは、だんだん死んでいくわけです。小沢昭一さんとか立川談志師匠とか。芝さんと談志師匠は仲よしで、

曲作家。当初は建築会社の社長であったが、浪曲の未来を案じ、浪曲の歴史調査や資料収集を始め、再興のために尽力した。日々木馬亭に出勤、一九八二（昭和五七）年に『月刊浪曲』を創刊、著書の『茶色の眼』『浪曲人物史 その系図と墓誌録』『東西浪曲大名鑑』等は、浪曲についての貴重な資料となっている。一九九八（平成一〇）年、逝去。

「芝さんに頼まれるんならしょうがねえや」と、ときどき木馬亭にも出てくれていたんです。懐かしの浪曲の話で悦に入って帰っていくんですけどね。澤先生の脚本をたくさん書いてくれた**大西信行**先生という方もいました。また、この大西信行と立川談志が仲が悪いんだ。

楽浦さんの息子さんの東家浦若さんという、すごく器用で、ずっと木馬亭を支えてくれた方がいたんです。楽屋で看板を書いたり、出演者に穴があくと、バッと黒紋付に着がえて舞台に上がり、うなったりしてくれる方でした。昔の木馬亭は一五日やっていたんですよ。九月は一〇日から一五日ぐらいまでは、敬老会の需要が多くて浪曲師はみんな忙しい。そうするとそのうち何日かは、東家浦若独演会になるんです。グワーッてすごい声で、奈々福さんの師匠の福太郎さんが浦若の後に上がったら、マイクが浦若臭いって怒っていたくらいでした。

その浦若さんの引退の会に、何と芝さんは立川談志と大西信行の両方をゲストに呼んでいた。大西先生がちょっと解説した後、何件か演芸があって談志師匠が出る。私はそのとき楽屋にいたら、談志師匠が入ってきて、第一声に言ったの、「大西は帰ったか」って。そのぐらい仲が悪かったので、急いで大西先生を帰らせてから、談志師匠が高座をつとめたという話もございますけども、木馬亭や浪曲の話はまた澤先生、奈々福さんを交えてお話ししたいと思います。

奈々福◆ありがとうございました。

大西信行
一九二九(大正六)年、東京生まれ。劇作家、脚本家、演芸研究家。「天保水滸伝」を浪曲化した作家・正岡容の門下(同門には小沢昭一、永井啓夫、桂米朝、都筑道夫、加藤武らがいる)。日本脚本家連盟理事、日本演劇協会理事などもつとめた。二〇一六(平成二八)年、逝去。

一四歳で菊春師匠に入門

奈々福◆澤師匠、稲田さん、ありがとうございました。今まで私は門外漢としてゲストの方々にお話をうかがえたのですが、今回は自分が携わっている芸なので、ちょっと複雑です。私は入門して二三年目になるのですが、改まって澤師匠にお話をうかがうということは実はなかったので、非常にうれしい貴重な機会だと思っていまして。まずは師匠の入門のご経緯とご修行について、教えてくださいませ。

澤◉今から六四年前ですね。昭和二九年三月三〇日に、中学二年で銚子を出てまいりました。なぜ、中学を終わらないうちにとお思いでしょうが、「女の子は色気づくと教えにくいから、本気で入門させたいなら一日でも早く連れてきてくれ」という菊春師匠の思いがございまして。私が生まれた銚子は漁場ですから、皆さん浪曲が楽しみで、虎造先生はもちろん、菊春先生も大人気だったんですよね。

父は芸事が好きで、菊春先生の銚子後援会長をやっておりました。漁業関係の仕事をしていて、派手な家柄でした。私は子どもの頃から踊りも三味線もピアノもやっていたので、「あの子はあんなにいろんなものをさせて後々何にするつもりかしら」と町で評判になりまして、ある日学校へ行ったら、「孝ちゃん、芸者になるの」と友達に言われてびっくりしたくらいで。それぐらい父親は芸事の好きな人だったんです。父に申しましたら、「ああ、そうか。そんなことをみんなが言っているのなら、菊春先生の弟子になってお父さんの夢をかなえてくれ」と。

つまり、父自身、浪曲が大好きだったんですよね。今でこそ長男であろうと本人が好きな道に進めますが、何しろ私の父親の若い頃の話ですからとんでもないことです。もう親戚中で会議を開くような大騒ぎになりまして、父はおとなしく跡取りをして、私が一四歳になるまでじっと待っていたんだと思うんです。私が五年生くらいからいろんな習い事を始めると、割とすぐ覚えるんで、これは大丈夫だと思ったんじゃないでしょうか。

そこで父自身が大好きだった菊春先生にお願いをして。忘れもしません、銚子市の共栄館という古いお芝居専門の劇場がありました。月に何度か浪曲の先生方がおいでになるので、菊春先生がいらしたときにその土地の神主さんが仲を取ってくれて。父の友達が立ち会ってくれて、声調べをしました。それは厳格なものだったんですよ。

その声調べをしたときの曲師さんが、一番下手な人だったんです。座長さんのお三味線は、今日みたいに一人に一人ずつついてきますね。でもみなさん忙しくてあちこちに巡業していますから、前の三、四人の前読みの方のは、あまり腕のよくない方でもなさるんです。そのうち一番下手だと評判の方に、「はい、声を出してみなさい」と言われて。子どもでもわかるんですよ、調子が狂っているのが。「それじゃ声出せません」と言ったんです。すごいでしょう。そしたらうちの師匠が、「ああ、もう声出さなくてもいい。その度胸があれば大丈夫だ」って。

年季（ねん）が明けて一人前になってからは、そのお姉さんと会うたびに言われましたよ。「あんたさあ、私の三味線じゃ声出せないって言ったじゃない」って。いい方だったんですよ。お菓子はくださるし、かわいがっていただいたのに、何でそんなことを言っちゃったのかと思って後々何遍謝ったかわかりませんけど、「だめよ、一遍言っちゃったことはもとに戻らないのよ」なんて、亡くなるまで言われましたよ。まあ、いろいろありました。

それで昭和二九年の三月三〇日、入門しました。当時としては相当の入門金をお支払いして、銚子名物、成田の米屋の羊羹を父が背負うほどお土産に持って。当時は宅急便なんかありませんから、柳行李やお布団など私の荷物は全部チッキという切符を買って、両国どまりの成田線でまいりました。そのとき初めて両国のあの橋を見たんですよ。川の上を電車が走っていて、東京ってすごいなと思いましたね。銚子ではそういうことはありませんでしたからね。SLでしたよ、煙が出ていました。弟が「お姉ちゃんが行っちゃ嫌だ」と言って、泣きながらどこまでもどこまでも追いかけてきたのを忘れません。その弟ももう孫なんかできちゃってね。六四年の月日が経っているんですものね。

芸一筋に六四年

澤◉厳しい師匠でしたが、きちんと五年間内弟子をつとめまして、その後一年は大阪へ、菊春先生の妹弟子の**梅中軒園子**師匠の一座に入れていただいて。そしてまた帰ってきて三年間、四代目天中軒雲月先生の一座でやりまして。やっと三人目に上がれるようになったのが、始めてから七、八年目ですね。下手だったんですよ、ほんとに。自分でも「ああ、私、見込みがない」とわかりましたよ。口ばっかり達者で五年の間に三席しか覚えないから、師匠も相当困ったら

梅中軒園子
澤孝子の師匠・広沢菊春は梅中軒鶯童門下であったので、鶯童門下の梅中軒園子は妹弟子となる。

しいんですよね。ちゃんとできないと前へ進ませてくださらないんです。
一番最初に覚えたのが、**小菅一夫**先生の「恋慕月夜」、**岡野金右衛門**ですね。二席目が「**からかさ桜**」、三席目が「**一本刀土俵入り**」。この三つを持って大阪に行ったんです。大阪の人はうまいんですよ。毎日泣いていました。あまりにも御迷惑をかけるから帰りたい、帰りたいってそればっかりでしたけどね。でも、逃げ出すことはなく、園子先生にかわいがっていただいて。

帰ったら師匠が雲月先生にお願いしてくださって、その三年の後、**初音会**の一座を結成いたしまして、私が座長に抜てきされました。それから一〇年間、女ばかり七名で日本全国稼いで歩きました。入りましたよ、お客さま。それで今の家を建てたんです。昨今の状況じゃお家は建ちません。ねえ、奈々福さん、厳しいですよね。

奈々福◆厳しゅうございます。

澤◉でも、こうしていいお客さまに聞いていただくときがほんとにうれしくて、夕べなど寝られなかったぐらいでございます、ほんとに。今も昔も好きなればこそ何とか続いたのかな。
ただし、その間、結婚の話もありましたし。ええ、あったんですよ。あったでしょうよ、こんなにきれいなんで（笑）。でもねえ、うちの親戚や兄弟はみんな教員ですから、お相手もそういうカタイ人ばかりで、「浪曲やめてくれ」と言うんですよ。冗談じゃない。ふざけるんじゃないとお腹の中で思いながら、澄ました顔で話を聞いて。「ああ、これもだめだわ」と思ってね。三回ぐらいチャンスがありましたが、浪曲を続けていいというお話はありませんで

小菅一夫
一九〇一年、東京都生まれ。浪曲作家、演芸評論家。広澤虎造の作家も務めた。一九八四年、逝去。

岡野金右衛門
赤穂浪士の一人。「赤穂義士銘々伝」では吉良邸の絵図面を入手する話が有名。澤孝子は現在は、大西信行脚色による「絵図面取り」を演じている。

からかさ桜
池上勇（二代目広沢菊春の筆名）作の浪曲。花の盛りの向島を舞台にした人情浪曲。

一本刀土俵入り
長谷川伸の戯曲を浪曲化したもの。横綱を志していたが師匠に破門されて行き暮れていた駒形茂兵衛と、取手宿の酌婦・お蔦の交情を描く。多くの浪曲師が手掛ける。

初音会
浅草を拠点としていた老舗の女流一座。大谷三蔵が会主で、養女の三笠節子が跡を継いだ。節子は亡くなるまで澤孝子のマネージメン

した。

自分が一四歳から一生懸命覚えたことを簡単にやめてくれ、って言う言葉が気に入らなかった。相手にしてみれば、浪曲師をうちに入れて浪花節をうなりながら旅に出ちゃったら困る。それはよくわかるんですが、簡単にやめてくれと言う、その言葉が嫌でしたね。で、ついにやめずに今日までずーっと一人なんですよ。今ならやめてくれと言っても大丈夫ですから。

稲田◇やめてもらっちゃ困る。

澤◉今はもう、木馬亭で奈々福さんや小そめちゃんといったかわいい人たちに囲まれて、みんなに一家のおばあちゃんのように大事にしていただいております。

奈々福◆とんでもないですよ、おばあちゃんなんて。

三味線の一の音にほれ込んで

澤◉浪曲は大変難しい芸でございます。いまだに自分はどこまで進化できるのかと試す気持ちでやっております。昨日より今日のほうが絶対いい芸をやりたい、そんな気持ちで生きております。今日はこうして近くでお聞きいただきましたことをうれしく思います。奈々福さんと電話でしたいいお話が一つありましたね、糸の話。

奈々福◆はい。私は入門する前に浪曲の三味線教室に入っていました。プロになる気なんてみじんもなく、ただ習い事として入ったんですが、そのときに三味線を聞かせてくださったのが、

トを行った。

初代の東家浦太郎……戦後の四天王の一人に数えられたすばらしい声の師匠の、相三味線をつとめられた、玉川美代子師匠でした。その音色を聞いたときに、三味線の音色の概念が完全に覆ったんです。とんでもなく美しい、美しいという言葉では捉えられない、この世のものとは思えないような音色を聞いてしまった気がした。

その話を澤師匠に申し上げましたら澤師匠が、私も三味線の糸にほれ込んだんだ、と。

澤◉はい。師匠・菊春の相三味線は、大阪の**日吉川秋水**の娘で木村喜代子（きむらきよこ）というお師匠さんでございました。この方も名人でしたね。よくお稽古もしてくださいました。それで、師匠のお母さんがやっぱり大阪で有名なお三味線の名人の小富さんでした。ですから当時の私には、いいお三味線を聞くチャンスがたくさんあったんです。

私は子どもの頃、声が高すぎたんですよね。若いときというのは喉が高い声を出したがるものなんです。ところが、木村喜代子師匠にお稽古していただいていたら、一、二、三を合わせて、ドドドーンと一の音をたたかれた。

奈々福◆三味線の一番太い糸。

澤◉一、二、三って、三が一番細い、二が真ん中、一番太いその一の音を聞いて震えましたね。「ああ、そうだ、私、声があんまり高過ぎるってよく師匠にも言われるけれど、この一の音で勝負する声をつくろう」と思いました。それで、今でも一の低い音にこだわっています。一席じゅうで、使う率が多いんですよ。そのときに直感で、このお三味線のドドドンっとおなかに響くような一のいい音が自然に出る声をつくったら、私は他の人よりもうまく聞こえるかもし

日吉川秋水
初代。一八八六年大阪生まれ。浪曲師。ケレン読みの第一人者。一七歳で二代目京山恭安斎門下で京山恭末に弟子入り。一九〇九年に独立し日吉川秋水を名乗り日吉川家を創立。「水戸黄門漫遊記」は当たり演目のひとつ。

陸奥間違い
講談の「三方目出鯛」を二代目広澤菊春が浪曲化したもの。大晦日の江戸。将軍家台所小役人三〇俵を頂く穴山小左衛門が師走の支払のため金策に頭を悩ます。困った末にかつての同僚の松野陸奥守を思い出す。

れない、と思ったんです。六〇年も前ですよ、すごいでしょう、私って。この道に向いていたのかなと思います。

それからは、なるべく高い声を出さないように。男の師匠を持ちましたから、一、二、三あるとしたら一の声を磨こう、晴れ晴れとした女性の声とは反対の喉をつくりたいと思いました。

師匠に相談したら、「おお、いいとこに気がついたな」と。「一の音は三の高い音よりも、一番目立つ音なんだ。そうだ、それを正確に出せるように勉強しろ。女だから女の節を覚えさせようと思ったけど、そういうところに耳が行っているんだったら俺の一番下の声、節をとことんまで聞いてやれよ」と言われました。今日やった「竹の水仙」のあの節は、ほとんど師匠のそのまま――すっかりまねはできませんが――まねをしていて、自分の節は入っていないんです。私も作品によって節はこだわって変えていますが、この菊春節は低音の響きで売れたんですよね。以上でございます。

奈々福◆YouTubeで「竹の水仙」とか「**陸奥間違い**」など、菊春先生の低音の魅力を聞けるところがあると思います。本当に低音がすごく格好いいんです。

お客さまと同じ呼吸で

奈々福◆浪曲はいいときは演者が大勢いましたが、みんながみんな大劇場に出たわけでも寄席だったわけでも、旅回りだったわけもありません。たとえば昼間は床屋をやっているんだけど、夜はうなっているみたいな、兼業の人もいたんですよ。浪曲師のパターンも修行の形も浪曲の形も一つじゃない、非常に多様なんです。大きく分ければ大看板の大劇場でやる芸と寄席の芸、そして旅の芸がある、と。そうした中で、そのすべてを備えていらっしゃるのが澤師匠だ、と稲田先生はおっしゃって。

稲田◇そのとおりです。

奈々福◆菊春先生は大看板、大劇場でもやられた先生ですが、一方、落語の寄席に入って座布団の上に落語家さんと同じように座ってサゲのある落語浪曲もされたし、寄席読みもされた。もちろん旅のお仕事もなさっています。

澤師匠は一〇年間、一座を率いて全国を回られたわけですが、先日お打合せのときに、ネタを大劇場や寄席や旅で変えるのではなく、同じ演題でやり方を変えることを菊春師匠から教わったとおっしゃっていましたけど、どんなふうに教えていただいたんでしょうか。

澤◉お客さまが何を求めていらっしゃるか、その土地その土地で全部違いますよ。古くなってくると、上がった瞬間にわかるんです。どの程度の呼吸で同じネタをさせていただくか。だから、今日の「竹の水仙」は木馬亭とは違います。地方の敬老会では、お耳の遠い方が多いですから時にオーバーにゆっくりとさせていただくとか。そのときの機転で一つの芸が、変わるわけではないんですよ。私たちはお客さまに芸をさせていただく。そういうもんなんです。

この雰囲気でこの浪花節を聞いてください、じゃだめなんです。自分も皆さんと一緒に同じ呼吸で三〇分を過ごすというつもりになると、演目のストーリーの本筋は一言一句決して変わりませんでも、でたらめは絶対に言いませんが、皆様方の呼吸で芸がかたくもなるし、やわらかくもなる。古くなってくると、それが自由自在にできる、お客さまと一体になれるんです。そういうことでございます。

奈々福◆極意でございますね。広澤菊春先生、私は音も持っておりますし拝聴していますが、内弟子修行をされた感じとしては、どんな師匠でいらっしゃいましたか。

澤◉そうですねえ。亡くなったのが五〇歳でした。

奈々福◆お若い。

澤◉はい。私が入門したときにはまだ四〇歳になっていませんでしたよ。

奈々福◆ああ、そうですか。

澤◉三九歳で、私が一四歳で。昔の先生方はもう一家をしょって稼いで働いて弟子をとっていました。姉、兄弟子がいっぱいいましたからね。事務員さんや居候さんを含め二十何名いましたよ。

奈々福◆もう一家ですね。

澤◉誰でも構わない、おいでおいでと言う人で。厳格でしたけどね。

稲田◇家も大きかったんですよね。

澤◉ええ。頑張って買ったんでしょうけれど、それだけお仕事が多かったということですよね、当時は。

末廣亭の北村席亭に「菊春さん、菊春さん」とうんとかわいがっていただいて。上席、中席、下席と、あんまり菊春が出るから、そのせいで落語の人が一人出られなくなったりして、難しいところがありましたが。私がついていっていた頃、談志さんがまだ二つ目。うちの師匠を大好きでくっついて離れないんですよ、頭のいい方だからこれでわかるんですね。「孝ちゃん、あのね」ってかばんをあけちゃうんですよ。師匠が亡くなった後、談志師匠には随分お仕事をいただきました。

奈々福◆そうですよね。親しくされていましたよね。

澤◉はい。二人で木馬亭の楽屋で撮った写真もありますよ。

奈々福◆談志師匠は、今現役で浪曲といえば澤師匠、とまず挙げていらっしゃいましたね。

澤◉亡くなったときはやっぱりがっかりしましたけどね。みんな特徴がありますよ。一筋縄で行く人たちじゃありませんね。今、振り返ると自分もそうですけれど。奈々福さんだってそうでしょ。

明けても暮れても研究して

奈々福◆師匠はいろんな名人のお三味線のお師匠さんたちとなさっていますが、やっぱり木村喜代子師匠ですよね。喜代子師匠のお三味線、または喜代子師匠という方はどんなご修行だったのでしょうか。

澤◉日吉川秋水の娘ですから、一六歳の女学校時代から天満に寄席があったときに三味線は見ていたけれど、大嫌いだったんですって。

奈々福◆えーっ。

澤◉うん。それでお父さんに「何でもかんでも三味線弾けと言われたときには、もう家出しようかと思いました」とおっしゃっていましたね。でもやっぱり子どものときから浪曲を聞いているから、お稽古を始めればすぐに弾けるようになったんでしょう。そして、大阪でほとんど寄席を弾いて、父親の秋水のも弾いたんですよね。

うちの師匠が大阪よりも東京で自分の芸を磨きたいといって東京に来られたときに、木村喜代子師匠を呼んだんです。それまではうちの師匠のは松下信太郎師匠が弾いていらしたのですが、木村さんと二人で何かつくりたいということで木村喜代子師匠を。子どもを三人連れて師匠のお宅へ。私が入門したときには入り切れないほど人がいたんですよ、おうちには。

奈々福◆すごいなあ。

澤◉それで、明けても暮れても研究して、あの独特の菊春節に合った三味線のリズムを木村喜代子師匠はつくり出したんですよ。今日は、佐藤貴美江さんがよーく聞いてこのリズムと手をとってくれています。ですから、そうしていいものを伝承していくのが浪曲かなと思いますし、そこらにあったものを持ってくるのではなく、二人でお休みの日はもちろん、平日も夜中でも勉強していらっしゃいましたね、うちの師匠は。作品を全部自分で書きましたから。

奈々福◆そうなんです。菊春先生は池上勇というお名前でご自分で台本をお書きになって。NHK-FMで毎週放送している「浪曲十八番」とかで作・池上勇と出てくるのは全部菊春先生です。

澤◉池上に住んでいましたから池上、本名が勇、ただそれだけのことでございます。

未成年で盗み酒事件

奈々福◆稲田さんは師匠にお聞きになりたいことはありますか。

稲田◇随分いろんなことを聞いていますからね。そんなに大勢いるところに一四歳で行って、一九歳ぐらいまでいたわけですよね。

澤◉そうですね。師匠のおうちに出たり入ったりね。三年は丸々の内弟子で、お礼奉公がありましたからね。

稲田◇前にちらっと聞いたんですけども、師匠のうちにいるときに盗み酒したんですって。

澤◉うふふ、そうなんです。

奈々福◆盗み酒。未成年が（笑）。

稲田◇もう時効ですからね。

澤◉じゃあ、言いましょうか。年季が明けて、私の弟弟子で津田耕治という「河内遊侠伝」などを歌っていた元浪曲師がいるんです。私の一年後に入ったけど、小さい子が姉弟子でしょ。

稲田◇向こうのほうが年上だからね。

澤◉はい、高校を卒業して来て。こっちは中学二年で入っているけど、私のほうが一年先輩だった。夜、師匠たちがお休みにならないんですよね、寝てくれなきゃこちらは寝られませんから。津田と二人で師匠がお休みになるまで毎日、次の間で正座して、お話を聞いたり居眠りして怒られたりね。あるときあまりにも寒いものですから台所へ行って。師匠は菊正宗がお好きでした。

稲田◇菊春だから。

澤◉ええ。どんなに貧乏しても菊正宗以外は飲まなかったですね。その一升瓶が五本ぐらい並んでいるんですよ。まだ十代でしたが、父が酒好きな人でしたから、私を一年生に入る前からお孝芸者さんと言って膝に置いて、飲ませていたんですよ。

稲田◇えーっ。

澤◉母が「頭が悪くなっちゃうからやめてください」といくら頼んでも、自分が晩酌やるときはやっていまして。まあ、そんなには飲ませないですけどね、そういうわけでお酒の味を知っていたものですから。それで、入門するときに父に「東京へ行ったら酒は自分で買えるようになるまで飲めねえぞ」と言われたので飲まないと誓ったくせに、師匠のをちょっとやっていたんですよ、津田と二人で。

そのときは何にもおっしゃらず、お正月の朝、津田と二人で「おめでとうございます」とご挨拶に行ったとき、「ほう、一杯やれ」と言ってお杯を二人に出してくだすった。ちょっと格好つけて、「いいえ、いただけませんから」と言ったのが悪かった。「じゃあ今、言うけれど、夜中に俺のお酒があんなに減ったのは誰かな」って。知っていらしたけれども、寝酒に飲ませてくれていたんです。下を向いたきり立てませんでしたよ、親心が申しわけなくて。それに恥をかかせて。津田と二人で両手をついて謝りましたね。それから師匠のお宅へうかがうたびに、あのときのお酒のお返しです、と一升瓶を持っていきましたよ。

ですから、お酒はどちらかというと好きですけどね、今はもうほとんど……。

奈々福◆いえいえ、そんなはずは。現場を押さえておりますから、私（笑）。

稲田◇浪曲協会の酒豪番付というのがありまして、二年前までずっと横綱を張っていました。

奈々福◆ということなので、澤師匠のお話、この先も聞きたい方は、木馬亭に澤師匠がご出演のときに一升瓶を持って。

稲田◇そうそう、楽屋へ行って。

奈々福◆ええ。じゃあ、ちょっとこの後、行きませんかというようになるかもしれません。引き続きそういうふうにおつき合いいただきたいと思います。残念ですが、時間となりましたので、本日はどうもありがとうございました。

澤◉ありがとうございました。お酒を飲んでいたのは低音をつくるためですから。

奈々福◆そ、それは知らなかった（笑）。

関連書籍

国本武春著『待ってました名調子！』（アールズ出版）

稲田和浩著『浪曲論』（彩流社）

第10章

落語

和田尚久
三遊亭萬橘

和田尚久（わだ・なおひさ）――放送作家・文筆家。一九七一年、東京生まれ。担当番組に『立川談志最後のラジオ』（文化放送）、『友近の東京八景』（NHKラジオ第1）ほか。著書に『落語の聴き方　楽しみ方』（ちくまプリマー新書）、『芸と噺と　落語を考えるヒント』（扶桑社）、編著書に『落語を聴かなくても人生は生きられる』（ちくま文庫、以上いずれも「松本尚久」名義での刊行）等がある。

三遊亭萬橘（さんゆうてい・まんきつ）――落語家。一九七九年、愛知県豊川市出身。法政大学文学部中退。二〇〇三年、三遊亭圓橘に入門。二〇〇六年「きつつき」で二ツ目昇進。二〇一三年真打昇進、四代目「萬橘」襲名。二〇〇七年「第六回さがみはら若手落語家選手権」優勝。二〇〇九年「第六回　伝統芸能祭りグランドチャンピオン大会」グランプリ受賞。二〇一二年「読売杯争奪　激突！二ツ目バトル」優勝。二〇一四年、国立演芸場主催 平成二五年度「花形演芸大賞」銀賞受賞。二〇一五～一八年、国立演芸場主催 平成二六～二九年度「花形演芸大賞」金賞受賞。二〇一七年、平成二八年度「彩の国落語大賞」受賞。著書に『落語家 五代目円楽一門会生態録二〇一三』（ワイズ出版）がある。

《口上》

落語は、現在、日本で聞きうるお話の芸の中で最も聞く機会が多いもの、認知度も高いものだと思います。今回の企画で私は、上方落語とお江戸の落語を扱う回を分けました。

そして投げかけたテーマは、「江戸落語は『語り芸』か?」。

つまり、上方の落語と江戸の落語はベツモノであり、江戸の落語を『語り芸』の範疇に入れることに、疑問を持っている、それを検証しようという意図があります。「語り」とはなんであるか、ということを、一〇回目にしてあらためて考えることになります。

講釈は読む、という。その理由は講談の回でよくわかりました。浪曲は唸る、もしくは語る。義太夫は語る。落語をする方々のことを「はなしか」と言います。話、噺、ハナシ……。

ハナシ、と、カタリは、どう違うのか?

落語家は「噺家」ともいいます。落語家さんのことを語り部さんとは言いません。噺家さんの「はなす」という字は口に新しいと書きます。このことはかなり象徴的なことだと私は思っております。古いことは言わないんです。噺家さんは常に新しいことをおっしゃる。

いま、空前の落語ブームだそうです。東西合わせて、落語家さんは九〇〇人を超えたという。そのうち、東京を拠点とする方は六四〇人以上。江戸落語と言いつつ、東京出身であることはアドバンテージでもなんでもなくなり、さまざまな個性の落語が花盛りです。

でも本来、東京の落語は、ローカルなものなのではないか。「江戸」的感覚を色濃く残した都会の、限られたコミュニティのなかでだけ共有される、特殊な感覚のものであり、全国的に広くセンスを共有できるタイプの芸では、本来ないのではないか。ところがそれが古典化していく過程で、ハナシ、から、カタリにどんどん近づいてきているのではないか。

という私の感覚的な疑問に、明確に答えてくださるのが、和田尚久さんです。

和田さんは、放送作家、文筆家。落語をはじめ、伝統芸能、お笑い、演劇にも大変お詳しく、その見方が、いつも私とは全然違う視点、観点なので、驚かされることが多い方です。

そして、この角度から落語を考える会にしたいのですが、演者はどなたがよろしいでしょうかと、和田さんに投げかけたところ、まっさきに上げられたのが三遊亭萬橘（まんきつ）師匠でした。

今回は、「語り」ではありません、たぶん。

今日が、今回の企画の、キモ、です。萬橘師匠に二席やっていただきますけれども、頭の隅で「語りとは何か」「噺とは何であるか」を考えながら聞いていただければと思います。

本日挙げる関連書籍の一冊は、和田さんが前のお名前、松本尚久名義で書かれた『落語の聴き方　楽しみ方』という本ですが、ここには、物語とは何かが簡潔に定義されています。

「『物語』という言葉にはいろいろなニュアンスがありますが、わたしは『すでに終わったおはなしの、現在における語り直し』という意味でこの言葉を使いたいと思います。語り直しはつまり解釈であり、あり得たかもしれない複数の歴史を想像することです」。

物語は長い時間を含む歴史、ドラマとかかわります。ところが落語はそれとはかかわらないというスタンスを内包した芸です。というところで、萬橘師匠にご登場いただきます。お楽しみくださいませ。よろしくお願いします。

権助魚

上方落語の「禍は下」から派生した「熊野の牛王」という噺からさらに一部が拡大して「権助魚」になったといわれている。『落語事典』（青蛙房）によると七代目春風亭小柳枝が「権助魚」と題してよくやっていたという。

落語の世界で田舎者と呼ばれる、地方から江戸の大店に働きに来ている飯炊きの権助。努めて粋に振る舞いたい雇い主たる旦那は普段から野暮な権助を気に入らない。脇に妾を囲っているのではないかと旦那を疑るおかみさんに「供をするフリをして相手の様子を調べて来い」と小遣いを餌に頼まれた権助。

渋々旦那が権助を連れて家を出ると二言三言の間におかみさんの画策が露見してしまう。旦那が倍の小遣いで権助の買収に成功して、おかみさんへの言い訳を言付けたが……。

「日本橋の丸安さんとこ行こうと思いやしたら両国橋までめえりましたところで丸安さんとばったりとお会いしやして、丁度ええっちゅうんで柳橋の料理屋へ上がって芸者幇間を上げてドンチャン騒ぎ、陽気がええところから柳橋の網文ちゅう船宿から船を出して網打ちをして、興が乗ってめえりましたので旦那湯河原へおくりこみになりましたので今日はお帰りはございません。」

「ご苦労さん。お前出てったの二時だったね？　今二時一五分だよ⁉」

かつて確かにあった粋という価値を野暮と出会わせることで笑いに変える、とっても萬橘が好きな噺。

■実演「権助魚」

漱石と子規と落語

和田◉どうもはじめまして。和田尚久と申します。放送台本を書いたり落語の評論をすることが多くて、本も何冊か書かせていただいております。

そのうちの一冊がさっきご紹介いただいた『落語の聴き方　楽しみ方』です。奈々福さんが編集者と浪曲師の両方をされていたときに立案いただきまして、一年ぐらいかかって落語の内容を論じるというのを書き下ろしました。

これは談志師匠が帯を書いてくださいまして。二〇一〇年刊なので、亡くなる前年です。私は談志師匠とは随分長いおつき合いがありまして。学生時代から落語を聞きに行っていたんですが、談志師匠って自分に論を吹っかけてくる人が好きなんですね。僕がアポなしで「こういう考えを持っているんです」と訪ねていくと、「上がれ、上がれ」とおもしろがって話を聞いてくださったり、逆の意見を言ってくださったりして。私が放送作家をやるようになってからは番組でも随分御一緒しましたし、スタッフにご指名いただくこともあったんです。この本の帯をお願いしに行ったときも、「いいよ、今、書こうか」と言われてその瞬間に書き始めそうだったのを、「一応中身を読んでください」とゲラをお渡しして。読んだかどうか知りませんが、とにかく亡くなる前に帯を書いてくださって大変ありがたかったと思います。

さて、落語は語り芸か否かということですが、私の結論としては、落語は語り芸というよりも、語り芸が終わった後にできたものだと思っています。語り芸とは、ざっくり言うと、前近代に成立した芸能です。それに対して落語は、近代が成立させた芸能だと思います。これが大きな違いではないでしょうか。

たいていの解説書には、落語には約四〇〇年の歴史があると書いてあります。どこから数えて四〇〇年かということなんですが。たとえば**安楽庵策伝**という、美濃のお坊さんが、今の**「平林」**と同じ話を自分のネタとして持っていて、お説教の場で披露していた。それは間違いないと思います。また、中世末期にはお伽衆という人がおもしろい話を聞かせていた。それはたしかにそうなんです。

でも、今我々が聞いている落語は、数え方によりますが一八〇〇年前後、一九世紀に入るか入らないかという時期に初めて寄席ができたあたりがスタート地点と考えていいんじゃないか。だとすると約二〇〇年ということになりますね。

他の芸能でもそうですが、歌舞伎にしても、最初に鴨川のほとりでやっていた阿国の踊りの歌舞伎と今の歌舞伎は同じではありませんよね。時代にそって進化しているわけですから。そう考えると、二〇〇年の歴史があるといっても、今僕たちが聞いている落語の成立は明治二〇年代以降ではないかと思っています。

なぜそう思うのか。まず、落語の初めての速記本、『怪談牡丹燈籠』の刊行が一八八四（明

安楽庵策伝
一五五四（天文二三）年、美濃に生まれる。戦国時代から江戸時代前期にかけての浄土宗西山深草派の僧。安楽庵流（織部流の分派）茶道の祖。金森定近の子といわれる。著書に「醒睡笑」など。一九〇五（明治三八）年に関根黙庵「江戸の落語」で言及されてから「落語の祖」といわれる。

平林
古典落語の演目。「字違い」「名違い」ともいう。原話は「醒睡笑」の「推は違うた」。伊勢屋の小僧の定吉が旦那の手紙を平河町の平林（ひらばやし）さんへ届ける用事を言いつかる。忘れっぽく、字が読めない定吉に、旦那は「ずぅ～っと、ヒラバヤシさん、ヒラバヤシさんと、口の中で言って行きなさい」と智恵を授けるが……。

治一七）年だからです。それまではこれこれこういう芸人が蕎麦の話をやりましたといった記録はありましたが、落語の噺自体が記録されたのは、この速記本が本邦第一号なんです。

そして、今でいうホール落語の会のはしりのような「第一次落語研究会」が発足したのが、一九〇五（明治三八）年。正岡子規が明治維新の前年、一八六七（慶応三）年生まれで、一九〇二（明治三五）年没です。夏目漱石も同い年で、一九一六（大正五）年に亡くなっています。いずれにしても明治の頃ですね。

正岡子規と夏目漱石は言うまでもなく、日本語の散文を今の形に成立させた、巨大な立役者でした。もちろん言文一致第一号としては、やや先行する人物として二葉亭四迷がいますし、四迷が「浮雲」を書くとき、落語の速記を参考にしたことがよく知られていますが、僕はこの二人が非常に重要だと思っているんです。

三遊亭萬橘師匠による落語（「権助魚」）

子規と漱石は完全に同い年であり、東京帝国大学の同級生。子規は結核で早く死んでしまい、漱石は長生きしたように思うけど、三四歳と四九歳で一五年の差だからそんなに変わらないですよね。子規が亡くなったときに漱石が彼の思い出を文章に残しています。

「彼と僕と交際し始めたも一つの原因は、

二人で寄席の話をした時、先生（子規）も大に寄席通を以て任じて居る。ところが僕も寄席の事を知っていたので、話すに足るとでも思ったのであろう。それから大に近よって来た」（夏目漱石「正岡子規」）

と書いている。この二人が結びついたこと、そして二人の趣味が寄席通いだったこと。仲良く一緒に日本橋にある寄席に行ったという思い出も書き残しています。

漱石は江戸っ子ですから、歌舞伎をよく見ていたし、子どもの頃から講釈も聞いていた。でも「歌舞伎も見た、講釈も見た、だけど私は落語に傾倒した」と彼自身が随筆に書いている。歌舞伎や講釈より落語のほうにだんだんピントが絞られていき、帝国大学では子規と一緒に寄席通いするまでになった。子規と漱石というのは、日本が明治に入ったときに、自分たちが今生きている様をどうやって文字に書き残したらいいのか、表現したらいいのかをものすごく考えた人たちだと思うんです。その問題意識に、落語の価値観が合致した。

語り物と落語の違いは、運命的であるか、運命的でないかだと思います。

つまり、神がいる空間と神なき空間、この違いです。

強烈な神とか宗教といった世界を規定するフレームがあるのが前近代であり、語り物は運命の中で生きている人を物語ります。そういうものがなくなった時代に、寄る辺のない人物A、B、Cがばらばらに動いて、すれ違ったりぶつかったり別れていったりする、それが落語です。すべてを見通す三人称の視点、すなわち神の視点がないところで人間をキャッチするというのが、この二人にすごくマッチしたのでしょう。落語がそういう内容を持っていたとも言えるし、

ヘラヘラの萬橋／ヘラヘラ踊り　初代三遊亭萬橋。一八四七年、江戸生まれ。本名は岸田長右衛門。因州公お抱人足廻りの元締だったが、廃藩後は職を失い、日本橋浜町で萬長という寄席を開いていた。幼少から落語に親しみ、友人らを集めて素人連の一派を作り真打で南桂舎和朝と名乗って自ら経営する萬長の高座にも上がっていたという。三遊亭圓朝にスカウトされ萬朝を名乗った。後に二代目三遊亭圓橘の門に移り三遊亭萬橋と改名した。一八八〇年頃、赤い手拭い、赤地の扇子を手にして、ヘラヘラ節なる他愛無い唄を歌い、奇妙な手つきで踊る珍芸が人気を得た。

釜掘りの談志　二代目桂才賀に弟子入り。その後一八七七年頃、六代目桂文治の門で四代目立川談志となる。扇子一本で真打を努める実力者であったが、「郭巨の釜掘り」という独自のマイム・ギャグを考案し人気を博した。

四代目橘家圓喬

近代が生んだ双子が、散文と落語だったんじゃないかなとさえ私は思っているんです。散文と落語は、同じ近代という時代が生み出した文芸であり、相互に影響し合っていたのだと思います。

落語の記録第一号の『牡丹燈籠』以降は、滑稽噺などいろんな速記本が出てきます。この時代すでに寄席はあって、珍芸というのがはやっていました。初代の**ヘラヘラの萬橘**とか、**釜掘りの談志**とかがはやる中、もっとちゃんとした正統な芸を見せようじゃないかというので、**四代目圓喬**や**初代圓左**がユニオンをつくって、今でいうホール落語会、「落語研究会」を発足させました。

これは山本進先生にご指摘いただいたのですが、落語にはそれまで統一された外題というのはなかったんです。便宜上、楽屋の帳面は書いていましたが、この噺は「**時そば**」、この噺は「**付き馬**」、これは「権助魚」と決めたのがこの落語研究会だった。無論、研究会だけで決めたわけではなく、活字メディアもそこに絡んでくる。ともかくこれらがリンクして、落語にも額縁がついたわけなんです。落語が作品になったのがこの時代ということです。

そして、正岡子規と夏目漱石はそこに密接に併走する。漱石のノリは落語に近いとよくいわれますが、子規もそうなんです。結核になった子規が病床で、自分が死んだ後にどんな葬式をするかを空想した「死後」という随筆なんか、本当に落語のノリです。遺体を海に投げ入れてもらったらどうだろう、魚につつかれてくすぐったいかもしれない、でもいろいろ想像してみると涼やかな気持ちになって悪くない、といった洒落めいたことが書いてある。要するに自分

七七頁参照。

三遊亭圓左
一八五三（嘉永六）年、江戸生まれ。父は成田家仁作を名乗り、幇間や落語、座興などを京橋や中橋でしていた。それもあり、落語好きが高じて一八七一（明治四）年頃三遊亭圓朝門下となる。一八八五（明治一八）年頃から三遊亭圓左を名乗る。その風貌から「狸の圓左」というあだ名を持っていた。

時そば
古典落語の演目の一つ。内容は蕎麦の屋台で起こる滑稽話。そばの勘定を巡るごまかしを目撃した男が、それに非常に感心して、自分も真似てみようとするが……。

付き馬
付け馬、早桶屋とも言われる。「付き馬」とは、遊廓における、料金の不足を徴収するために客の帰宅に同行する店員を指す俗称。吉原遊郭を舞台とした「廓噺」の一つ。

をネタにしつつ、客観視できているところが落語に非常に近いのではないかと思っています。

落語と物語では時間の流れ方が違う

和田◉落語の滑稽噺の語り物と違う最大の特徴は、現在の出来事を語ることだと思います。お配りした図を見てください。「物語」における時間の流れは、基本的に一直線です。

人間の一生でいうと、両親の代がいて、自分が生まれ、小学生になり、成人し、結婚して晩年を迎え、やがて亡くなる。人間がモチーフの場合、その一生が終わった時点から遡って語るのが「語り物」というか、物語だと思います。たとえば歌舞伎の「勧進帳」。源義経の一生は、だいたいみんな知っていますよね。源平合戦で手柄を立てるものの、頼朝義経、御仲不和になって追われ、弁慶と一緒に安宅に行って、安宅の関を命からがら生き延びたが、奥州で行方知れずになる、という。その全体像を知った上で「勧進帳」の安宅の関の段を見る、あるいは屋島の合戦を見る、というのが物語の基本構造だと思います。

つまり語り手とお客さんの視座は、劇中の人物よりも高いところにある。今、武蔵坊弁慶や義経は必死になって安宅の関を越えようとしているけれど、彼らは結局越えた後にいなくなってしまうんだよな、とか、結局は敗退するんだということをみんな知っているわけです。その一段高いポジションから見るのが物語。

落語、滑稽噺はそうじゃないんですね。私は「流れるプール式」と呼んでいるのですが、落

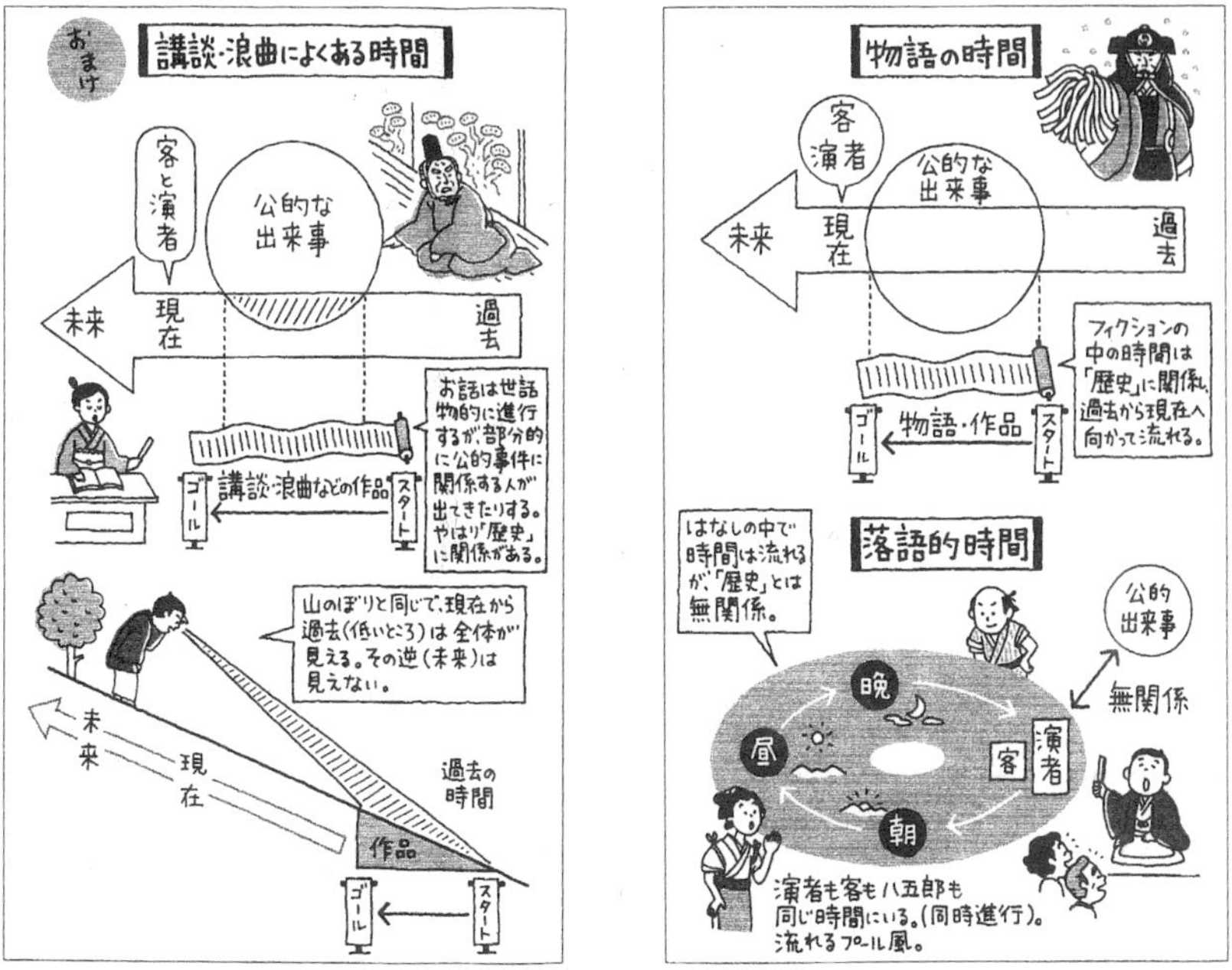

落語的時間と物語の時間の違い（『落語の聴き方　楽しみ方』より、たむらかずみ画）

語の中の時間は同じところをぐるぐる回っているんです。人間の一生が、生まれてから小学校に行って結婚して死ぬという流れ方をしない。

ちょっとわかりにくいかもしれませんが、基本的には漫画も同じです。たとえば「サザエさん」や「ドラえもん」。何年やっても同じところをぐるぐる回っていますでしょう。夏になったらプールに行くとか、冬にはスキーに行くとか、季節ごとのエピソードは変わりますが、カツオ君が中学に入ったり高校を卒業する、という進み方はしないわけです。それは「歴史」と無関係にしているということです。それが落語や漫画の時間の捉え方であり、物語とは大きく違います。

逆に言うと、物語というのは歴史というか、直線上の時間にくっついているわけです。今は世話（せわ）――歴史とつながっていないお話――のほうがはやる時代です。NHKの「大河ドラマ」は歴史ですから語りであり、物語です。徳川慶喜が主人公の大河ドラマで、誰かが「慶喜が明治維新を迎えたときに」と言ったら、「ネタバレしないでよ」と言ったという笑い話がありますが、そういうことですよね。だって明治維新が起きることは決まっていて、決まっているものを見るわけですから。

一方、「月9」の恋愛ドラマなんかは、男女が三人いてどこか旅先で知り合い、くっつきました。その後けんかして別れました、という歴史とは無関係な話をやっていますよね。これが「世話」です。今はこちらの比重が大きくなっている。だから今はやっぱり散文の時代であり、世話の時代なんです。

でも、大河ドラマで一年間恋愛ものをやっていたらおかしいでしょう？　逆に「月9」ドラマの枠で平清盛なんかやったら、この企画は何だとなるじゃないですか。NHKの大河ドラマという最も公的なドラマはいまでも「時代物」で、気軽に見るドラマは「世話物」。作り手や視聴者にもそういうイメージが残っていることもおもしろいと思います。

映画がまたおもしろいんです。たとえば映画「ドラえもん」ってありますね。テレビの「ドラえもん」の時間は流れるプール式であって、のび太がジャイアンにいじめられて困るとか、宿題やるのを忘れて怒られるとかいった「世話」の題材でやっている。ところが、こういうネタで二時間はもたないんですよ。だから映画にした場合には、宇宙戦争に巻き込まれたお姫様を救ってあげるとか、地底王国の王様が悪者に圧迫されて国が崩壊しかけているのを救うとか、いわゆる「時代物」になる。そう考えると、今の人も、時代物のほうがちゃんとした話で、世話はどうでもいい話、という区分をしているのではないかと思います。落語はその意味で世話の世話であり、どうでもいい話なわけです。

落語は現在を語るから面白い

和田◉奈々福さんの提起してくださった「語り芸」、「カタリモノ」、あるいは「物語」とは何か。わたしは過去に完了している出来事を今語って聞かせるのが、物語だと思います。だからこそモチーフは過去に属する源平の合戦であり明治維新である、と。たとえば人形浄瑠璃や歌舞伎でやる「**熊谷陣屋**」。熊谷次郎直実が須磨の浦で敦盛の首――本当はわが子の首なわけですが――を討った。それを陣屋に帰ってきて報告する「物語」というシーンがありますよね。あれは前の段でその場面を見せていますからやらなくてもいいのですが、それをもう一度やる。二時間後ぐらいに屋敷の人に語って聞かせる、それが物語だと思います。

さっきの「権助魚」で言うと、権助が帰ってきて、「みんなで柳橋に行って芸者をあげてドンチャン騒ぎをして、網打ちをした」と話す。するとおかみさんに「まだ一五分しかたってないじゃないか」と言われる。あれは失敗した物語なんです。物語を語って聞かせようとするん

熊谷陣屋 二五五頁参照。

だけれども、一五分しかたってないのにそんなことできるわけないでしょ、と突っ込まれる。流れるプール、つまりこれは現在を語っている落語だよというのを念押しされるわけです。だからおもしろいんですよね。落語は現在のほうを語っているから何かハッとするというか。あれはすごくすぐれたギャグだなと思います。

三遊亭圓朝は江戸の末から明治前半にかけて、多くの落語を創作しました。実演家でもあり、作者でもある。圓朝は次第に東京落語を代表する存在になったのですが、明治政府が芸人の鑑札制度を定めたとき、彼は「昔噺頭取」という役に任命される。昔噺というのは人情噺という意味です。人情噺はnowじゃない、つまり過去に属する噺です。一方、「落とし噺」はうそでも今の噺。その違いがある。昔の人がどこまで使い分けていたのか知りませんが、人情噺のことを「昔噺」と記していたのは、僕はとてもおもしろいことだと思います。

上方落語と江戸落語の決定的な違い

和田◉また、江戸と上方でいうと、上方の方がやっぱり語り芸のしっぽが色濃く残っていると思います。それはなぜか。

上方は三味線の噺、東京落語は素噺（すばなし）と言われますよね。でも実は江戸の落語も、たとえば**初代林屋正蔵**などは三味線を使っていたんです。下座入りの噺をやっていた。ややこしいのは、江戸落語には大正までは出囃子がなかったということ。出囃子がないから三味線もなかったと

初代林屋正蔵
一七八一年生まれ。俗称を下総屋正蔵。札差峰村に奉公した後に一八〇六年に初代三笑亭可楽の門下で楽我を名乗る。林家の始祖。怪談噺の元祖と言われ、「怪談の正蔵」の異名を取った。四代目鶴屋南北と交遊し、互いに影響を与えたと推察される。

和田尚久先生による解説

誤解している人がいますが、そうではなくて、三味線入りの噺というのは普通にありました。

ただ、**圓朝**はあるとき大道具とか下座といった道具入り、音楽入りの噺をやめて、扇一本の素噺をやると宣言し、自らの意志で素噺のほうに行った。素噺に行くというのが僕は漱石や子規が生涯をかけた散文とつながると感じています。それに対して上方落語は、韻文、つまり音楽に乗った物語の要素を残している。

そして前回、九雀師匠や小佐田先生が「上方落語は旅の噺」とおっしゃっていましたが、これは僕もそのとおりだと思います。上方落語の本質は旅です。「ここではないどこかへ」という意識、大きな運命へのまなざしですね。浄瑠璃にもその傾向は強い。我々はどこから来てどこへ行くのか。

三遊亭圓朝

一八三九（天保一〇）年生まれ。幕末から明治にかけて活躍した落語家。三遊派の大名跡。三遊派のみならず、近代落語の祖として名高い。明治の言文一致運動にも大きな影響を及ぼした現代日本語の祖でもある。多くの落語演目を創作し、滑稽噺よりも人情噺や怪談噺などにおいて独自の世界を切り開いた。鳴り物や大道具を用いた噺の祖でもあったが、一八七二（明治五）年、道具仕立て芝居噺から素噺に転向した。一九〇〇（明治三三）年、逝去。

それを滑稽な形でやっているのが「**東の旅**」や「深山がくれ」「小倉船」といった上方落語だと思うんです。

対して東京落語の本質は何かというと、僕は絵解きだと思っています。世界解釈ですね。屏風の絵の中はこういうふうになっています、世界というのはこのように読解できますというのが、東京落語の核だと思う。だから東京落語は、「**道灌**」にしても「寿限無」にしても、噺が動かないんです。噺が動かないままエピソードが入ってくるから、会話をするのは隠居と八五郎だけでいいし、長屋の一室が舞台で構わない。でも部屋の中には、たとえば世界を凝縮したものであるところのふすま絵や屏風の絵がある。

そして落語の場合は、必ずまぜっ返すでしょう。山吹をお盆に乗せて出しているのに、「これはカレーライスの絵ですか」って言うじゃないですか、必ず。こちらの真面目な解釈に対して、即座に逆の解釈をぶつけて相対化する。それがとても大事なことなんです。

浄瑠璃の場合は、「何々、実は何々」という構造がすごく多いですよね。「義経千本桜」でも「渡海屋銀平、実は平知盛」となっているじゃないですか。「すし屋の手代が平維盛」とか。あり得たかもしれない自分を夢見る、という要素が非常に強い。これは裏返して言えば、現実の社会や家が固定化されていて、その制度の中で人間が生きていたということです。

東京落語にはそれはありません。それはおそらく、落語のほうが後進の、後からまとまった文化だからだと思います。歴史あるヨーロッパと新開地アメリカに例えたら、上方はヨーロッパ、フロンティアのアメリカが江戸落語だと思います。だから江戸落語の登場人物には職人と

東の旅
「伊勢参宮神乃賑」の通称。喜六と清八による伊勢参りの道中を描いた一連の上方落語。大坂から奈良を通って伊勢へ、伊勢神宮にお参りをして近江・京都を廻って大坂に戻ってくるまでの道中を多くの演目により構成している。

道灌
若手が訓練のために演じる、いわゆる「前座噺」の一つ。初代林屋正蔵の咄本『笑富林』（一八三三年刊）に原型が見られる。ご隠居の所に遊びに来た八五郎は屏風を見せてもらう。その一枚に目が止まる。聞くと太田道灌の山吹の里の伝説を描いたものだそうで……。

か与太郎とかが出てくる。ヤンキー文化の楽しさがあるんですね。上方にはトラディショナルな楽しさがある。

もう一つだけつけ加えますと、僕は明治二〇年代にいまの東京落語が成立したと考えているのですが、そう考えたときに、先ほどの「権助魚」に出てきた「一五分しかたっていないじゃないか」の「一五分」がすごく重要になってくると思っています。

一五分というのは時計の一五分であって、江戸の一刻（いっとき）じゃない。近代の感覚なんですよ。時計の針が動くカチカチという音で刻まれていく空間、つまり神などの強烈な存在が支配している空間ではないということです。そうした世界でそこはかとない不安の中で生きている人たちのことをつかまえているのが、東京落語であり滑稽噺の主題ではないかと思っております。

この後、萬橘さんにもう一席つとめていただきますので、この後もお楽しみください。ありがとうございました。

■実演「ふだんの袴」

（仲入り）

ふだんの袴(はかま)

ルーツを上方落語とする噺が多い中でこの「ふだんの袴」は江戸古来の噺のようだが、公演の速記があまり残っていないようだ。近年では、蜃気楼龍志(しんきろうりゅうし)から八代目林家正蔵（彦六）、さらに五代目柳家小さんに伝わった。

御成街道の古道具屋を、墓参の帰りに供とはぐれて一人で訪ねてきたお殿様。

恐縮して奥へ通して接待をしようとする亭主に「奥へ入ると後から供の者が参っても姿を見とめることが出来ぬからこの店先でよい」と外から見えるところに腰を下ろして煙草を燻らせるお殿様。

ふと目に留まった名人谷文晁(たにぶんちょう)の手による鶴の絵が描かれている掛け軸を褒めているうちに煙草の火を袴の上に落としてしまう。

慌てる亭主をよそに大したことはないと大らかに振る舞うお殿様。

たまたま前を通った若い職人がお殿様の一連の立ち振る舞いを目にして、「俺もやってみたい」。まずは袴を、とよせばいいのに格好から立居振る舞いまで全く真似をしようと画策するが……。

「こちら、文晁と心得ますが、いかが御覧になりましたでしょうか？」

「…俺が言ってんのそれだよ？……鶴だろ。文鳥って嘴が赤い鳥だろ？」

真似してしくじる、落語らしいお噺。

所謂絵解きの要素もある、想像出来ると頗る可笑しい、萬橘にとってはお客さんの反応はおいといてやってて楽しい演目。

専門家の本、僕は読みますよ

奈々福◆今回の落語の回は、どなたにどういうふうにお願いすればいいかすごく悩んだのですが、落語の中身に関する解説については真っ先に和田さんのお名前が浮かびましたので、先に和田さんにお声がけをして。出演いただく師匠は、これまた和田さんが真っ先に萬橘師匠のお名前を挙げられた。その経緯について、和田さん、教えていただけますか。

萬橘◇失敗の始まりのことを。

和田◉いえいえ。先ほどご紹介いただいた『落語の聴き方　楽しみ方』という本を出したときのことです。芸人さんって本を読んでくれはしても、感想とかリアクションってまずくれないんですが、萬橘師匠だけは、読後の感想を私に言ってくださった。私の書いた時間の流れ、流れるプールの話とか落語の語り手は登場人物より先回りしちゃいけないといったことをものすごくよく理解してくださり、それを伝えてくれた唯一の人だったんです。

萬橘◇そうですか。他は誰もないですか。

和田◉（立川）談春師匠なんかは僕の書いているものを本当に細かく読んでくださっていますけど、大体ダメ出しというかね。

萬橘◇あそこはどうなってんだと。

和田◉絡まれたりするパターン。

萬橘◇すごいねえ。

和田◉でも、「読んでますよ」と表明してくれるのはすごいですよね。プロの心情としては、素人が書いた芸の話にリアクションなんてしたくないんじゃないでしょうか。

萬橘◇いや、僕の感覚だと……。先生、僕ここでしゃべっていいんですか。

奈々福◆先生！　よしてください。奈々福さんとでも呼んでください。

萬橘◇偉い人と仕事をくれた人はみんな先生と呼ぶ。

奈々福◆一応承りますけど、この場では勘弁してくださいよ。

萬橘◇芸人といえども、すべてのジャンルの芸能に通じることはできないわけです。だから足を現場に運んで見ることについては、僕は誰か専門の人に代りにやってもらったほうが合理的だと思っている。歌舞伎でこういうものを見た、能楽だとこういうパターンがあるとか。量を見るということは僕は出来ませんから、それを専門でやってくださる方がいるということに、すごく合理性を感じますので。

奈々福◆じゃあ結構、芸人さんの本をお読みになるんですか。

萬橘◇僕は読むほうです。和田さんの本は、落語はもちろん、それ以外の芸能を含めてさまざま見られたことをすべて融合して書かれているので、私としても、何を知らなければならないかが非常に合理的にわかる。興味を持つ箇所と持てない箇所はあるにせよ、それに気づくきっかけをいただけるというのは、すごく便利なんですね。

奈々福◆和田さんの本を読まれたとき、時間のことや物語と噺の違いについてどう感じたか、覚えていらっしゃいますか。

萬橘◇たとえば「再体験」ということについて書かれていましたが、お客さんにその現場を体験してもらうためにどうしたらいいかというのは、やっぱり僕らも考えるんですね。ある程度現場にぶつかるという感覚がないと本当の意味で噺に入り込めないのだとすると、お客さんに入り込んでもらうためにはどうしたらいいのか、というのは常に考えている。だから和田さんの「再体験」の話はよく覚えていますね。自分自身がその登場人物としてその現場を再体験しなきゃいけない、という指摘は、感覚的にまさにそうだ、と思いました。お客さまが言葉にしたらこういう風に言われるのかな、とすごく納得しました。

奈々福◆終わった話について「こういうことがあったんですよ」と言うんじゃなくて、今現在ここで起きていることとして落語を話すということですよね。

萬橘◇そう。「一回忘れろ」という感覚、浪曲にもありませんか？　僕らが一回覚えた噺を忘れるという場合、本番では忘れた状態でしゃべれているという感じがあるわけです。だから、多少間違えても許してくれなきゃだめなんですよ。

奈々福◆そこに行くんですか（笑）。

萬橘◇「初めて経験している」わけですからね。「知らないことは知らない人」としての体験なわけだから。それはもちろんただの言いわけですけども。

さっき和田さんが「物語というのは終わったことだ」とおっしゃっていましたが、僕は、あらゆるストーリーの起点は「別れ」じゃないか、別れをどう描くかが物語の本質なのではないかとぼんやり感じているんです。それをさっき和田さんは、「終わったことを終わった後で話

君の名は。
二〇一六年、公開。新海誠監督による日本の長編アニメーション映画。東京は四ツ谷に暮らす男子高校生・立花瀧はある朝目を覚ますと、岐阜県飛騨地方の山奥、糸守町に住む女子高生・宮水三葉になっており、逆に三葉は瀧になっていた。二人とも「奇妙な夢」だと思いながら、知らない誰かの一日を過ごす。

すのが物語」と言った。それは落語の当事者である僕の言語ではない、外からの言語なんですよね。

物語の場合、出会いを強く打ち出すほど別れも強く感じる。だから『**君の名は。**』でも、あれは出会って終わる話ですけど、出会い自体を強く描くことで、この出会いが終わってしまう、いずれ別れが来るんだと強く感じさせて、どこか悲しい気持ちを生じさせていた。そういうことも、やっぱり研究している方の言葉で聞くと、「ああ、やっぱりそういうことなのかしら」と、すごく納得できますね。

落語には出会いもなければ別れもない

和田◉『君の名は。』の話は僕もしたかった。あれはやっぱり運命の話じゃないですか。

萬橘◇そうですね。

和田◉運命の話ですから、構造としては浄瑠璃とかに近い。まさに運命が人間を見えないところで操ってくれていて、それに引き寄せられるという話ですよね。あれが映画でものすごくヒットしたというのは、僕はうなずけるんです。映画というのは、さっきも言ったように、ちゃんとした物語を見たいから二〇〇〇円近くのお金を払うものです。一八〇〇円も払ったのに、あのカップルが「今日は缶コーヒー買ったのにお釣りが一〇円足りない」とか、そんな話だけだとみんな嫌なわけです。

萬橘◇途中、そういうくだりがありましたけどね、村の喫茶店に行くところね。

和田◉そうそう、でもあれで二時間引っ張られたらつらいじゃないですか。

萬橘◇それはつらいですよ。僕は、落語が物語じゃないのは、出会いもなければ別れもないからだと思っているんです。落語には本当に出会いも別れもないんですよ。始まってもいなければ終わりもないいような。

和田◉それが僕の言い方だと散文的な……。

萬橘◇そうそう。そういうのね。

和田◉だから都会的なんですよ。オチがない。「自動販売機のおつりが一〇円足りない」みたいなので終わっちゃいますからね、落語って。それを楽しめますかという程度の高さ。

萬橘◇なるほど。それを今日のお客さまにも問うているわけですね。

和田◉三〇〇〇円ですからね。

萬橘◇プレッシャーかかるな、三〇〇〇円と言われると。

奈々福◆ちゃんとした物語には一八〇〇円払うけど。

萬橘◇ほんまや。先生、これ、ほんと楽しい……。

奈々福◆お願いだから先生はやめてくださいと申し上げておりますが。

和田◉『**のるかそるか**』というアメリカ映画を知っていますか。

萬橘◇僕は知らない。

和田◉競馬の話なの。最初、五〇ドルぐらいかけて当たったから、かけ金をまたかける。そう

のるかそるか
一九八九年にアメリカで製作されたコメディ映画（日本では一九九〇年に公開）。原題は「Let It Ride」。ギャンブル好きのタクシー運転手ジェイ・トロッターは、ギャンブル嫌いの妻パムと金輪際ギャンブルはやめ、明日の土曜日は仕事が終わったらすぐに帰るという約束をするが、競馬についての噂話を耳にして……。

するとまた当たっちゃう。いろいろあって何度も何度もかけていく。よく競馬ファンが「これを五回転がしたら一億だぜ」とか言いますが。それだけの映画なんです。最後の賭けにも当たって終わる。談志師匠がこの映画評に、「これに一八〇〇円かけて見に行くやつを大人という」と書いていて。

奈々福◆ああー。

和田◉「この内容におまえら金払えるか、それができるのが大人だぞ、粋だぞ」っていうことなんですよ。

萬橘◇今の「ああー」の声がすごかったですね。ついぞ聞いたことのない……。

和田◉映画としては、日本では全然当たりませんでしたけどね。

萬橘◇そうですか。

和田◉だって物語じゃないんですから。だから、談志師匠はそれを見越した上で「これを楽しめるか」と言ったわけですよ。やっぱり観客のほとんどは楽しめない。

萬橘◇うーん、なるほどね。

落語はローカル?

奈々福◆私は落語はローカルなものなんじゃないかと思っているんですよ。

萬橘◇うまい表現ですね。

奈々福◆全国的なものではなく江戸特有のものと思っていたのですが、今日のお話を聞いていたら、江戸の一部のコミュニティにしか通用しない「粋」とか「しゃれ」の価値観を尊んだ結果隆盛したものの、それじゃあだんだんお金が取れなくなってきたので、人情噺なんかが出てきた、と……。

前回、浪曲の解説をしてくださった稲田和浩先生は、噺家さんは地方に行くとみんな「**徂徠**（そらい）**豆腐**（どうふ）」をやると言うんですよ。「徂徠豆腐」というのはもともと講釈で、そこから浪曲にもなった、いわゆる物語なのに、なぜ噺家さんが地方でやるのか。落語の重厚長大化、人情噺化の最大の戦犯は、志の輔師匠だと私は思っているんですけど（笑）。

萬橘◇僕らの世界は常に功罪一体ですからね。

奈々福◆私が「なぜ噺家さんが『徂徠豆腐』をやるのか」と問うたら、稲田さんは「当たり前じゃん。地方に行ったら『徂徠豆腐』のほうがウケるんだ」とおっしゃる。全国を目指すなら、人情噺という武器がないとやっていけないんだ、と。

萬橘◇僕の感覚からすると、ウケるというよりは「終われる」んですよ、それをやると。それをやらないと基本的に終わらないの。もうちょっと「ああ」って言ってもらえるかな。もうちょい、もうちょいだ、ってきりがない。

奈々福◆ああー。

萬橘◇つまり物語のほうが人はお金を払うんです、本当に。たとえば「**へっつい幽霊**」で終わらそうと思うと、観客席から「えっ、これで終わりなの」という雰囲気を感じるわけ。

徂徠豆腐
落語や講談、浪曲の演目で、江戸中期の儒学者荻生徂徠の逸話を描いたもの。将軍の御用学者となった徂徠は、貧窮時代の恩人である豆腐屋を助ける。が赤穂浪士に対し切腹の処分を決定したのが徂徠と知った豆腐屋は……。

へっつい幽霊
元は上方落語の演目で「かまど幽霊」ともいう。原話は一七七三年の笑話本「俗談今歳花時」の一編である「幽霊」。へっついもかまども同じ意味で「竈」の字をあてる。とある道具屋にあった「へっつい」は、買われても、翌日には買った客が買った金額よりも安く返しに来る。何度も続くので不思議に思った道具屋の主人が、返しにやってきた客にわけを尋ねると……。

奈々福◆やっぱりそうなんですか。より東京から遠いほうがそれは感じますか。

萬橘◇それが、今の時代はそうでもないと思う。都内のほうがかえってそういう雰囲気のときもある、非常に強くある。

奈々福◆うんうん、そうですね。

和田◉その階層が来ている。

萬橘◇そう。

奈々福◆本当にその場その場で、お客さんがどういう理由で来ているかはわかりませんよね。何かの会の団体だったりとかすることもあれば、ばらばらっと来ることもある。地域じゃないのかもしれません。

萬橘◇はい。階層と言えば、本当に入り込み過ぎた人は、向こう側に突き抜けちゃうんですよね。たとえば「寿限無」なんかは、わからない人が聞いたらおもしろいわけですよ。子どもたちはわっと笑います。でもある程度まで行くと、ストーリーや雰囲気がわかっている人になってくる。その段階を超えると、「**麻のれん**」とかそういうものに対してシンパシーというか、「今日聞けてよかった」という楽しみ方をするようになる。もう一つ向こう側があるんです。もう一度「寿限無」を楽しめる段階がある。本当に深く支持してくださっている方たちは、そこで動いているんじゃないかな。だから、東京都内のほうが若干物語を求める雰囲気を感じることがあるんじゃないかなと僕は思っているんです。

「寿限無」そのものというよりも、「寿限無」にどう違いがあるのかとかに抜けていくわけで

麻のれん
落語の演目。原話は不明。按摩の杢市は頑固で強情、自負心が強く、負けず嫌い。目が見える人には負けない、といつも胸を張っている。今日もお得意さんの旦那の家で肩を揉んでいると激しい雨が降り出した……。

す。そうしたらまた盲人の噺である「麻のれん」に戻ってきて、次は新しい人を連れてきてまた「寿限無」から始まるとか。そういうのがあるんじゃないかな。

「再体験」するために「戻る」

和田◉東京落語と上方落語の僕なりのポイントは、上方は旅、東京は絵解きだと思っています。というのも、東京落語の人って「道灌」が大事だってみんな言うでしょう。

萬橘◇言いますね。

和田◉「道灌」が心のふるさとだ、みたいなことを言うんですよ。やる側からするとどうなんですか。「道灌」に限らず、ああいう説明ものは。

萬橘◇「道灌」は初めに教わった噺なのですが、いったん戻ると、やっぱり難しいと感じますね。人が二人しか出てこないんですよ。その場面においては隠居と八っつあん、八っつあんともう一人のやつという二人ずつしかいない。はたから見ると、大勢出てくる演目のほうが難しそうに思うかもしれませんが。

和田◉はい。

萬橘◇でも、二人でやっている噺を最後まで飽きないで聞かせるという難しさがあるんです。噺にはいろんな種類があります。「演じる」「音楽的に喋る」つまり演奏する、あとは音楽的なものから派生した「喋らない」というカテゴリーもある。「間がある」とかね。

鼎談

そういうのは、いっぺんにパッとできるものじゃありません。再現する、「再体験」するために必要な技術がたくさんあるわけです。そのことに最初は気づかない。だから「戻る」んです。

たとえば「**宮戸川**」です。「宮戸川」には女の人が出てくるので、この演目をやることは女の人のやり方の練習にもなっている。でも、女の人とのやりとり、呼吸というか息というか、喋り方はこっちに戻ってくる。また戻ってくるから、いつまでたってもでき上がらないんです、「道灌」は。

和田◉そういうことなの。だとしたら、噺の内容もさることながら、すごく有益な課題がいっぱいあるということですか。

萬橘◇めちゃめちゃあると思いますね。一番最初の段階かどうかはわかりませんが、しゃべっているというと、まず「どこ

宮戸川
落語の演目。主人公は船宿の娘、お花と質屋の息子、半七。一般には二場面のうちの前半部分のみが演じられ、「お花半七馴れ初め」「お花半七」という演題となることもある。後半部分を含めて演じると長時間にわたる上に、凄惨な展開となるため、口演される機会は少ない。

で」って聞かれるんです。空間が演出されるための適切な声量とか広さというのは、僕らの中にずっと命題としてあるわけです。先輩から教わったのですが、三代目の金馬師匠は、「こんちはー」と言いながら入ってきますが、客席での声の聞こえ方を想定して声量を調整している。「こんちはー」の声の出し方ひとつで、客席にいる人には遠くからだんだん聞こえてくる感じがして、広さがイメージしやすくなる。

そのテクニックはいっぺんにはわかるものじゃない。だから、何かがあるはずだ、何かがその中に転がっているはずだということで、必ず何回も戻るんですよ。単純な構造なのにまだ見つけられていないとか、自分にないテクニックがどこかにあるはずだとか、以前よりも聞かせられる状態になっているのかいないのか、といったことがすごくわかりやすいから戻るんじゃないかと思うんですけどね。

ギャグっぽい噺じゃないですからね。「**子ほめ**」も似た種類の、隠居から教わって外に出て真似してしくじるという構造の噺なのですが、これはそのままでも笑い声が聞こえてくるような、いわゆるギャグ的なくすぐりが多い噺です。でも「道灌」の場合は、そういったくすぐりがないので、リズムやテンポ、声の大小に違和感があるだけで、お客さんが離れていきやすい。僕らとしては、それは結構わかりやすいんです。

子ほめ
原話は安楽庵策伝の「醒睡笑」の「鈍副子第十一話」。元は上方落語の演目で、三代目三遊亭圓馬によって東京落語に持ち込まれた。ご隠居の所にやってきた八五郎。入ってくるなり「ただの酒を飲ませろ」といってご隠居を驚かせる。これは「灘の酒」の聞き間違いだったが、「ただで酒を飲ませてもらうには、お世辞、べんちゃらの一つも言わないとだめだ」とご隠居は言う……。

東京落語は世界解釈

奈々福◆和田さんがおっしゃる「道灌」の絵解き性というのは、どういうことなんでしょうか。

和田◉人間が何かを見るという行為は、やはり言葉でモチーフをかたちづくるのだと思うんです。「道灌」は象徴的です。たとえば行縢（むかばき）という狩装束を着ているのを八五郎が「虎の皮の股引きを履いてますね」と変なことを言うとか、お盆に山吹を乗せて出したら、「これはカレーライスですか」と言うとか。必ず正しい解釈と変な解釈の二通りを対で言う。私はこれは、世界の見方について言わんとしているような気がするんです。逆からも見える、八五郎側の見方をすると楽だよね、と。

萬橘◇まったくそのとおりじゃないでしょうか。

和田◉うん。そこが東京落語のすごく、中心的なところだと思います。筋としては、あの二人がどこか野っ原に行って見るというふうにもできると思うんです。でもそうはせずに、屏風の絵を見てこう見えるだろう、こう見えるだろうと言う。これは世界解釈です。僕がいつも思い出すのはお祭りで、今はあんまりないのかな、家相見（かそうみ）という家の図があって……。

奈々福◆ありました、昔ありました。

萬橘◇家の相を見る。

和田◉そうです。家の図と東西南北が書いてあって、こっちに風呂を置いたらいけないとか、風呂があるのならここに木を植えなさいとか。

萬橘◇いわゆる風水的なことですね。

和田◉そう、今でいう風水ですが、要するに世界を圧縮した、世界のミニチュアのような図です、あれは。家相見の人って、最終的には何を売るんですかね。

奈々福◆多分、本です。

萬橘◇ツボとかじゃないですか。

和田◉ツボじゃない、だってお祭りだもん。

奈々福◆高島易断がそうですよね。八卦(はっけ)みたいなのを書いておいて、最後に高島易断の本を売るという。でもお客さんとしては、家相見も高島易断も、問答を楽しんでいるところがありますからね。

和田◉その問答にあわせてあの図像を見る楽しさ。あれはどこかで東京落語につながっている。

奈々福◆お客側と家相見の方とで、世界の見方が問答になるのが楽しい。落語って、とにかくシーンが動かないじゃないですか。浪曲の中で最も落語的なのが、最も売れた広澤虎造です。一番有名な「石松三十石船」は、私は絶対できない。だってあれ、まったく動かないんですよ。船に乗っているだけで物語が展開しなくて、ただ「飲みねえ」「食いねえ」と言っているだけ。最も落語的だったから売れたんだろうと思いますが、本当に展開しない。

さっき萬橘師匠は、物語には別れがある、つまり物語は悲劇であるとおっしゃいましたよね。このシリーズの初回に講義してくださった映画監督の篠田正浩さんは、日本の芸能の脊梁山脈を築いたのが義経伝説だとおっしゃっていました。やっぱり悲劇の主人公が活躍するというのが、物語の基本形だったのかなと。必ず死や別れがある。でも同じ話芸でありながら、それと完全に離れたものが近代になって生まれた、ということですよね。

和田◉そうです。悲劇というのは僕の定義だと、「人間VS運命」の構図を持っているものです。この構図では、必ず運命が勝ちます。そこでの負け方が美しいものを悲劇というのだと思うんです。ついでにいうと、「人間VS運命」で人間が勝っちゃうバージョンもあります。それは奇跡劇ですよね。今、奇跡劇って新興宗教の集会ぐらいでしかやらないでしょう。

与太郎はばかじゃない、カウンターです

和田◉僕が萬橘師匠に一つうかがいたいのが。

萬橘◇ちょっと待って。傷つけないような内容で。

和田◉僕、関西の人と意見交換するとなかなか結論が出ないんだけど、三〇〇から四〇〇ある東京落語の中でことに重要な演目は、僕は与太郎物だと思っているんです。

萬橘◇それは非常にすばらしい意見だと思いますよ。

和田◉でしょ。上方落語に与太郎物ってないんです。

萬橘◇ないですね。

和田◉たとえば上方にも「道具屋」という噺がありますが、あそこで道具を売っているのは与太郎じゃない。普通の人の間抜けなぐらいの感じ。でも東京は与太郎でやる。この違いはプロ

から見てどうですか。

萬橘◇僕は痛切に感じますよ、それは。与太郎というのは江戸落語の真理そのものなんです。与太郎さえうまく表現できれば、すべての物事に通じる。一般的な見方のアンチテーゼだから。八公の場合は斜め、はすから来るわけです。このあたりから出るとこうって言う。でも、与太郎は真逆から来るんですよ。悪いことを「いい」って言っちゃう。それって真理なんですよね。つまり、そこでばかりやってるから苦しいんだよと言えるやつを与太郎という。談志師匠は「与太郎はばかじゃない」と言っていましたけど、与太郎を解釈できる落語家はいい落語家だと思う。

和田◉なるほど。

萬橘◇真逆からすら正解を出せるということですから。真逆から正解を出すというのはすごく難しいと思うんですよ。「そうかな」と疑われたら、もう終わりじゃないですか。そこを心に浸透するような発言にできるのはスキルが高い証拠というか、落語家として世間一般のキャッチの仕方が正確である、一つの正解であるということで。与太郎っていうのは、ある種の象徴的な人物だと思うんです。

さっき、東京落語とは絵解きであるとおっしゃいました。だからこそ与太郎が必要なんです。つまり表面の事実に対して真実があるとしたら、この噺に通底している真実はこれですよ、と僕らは常に出していかなきゃいけない。時間を無視しなくてはいけないのも、真実だからです。そして、本当の真実を言う奴は、与太郎しかいないんです、本当は。外堀を埋めるようにしてますね。

「こっちのほうが正しいんじゃないの」と提示していくやり方なら与太郎を出さずともできますが、ズバッと真実を言うのは、与太郎だけ。だからあれは僕は江戸落語の象徴だと思っています。

奈々福◆おお。

萬橘◇それこそ、何も考えずに与太郎をやってしまうと、表現が悪いですが、知能が低いような表現になってしまう。でもそうじゃなくて、「気づきにくいけれど、その物事にはこういう側面が隠されていますよ」、というのを言葉で表現してくれるのが与太郎だと僕は思っています。だからもっとほおーって驚いてもいいところなんです。

和田◉同感ですね。関西の落語家、落語ファンと意見がすごく分かれるのは、上方の人は与太郎という程度の低いキャラを設定してばかにする、その落差で笑わせるのが与太郎物だと捉える人が多いんだけど、違うよね。

萬橘◇カウンターです、完全に。正しいことを言われちゃうから、こっちは戸惑うんです。常識の中で生きている人たちが、それって本当はこうじゃないのかと言われたときの戸惑いが笑いに変わるわけです。「**牛ほめ**」という演目では、与太郎が家や牛のほめ方を教えてもらっておじさんの家に行き、そこで間違えることを笑いにかえる噺ですが、与太郎は間違えているんじゃなくて、本当は聞いていないんですよ。彼にとってはおじさんから金さえもらえればほめ方はどうでもいいんで。だからそこに集中しないと、人間像がぼやけてしまう。

和田◉間違える用のキャラみたいになっちゃうわけね。

牛ほめ
原話は、一六八七（貞享四）年の笑話本「はなし大全」の一遍である「火除けの札」。元は「池田の牛ほめ」という上方落語の演目。与太郎に頭を抱える父親。ある日、兄貴の佐兵衛が家を新築したと聞き、いつも与太郎のことで小言ばかりをいう兄貴を見返すチャンスだと、息子の与太郎に新築祝いの口上を覚えさせることにしたが……。

萬橘◇最初っから聞いてないんです。八公は聞いた上で間違える。同じようにやろうとして失敗してる。でも、与太郎はなから聞いてない。聞いていなくても結局は同じ結果に行きつく。そういうパーソナリティを持ってるんですよ、与太郎は。ばかな人間として演じると、すごく浅薄な噺になっちゃう。だから難しいんですよね、与太郎噺は。

落語は見方を変えるカタルシス

和田◉与太郎ものの「道具屋」で、「おまえ、どうやって飯食ってんだ」と言うと、「左手に茶わんを持って右手にはしで食べてます。」そこによそう米は、おひつから持ってくる」と言いますよね。あれって、ちゃんと労働して稼がなきゃいけないよと言われているのに対して、米びつから持ってくりゃいいという、違う角度からある種の真理を言うじゃないですか。

萬橘◇よく知られた話に、学校の先生が親から離れて暮らしている子供に五〇〇円玉と一〇円玉を出して、「どちらが価値があるか」と聞いたら、子どもが一〇円をとった。「一〇円じゃないよ、正解は五〇〇円だよ」と先生が言ったら、子どもは「これがあると公衆電話でお母さんと電話ができるから」と言った、というのがあります。それが物事の価値ですよね。金額が大きいかどうかという一般常識に対して、お母さんと話ができるのは一〇円玉なんだ、と。それは真理なんですよ。あなた方はお金にとらわれてますよ、ということをバンと打ち出すためには、この発言がどうしても欲しいわけです。僕らはそういう発言を与太郎にやってもらうんです。

和田◉ああ、そうか、なるほど。

萬橘◇こんなのもあります。子どもに「氷が溶けたら何になる」と聞いたら、「水になる」じゃなくて「春になる」という答えが返ってきた。これは真理、一つの真実なんですよ。これを一言で表現してもらいたいというときに与太郎を登場させるんです、僕らは。そういう登場人物なんですよね。落語というのは見方を変えてもらうというカタルシスですからね。ある種の真実に共感してもらうことが僕らの仕事。そこが講談や浪曲とちょっと違うところです。講談や浪曲の場合は事実を拡大して、いい話をよりよく見せるという方法をとっていると僕は思っているんですが、落語家である僕らの仕事の一つは、あらゆる要素を取っ払ったとき残るのは、これです、と提出することなのかな、と。

心を震わせる段階まで行くには、年齢も必要ですし、ある種の職人的技術が必要になってくる。だからある年齢まではやっぱり「徂徠豆腐」とかに頼らないと終われないんですね。僕らのキャリアではっきり感動してもらうとか、よかった、と言ってもらうには、どうしても人情噺の構造が欲しくなる。

僕が独演会をやるときには、僕という若い真打だからこそできることの範疇で、お客さんに納得して帰ってもらいたいと思っています。もちろん古い人のほうが腕はあるし、いろんな技術がついてきているから料金が高くなるのは当たり前ですが、僕の時間ならではの良さがあると思うんです。でもそういうとき、やっぱり人情噺に頼ってしまうところがある。すみません、つまらない話をしちゃって。

混在が一番いい

奈々福◆私はかつてはすごく落語が好きで、素人のときは落語ばっかり聞いていたんです。浪曲師になってからも、やっぱり落語のほうがよくできてるなと、うらやましくて。浪曲の台本ってばかなのが多いんですよ。

萬橘◇いやいや、それは……。

奈々福◆落語は同じ演題をいろんな演者がやりますが、浪曲は流派同士が演題を共有しないんです。テキストとして磨ききられていない、誰が見てもいい話というのはあると思うのですが。私は浪曲が二人の芸であるというところがすごく好きで、だからこそ今やっているわけですが、今回の「語り芸パースペクティブ」は、なぜ自分が浪曲を選んだのかを再検証する機会にもなっているんですよね。落語は未だに大好きですし、嫉妬がある。だからなんとか落語を突き放して考えようとしているのに、こんなお話を聞いてしまうと、また好きになっちゃう……。

萬橘◇先生が思ってらっしゃるような感触があるのは……。

奈々福◆先生はやめましょう。

萬橘◇「空き地に囲いができたね、へぇー」っていうのが最短だというじゃないですか。僕らの場合は、それを引き伸ばしてるだけなんです。構造的にはこれだけで終わるわけですよ。つまり西郷どんも出てこなければ清水次郎長も出てこない。

奈々福◆無名性があるんですよね、落語は。固有名詞が出てこない。

和田◉落語と狂言がそうですね。無名性でやる。八五郎とか家主とか、あるいは太郎冠者とか大名とか、名前のない人間が動く。

萬橘◇はい。だからこそ「空き地に囲いができたね、へぇー」を一番おもしろくするためにやる方法が千差万別になる。一方、「次郎長伝」は次郎長が実際に清水で生まれたとかそういう事実は変えられませんから、うそはつきにくいですよね。

奈々福◆いや、ついてますけどね。

萬橘◇事実を拡大する方法として歌い上げる、つまり浪曲の言葉で言えば……。

奈々福◆節ですね。

萬橘◇節でその情景なり心理なりを拡大して、節以外のたんかのところで事実を進行するという、技術としての拡大方法の違いが、一人の落語と二人の浪曲という様式につながっているのではないかと思いますけどね。

奈々福◆それはそうなのですが、方向性はまったく違うにしても、どちらも今、現代にやってる芸ですよね。本当は落語は語り芸ではないと言いたかったのですが、お話をうかがうと、落語の中にも「人情噺」という非常に語り的なものがあるとか、最近の浪曲の中にはすごく落語化している演目もあったりする。現代の双方のお客さんに訴えるための寄り添い方があるんだと思いますね。

萬橘◇僕らは混在が一番いい。

奈々福◆そうですね。

萬橘◇落語の中にも「しゃべる人」と「話す人」と「語る人」がいるんですよね。語る人というのは、物語としての人情噺もそうですが、落ちのある落語も物語として語る人も含まれます。これはアカデミックにはすごく売れるんです。学校寄席やこういう講習会ではアカデミックに販売したほうがいい。落語界に入るお金が増えますからね。

ただ、しゃべるだけのほうがいいという人もいて、今の人たちにはしゃべるほうが受けるから、と。両方いたほうが寄席はバラエティに富みますよね。お客さんのレスポンスを期待するような「話す」というのが一番しっくりくるような芸の方もいらっしゃいます。語りが生きるためにしゃべる、しゃべりが生きるために話す。そのほうがカラフルになる。僕らは芸人ですからゲスなんですけれど、すべてそうなんです。明石家さんまさんだって落語ですよ、と言ったほうが落語界にお金はたくさん入ってくるわけですから。

奈々福◆実際、芸人として生きるというのはそういうことなので。

萬橘◇そういうことですよね。

奈々福◆はい。

萬橘◇すみません、長々と。

奈々福◆いやいや、すごくいいまとめにしていただいて、「ちょうど時間となりました」が言いやすい。

萬橘◇結局、浪曲で終わるんじゃない。
奈々福◆今日は本当に、技術論としても予想外にすごくおもしろいお話がうかがえました。
萬橘◇何が予想外なの。どういうつもりで呼んだのかね、この人は。ええもんだ。ありがとうございます。
和田◉いろいろな発見がありました。ありがとうございました。
奈々福◆というわけでございまして、強引に終わらせていただきますけれども。どうもありがとうございました。

関連書籍

松本尚久『落語の聴き方　楽しみ方』（ちくまプリマー新書）
坂部恵『かたり――物語の文法』（ちくま学芸文庫）

第11章 ラップと謡

安田登
いとうせいこう

安田登（やすだ・のぼる）――能楽師・下掛宝生流ワキ方。一九五六年、千葉県銚子市生まれ。能のメソッドを使った作品の創作、演出、出演も行う。また、日本と中国の古典に描かれた〝身体性〟を読み直す試みも長年継続している。主な著書に『異界を旅する能』（ちくま文庫）、『日本人の身体』（ちくま新書）、『疲れない体をつくる「和」の身体作法』『能に学ぶ「和」の呼吸法』（以上、祥伝社）、『身体感覚で『論語』を読みなおす。』『身体感覚で「芭蕉」を読みなおす。』（以上、春秋社）、『あわいの力「心の時代」の次を生きる』（ミシマ社）など多数。

いとうせいこう――一九六一年、東京都生まれ。早稲田大学在学中からピン芸人として活動開始、卒業後、講談社に入社。「ホットドッグプレス」などの編集を経て一九八六年に退社。その後は作家、クリエーターとして活字／映像／舞台／音楽／ウェブなど、非常に幅広い表現活動を行っている。八八年、処女小説『ノーライフキング』は第二回三島由紀夫賞、第一〇回野間文芸新人賞の候補作に。二〇一三年、東日本大震災をテーマとした小説『想像ラジオ』が、第二六回三島由紀夫賞および第一四九回芥川龍之介賞候補となり、第三五回野間文芸新人賞受賞。近著に『ガザ、西岸地区、アンマン』、『福島モノローグ』などがある。

《口上》

最終回のお題は「語り芸の来し方、これから」。なんという壮大な。

日本の語り芸の、現在における最新型は、ラップ、ではないかと思っています。

ラップ、私、全然詳しくありません。

芸能というのは本来、社会の底いところから生まれ、声を上げるものだと思います。テレビ朝日系列『フリースタイルダンジョン』や、BSの『高校生RAP選手権』（YouTubeでも見られますのでぜひご覧ください）などを見ると、いま生成している「語り」の、ものすごく生々しいものを浴びて動悸します。低きところから声を上げ、言葉を音楽的に扱い、即興性が強く、腹の底から突き上げるごとき表現。言葉と音楽と情念の、瞬間の融合の連続。

浪花節も、もともとは社会の最底辺から生まれたものだろうと思います。もしかしたら浪花節が生まれたときにも、こういうものをはらんでいたのかな、とラップを聞いてドキドキしながら想像します。

その日本語ラップの地平を開かれたのが、いとうせいこうさんです。いとうさんは、私の兄弟子、でもあります。能楽師の安田登先生のもとで、ともに謡を習っております。現存する語り芸の中でもっとも古く、儀礼性と、中世以来の身体性を残し、此の世とあの世をつなぐ芸であるお能を学んでいます。

学ぶほどに思うのは、お能、おそるべし、ということ。

今日はいとうさんに最新型の語りを、そしてこのシリーズ二度めのご登壇となる安田先生に、古い形の語りとして、能の一部を演じていただきます。

そして、楽しみなのは、実は最後のお話です。

安田先生のお稽古時間の、半分はだいたい雑談。これが、とんでもなく面白い。

よく出る話題は、遠い芸能の始原の話。よく出てくるのは、「秦河勝（はたのかわかつ）」という人名です。

秦氏は渡来系氏族の長だった人で、聖徳太子に仕え、猿楽（能）の始祖と伝えられる人です。平安京を開いた桓武天皇が渡来系の天皇だったことは有名ですが、その京都に残る「太秦（うずまさ）」という地名は、秦氏の住まいがあった地とされています。

そして、いま大きく変わりつつある世の中、遠い未来のことも話題に出ます。いとうさんと、安田先生の会話は、今日明日のことできゅうきゅうとしている私の貧しい想像力を、はるか遠くにいざなってくれます。その「雑談」を、この語り芸パースペクティブの締めにしたいと思います。

今回の課題図書は、安田登著『能――650年続いた仕掛けとは』（新潮新書）と、いとうせいこう著『親愛なる』（河出書房新社）です。

いとうさんのこの本、最初はオンデマンドで出されて、購入者によって本の内容が変わるという、驚きの趣向の本でした。私はそれを持っていて、小説の中に玉川奈々福が登場します。

語りとは、言葉を前提として語られるものですが、私たちの言葉は今、どんどん記号化していっていると感じます。世界は融合すればするほど単調なものになっていく。この本には、言葉が奪われた世界のことが書かれています。地上で大きな戦いが起こって言葉が単一化される。

人々の脳にはチップが埋め込まれ、全世界の人と話ができることになるのですが、脳内のチップによってあらゆる言葉が検閲されることになる。さらにその言葉さえも奪われ、差別されたDEF SONICという人たちも出てくる。言葉を超えた言葉として、超管理社会が管理しきれないものとして、芸能が出てくるという、とんでもない話です。

芸って、なんでしょうね。窮屈なこの世で、はるか遠くへ、私たちを連れて行ってくれるもの、それこそが……芸、と思いたい!

みなさまも、わたくしも、これからも、はるか遠くへ飛べますように……。

安田◉本日はまず、能の「海人（あま）」を謡ってみようと思っています。

皆様の中で「海人」をご覧になったことのある方はどのくらいいらっしゃいますか。何人かいらっしゃいますね。「海人」とは、こんなお話です。奈良時代、中国から日本に三つの宝物が渡されました。当時の船は小さくて、三メートル程度の波で沈むほどでしたから、宝物は一つずつ別の船に乗って運ばれました。二つは無事に日本に着きましたが、最後の宝物である「珠」を運んでいるときに海の中から竜が現れて、とってしまいました。この珠は面向不背（めんこうふはい）の珠といって、中に仏様の像があり、どんなに回しても正面にしか見えないという不思議な珠でした。

珠をとられた大臣はどうしようかと日本じゅうを歩き回り、ある村にたどり着いた。それが海士の村でした。彼は自分が大臣であることを隠して、一人の海女と結婚します。やがて男の子が産まれ、大臣は初めて打ち明けます。実は自分は大臣で、数年前にこういうことがあった。君は海女だから、海に潜って宝物をとってきてくれないか、と。ひどい男ですよね。海女ですから海に潜るのは得意ですが、竜がいる。そこでこんな約束をするんです。もし、その珠をとってこられたならば、この子を大臣にしてやろう、と。

当時は身分社会ですから、海女の子が大臣になるなんて、まずふつうはあり得ません。こんなチャンスはめったにないということで、彼女は剣を持って海に飛び込みます。たどり着いた海の底にあったのは竜宮でした。「浦島太郎」の影響で竜宮というと乙姫様がいるイメージですが、ちょっと文字を思い浮かべてください。「竜」・「宮」ですから竜の宮殿なんです。たしかに盗まれた珠が置いてある。が、周りを竜たちが守っていた。彼女は見つかって殺されそうになります。

舞のときには、シテはここでちょっと上を見ます。彼女は海底にいます。海の底から上を見ると波がゆらゆらきらめいているでしょう。あのきらきらした波の向こうには我が子がいる。我が夫もいる。珠をとってくると約束したけれど無理そうだし、それどころか竜に見つかって殺されてしまうかもしれない。そう思って彼女は泣きます。能で「泣く」というのは、このように手のひらを額のところに持ってくる型をします。舞を見ていて、途中で何をやっているかわからなくなった場合、この場面が来たら「ああ、泣いているんだな」と思ってください。

でも、ふと思い直す。普段から観音様を信仰していた彼女は、観音様に「どうぞ私に力を貸してください」とお願いし、剣を取り直して竜宮の中に飛んで入ります。突然飛び込んで来た彼女に竜たちが驚いて怯んだ隙に、彼女は珠をとって逃げる。振り返ると竜たちが追いかけてくる。海の中ですから人間より竜のほうが速いわけです。彼女は捕まりそうになる。

でも、こんなこともあろうかと彼女は竜の最も嫌いなものを把握していました。それは人間の死体です。持っていた剣で自分を刺して切り裂く。開いた傷口の中に珠を隠し、剣を捨てて倒れ込む。流れた血を見た竜たちは、死体だと思って近づかない。その隙に、彼女は最後の力を振り絞り、腰につけた縄を引っ張ります。この縄は海上の船に繋がっていて、彼女は引き上げてもらうことができました。珠は取り返せましたが、彼女は結局亡くなってしまいます。

安田先生による能「海人」の解説．

実は能は、この出来事の数十年後から始まります。約束どおり二人の間の子どもは大臣になりました。でも、さっき申し上げたとおり、海女の子が大臣になるなんてあってはいけませんから、彼には誰もお母さんが誰かを教えてくれない。あるとき臣下が思わず「あま」と口を滑らせてしまうのですが、咄嗟に「あまり申すに」などと言ってごまかしたり。でも、彼はお母さんのことを知りたい。そこで、お母さんの噂を聞いたことがあるという場所を、臣下たちと訪ねることにしました。

海女の村に着いた大臣が会話した一人の海女は、当時の様子を知っていた。「実はあなたのお母さんは海女で、こんなふうにして亡くなったんですよ」とすごく詳しく教えてくれる。舞いながらですね。あまりに詳細まで知っているので不審に思ってあなたは誰かと聞くと、「実は私こそあなたの母の幽霊です」と言いながら、一通の手紙を残して海の底に沈んでしまう。手紙を見ると、たしかにお母さんの手跡です。本当に母親の霊だったんだと思った息子は、海に向かって一晩じゅうお経を唱えます。すると、海の中から母親の霊が再び現れる。仏教では女人はそのまま成仏できない。しかし法華経に竜女が成仏するという記述があり、女人は竜になってから成仏するという考え方があります。彼女は死後に竜神になり、そして成仏して天に上っていくというのが「海人」という能のお話です。

能で全体を演じると一時間半ぐらいかかりますが、今日は海女が海に潜って珠をとってくるところを謡いたいと思います。皆さんも一緒に船に乗っていると思ってお聴きください。

■【実演】「海人」

海人

シテ：
〽その時人々力を添へ。引きあげ給へと約束し。一つの利剣を抜き持って。

地謡：
〽かの海底に飛び入れば。空は一つに雲の波。煙の波を凌ぎつつ。海漫々と分け入りて。直下と見れども底もなく。ほとりも知らぬ海底に。そも神変はいさ知らず。取り得ん事は不定なり。

（略）

あの波の彼方にぞ。我が子はあるらん父大臣もおはすらん。さるにてもこのままに。別れはてなん悲しさよと涙ぐみて立ちしが又思ひ切りて手を合わせ。南無や志度寺の観音薩埵の力を合はせてたび給へとて。大悲の利剣を額に当て龍宮の中に飛び入れば。左右へばっとぞ退いたりけるその隙に。宝珠を盗み取って。逃げんとすれば。守護神追っかくかねてたくみし事なれば。持ちたる剣を取り直し。乳の下をかき切り珠を押し籠め剣を捨ててぞ伏したりける龍宮の習ひに死人を忌めば。あたりに近づく悪龍なし。約束の縄を動かせば。人々よろこび引きあげたりけり珠は知らずあま人は海上に浮び出でたり。

ラップ「ヒップホップの経年変化」

いとう◇これからやるラップの曲は何年か前にレコーディングして発表したものです。ミュージックビデオでも紋付袴でやっておりますので、今日もこのスタイルで。安田さんの弟子として謡を習ううちに、この頃ではラップも立ってやるのは違うような気がしてきちゃって、椅子に座ったままでやったりしているんです。さすがに正座でラップをしたことはなかったように思いますが、自分の体としてはそのほうがもうだいぶしっくりきつつあるかな、と。

この「ヒップホップの経年変化」という曲は、世界中の語り芸や音曲の名人の名前が入っているラップです。ジャマイカのギタリストとか、志ん生とか、浄瑠璃の名人・山城少掾も実は入っているんです。では、聞いてください。

■実演「ヒップホップの経年変化」

いとう◇このラップにどんな手法が使われているかについては、後ほど鼎談でお話しすることと思いますが、今日後ろで流れている「バックトラック」というリズムは、安田さんと僕、それにヲノサトルさんに急遽作っていただいたものです。そのテンポでこれから「海人」を謡ってみます。安田さんのお話では、江戸時代の能は現在よりもっと速かったそうなんです。「一・五倍くらいですか」と言ったら、「いや、二倍とか三倍の速さでやっていたらしい」とい

ヒップホップの経年変化

経年変化 が最強の進化
明日をこわがんな 今日もその連鎖
経年変化 が人生の金貨
yo,put your hands up! Shake やめんな

経年変化 が最強の進化
明日をこわがんな 今日もその連鎖
経年変化 が人生の金貨
yo,put your hands up! Shake やめんな

「ええ、若くないす、もう」 なんて半端な嘆きに 檄飛ばす
吹き飛ばす 幾つかのバース そのソウルに絶妙なスルーパス
価値を震わす まじでガチで狂わす

熟成のブルース が申す醸す声の様子
年月の知恵が全部フォース
になってフローする 生きた日々のフルコース

苦労も 絶望も 異様 な説得力へのオープンソース
ボジョレ・ヌーボー なんて若いだけ 非常にちょれえ
年代物のワイン 詰まる樽からのサイン 受け取れ
角とれ 深まる余韻 その分 心の針はもっともっととんがれ

ヒップホップ史上 前人未到
の最先端 老いて盛ん
な一方 枯れた予感
も奔放に描かん
そう 新ジャンル
とともに 月日過ごし
宝さがした友に 捧ぐ魂 エナジー

経年変化 が最強の進化
明日をこわがんな 今日もその連鎖
経年変化 が人生の金貨
yo,put your hands up! Shake やめんな

うんです。ですから、今からやる「海人」は、もともとはこうだったのではないかという形の再現になる。ということでよろしいでしょうか。

安田◉はい。

いとう◇それでは安田さん一緒に。

安田◉どこをやりましょうか。「竜宮の習い」からにしましょうか。

いとう◇はい。「竜宮の習いに死人を忌めば」は安田さんで、「あたりに近づく悪竜なし」は僕が。

安田◉「あの波」は、僕はリズムに合わせた方がいいですか。

いとう◇合わせない方がいいと思います。

安田◉わかりました。リズムに合わせずに謡います。

いとう◇じゃあ、お願いします。

■実演・謡とラップ「海人」

いとう◇これが奈々福さんがやりたかったことでしょ。六〇〇年前のものと二〇一八年のものが一つになっちゃうという。

奈々福◆でも、これが初めてというわけではなく、以前も。

安田◉このバージョンは初めてですよね。

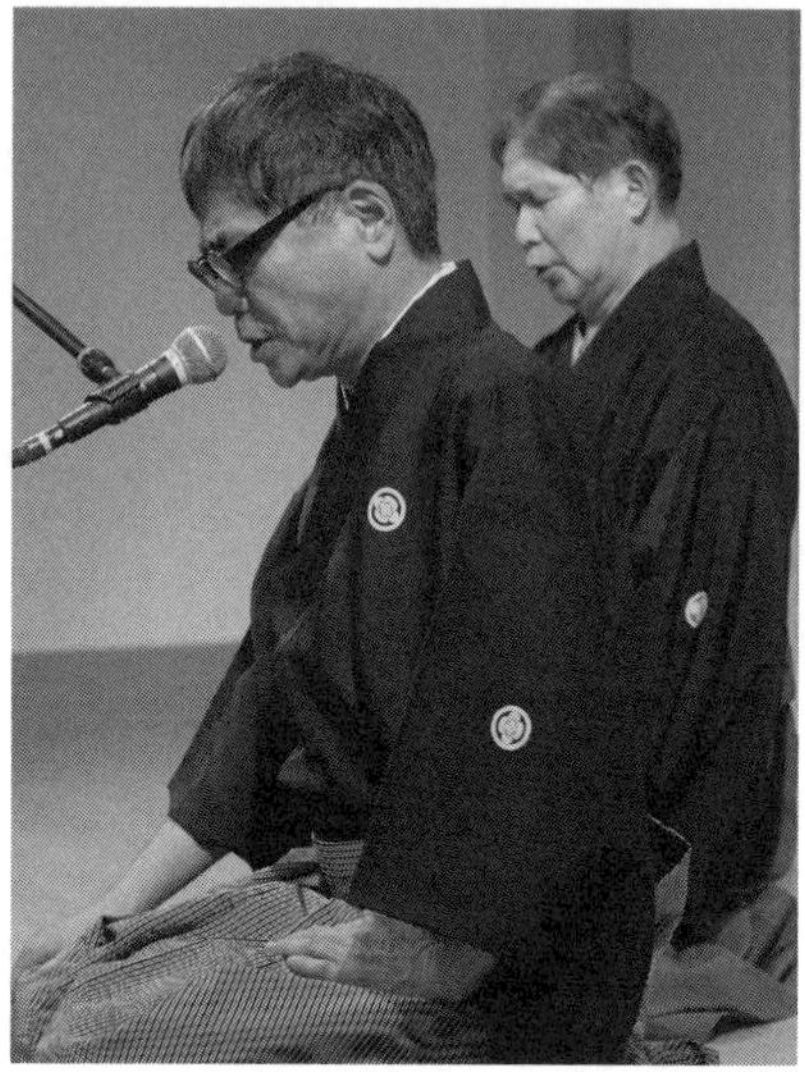
いとうせいこう氏と安田登先生による、謡とラップ「海人」

いとう◇今の、途中も預けちゃうバージョンは。

安田◉僕はあそこは聞いていようと思ったら、入ることにしました。

いとう◇そのほうがいいかなと思って決まったことでございました。安田さんとやったほうが面白いかなと思って。

奈々福◆それはそうです。

いとう◇ですよね。ということで、後でまたいろいろ細かいことはお話ししますが、実演としてはこういう感じです。ありがとうございました。

安田◉ありがとうございました。

（仲入り）

ラップとはなんぞや

奈々福◆まず最初に、ラップとはどういうものなのかということから教えていただけますか。

いとう◇ラップは基本的に一九七〇年代にニューヨークというかブロンクスで生まれたとされております。それまではレコードを聞くためのものだったターンテーブルを二台、パーティに持ち出した——当初は電器屋から盗んでいたという噂もありますが——というのが画期的だったんです。ディスコに行ったことのある世代の方もいらっしゃると思いますが、ディスコって、二台のターンテーブルに、Aというレコードをかけつつ、終わりの頃に似たようなテンポのBというレコードをミックスしていって、さらに同じようなテンポで音色の近いCをかけていく、ということをやりながら踊るものですよね。

ところが、そこで大革命が起きた。これは**クール・ハーク**というジャマイカ系の人が最初にやったとされているのですが、二枚の同じレコードをかけて、歌を乗っていないパートでかっこいいドラム部分——ブレイクビーツといわれます——だけをずーっとつないじゃう、という手法が生まれちゃったんです。AからA、AからAという延々と踊れるビートが誕生した。その上で人が歌ったりしゃべったりするようになって、それがだんだんラップに発展していった。しかも、CDが普及し始めていた当時、ターンテーブルというのはそろそろ廃品になるんじゃないかと言われていました。その時代に、廃品を使ってその場の編集（エディティング）で新しい音楽を作っちゃったということなんです。

もう一つ面白いのは、さっきやった僕のラップもそうですが、従来の普通のポップスではA、B、AB、CCなど多少複雑な構造だった脚韻を、AA、BB、CC、DDという粗野な韻の踏み方にあえてした。そして、そうしたそれまでの詩の伝統ではありえなかった韻の踏み方を

クール・ハーク
一九五五年、ジャマイカ生まれ。グランドマスター・フラッシュ、アフリカ・バンバータと並ぶ、ヒップホップ黎明期の三大DJの一人に数えられ、"ヒップホップ界のゴッド・ファーザー"と呼ぶ者もいる。一九六七年、ジャマイカからニューヨークのブロンクス区に移り住む。一九七三年に妹の誕生日パーティーのためにレコードと機材を用意し、DJを始めた。ターンテーブルを二つ同時に使って二枚の同じレコードの特定部分を交互に何度もくり返すブレイクビーツを発明したと言われている。「Bボーイ」の名付け親とも。

みんなが競い合うようになったという、非常に不思議な発生の仕方をした音楽なんですよね、ラップというのは。

　気取っていないというか、ものすごく本能に近い韻の踏み方なんです。見ているとわかりますが、子どもはAA、BB、CC、DDという韻のほうが興奮するんですよ。わらべうたって、割とAA、BB、CC、DDの韻の踏み方をしているんです。人を殺したことのあるようなギャング連中が平気でそのわらべうたのリズムに乗せて、「俺はどれだけ強えんだ」みたいな話をしはじめちゃったのが特に九〇年代で。ギャングスタ・ラップというのですが、本物のラッグの売人なんかが刑務所から出てきて、塀の中にいたときのことを歌ったりとか。それが大ヒットしてしまうというのがアメリカで。

　そういう音楽が八〇年代中盤ごろに日本に入ってきたので、日本語でもできるかもと思って始めたんです。浪花節だって、本当のゲットーから生まれてきた音楽ですから。

言葉の前にビートがあった

奈々福◆今うかがっていて、すごく似ているなと思いました。五寸釘の寅吉という、殺人未遂罪で監獄に入って脱走して、また入ってを繰り返して、娑婆に出てきて浪花節をやった人がいたんです。そういう、罪人が懺悔録を節に乗せてやるというのは、大正から昭和初期にあって。

いとう◇わーっ、格好いいな。完全にギャングスタだ。ヤバい、ヤバい。

奈々福◆そう、完全にギャングスタ・ラップですね。今のお話ですと、やはりビートありきなんですよね。

いとう◇そうです。

奈々福◆言葉の前にビートがあった、と。日本の伝統音楽における語り物の場合、必ず節が入るというのが条件なので、やはりラップも語り物だなと思った次第です。

いとう◇そうですね。たとえば『**フリースタイルダンジョン**』は本当に当たった番組なのですが、まさに即興でたとえば一六小節ずつを三本戦うんです。お互いの揚げ足をとるような悪口を言うのですが、その場で全部韻を合わせちゃう。

奈々福◆すごいですよね。

いとう◇めちゃめちゃすごいです、今の若い子。

奈々福◆以前、やっている人に聞いたのですが、毎日言葉を繰り返して韻を踏む筋肉を鍛えるそうですね。

いとう◇そうです。「焼き肉弁当」だったら何と韻が踏めるかなと考えちゃう。「イチジク浣腸」で少しだけ踏めるとか、「空きビル変貌」なら母音すべて踏んでるとか。そういうことをずっとやっているんです。僕はもう年なので記憶力が落ちていてできませんが、若い子たちは全部覚えているし、試合前には、「サイファー」といって、輪になって何小節でもいいからつなぐ練習をみんなでやっている。

奈々福◆一人じゃなくてグループで。

フリースタイルダンジョン
テレビ朝日にて、二〇一五年から二〇二〇年にかけて、毎週水曜（火曜深夜）に放送されていたバラエティ番組。フリースタイル（即興）のラップバトルで、チャレンジャーが「モンスター」と呼ばれる強豪ラッパーと戦い、勝ち抜いて賞金獲得を目指す。従来のMCバトルにRPG要素を取り入れたことで人気を博した。バトル中の歌詞がすべて文字起こしされ、放送上不適切な内容が含まれる場合は該当箇所の音声がカットされ、その部分のみ字幕は「コンプラ」という表示に差し替えられ斬新さが話題を呼んだ。

いとう◇一つのビートに乗せて、何人かで次々に韻を踏み続けていく。その状態の脳のまんま試合に上がってくるというか。おそらく豊臣秀吉の時代もそういうふうに歌い合っていた……。

歌の筋肉を競う

安田◉エミネムの『8 Mile』ってありましたよね。あの中で、エミネムが辞書を引いたりしながら、いろんな詩の韻を全部ノートに書いていて。あれを見たときに、謡のつくり方とすごく似ていると思いました。謡をつくるときって、「古今和歌集」と「和漢朗詠集」を蓄えていると強いんです。エネミムにとってあの詩は多分「古今和歌集」と「和漢朗詠集」……。

奈々福◆え！　どういうことですか、「古今和歌集」と「和漢朗詠集」を頭に入れているっていうのは。

いとう◇和歌の人は基本、それらの歌を覚えているから、即座にその状況が詠めるという……。

安田◉そうそう。西アフリカの人と即興の歌の掛け合いをしたことがあります。彼がジャンベをたたきながら西アフリカの言葉で一節を歌い、次に僕が謡を一節謡う。既存の謡ではなく、見える景色から即興で謡を作っていきながら謡っていきます。お互いにそんな風に歌っているうちに、途中からがーっと一緒になっていき、最後は混然一体となって終わる、そんな演奏でした。謡も、最初は目に見えるものから歌っていたのですが、そのうちに目の前の景色の詩句が含まれる「古今和歌集」も引用しながら新しい詩句を作っていく。あるいは、意味はわからないのですが、西アフリカの人の発する音韻に触発されて、似た音韻の詩句を古典の中から引っ張り出して、それを謡う。そのとき、どれだけ自分の中に歌が入っていて相手の歌に反応できるか。それは歌の筋肉の問題だと思います。

いとう◇そうですね。

安田◉エミネムがぐわーっと書いたのは、まさにそれ、歌の筋トレだなと思って。

いとう◇日本でもかつて刑務所に入っていたというラッパーっているんですよね。すごくおもしろいなと思ったのが、刑務所内では安全確保の面から鉛筆は持てないんですよ。だからものすごく長い歌詞を、全部頭の中でつくってずっと覚えていたと。出所後に覚えていたものをレコーディングする。そこにはものすごい語り芸の伝統の真髄があるんだ、と若い子に一生懸命言うんだけど、「そうなんすか」って全然聞いてないんですよね（笑）。『フリースタイルダンジョン』という番組では、現場に行くとやり方がちょっと見えるんですけど、たとえばA君とB君が出てきて対戦するとします。司会がDJに「ビートを聞かせてください」と言うと、DJはどこかのブレイクビーツを急にかけるんですよ。

奈々福◆ビートは予め決まってないんですか。

いとう◇決まっていません。DJのかけたビートを聞いてすぐ先攻・後攻を決め、いきなり入っていくんです。彼らの頭の中には、そのブレイクビーツを過去にどんな人が使ってどんなラップをしたのかが入っている。だから、それらの引用もしたりするんです。

安田◉なるほど、なるほど。

いとう◇テレビ放映時には、そのビートを聞かせる立ち合いがカットされているので、まさかその場で聞いたビートから、そこに何の歌詞があったかをまず戦わせていることはわからないじゃないですか。完全に日本文学における引用の世界ですよね、これは。

奈々福◆本歌取りですよね。

いとう◇本歌取りなんです。TOKONA-Xという有名な名古屋のラッパーで早くして亡くなった人がいるんですが、そういう人に対しては、TOKONA-Xの曲がかかるとみんな神妙になるというか。先代の師匠みたいな感覚で、「TOKONA-Xだったらおまえをぶっ飛ばしてるぜ」とか言って両腕でXという形をするとか。

奈々福◆リスペクトが入るわけですね。

いとう◇あらゆる文化が複雑に絡み合った韻を踏めるかどうか。さらに今相手が着ている服さえも韻にして引用するとか。「○○のトレーナーすげえな」とか言いながら、韻を踏んでばかにしていく、っていうことが行われている。

奈々福◆うっわ、すごく高度ですね。

いとう◇その点数をつけなきゃならないこっちの身になってください、本当に大変だから。

奈々福◆本歌がわからないといけないんですよね。

いとう◇僕自身に本歌がわからないことがありますから。あのフリースタイルはそういうレベルになっていて。

安田◉放送がいつも夜中なので翌日に仕事があるときなどはキツイのですが、でも思わず見

TOKONA-X
一九七八年、神奈川県生まれ。横浜市で生まれ育つが、その後愛知県常滑市に転居。ヒップホップに出会い、ラッパーとしての活動を開始。刃頭とのユニット「刃頭&TOKONA-X」として伝説的イベントさんピンCAMPに前座として出演。刃頭とはその後「ILLMARIACHI」を結成。また、AKIRA、"E"qualと「M.O.S.A.D.」の一員として活動した。ソロとしてはDef Jam Japanに所属し、アルバムを一枚発表。二〇〇四年、急逝。

ちゃって、気がつくと二時ぐらいになっている。

ラップは啖呵の切り合い

奈々福◆そんな仕組みになっていたとは知りませんでした。ラップって、面白いことをやっているのに泣きたくなるというかヒリヒリするというか、すごい切なさがあるんですよね。今の自分を全部賭けている、後を絶たれてる感というか。

安田◉それはありますね。

奈々福◆審査員のいる勝負で、掛け合い次第でその場で勝ち負けが決まっちゃう。次の舞台はいついつにある、という私たちとはまったく違う、今この瞬間にかける、追い詰められた切なさを感じるんですよね。

いとう◇そうですね。やっぱりテレビって残酷なもので。普通の大会の場合は、負けても、まあうわさは駆けめぐるけど、とりあえず次の機会もある。でもテレビ上で負けちゃうと、素人のような人たちにまでばかにされてしまうというか、「おまえ、弱かったな」みたいに言われちゃうんですよ。さらにフリースタイルの子たちの大変なのは、強いと道を歩いていて仕掛けられちゃうんですよ。向こうから「YO、YO」とか言ってきちゃうと言い返さなきゃならないという……。

奈々福◆疲れますねえ。

いとう◇大変なんですよ。舞台以外でもやってなきゃいけない。

奈々福◆出てくる人たちには、どういう人が多いんですか。

いとう◇本当にいろいろです。基本的に不良は多いですよね。それかオタク。マイクが一本しか要りませんし、実際のところ、自分の家にマイクがなくてもいいわけです。サイファーはみんなが地声でやるようなものだし。楽器もマイクも何にも持っていなくてもできる、というのが彼らにはリアリティがあって。僕が始めた頃は、まだある程度余裕がある、インテリの人たちのほうが多かったんです。レコードを持っているから。でも最近はもう完全にヤバいやつらがいっぱいいて。身体中刺青が入っていますしね。本当に貧しいからこれしかなかったんです、という人が多いから、ヒリヒリするんですよ。リアルだから。

奈々福◆『**高校生RAP選手権**』という番組がありまして、これもYouTubeで見られると思うんですけれども。

いとう◇見られますね。

奈々福◆在日の高校生の男の子だったんですが、「なんの意味があって俺たちをばかにするんだ」ということをラップにしていて、聞いているだけでその必死さに泣けてくるんです。でもおもしろいんですよね。まさしく今、新しい芸能が生まれているんだなということがものすごく生々しく感じられる。本来ここだよなってすごく思って。それでラップを強く意識しはじめました。

いとう◇江戸時代の啖呵（たんか）の切り合いと同じなんですよね。啖呵なんですよ。

BAZOOKA!!!
高校生RAP選手権
BSスカパー！のバラエティ番組「BAZOOKA!!!」内で放送された、全国の高校生達がフリースタイルラップでバトルをし、優勝を競うコーナー。高校生であれば性別・国籍不問（中卒や高校中退でも高校生の年齢であれば、また留年していても学生が証明できれば）で出場可能だった。後にスタジオを飛び出し、イベントとして開催された。

奈々福◆ああ、なるほど。啖呵の切り合い。

いとう◇啖呵じゃないですか。「おい、おまえ、何で俺のことをばかにしてんだ。こっち見ろよ、目を見ろ」とかって、その「目を見ろ」に韻を重ねていく。江戸の喧嘩は歌舞伎でいう「助六」とか、ちょっと不良の人たちの口げんかの世界ですよね。火事と喧嘩は江戸の華っていうけど、本当にやっていたら人口が減っちゃうから、基本的には口げんかだったらしいんですよね。それで勝つとみんながうおーって盛り上がって、その場であいつの勝ちみたいになっていた。そういうことって今誰も知らないのに、同じことをやっているんだから不思議ですよね。

奈々福◆同じようですね。でも、『罵詈雑言辞典』なんかを見ると、江戸時代の罵詈雑言もしゃれているんですよね。

いとう◇そうなんですよ。

奈々福◆上方落語でよく「目ェかんで死ね」ってやるじゃないですか。やっぱり人間って、相手に何かを伝えようと思うと、本当に口汚い悪口ではなくておもしろいことを言っちゃうんだなと。

いとう◇オーディエンスがいるからなんだと思うんですよね、やっぱり。観客がいるからおもしろいことを言ったほうがうおーって盛り上がって勝つけど、一対一の場合は、喧嘩が強いやつのほうが勝っちゃう。市民社会にはやっぱりオーディエンスがいてパフォーマーがいる。これが芸能の原型ですよね。オーディエンスがいないところに芸能はないというか。

デジタル発、紙でしかできない小説

奈々福◆そうですね。安田先生のお話をうかがう前に『**親愛なる**』のことを……。

いとう◇これはもう二〇年前ぐらいに書いた本なんです。当時はEメールが発達し始めた頃で、人のメールボックスに毎月一回連載小説が入っていったらどんな気持ちがするかな、と思いついて、すぐプロバイダーの人に伝えて始めたんですよ。本当に何のヴィジョンもなく、とにかくメールボックスの中にどんなものが入ってきたら一番驚くかだけを考えて書いた連載小説なんです。最初、契約の際に「何色が好きですか」とか「最寄り駅はどこですか」とかいろいろとアンケートをとって、それによって自動的に主人公の服の色が変わったり、駅が変わったりするようにする、というのが売りだったんですよね。あまりに早過ぎちゃったんですけど。

ところが、それから十数年たってそのプロバイダーの人に久しぶりに会って「あれは早かったですねえ」と言ったら、「いや、実は早過ぎて手動でやっていたんですよ」と言っていました。そんなシステムはなかったんです。僕が理想を言っちゃっただけで、大変だったみたいです（笑）。

で、そんな小説を書いてたことを、数年前に急に思い出して。でも僕はデータも持っていなかったので、「どなたか持っていませんか」とツイッターで聞いたら、全国に一人だけ「うちの納屋に転がってるデスクトップに入っているかもしれない」という人がいて。その人のところに残っていたデータを見たら、この色のところを置換したんだな、とかわかって。

親愛なる
いとうせいこう著の小説。二〇年以上前に、メール配信されていた連載小説であったが、伊藤ガビンの提案により、「世界に一冊だけの、読む人に合わせた本」として、二〇一四年にネット上で期間限定販売された「パーソナライズ小説」。読者一人一人に合わせて、小説の細部がアレンジされている。購入者が申し込みの際に書く名前等の個人情報が小説の中に織り込まれ、印刷された本となって手元に届くという画期的な試みだった。その後、河出書房新社から「一般版」が発売された。

それを同い年のデジタルクリエーター、伊藤ガビンさんたちに振ってみたんです。もし今、デジタルの世界で双方向をやったらもっとすごいことができるんじゃないかと思って。写真の中に違う映像が入ったり、モーフィングして自分の顔になったりとか。ガビン一味に相談したら、「ちょっと考えさせてくれ」と言われて。半年後、「昔はすごかったかもしれないんだけど、今は登録時に入力した色が後から出てきても誰も驚かない、もう当たり前のことになっちゃった。だから、それを今度は紙でやります」と言い出して。一冊一冊違う紙の本を作ることに。で、「玉川奈々福」で頼むと、奈々福さんが中に出てくるという。

奈々福◆出てくるんですよ、本の登場人物として奈々福が。

いとう◇紙だとみんな驚くんですよ。まさか個人情報が印刷されるとは思ってない。

奈々福◆それに、どうしても物語の主人公の「俺」＝せいこうさんだと思って読み始めるじゃないですか。その主人公が「奈々福」と呼ばれるので、ものすごくドキドキするというか、混乱するんです。さらに「あなたはtamamiho55さんですよね」と私のメルアドが突然出てきて、他人事として物語を読んでいたつもりが、いつの間にか私自身が物語の中に引き入れられている。

いとう◇そうなんです。ガビンさんたちがなぜ半年待てと言ったかというと、僕も驚いたんですが、郵便番号を入れると最寄り駅が自動的に算出されるというアプリケーションを半年かけてつくっていたからなんです。本を注文した人は住所を書きますよね。それを登録しておく。

奈々福◆びっくりしました、最寄り駅を入れた覚えはないから。

いとう◇書いてないことが印刷されて出てくるほうがよほどすごいですよって、ガビンさんが。

奈々福◆でも、今、河出書房新社から出ている本はそうなっていませんよね。

いとう◇なっていません。ガビンさんたちとやったのは、手作りで一冊一冊製本しているものなので。

安田◉僕も買いました。

言葉の次の世界

いとう◇安田さんも買ってくださったんですよね。僕は二〇年前当時は仕組みのほうに頭が行っていたから、物語は無意識に書いちゃっていたんですが、安田さんは、物語に出てくるソンメジャという韓国の女性の登場人物に反応してくれて。ソンメジャは、物語の舞台である言語を奪われた抑圧社会で、踊ることによって人を扇動して反乱軍を率いていくという人物です。彼女にはモデルがいまして。**キム・メジャ**（金梅子）さんという韓国のすばらしい巫女というか、シャーマンなんですが。

安田◉古典芸能のダンサーなのにコンテンポラリーも踊れる。

いとう◇システムを持っている方ですよね。あるとき韓国のダンスってどうなっているんだろうと思って友達三人で見に行って、あちらのコンテンポラリーダンスの人たちといろいろやっていたときに、キム・メジャさんを見たんです。うわーってびっくりして。その頭でこの小説

キム・メジャ
一九四三年、韓国生まれ。舞踊家、振付師。創舞会主宰、創舞芸術院理事長、北京舞踊大学名誉教授。一二歳からダンスを始め、韓国伝統舞踊のルーツをなす宮廷舞踊、仏教舞踊、民俗舞踊、シャーマニズム舞踊や伝統音楽を修得する。一九六〇年代から韓国舞踊革新運動の担い手として新しい舞踊の創造を始める。一九八五年にアジア人として初めて、米国のダンス専門雑誌「ダンスマガジン」のカバーモデルとなる。一九八八年のソウル五輪では開閉会式を彩る伝統舞踊の演出・振付に携わった。

を書いていたんですよね。後で読んだ安田さんに、「ソンメジャは、キム・メジャさんですか」と言われて、知っているんだ、と驚いたんです。

安田◉キム・メジャさんには、韓国の国際演劇フェスティバルに招聘していただいたことがあります。松岡正剛さんから依頼されて、平城遷都一三〇〇年のために作ったパフォーマンスがあって、いとうせいこうさんが司会をされていらっしゃいましたよね。パーカッションの土取利行さんや尺八の中村明一さんらと上演したのですが、キムさんがご覧になられて、韓国でも上演してほしいと言われ招かれました。韓国では上演だけでなく、キム・メジャさんの稽古場にお邪魔したりもしました。すごかったです。

いとう◇太鼓がドンドンドンドン鳴って、何度倒れても太鼓がまだまだと言って起こして、また踊ってみたいな、JBのマントショーみたいなことをやりながらトランスに入っていくんですよね。沖縄のユタのように、韓国はシャーマン世界が濃厚なので。それをイメージしていたら、安田さんが「言語の次の世界を構築している」と言っていて。

安田◉この間、僕たちがやっている世界最古の神話を舞台化するプロジェクト「**イナンナの冥界下り**」でこれを使わせていただいてね。

いとう◇ところどころ引用していただいて。言語の向こうの世界というのは、どういうことなんですか。

安田◉人間はまず言語を獲得し、次にその獲得した言語を記述する文字を発明しました。文字として記述した途端、言語は直線的になって、いろんなものを捨て去るようになります。

イナンナの冥界下り
紀元前三五〇〇年頃に起こった世界最古の都市文明、古代メソポタミアのシュメール文明、そこで語られ、楔形文字で記録された、現存する最古の神話のひとつが「イナンナの冥界下り」。それを日本語とシュメール語をまじえて上演するプロジェクトに、安田登は二〇一四年から取り組んでいる。今までに、イギリス、リトアニアなど海外公演も行っており、玉川奈々福も参加している。

いとう◇整理するようになりますよね。

安田◉そうそう。でもそうすると、自分の言いたいことを全部伝えることはできずに、いろいろなものを捨て去る。でも、文字というのは強力なので、その捨て去った残滓が正しいと思われてしまう。しかし、それにはそろそろ限界が来ていて、文字を超える次の世界が来るんじゃないか、と思っています。そして、心も文字と一緒に生まれましたから、ある心も限界に来ている。人は心によって未来を知る力を得て、新たな生存の可能性を得たのですが、その心によって今、自殺する人もいる。それは心の本来の機能とは正反対の方向です。そういうところまで来たということは、心の賞味期限はもう切れているんじゃないか。

心の賞味期限が切れれば、おそらく文字の賞味期限も切れる。そのとき、それらに上書きされる何かが生まれるんじゃないかと思っているんです。マルセル・グラネというフランスのシノロジストは、文字がなかった時代の民族の象徴は舞と歌であったと言っている。

いとう◇なるほど。

安田◉すべてがなくなっても舞と歌さえ残れば、その民族は存続し得たとマルセル・グラネはいいます。「ショアー」という映画の中で、ユダヤ人とは聖書を読む民であるという表現がありました。国を奪われ、名前を奪われ、言語を奪われても、聖書を読むという行為において彼らはユダヤ人たり得る。マルセル・グラネでいうと、民族のダンスを踊り、民族の歌を歌うことによってその民族たり得る。まさに文字を超えるものとしてのダンスというのをいとうさんが『親愛なる』に書かれていて、すごくびっくりしたんです。やられたなあと思って。しかも、そのダンサーがキム・メジャさんというのは、よりすごい。いわゆるダンスを超えている。静的な記号である文字に代わる、動的な記号としてのダンスだと思いました。

いとう◇そうですね。自分でも無意識でしたけど、言語によって人が統制されてしまう世界がEメールの中に並んでいたらおもしろいと思っていた、つまりデジタル世界、ネット世界がおもしろいとは思っていたんですけど、その向こうですね。

安田◉そうですね。

いとう◇インターネットでこれだけ情報を送れるということはつまり、誰かが見ようと思えば見られるし、書き換えようと思えば書き換えられるという可能性があるということですよね。僕が八九年頃書いたラップの歌詞に「知りたいことはすぐわかる、電子の図書館につなげば。だけど、知りたいことは知られてる」というフレーズがあるのですが、まさにその感覚です。知りたいことはもう全部知られちゃっている。検索とは知られていることだけを知ることですから、検索できないものはないと思っちゃう。検索できないもののほうが面白いのに、それがないと思ってしまう社会がくるだろう。それにどう対抗すればいいのかわからないけど、とりあえず反乱を起こしてみよう、という感じでソンメジャという人物を登場させたんですけどね。

検索の限界

安田◉先日、奈々福さんたちも一緒に、リトアニアに行って来ましたが……。

奈々福◆「イナンナの冥界下り」の公演で。

安田◉リトアニアでは二〇年ほど前に知り合った人にとてもお世話になりました。その頃、リトアニアには行くときにはジョーイ（伊藤穣一）によくお手伝いをしてもらっていました。ジョーイとは、その頃「これから検索社会が来るだろう」という話をよくしていました。当時はGoogleじゃなくてYahoo!ですけどね。検索はある意味人の脳の一部になってくるだろうと。脳の外在化ツールは文字から始まったといえると思うのですが、検索ツールによって脳の外在化はさらに進みました。僕たちはいま検索を多用していて、何かを覚えるよりも調べればいいと思っているでしょ。脳というのは極めて個人的なものであるのですが、検索としての脳というのは集合的なものです。実は僕たちはすでに集合的な脳を持ちはじめている。しかし、問題はそれがかなり統制されているということです。

いとう◇そうですね。

安田◉脳の外在化によって脳はより大きな自由を得たにもかかわらず、しかし統制されているし、自由さも阻害されている。さらに怖いのは、それに無自覚だったりする。

いとう◇脳としての本来のパフォーマンスを発揮できないがゆえの陰鬱な感じというのが、今のネット社会にはもうあると思うんです。感覚のいい人たちはみんな、「自分たちが思っていたネット社会はこんなはずじゃなかった」と言いはじめ、離れていっている。

それは当然のことだと思うけど、ネット社会から本当に外れた人たちは、ものすごくアウトサイダーになっていかざるを得ない。もはや存在しないことになっちゃうと思う。そうしたとき、一方ではリアルなアウトサイダー、少年院に入っていたような本気の不良たちが言っているものがラップであり、その闇がちらっと見えることもないわけじゃない。

奈々福◆安田先生もよく今の検索はよくない、検索で上位にくるものが決まっていて限定されるから検索の意味がないから、とおっしゃっていますよね。

安田◉検索にはいくつか問題がありますが、その最大のものが、ネット上にあるものしか検索できないということです。たとえばこういう話はネット上には絶対にないですよね。もう一つは自分が検索したいものからしか検索できないという点。これはすごく大きな問題で、たとえばネットショップで物を買うと、あなたの興味があるのはこれですねって来るけども、絶対に来ないのは、あなたの興味がないのはこれです、というもの。でも実は、この興味がないものからしかイノベーションは起こらない。これをつくるプログラムは普通のものでは不可能なんですよね。なぜなら、プログラム自体がリニアなので。それが可能になるのは、リニアじゃないプログラミングが実現したときでしょう。

いとう◇ランダムにということですよね。

安田◉ただのランダムでは意味がないと思います。僕たちが偶然何かを知るときって、実はランダムではないですよね。いろんなものが落ちている中で、自分のアンテナというかクオリアに引っかかるものに当たる。一九八七年にチベットで会った人と、一〇年後に光が丘のドトールで再会したりとか、新宿のお店で席待ちで座っていたら、「うわーっ」って言うやつがいるから見たら、リトアニア人の知人だったりとか。そう言う偶然って、ランダムじゃない、何かがあると思うんです。昔はこれを「縁」と呼びました。

いとう◇文芸で言うと、俳句の面白さも同じだと思います。つかず離れず。つきすぎちゃうと面白くならないし、まったくランダムで関係のない季語が入ってくるのでもグッとこない。その際のところをどう攻めていくかが俳句の醍醐味だと思うんです。

　ある人が「抱く孫の瞳のうるみ」という上中があって、下を「鯉のぼり」とした。でも「鯉のぼり」だとつき過ぎなんです。三年、五年程度しか俳句をやっていない人がやりがちなんだ、と金子兜太（かねことうた）さんに教わったことがあります。三〇年ぐらいやっているベテランなら、たとえば「山法師」くらいにはする、というんです。山法師ってどんなものだろうと調べたら、小さな花がつましく、清潔な感じでいっぱい咲いている花だった。この句にそれをつけるか、と思ったんですけど、やっぱり俳句としては「鯉のぼり」よりは断然、「抱く孫の瞳のうるみ山法師」のほうが高尚な感じがする。

安田◉そうですね。「鯉のぼり」はつまらないです。

いとう◇それと検索ってすごく似ていて。

安田◉似ていますね。

いとう◇そこのつかず離れずの言葉を抽出できるプログラミングがあれば、いい俳句もつくれるんでしょうけれど。ないでしょうね、これは。キワのところをやっていくっていうのは、やっぱり何十年もの「違う、違う」の積み重ねでしかできない。

「呼ぶ」能力

奈々福◆プログラミングの技術があるかどうかもあると思いますが、ベテランの三〇年の積み重ねと、安田先生にやたらと偶然が起こることって、実は似ているんじゃないかって。

いとう◇いますよね、そういう人。

奈々福◆つかず離れずのものを「呼ぶ」能力というのもある気がするんですよ。誰にでも訪れるものじゃなくて。変な話が多い人っているじゃないですか。

いとう◇うん、いますよね。僕のミュージシャンの友人はこんなうまいことを言っていましたよ。「結局、ある少数の人間でしかそれぞれの人の世界は回っていない。だから一定の彼らと会うことしか、実はもう必要じゃないんだ」って。

奈々福◆年を重ねるごとにその感は深まる気がしますね。

いとう◇名刺をもらっても、「この人とは二度と会わないだろうな」ってわかるようになるじゃないですか。一方で、会った瞬間「この人は絶対また会うな」とわかる人もいる。それで実際、全部で五〇人で自分の人生というか世界は回っている、という。こいつ、面白いこと言うなと思いましたよね。

二代続くマンドリン弾きなんですよ。マンドリンって、木でできているから、ある程度弾きこまないといい音が出ないそうです。でもやっぱり買ったばかりの格好のいいやつでライブに出たかったから、自分で選んだ最高の音楽をスピーカーででかい音でかけて、その前に二時間ぐらいマンドリンを立てかけておく、と。そうすると空気の通り、振動の仕方が変わるんだ、と言うんですよ。

奈々福◆それは三味線を使う者としても、すごくよくわかります。私も三味線は、まず豊子師匠に弾いてもらって、その響きを三味線に覚えさせる。「この音だよ、この音だよ」と教育するんです。

いとう◇なるほど。

安田◉この先生に一回調整していただくと、どんな鼓も音が鳴るという能の鼓方の先生もいらっしゃいます。

いとう◇すごいじゃないですか。浄瑠璃や歌舞伎、能ではなかなか鳴かないキツネの鼓が、ある人が打ったら鳴ったみたいなくだりがありますが、あれは本当のことなんですね。

廃品から生まれる都会っぽさ

安田◉さっき廃品のお話がありましたが、**能管**（のうかん）って半分に切ると中にのどが入っているんですが、なぜ入っているのかわかってない。実は竜笛の折れたのを使ったんじゃないかという説があって。折れた廃品の竜笛に小さい管を入れてくっつけたという説もある。

奈々福◆補強材。

安田◉そうそう。考えてみれば鼓だって**羯鼓**（かっこ）にも似ていますよね。能管が竜笛の廃品利用だっ

能管
二七一－二七二頁参照。

羯鼓
奈良時代に伝わった雅楽で使われる打楽器で、鼓の一種。奏者の正面に横向きに置き、先端を団栗状にしてある桴を使って左右両面を打つ。鼓胴と呼ばれる、中央がわずかに丸く膨らんだ円筒形の筒と、鼓面と呼ばれる叩いて音を出す部分から構成される。演奏においては、指揮者のような役割を担っている。

たら、鼓も羯鼓の廃品利用だったかもしれない。しかも、「懺悔の物語」と言って自分が殺した人の懺悔をするって、まさに能じゃないですか。

いとう◇なるほど。ターンテーブルでいうと、日本製のテクニクスSL-1200という品名のターンテーブルが、すばらしかったんです。ヒップホップ界のストラディバリウスみたいな名器。こういうふうに手を離すと、その瞬間もとの回転数にすぐ行ける。ディスコではそれは必要なかったんですね。フェードイン、フェードアウトしていればよかったから。でもカットインするときはその機能が必要なので。面白いつなぎ方をしたいというDJの要望に応えて業者が編み出した発明だったそうなのですが。

その機能があったからスクラッチができた。ごしごしごしこすっても手を離したらそのまま戻るし、同じブレイクビーツをこうやってA、A、Aと行けるのは、そのベルトがそうだったからという、本当に偶然の産物で。でもそれで世界中のDJが使ったために、廃品を逃れたんですけど。

奈々福◆ああ、そうなんですか。

いとう◇そうなんですよ。この構造、格好いいなと思ったとき思い出したのが、トリニダード・トバゴのドラム缶を切って音を出すやつで

羯鼓（民音音楽博物館蔵）

した。

奈々福◆スチールパン。

いとう◇アフリカの自転車のスポークでつくる指ピアノとか。まったく同じ発想なんですよ。捨てられてしまう物から何かの音をつくるということ自体が、ものすごく音楽的にクリエイティブなんじゃないか。現代はキーボード社会だから、すべてをロジックで決めていくけれど、やっぱりそこに、それこそ竜笛の中に入れちゃうとか、何か粗暴な、粗野な発想が入らないと都会っぽくならないんじゃないかって、すごく思いましたね。

西は濁声好き?

安田◉都会っぽくね。一九八〇年代、ちょうど僕がラップを聞き始めたときで、いとうさんと近田春夫さん、それからランキン・タクシーさんがされていましたね。

いとう◇はい。それと僕は日本語のダンスホール・レゲエもやってました。

安田◉ランキン・タクシーはレゲエのDJの人ですね。あの頃、ラップをはじめとして、これから変わりつつある社会に対するアンチテーゼ的な歌がすごく多かったですよね。影響を受けた若者がいっぱいいたと思います。

いとう◇それはありがたいですよね。それで道が狂っちゃった人が一人でもいれば、いた意味があるっていうものですからね。三味線のさわりとか、あれだってノイズといえばノイズですから。

奈々福◆そうです、ノイズです。

いとう◇でも楽器としては、あそこのビヨヨヨーンがないと来ないっていう不思議な感覚がある。

奈々福◆一月前に安田先生とご一緒に中国に行ったんですが、中国の三味線はさわりがないんですよ。

安田◉中国の琵琶もさわりがありませんね。

奈々福◆ないんですよ。日本の琵琶はもうビヨンビヨン鳴る。同じ音の弦が二本ちゃんとついていて、今の開発された五弦の琵琶なんかは倍音だらけになるようになっているのに、中国はポッポポッポッやる……。

安田◉速弾き合戦になるんですよね。

いとう◇ああ、フュージョンなんですね。

奈々福◆日本の琵琶はアルペジオをあまりやりませんが、中国の琵琶はもうアルペジオ合戦。

安田◉それはそれですごいですよね。

いとう◇ああ、技術のほうに行っちゃったんだ。

奈々福◆そうなんですよ。ベロローンっていう一発の響きで「ああ、間違いなく変わった」という感じではない。

いとう◇なぜ倍音が好きなんですかね。モンゴルの人たちも倍音、ホーミーをやりますが。

奈々福◆上方落語の回で少しお話ししたのですが、倍音好きは日本においても西の傾向のような気がするんです。東京から天王寺の駅におり立った途端に、全員の声が鶴瓶師匠の声に聞こえますから。「ああ、天王寺に来たな」という感じが声を聞いただけでする。必ず濁り成分が入っているんです。

いとう◇膜がかかったような、「コカコーラ」みたいなやつですね。「コ」がＣＯじゃなくて、ＱＯのクォになる。

奈々福◆あ、それ面白い。声帯の使い方が、ンーウンという締めた音を必ず倍音として入れてくる感じで。浄瑠璃も義太夫節は倍音がいっぱい入る声の出し方をしますでしょ。だけど、東京の、江戸の浄瑠璃は、清元にしても常磐津にしても、澄んでいますよね。

いとう◇きれいなところにすーっと行く。

奈々福◆ええ。文化的に西のほうが低い。中国に行ったときにも、中国人の歌ってミィヤーっていう高い声を出すでしょ。語り芸は違うのかなあと思ったら、みんなそろってミィヤーの声でやっているんですよ。「中国にはドス声の語り芸はないんですか」と聞いたら、「中国には四〇〇も語り芸があるので、中にはある」というんですが、三か所回って、結局出会えこなかった。どうも日本はアルペジオで飾るのではなく、倍音など低音で響くシンプルな音が本来好きな気がします。

安田◉中国にも昔はあったと思うんです。中国の古典を読むと、そうとしか考えられない音がいくつかあります。たとえば**桑林**(そうりん)**の舞**なんて、完全にさわりの音楽で舞われるものですね。で

桑林の舞
殷の聖王、湯王が作った雨乞いの舞楽。逸話として、殷の末裔の国、宋にのみ伝わっていた桑林の舞を、臣下が止めるのも聞かずに見ようとした晋の国の王は、楽師の入場楽を聞いただけで死の病を得てしまったという。殷人には益になるが異邦人には死をもたらすもの。

も中国は民族がどんどん変わっていますでしょ。

奈々福◆あ～なるほど。

安田◉だから、古代の音楽はほとんどなくなっていると考えられていますよ。日本でも、私の地元の銚子の漁師の方などは、みなさんだみ声ですね。

奈々福◆港が近いからですか。

安田◉海の上で大声を出すのと、あと、みんな酒をあおる。祖父などは八〇歳になるまでは、毎日一升ずつ飲んでいました。

いとう◇潮風に逆らってしゃべらなきゃいけない。

安田◉東国武士ってだみ声だったんじゃないでしょうか。ノイズには各地方、各地方の色があって、だからノイズを含んだ声はその地方の人には聞きやすいけれども、他の地方の人には聞きにくい。何を言っているのかわからなくなる。江戸にいろんな人が集まるようになってから、洗練されていき、それが都市の声になったのではないでしょうか。洗練された声は都市文明なんじゃないか。

いとう◇音が高くなっていく。

はかなさを追いかける耳

安田◉シュメール語に「ガラ」という歌を歌う人がいるんですが、このガラの歌もだみ声だったのではないかと思われています。特に哀歌を歌うときは汚い声で歌うと。

奈々福◆浪花節ですねえ。

安田◉そうですね。

いとう◇奄美のほうに行くと黒い声と書いて「黒声（くるぐい）」というのがあります。

奈々福◆**里国隆（さとくにたか）**の。

いとう◇そうです。きれいな声はつまらないという。

奈々福◆里国隆の声はいいですよね。

いとう◇ねえ、いいですよね。たしかに黒声だなというブルースを感じるっていうか。この間、三味線の達人に「なぜここにこのビヨヨヨーンがついているんですかねえ」と聞いたら、「減衰するものにはかなさを感じるからじゃないか」と。ビヨーンって一回大きくなるとウーッていってなくなっていく様子を追っかけるという習性が、日本人の耳にはあるんじゃないかと言っていました。

安田◉鐘の音って、今は「ゴーン」といいますでしょ。「ゴン」という打音が中心になっています。でも、狂言では「じゃもーん、もんもんもーん」と、後半の余韻のほうが中心なんです。ジャワのケチャでも鐘の音は「シリリリ・ポン・ポン・ポン　シリリリ・ポン・ポン・ポン」。やはり余韻で、最初の打音は軽く扱われる。

いとう◇最初の打撃の消えゆくところがたまらないんだっていう。

奈々福◆残響がメインだということですね。

里国隆
一九一八（大正八）年、鹿児島県生まれ。島唄歌手、竪琴奏者。生後間もなく病気のため失明。名人として知られた祖父により島唄と三味線を身につける。一二歳の時、本土から来た旅芸人の後をついて回り、竪琴の作り方と奏法を学ぶ。一七歳で旅芸人として自立し、竪琴と島唄で防虫剤の樟脳を売る行商の仕事に就く。その後島唄の唄者として力を発揮しレコードも製作。有名になった後も旅芸人に徹し、路上に立ち続けた。一九八六年、逝去。

安田◉恐らくそれはすごく世界的な問題で。
いとう◇なるほど、そうですね。
安田◉西洋にも、だみ声の人はいっぱいいますよね。サッチモもそうだし、ミック・ジャガーもそう。ジャズやロックの人に多いですね。ロックのディストーションもそうだし、ピアノでもセロニアス・モンクなどはそんな音を出そうとします。

絶対音感はダメ？

いとう◇楽音的に採譜されるようになると、ノイズの部分は記録しにくいから消えちゃったけれど、本当はもっともっとずっとんきょうな声で歌うオペラみたいなものがあったはずですよね、詳しい人に聞かないとわかりませんが。
奈々福◆そうですね。三味線もフレットがないのがいいんですよ。浪花節はすべて三下がりと呼ぶ調弦で弾きますが、四度四度の調弦を、基音は笛の音でとるんですけど、基音をぴたっと合わせたとしても、曲師によって調弦の仕方が微妙に違ったりして、正しい四度にならない。一番たたきたい音を生かしてちょっと上げ気味にしたり下げ気味にしたりとかというのはありますね。
いとう◇つまり絶対音感はだめということですね。
奈々福◆うーん。だってドレミファソラシドというのは決められた音ですけれど、音というのはものすごく多彩にあるわけで。

いとう◇そうそう。アナログですからね。

奈々福◆ここと ここの間が間違っているわけではない。どの響きが耳に気持ちいいかは、人にもよるし。

いとう◇聞く人次第。

安田◉たとえば「この浦舟に帆を上げーてー」というのは楽譜的に「上音」という同じ音ですが、実際に謡うと音がどんどん変わっていますでしょう。いとうさんや奈々福さんの兄弟子の一人にオペラの方がいて、彼は最初の頃はどうしても同じ音でやろうとしちゃった。同じじゃないと気持ち悪い、って言う。この頃は自由になりましたが。

いとう◇それぞれが違った音に行くことを喜ぶところがすごくありますよね。

安田◉腹の力でだんだん上がっていったり、ちょっと下がったりとか。

奈々福◆そう。先生は「音程を上げるんじゃありません」という言い方をなさいますね。おなかの力でぐーっと持ち上げるだけで、音程の問題ではありませんと。

いとう◇そうそう。力が変わるんだと。耳にはたまたま高く聞こえるだけっていうことですよね。

奈々福◆はい、そうですね。お謡を習いはじめて三年ぐらいでしょうか、最初は聞こえなかった節がだんだん聞こえるようになってきました。あっ、こんなことをおっしゃっていたんだというのが。

安田◉そうですか。

いとう◇五線譜に載り切っていないところが聞こえるということですね。

奈々福◆ええ。あと、出ていたのに気がつかなかった倍音がわかってくるとか。やっぱりお稽古ってするもんですね。すごくシンプルな結論になりましたが。

一音一音を大事にしてほしい

いとう◇ちょっとつけ加えておきたいのが、ピアノという楽器はデジタルだということ。弦楽器はアナログだから、ピアノが中心になると、鍵と鍵の間の音がなくていいということになっちゃうじゃないですか。

奈々福◆そうなんですよね。

いとう◇ピアノって食わせものなんですよ。すばらしい楽器なんだけど、外れたものを全部なくしていっちゃう。シンセサイザーも、そこを取り戻すために作られたものじゃないかと僕は思っているんですが、ビヨーンなんてね。

安田◉**ミニムーグ**の世界なんかそうですよね。

いとう◇ドとレの間を出せるっていうか。

安田◉しかもミニムーグって、コンサートで使うと、どんどん音が狂ってくるんですよ。

いとう◇あっ、そうなんですか。

ミニムーグ
米国のロバート・モーグが開発したアナログシンセサイザーの一つ。一九七〇年に開発され、翌年から流通したポータブルなパフォーマンス・シンセサイザー。世界中のミュージシャンに愛用された。現代の製品名は「ミニモーグ」だが、当時は「ミニムーグ」と呼ばれていた。

安田◉当時はね。すごく不安定な楽器で音がどんどん狂ってきちゃうから、演奏しながらチューニングしなきゃだめだった。

いとう◇そこがいいということですよね。

安田◉そうです、よかったんですよね。

奈々福◆三味線も一緒です。演奏しながらチューニング。

安田◉よくやっていますよね。

奈々福◆ものすごく不安定なんです。ウクレレを弾くと、うわっ、全然チューニングしなくていい、と安定性に驚きます。

いとう◇ウクレレは強いんですか。

奈々福◆ウクレレもギターも三味線の弦よりずっと安定してます。金属弦や人口繊維、ガット弦は安定してる。それに比べて絹の弦の不安定なこと。一回たたくとそれだけで糸が伸びちゃいますから、常に常に調整が必要。ピアノのもう一つ悔しいのは、一〇本の指が使える、一〇音が出せるということです。つまり和音が前提なんですよね。三味線は撥の先が一個なので、同時に出せるのは三つまで。一音一音を大事にしてほしいな、と。

いとう◇まさにそうですね。今、安田さんがおっしゃったようにミニムーグもそうだし、ヒップホップにしても、サンプリングがすごく必要な音楽です。どこかの音で曲と曲の間をうまくサンプリングし、それをパッドに分け与えて叩いて音楽をつくる。どんなサンプラーでもいいかというとそうじゃなくて、さっきのSL-1200のように、どうしてもこの機種のサンプリングじゃなきゃダメ、というものがあるんです。

同じ曲の同じ二小節をとってきたように見えても、ある機械だとちょっとだけもたるとか、言うことを聞かないのがある。でもそっちのパッドのほうがグルーヴが来るって言うんです。やっぱダメだな、新しいのは、と言ってずっと古いのを使うみたいな。デジタル楽器でもそういう古典芸能みたいなことってあるんですよ。古い使いにくいものの出す音楽のほうが……言葉で言えない何かなんですよね。

安田◉ミニムーグは古典芸能的な楽器だと思います。うちの師匠の声を初めて聞いたとき、あ、ミニムーグの木管の声だと思いましたから。

いとう◇いい音ですもんね、ミニムーグ。

安田◉いい音ですよね。あれから後の楽器ではあの音は出ない。

いとう◇ビヨヨヨヨーンみたいなのがわずかに出るんですよね。

安田◉木管の音なんだけども、金属的な響きもあって。

奈々福◆じゃあ、金属楽器ですか。

安田◉いえ、もろ木管なのですが……。

いとう◇鍵盤なんですけどね。

奈々福◆鍵盤ですか。

安田◉そうそう、鍵盤楽器です。シンセサイザーの初期、僕が使っていたのは一九七〇年代です。

いとう◇やっぱり不思議なもんで、デジタルにも名器があるんです。

秦河勝にまつわる不思議

奈々福◆芸能や物語の始原に飛ぶお話の中で必ず出てくるのが、**秦河勝**という、能、猿楽の始祖と言われている方です。この方をめぐってはいろんな可能性があり、ちょっと危ない話になったりもするのですが。

いとう◇『ムー』みたいなオカルト話もありますからね。

奈々福◆オカルトっぽいんですけれども、芸能と土木、建築、宗教が合わさった文化の土壌にかかわる話です。今、ヘイトスピーチが盛んだったりとすごく排他的な社会になっていますよね。桓武天皇が渡来系の天皇だったというのは歴史の本を見れば明らかだと思うのですが。今上天皇（平成天皇）はちゃんとおっしゃっていますからね。いまでも韓国ゆかりのお寺さんにお参りされたりとか、すごく意識的になさっている。

安田◉**高麗**(こま)**神社**に毎年行かれていますね。

奈々福◆はい。日本の芸能の根本にはそういうことがあるんですが、そこに対してちょっと想像力を働かせてみたいんですが、お能の中でも、秦河勝が描かれているんですよね。

安田◉世阿弥の書いた「風姿花伝」と金春禅竹の書いた「明宿集」では秦河勝についての記述はちょっと違うのですが、概略をお話しておきますね。

秦河勝
飛鳥時代の官人。渡来人集団の秦氏の族長。「秦川勝」とも書く。聖徳太子の近臣。推古天皇の時代から大化時代頃にかけて朝廷に仕えた。五八七（用明二）年に物部守屋の追討戦に従軍し、聖徳太子を守護して守屋の首を斬る活躍をしたと伝えられる。一方で芸能の神としても信仰され、申楽の始祖ともされている。

高麗神社
埼玉県日高市に鎮座する神社。六六八年に唐・新羅に滅ぼされ日本に亡命していた高句麗からの帰化人を朝廷がこの高麗の地に移住させた。七〇三年に高麗若光が朝廷から王姓を下賜されたと伝わっている。高麗神社ではこの高麗若光を主祭神として、猿田彦命と武内宿禰命を祀っている。

初瀬川の川上からうつお船（丸木舟）に乗った赤ちゃんがやってくる。周りの人が何だ、何だと見ていると、赤ちゃんがその中の一人に憑依して、しゃべり出すんです。「自分は秦の始皇帝の再誕である。自分を宮中に連れていけ」と。そこで宮中に連れていき、天皇の横に置いたら聖徳太子と仲よくなり、舞をつくり始める。そうしてできた「翁」の舞を舞ったところ、五穀豊穣、国家安泰になった。

そこまでは普通なんですけど、それから先、彼はまたうつお舟に乗ってどこかへ行っちゃうんです。坂越（しゃくし）にたどり着いて、何とせっかく引き上げて助けてくれたのに祟り神、すなわち荒神になってその村や近隣の村に祟ります。で、いろんなお宮を建て、やっと守護神になった、という話です。これは胞衣（えな）の神とも関係がありますと書かれている。

最初から不思議な話ですよね。赤ちゃんが誰かに乗り移るって、もうそれだけでぶっ飛んでる。

いとう◇何かに乗ってくるというのはモーゼの話にすごく似ていますね。

安田◉モーゼも葦舟に乗って流れてきますね。でも秦河勝は最後も舟に乗ってどこかに行っちゃう。

いとう◇古代ユダヤの神って、お願いしても聞いてくれないし、相手をめちゃめちゃにしちゃうというコントロールできない存在ですが、そこがこの坂越にすごく似ているんですよね。

安田◉そうですね。**宿神**（しゅくしん）とも関係ありますね。シュクジンとも読みます。

いとう◇そう、宿に神と書きますね。

宿神
民間の呪術的信仰で祀られる神。守宮神、守久神、社宮司、守公神、守瞽神、主空神、粛慎の神、守君神など、さまざまな表記がなされる。シャグジ、シュグジ、ミシャグジなどの賽の神（境界神）との関係や石神信仰との関連も考えられている。元来の信仰形態に密教や神道、荒神や道祖神などほかの信仰が習合し、さまざまな変化を果たしている。金春禅竹の「明宿集」では、「宿神」と「翁」とを同一存在と見なし、翁（宿神）を諏訪明神や筑波山の岩石などと同一視している。

鼎談（話題は尽きずキーワードで白板がいっぱいになる）

安田◉能の「鵺(ぬえ)」も舟に乗ってどこかに流れて行きますね。

いとう◇そうですね。

奈々福◆**蛭子(ひるこ)**になってうつぼ舟に乗ってくるのが秦河勝であるということが「明宿集」に書いてあるわけですね。

安田◉蛭子とは書いてありませんが、秦河勝のことは「風姿花伝」にも書いてありますね。

いとう◇たとえば秩父あたりにいくと、こういう別の信仰にもかかわっている石の男根みたいなものが結構見られるんですが、そういう原始的な宗教に結びついているっぽい人ですよね、秦河勝は。その舞がそのまま「翁」のようになっているんじゃないかと。

安田◉「風姿花伝」や「明宿集」には、「翁」として書いてありますね。

鵺

「平家物語」を題材とした能の演目。都へと上る旅の僧は、摂津国・芦屋の里で、化け物が出ると語られる海岸の御堂で一夜を過ごす。夜が更け一人の異様な姿をした男が小舟に乗って現れる。名を尋ねるに、その昔、源頼政に射られて死んだ「鵺」の亡霊だと明かし、討たれた時の様子を語る。男は回向を頼んで再び舟に乗り、消えていくが……。

蛭子

「古事記」における国産みの際、イザナギとイザナミの間に最初に生まれた子（神）。しかし、子作りの作法の失敗が原因で不具として生まれたため、葦舟に乗せられてオノゴロ島から流されてしまう。流された蛭子が流れ着いたとされる伝説は日本各地に残っている。

いとう◇さっきおっしゃったのは胞衣、プラセンタですよね。赤ちゃんを包んでいるもののほうに霊力があると古代の人は考えた可能性がある。胞衣信仰という土俗的なものとも秦河勝は関係がありそう。

安田◉そうですね。さっきおっしゃったユダヤの神はこれと関係があるっていう話で、景教（けいきょう）の話も。

いとう◇これはイスラムが関係する。

安田◉キリスト教で異端とされている、ネストリウス派ですね。

いとう◇ネストリウス派が中国まで来ていて、少なくとも空海はこの景教に触れているはず。当時の中国の首都に景教の教会があるので。

安田◉空海は言語オタクなので、景教の教会に行ったら、絶対シリア語を学んだと思うし、それで聖書を読んだと思います。だから空海の思想にはキリスト教的な匂いがちょっとある。

いとう◇景教になると、僕の好きな蚕の話にもなってきます。中国における蚕の歴史は四〇〇〇年とか五〇〇〇年とかさまざまな説がありますが、突如現れて飼いならされたというか。普通、馬も牛も犬も猫も、人間の手から離れると大概野生化するのに、蚕だけは唯一野性化することができない。人間が桑の葉をやらないと、死んでしまうんです。これが突然現れてシルクができるようになり、シルクロードが生まれるわけです。西洋は、この蚕の技術がすごくほしいのに解明できなかった。そこでネストリウス派の伝道者二人が杖の頭に蚕を入れて西洋に持ち帰り、絹を作る技術を伝えたという伝説がある。それがつまり、逆に行くシルクロードなのですが、そういったことにもつながってくるわけですよね、なぜなら秦は……。

安田◉機織りのハタですからね。

いとう◇機織りのハタと服部、服部さんですね。古代、服を担当していた人たち。秦河勝からこういう織物技術までが全部つながっている。

安田◉服部は羽鳥でもあるでしょう。さっきの鵜もそうですが、鳥に関連する一族との関連もあるかも知れない。鶴の恩返しのつうも機織りをしますし。そして、船といえば日本神話に出て来る天鳥船神。鳥でもあり、船でもある。ここら辺、考えていくと面白すぎます。

能には「呉服」という能があります。漢織と呉織という二人の姉妹ですね。漢織というのは北の方の着物で、神主さんが着ているものなんですが。呉織は南の方の呉の方の着物です。結局、呉が勝つので、日本では呉服が中心になってくるんです。

奈々福◆雅楽にも中国系の唐楽と、朝鮮系の高麗楽がありますよね。

安田◉右方楽と左方楽ですね。

いとう◇僕はつい「(観世流)百番集」などを読んでいつも、ラッパーだから韻のところがすごく気になるんです。どんな韻を踏んでどんな言葉遊びをしているんだろうと。明らかに有意的というか、おかしいくらいに頻繁に服関係の言葉が出てくるんですよ、袖とか襟とか。糸とか砧とかのかけ言葉がめちゃめちゃ能に多い。

安田◉能の旅の謡いには服、衣と関係がある語が頻出します。旅衣に始まって、遥々(張る張る)とか、「きつつなれにし」とかね。

いとう◇何かこの一族のためのお祭りなのかな、というぐらい一定の傾向がものすごくある、これがまず非常に不思議。

奈々福◆桓武天皇が開いたのは平安京で、秦氏が住んでいたとされるのが太秦なのですが、太秦にはさまざまな鍵がありますよね。「蚕の社」というお社の鳥居は、上から見ると三角になっている**三柱鳥居**です。

いとう◇三角はネストリウス派の建築様式ですよね。向島の三囲神社、みめぐり様も、まるでネストリウス派の建築です。

奈々福◆日本の神社ですが、景教とのかかわりが何となく窺われる。

「三柱鳥居」（葛飾北斎『北斎漫画』）

日本の芸能に残るネストリウス派のかけら？

安田◎中国の西安に、石碑がたくさんある碑林というところがあるのですが、そこに景教碑があります。これを読むと、玄宗皇帝時代に景教がすごくはやったらしいことがわかります。ネストリウス派というのは、公会議で異端にされてローマにいられなくなり、どんどん東方に来た人たちです。言語はシリア語。現在の

三柱鳥居
鳥居を三基組み合わせたもの。正三角形平面に組み合わされ、隣り合う鳥居同士が柱を共有するため柱は三本になる。太秦にある木嶋神社（蚕の社）などが有名。

新約聖書は古代ギリシャ語（コイネー）で書かれていますが、イエス・キリストが話していたのはヘブライ語かアラム語のセム語系の言語だと言われています。シリア語というのは、そのアラム語の方言なんです。イエスの言葉に最も近い言語を残しているのがネストリウス派の宗教だというのは、おもしろいですよね。

そして唐時代の中国には、大きなネストリウス派の教会があった。日本ではキリスト教は迫害を受けたでしょ。信者が踏み絵を拒否したりしてね。ところが、ネストリウス派の教会には高宗や玄宗など唐の皇帝の御真影を安置して、祭礼までしています。だから迫害もされなかったし、嫌われもしなかったんですね。

いとう◇柔軟ですね。

安田◉柔軟です。司祭も結婚しちゃうし。

奈々福◆そうなんですか。

安田◉彼らはふつうのカトリックよりもずっと真剣です。ローマですら迫害されているわけですから、自分たちの信仰を継いでいかなければならない。そのためには結婚をして子どもをつくる。それも継いでいくためですし、皇帝の御真影を安置したのもそうです。サスティナビリティのための戦略です。唐の都・長安にはゾロアスター教もありましたし。

いとう◇なるほど。まあそういうわけで、いろんな権力が動くたびにこの一族が技術班としてうまくくっついていくという。

奈々福◆秦河勝が蛭子になって、という「蛭子」から「古事記」を思い出しますでしょ。

いとう◇そうですね。

奈々福◆蛭子が流れ着いたのが西宮か尼崎のあたりで、そこに今、えびす神社があるんですね。

安田◉そう、えびすとも関係があるんですよね。

いとう◇えびす信仰ですね。

奈々福◆この間、天満天神繁昌亭に出たのですが、天満天神繁昌亭の大阪天満宮の中にえびす神社があるんですよ。そうしたら、そのえびすの文字が。

いとう◇蛭子能収（えびすよしかず）さんの蛭子（えびす）ですね。

奈々福◆そうなんです。これを「えびす」と読んでいるんですね。「ひるこ」はやっぱり「えびす」なんだなあと、今さらながら感動したことがありました。

いとう◇骨のない状態でプルプルしているというのは非常に似ていますよね。

安田◉ああ、胞衣にね。

いとう◇体が悪いというよりは胞衣の状態で流れ着いたんじゃないかって。えびす信仰では、恐ろしいものは逆に祀り上げて幸運の印になるということがありますからね。

奈々福◆胞衣で思い出したのですが、かつて胞衣屋というのが南千住にあったんです。

いとう◇渋いところにありますね。

奈々福◆今の資生堂が買いに来ていたそうですね。元祖プラセンタ。

いとう◇やっぱりものすごいパワーがあった。

奈々福◆でもきっと、真っ当な身分の人が扱うものではなかったでしょうね。

いとう◇まあ、そうでしょうね。そういうところに押しつけられていたと思います。だから、芸能の河原乞食性というのはやっぱり綿々と続いていて。でも、実際には技術のある人たちとして権力の横にいるという名誉もずっと受けてきたはずです。

奈々福◆そうですね。

いとう◇能の中に隠して語られているかもしれないし、舞の中に型として残っているかもしれない。そこを見ていくのもおもしろいですよね、このパースペクティブは。

芸能はアウトサイダーの職業

奈々福◆まとめていただいてありがとうございます。舞もそうですが、やっぱりお能は浮かばれない人たちの物語ですよね。

安田◉そうですね。

奈々福◆あの栄華を誇った一族、平家が滅びたというのはやはり相当なショックだったのでしょうか。だから平家の亡霊が出てくる話がお能にはすごく多いですよね。初回の篠田正浩先生のメインのお話が、義経伝説と「山椒大夫」だったんです。日本の芸能の脊梁山脈を築いているのは紛れもなく義経伝説だと。

日本人の大きな特徴に敗者に心を寄せる判官びいきというのがあります。芸能のメインテーマとしても敗者の物語がある。それは説経節にも、講談にも共通しているように思います。どれもが敗者や地位が低い人、体が不自由な人、土車で転がされるような人たちの物語ですから。

安田◉古代中国の聖人である「君子」という語の「君」は、もともとは背むしを意味したと中国学者の加藤常賢氏は書かれています。確かに古代の聖人の多くは身体に障害がありますね。孔子もそうだし、禹も、鯀も舜もそうです。全員が何らかの困難を抱えている。君子になるための必要最低条件が、身体か精神に何か問題があること。

いとう◇ハンディキャップがある。

安田◉ハンディキャップ、それが最低条件です。五体満足で精神的にも元気な人は、君子にはなれない。

いとう◇君子とは何かということですよね。それはすごい発想ですよね。権力と結びついていなかったらはじかれていたであろうハンディキャップの人たちが、聖人観のおかげで受け入れられていたというか。

奈々福◆ハンディキャップが条件とされる……すごいですね。芸能は江戸時代ぐらいまでは、**式楽**を除いて、本来、素人が手をつけてはいけない、社会的にはじかれたアウトサイダーに残された地平だったと思うんです。たとえば盲人の系譜って、芸能史に脈々とありますでしょう。彼らがつける職業、居場所として残されていた。むしろ江戸時代には目の見えない人にしか許されていなかった。

いとう◇むしろね。

奈々福◆それがここに来て資本が入り、素人に大きく解放されたものになっちゃった。だから

式楽
公儀の儀式に用いる音楽や舞踊。寺社の宗教行事に付随する音楽や宮廷における雅楽など。主として江戸幕府が式楽として規定した能を指す。

こそ、私もやれているのですが。

目が見えないという力

安田◉古代中国では目の見えない人がかわいそうだから芸能者にするんじゃなくて、芸能者になるために目を潰していたという人もいます。

いとう◇わあ、もう見ないっていうことね。

安田◉そうそう。目を潰すというのは、「見えない」ということを獲得することです。だから、目が見えなくてかわいそうではない。むしろ俺は目が見えない、すごいだろうとなる。

いとう◇それでも感じることができるぞ、と。

安田◉そうです。天岩戸神話では、完全な暗闇になったとある。だから、あそこで舞われる舞は、真っ暗闇の中で舞われるものです。

いとう◇なるほど。

安田◉天宇受売命(あめのうずめのみこと)の舞は、本当は誰にも見えないはずなんです。「舞」という漢字は、甲骨文字では両手を開いた人がいて、その手の下に飾りをぶら下げたような形で書かれます。これは今の漢字でいうと「無」になります。「無」と「舞」は同じ。つまり、舞とは本当は見えないものなのです。

いとう◇無が動いているということですね、字から見ると。

奈々福◆ああ、無が動いている。うんうん。

いとう◇そうか、最初のソンメジャの話に戻ってくる話なんですね。

安田◉そうなんです。だからいとうさんの「DEF SONIC」。彼女はしゃべれないことによって何かを獲得する。しゃべれないというのは、ハンディキャップではなく、むしろアドバンテージ。それこそが何かを得ている証。

いとう◇うんうん、そうか。

奈々福◆芸能の役割は、『親愛なる』のソンメジャさんじゃないですが、言葉を超えたところにあるものですよね。だから、記号化された言葉がそぎ落としてきたものが芸能にあるべきだと思うのですが、それはやっぱり語ることによって立ち上がる。だから私たちは語り芸をやっている気がします。

芸能は、お客さん次第

いとう◇特に奈々福さんは一番いろんな物語を語っていますからね。アドリブも入れていて、オーディエンスとすごく呼吸をするじゃないですか。やっぱりお客の不思議な「感じ」を読み取る力、第六感を持っているのが芸人なんじゃないでしょうか。

奈々福◆う〜ん、そのときそのときで。

いとう◇そうすると、言葉も変わっていく。萩本欽一さんは最初にツッコミが強過ぎてあんまりウケなかったので、女言葉になったそうですよ。何とかなのよーと言っているのは、努力のたまもので。

奈々福◆そうなんですか！

いとう◇ツッコミが鋭過ぎる人だから的確に言っちゃうところを、「こういうふうに言ったのよ」みたいにしている。それはやはりオーディエンスのニュアンスを感じ取る芸人気質というか、蛇の目みたいなところからきていると思うんですよね。

奈々福◆ここですね。チャクラ。爬虫類にはまだ残っている、第三の目。

安田◉この間のリトアニアのお客さんは、ノリがすごくよかったですね。おかげで僕の人形が取れちゃったりして。すごかった。

奈々福◆全員の気持ちが前のめり過ぎましたね。

いとう◇一期一会ですもんね、舞台って。

奈々福◆本当にそうです。お客さん次第なんですよ。言葉もさることながら、間合いが。だから生なんですよね。

いとう◇コントでも、探っていないようなふりしてすごく探っていますからね。ツッコミ、ボケをどのぐらいの強さでやるべきかとか、どんなやり方をするかとか。そのやり方が共有できない人とは同じコントはできないですね。じゃあ、それって何なんだと言われても、わからないんですよ。客の前に出ていって、今日の客は温かいな、とかってね。体温のように感じているから。

奈々福◆落語ですごく感度の高い演者の方は、客席をブロック分けしてあそこら辺は冷たい、ここら辺は温かいから、ここを狙ってバン、とあっためる、みたいな。そんな技術は私にはありませんが。

いとう◇すごいですね。

奈々福◆ピンポイントであの人を驚かそう、というのはありますが、流石にブロック分けは……。

いとう◇それはすごい技術ですね。宴会に行っても、ここが盛り上がってないな、とわかるんですよね。

奈々福◆はい、わかります。

いとう◇ちょっと振ってみたりなんかして。ああいう蛇性がある人がやることですよね、芸能は。

奈々福◆蛇性。

いとう◇蛇性がないと。

奈々福◆皆さん、ご存じですか。爬虫類の頭のてっぺんには、第三の目、チャクラがあるんですよ。赤外線を感じるだけじゃなく、ちゃんとここに目のあるやつもいるんです。たしかフトアゴヒゲトカゲです。温度を計ると、見ているときにやっぱりここが熱くなっている。人間でもチャクラは熱くなるそうです。

いとう◇なるほど。動物的にはやっぱり視覚だけで判断はしませんよね。夜にだってもう少し違う感覚が芽生えていただろうし。僕らはむしろ目が見えることによってその感覚を失ってしまっているということですよね。

安田◉そうです。

奈々福◆よく安田先生は、「平家物語」は闇の物語であって目に見える記述ではない、音に対してものすごく鋭いとおっしゃっていますね。

安田◉特に前半ですね、第六巻まで。

奈々福◆那須与一は絶対に見えていない。扇が見える状態で矢を放っていないはずだと。第六感で放っているんですよね。風も波もある中ですから、逆に見えていたらできませんよね。

安田◉ええ。実際にその場所に行ってみると、的である扇はほとんど見えなかったということがわかります。おそらくは扇のパタパタパタパタッという音を狙って射ている。しかも、射る直前に彼は祈りをするのですが、その対象がすべて出雲系の神なんです。

奈々福◆ああ、ここからまた深くなりますね。出雲系……。

いとう◇「宿神」と「出雲系」は日本で封印された信仰ですからね。

奈々福◆**摩多羅神**（またらじん）の話になって。

安田◉そう、摩多羅神。後戸（うしろど）の神の話ですね。

奈々福◆ああ、どんどんワケわからない話になっていく（笑）。その話になると、さらに数時間以上が必要ですので、今日のお話はここら辺でまとめて。

摩多羅神
密教、特に天台宗の玄旨帰命壇における本尊で、阿弥陀経および念仏の守護神ともされる。守覚法親王が記した「北院御室拾要集」によると、摩多羅神とは「奇神」であり「夜叉神」であり、「吉凶を告げる神」であると説明している。また、神像の造形は三面六臂であり、中央の顔は金、左の顔は白、右の顔は赤であった。加えて、中央は聖天（歓喜天）、左は荼枳尼天、右は弁財天を表しているとされる。祭礼として、太秦・広隆寺の牛祭、平泉・毛越寺の延年、茨城・雨引観音のマダラ鬼神祭などが知られている。

絶えていた日本文芸の真髄がラップで蘇る？

いとう◇あと一応、石神井公園の石神井も宿神ですからね。

奈々福◆ああ、そうですね。

いとう◇シャクジ、シャクジ、石神井公園。すごく近くに実は古代からの信仰がある。

広隆寺、太秦の牛祭（摩多羅神の祭祀。「都年中行事画帖」より。国際日本文化研究センター蔵）

安田◉埼玉には高麗神社がありますからね。

奈々福◆宿神（しゅくしん）に関してはやっぱり陰陽道のことを書かれた吉野裕子さんですかね。服部（幸雄）先生の『宿神論』とか。宿神論というのはシャクシとかエビスとか、全部にかかわることで、専門書もいろいろ出ていますので。

いとう◇文庫で『日本原初考　古代諏訪とミシャグジ祭政体の研究』が復刻されました。

安田◉『日本原初考』で三冊。

奈々福◆この喜びよう。

いとう◇これが、超おもしろい。諏訪にどれだけ不思議なお祭りが残っているかという。自分の父の里でもあるので、いつか行きたいと思っています。

安田◉宿神の話ついでに言いますと、西武池袋線って、入間を境にして池袋寄りはみな訓読みの地名なのに、入間を過ぎると突然、音読みになる。入間というのは、昔は「射魔」で、「射」が訓で、「魔」が音。両方が混じっている地名。まさに訓と音との「あわいの地」なのです。狂言に「入間川」という演目がありますが、川を挟んでこっちとあっちは言葉が通じないという狂言です。

いとう◇ああ、そうか。

安田◉そして、そのずーっと先に高麗神社があるんです。

いとう◇なるほど。違う部族説ですね。

安田◉おそらく。終点の飯能(はんのう)は機織りの地なのでおそらくは秦の民族。ここら辺にもすごくおもしろい地名がありますよ。

いとう◇おもしろい。掘れば掘るほど出ますね、これは。

安田◉尽きません。僕もこのごろすごく不思議だと思っているのは、日本の詩に脚韻ってなかったでしょう。

いとう◇僕が今やっているようなやつですね。

安田◉多くの日本人は漢詩をつくっていましたから脚韻は身についていたと思いますが、漢詩以外にはまったく表れていない。これはとても不思議です。そして、それなのに、今の若者は脚韻力がすごいですよね。数千年の歴史上初めて日本に脚韻が生まれてきている、すごいところに自分たちはいるのかなと。それをつくったのも、いとうさんや近田春夫さんたちであって。

いとう◇たしかに絶対に踏まないようにしてあるんですよね。

安田◉そう、わざと踏まなかったんですね。

いとう◇頭韻はあるんですよ。能の謡を見ていると、頭はさかんに踏んでいるんだけど、後ろで踏まない。ところが今は、そういう和文の知識が薄れたゆえに逆に自由になっちゃったんです、きっとね。

安田◉漢詩ではあんなに全部脚韻踏んでいるのに、一つも影響を与えなかったのはすごい。

いとう◇うん、たしかに。

奈々福◆絶えたと思われていた本歌取り、過去の文芸のリスペクトがラップの中にあるというのは、すごく感動しました、ああ、そうなのかと思って。

いとう◇すごいです。やつらはすごいですよ。

奈々福◆すごいですね。

安田◉このシリーズの最後にラップをやってよかったですね。

奈々福◆はい。かいがありました。というわけで皆さん、思いっきり混乱していると思いますが、ここで閉じたいと思います。ありがとうございました。

関連書籍

安田登『能』（新潮新書）

いとうせいこう『親愛なる』（河出書房新社）

玉川奈々福がたずねる語り芸パースペクティブ
この国の物語曼荼羅　全11回開催詳細

第1回　**日本芸能総論**
篠田正浩（映画監督）、二〇一七年四月一七日

第2回　**節談説教**
廣陵兼純（布教師・満覚寺住職）
釈徹宗（相愛大学教授・如来寺住職）、同年五月二六日

第3回　**説経祭文＋ごぜ唄**
渡部八太夫（説経祭文）
萱森直子（ごぜ唄）、同年六月一四日

第4回　**義太夫節**
豊竹呂勢太夫（人形浄瑠璃文楽　太夫）
鶴澤藤蔵（人形浄瑠璃文楽　三味線）
児玉竜一（早稲田大学教授）、同年八月一五日

第5回　**講談**
神田愛山（講談師・東京）
旭堂南海（講談師・上方）、同年八月二五日

第6回　女流義太夫

竹本駒之助（女流義太夫　太夫）
鶴澤寛也（女流義太夫　三味線）
児玉竜一（早稲田大学教授）、同年九月二六日

第7回　能楽

安田登（能楽師　下掛宝生流ワキ方）
槻宅聡（能楽師　森田流笛方）、同年一〇月三〇日

第8回　上方落語

桂九雀（落語家）
小佐田定雄（落語作家・演芸作家）
お囃子：高橋マキ・桂弥っこ・桂九ノ一、同年一一月一五日

第9回　浪曲

澤孝子（浪曲師　曲師：佐藤貴美江）
玉川奈々福（浪曲師　曲師：沢村豊子）
稲田和浩（浪曲作家・演芸研究家）、同年、一二月一八日

第10回　江戸落語は「語り芸」か？

三遊亭萬橘（落語家）
和田尚久（放送作家・演芸研究家）、二〇一八年一月二九日

第11回

語りの芸の来し方、これから

安田登（能楽師）
いとうせいこう（作家）、同年二月一九日

開催場所——カメリアプラザ和室（江東区亀戸　カメリアプラザ6F）
第2回のみ、カメリアホール（江東区亀戸　カメリアプラザ3F）

撮影——御堂義乗

動画撮影——田島空

助成——アーツカウンシル東京（平成29年度東京芸術文化創造発信助成　単年助成プログラム）

ARTS COUNCIL TOKYO

協力——玉川奈々福後援会

あとがき

最後までお付き合いいいただきまして、ありがとうございました。

……お付き合い、いただけたのかなあ。不安だ。茫然とするお客様のお顔が目にちょびっと浮かびます。

なんなんだよ、最後の章〜〜〜〜〜〜っ！

日本の芸能を見渡し核心を突く第一章から、いまも息づくさまざまな「語り」とその解説をご堪能いただき、江戸落語に至って「語り」と「はなし」はどう違うのか、考察がどんどん深まってきて、そして問題の最終章。

語りの最新形態であるラップの章かと思いきや、聖徳太子に仕えた男の話から、インターネット検索の話からキリスト教ネストリウス派から蚕から……飛びすぎです。

こんな終わりかたで、すみません。

でもね。

「この国の語り芸」と思っているものが、はるかかなたの地域の宗教や文化が、さまざまな経緯で飛んできて流れてきて、まじりあいまじりあい、浮かんだり沈んだりして今日に続いてきたもので、そのしっぽにかじりついているのが自分だとすると、それが遠ければ遠いほど、なんだか呼吸が深くなるような、とても自由な気持ちになれるのです。

思考の射程距離が、私自身もいまの世の中も、とても短くなっているのを感じるのですが、安田先生やいとうさんのお話をうかがうと、ものすごく揺さぶられます。

芸は、境界にとらわれないものなんですね。

そして今回、さまざまな芸を拝聴し、お話をうかがい、それは知識を得る意味でとても大きかったですが、それ以上に、ふわあっと気持ちが開かれて、また新たな気持ちで自分の芸に向き合える気がしました。

私は浪曲が大好きで始めたわけではなく、なんのご縁か導かれるままこうなってしまいました。玄人の家に生まれたわけでもなく、小さいころからやっていたわけでもなく、社会人になってからの入門で、それは今に至るまでコンプレックスです。浪曲師って名乗っちゃっていいんだろうか……。

悩みながら、それでも浪曲で生きると思い定めるまで、浪曲の何が是であり何が非か、考え続けてきました。

浪曲のことだけを思っていても考えはちっとも進まなくて、他の芸を知るたびに、「では浪曲は……」と考えました。「唸る」とは何か、「語る」とは、「言う」とは「しゃべる」とは、「話す」とは……を考えることにつながり、そしてなんでこんなにいっぱい、お客様に想像力を求める語りの芸があるのか、その出自はなんなのか、そも芸能っていったいなんなのかを考えることにつながり、芸能の始原へ思いを馳せるようになりました。

今回ご登場いただいた以外にも、日本には語り芸はいっぱいあります。浄瑠璃の代表で義太夫にご登場いただきましたが、ほかに清元、常磐津、新内……などの江戸の浄瑠璃もある。能は、狂言とお対になっている。漫才や、物売りの口上、スポーツの実況中継、テレビのアナウンス……語りは、多彩です。

実はこの年、全一一回のほかに番外編で、韓国の語り芸で、浪曲にとっても似ている「パンソリ」を取り上げた公演もしました。日本在住の唯一のパンソリ唱者・安聖民（アンソンミン）。彼女の声も皆さんに聴いてもらいたい。魂をゆさぶられる声です。

日本以外にも、世界中に語り芸はあります。それをもっと知りたいと思っています。

この本のもとになった全一一回にわたるイベント「玉川奈々福がたずねる語り芸パースペクティブ　この国の物語曼荼羅」は、公益財団法人東京都歴史文化財団　アーツカウンシル東京に助成していただきました。心よりお礼申し上げます。

そして無謀な私の出演依頼を、快くお引き受けくださり、ご出演いただいた方々に、大感謝です。我ながら信じられないような、すごい出演者ラインナップです。

動画の記録は、奈々福の映像記録をもう六年以上撮ってくださっている田島空さんが。

写真の記録は、これまた長いおつきあいの、御堂義乗さんが撮ってくださいました。

書籍化にあたっては、晶文社の江坂祐輔さんが、企画当初から「単行本にしましょう！」と言ってくださいました。全部の回に参加してくださり、音を起こして最初の原稿を作ってくださいました。私、前職は出版社で編集していたんですけど、編集者ってこんなにありがたい存在だと再認識。本当に助けていただきました。

お力添えいただいた方々のお蔭で、記録はのこり、このような本を出すことができました。

記録は、大事。

そう。なぜ私がこんな興味を持つに至ったかの源は、小沢昭一さんの『日本の放浪芸』という、これまた膨大な記録があったことによります。この記録があったから、私は、とっくの昔に消えてしまった多くの路上の芸……それは浪花節のご先祖さまたちでもある……を聞くことができ、自分の芸のルーツに思いを馳せることができた。

とはいえ。

芸は、本当の意味では、記録できません。

その場限りで消えてしまうもの。

そしてそのすばらしさは、その場で共有した人たちだけが味わえるもの。

切ないさだめです。

それを受け継ぐ私たちは、それでも残された記録から、想像力の限りを尽くして、ひとしずくでもくみ取って、新しい芸を作っていかざるを得ないのです。

記録は、演者にとっても、観客にとっても、継承していくためのよすがになります。

……あ。記録が大事というのなら。この本のもとになった「語り芸パースペクティブ」の記録映像があるんじゃないかと思うでしょ。はい、ございます。全部はお見せできませんが、全一一回のイベントを、四二分に圧縮した超ダイジェスト版をご用意してます。奥付のＱＲコードを読み取ってください。YouTubeの奈々福チャンネルにアップした映像をご覧いただけます。スキのない段取りでしょ。芸によって全然違う「語り」を、「声」を、そして芸人以上に芸達者かもしれない先生方の解説を、ほんの少しずつ、お愉しみください。

それにしても。

こんなに多種多様な芸能を私たちは持っている、それを、いま現在も見ることができるって……ものすごい財産なんじゃないかと、あらためて思います。

世の中が窮屈になりゆくときに。

心ほどける場所として。

自由になれる場所として、芸能があること。

場は、いつでも、開いてます。どうぞ、いらっしゃいませ、芸の現場に。

気が遠くなる過去から続く水脈の末に、いま、生まれる芸を見に。

おまちしております。

二〇二一年　新暦のひなまつりの日に

玉川奈々福

【編著者について】

玉川奈々福（たまがわ・ななふく）

東京を拠点に活躍する浪曲師。1994年10月、日本浪曲協会主宰三味線教室に参加。1995年に曲師で玉川福太郎門下に。師の勧めにより2001年から浪曲師修業を始め、以降、木馬亭での定席、勉強会のほか、多くの独演会やイベントで企画・出演。
精力的に浪曲の魅力を伝える実力派。平成30年度文化庁文化交流使として、イタリア、スロベニア、オーストリア、ハンガリー、ポーランド、キルギス、ウズベキスタンの七か国で公演を行った。中国、韓国でも公演を行った。第11回伊丹十三賞受賞。
近刊に『浪花節で生きてみる！』（さくら舎）がある。

玉川奈々福オフィシャルサイト
https://7729.jp/index.html

【実演動画】

語り芸パースペクティブ
——かたる、はなす、よむ、うなる

2021年3月25日　初版

編著者　玉川奈々福

発行者　株式会社晶文社
〒101-0051　東京都千代田区神田神保町1-11
電話　03-3518-4940（代表）・4942（編集）
URL　http://www.shobunsha.co.jp

印刷・製本　中央精版印刷株式会社

ISBN978-4-7949-7257-6　Printed in Japan